# 莱特曼
# 口述传记：
# 现代控制论的
# 拓荒者

[美]乔治·莱特曼　**口述**
[美]保罗·伯奈特　**访谈整理**
[美]陈义华　　　　译
　　黄　晋

清華大学出版社
北京

版权所有，侵权必究。举报：010-62782989，beiqinquan@tup.tsinghua.edu.cn。

**图书在版编目（CIP）数据**

莱特曼口述传记：现代控制论的拓荒者/（美）乔治·莱特曼口述；
（美）保罗·伯奈特访谈整理；（美）陈义华，黄晋译.
北京：清华大学出版社，2025.5. -- ISBN 978-7-302-68514-2

I. K837.126.16

中国国家版本馆 CIP 数据核字第 2025748VJ1 号

责任编辑：王如月
封面设计：林海泓业
责任校对：王荣静
责任印制：宋　林

出版发行：清华大学出版社
网　　址：https://www.tup.com.cn，https://www.wqxuetang.com
地　　址：北京清华大学学研大厦 A 座　　邮　编：100084
社 总 机：010-83470000　　邮　购：010-62786544
投稿与读者服务：010-62776969，c-service@tup.tsinghua.edu.cn
质量反馈：010-62772015，zhiliang@tup.tsinghua.edu.cn

印 装 者：三河市东方印刷有限公司
经　　销：全国新华书店
开　　本：170mm×240mm　　印　张：22　　字　数：374 千字
版　　次：2025 年 5 月第 1 版　　印　次：2025 年 5 月第 1 次印刷
定　　价：128.00 元

产品编号：094626-01

# 乔治·莱特曼的传奇一生

　　莱特曼始终认为，自己的成就归功于幸运。这恰恰揭示了他智慧的另一面：谦虚。这份幸运贯穿其60年的学术生涯，奠定了他深刻影响工程学界并创造卓越成就的基石。正是这种谦逊的心态、自省的精神和对真理的不懈追求，铸就了他非凡的学术人生。

### ◀ 在维也纳的童年

莱特曼，1925年生于维也纳。彼时"一战"余波未平，奥匈帝国已成往昔，他在传统犹太教育中展现智慧，原可继承家业，过上富足安逸的生活。然而，伴随魏玛共和国动荡与希特勒崛起，欧洲局势风云变幻，他的平静童年也在风暴前夕悄然逝去。

### ▼ "二战"中颠沛流离的青年时代

1938年，纳粹入侵奥地利，莱特曼父亲因加入犹太地下组织被捕入集中营。两年后，莱特曼随母亲辗转逃至美国，定居纽约。1943年高中毕业时，"二战"已全面爆发，次年他参军奔赴欧洲战场，经历了战火洗礼与生死考验。

### ◀ 进军火箭领域

战后，莱特曼凭出色表现获任陆军反情报工作，成为最年轻的军官，并在纽伦堡协助审讯战俘。退役后，他入读哥伦比亚大学，攻读物理学学士和硕士学位，深受学术大师熏陶。毕业后，他赴加州中国湖海军研究基地，从事飞弹与火箭弹道研发，凭卓越才能晋升研发组长。

## 重返校园 ➡

工作后,莱特曼决定重返大学攻读博士学位,聚焦于与其研究密切相关的控制论。当时,传统控制理论面临瓶颈,难以满足尖端弹道控制的需求。由此,莱特曼开启了他辉煌的60年学术旅程。

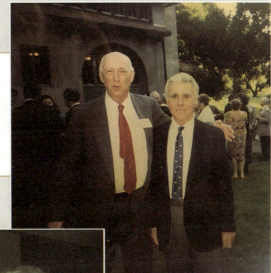

## 开拓现代控制论 ⬆

在师长的支持下,莱特曼顺利进入加州大学伯克利分校攻读机械工程,恰逢控制论从经典向现代转型的历史性变革。他深受第一波现代控制理论浪潮的震撼,与控制论结下不解之缘,奠定了其学术生涯的主旋律。他对现代控制论的卓越贡献,使其成为该领域公认的学术巨擘。

## ⬅ 执教伯克利

博士毕业后,莱特曼留校任教,六年内晋升为教授,成为控制论领域的权威。他以严谨且富有热情的教学风格,引导学生探索前沿课题,结合理论与实践,不仅传授知识,还激发创新思维。他的教诲超越知识传递,培养了许多未来的学术与事业领军人物。

## 家庭的力量：共同成长与守护

莱特曼教授的家庭是他追求卓越的坚强后盾。他与妻子南希携手共度风雨，互相扶持，为学术事业注入动力与灵感，展现了深厚的家国情怀与责任感。

乔治·莱特曼的人生充满命运馈赠与巧合编织。他是谦逊睿智的学者，凭借才华与坚定信念在学术海洋中游刃有余。他以无限激情探索知识，打破学科边界，架起工程学与控制论之间的桥梁。莱特曼不仅是创新者，更是时代的先驱，学术成就与思想火花照亮了后人的道路。他的生命轨迹如宏伟画卷，展现了学术巨匠的非凡风采。

## 相关说明

自1954年以来，加州大学伯克利分校的班克罗夫特图书馆的口述历史中心（前身为地区口述历史办公室）一直在采访加利福尼亚州北部、西部的，国家发展史上重大事件的主要参与者或目击者。口述历史是利用拥有历史重大事件一手信息的讲述者与资深采访者之间的谈话录音来收集历史资料的一种方式，其目的是保留对历史记录的实质补充。录音带先经过转录，再稍加编辑，使录音更加连贯清晰，最后由受访者本人审阅。审校后的手稿会与照片和说明材料放在一起，保存在班克罗夫特图书馆中，以供学术使用。口述历史作为原始材料，一起呈现故事的最终版、实证版或完整版。因为这份材料是口头叙述，以受访者回答问题的形式呈现，其本身带有反思性，凝聚了受访者的感情和心血，是独一无二的材料。

\*\*\*\*\*\*\*\*\*\*\*\*\*\*\*\*\*\*\*\*\*\*\*\*\*\*\*\*\*\*\*\*\*\*

加州大学董事会与乔治·莱特曼于2019年5月9日签订了法律协议，该协议涵盖了该手稿的所有使用权，因此该手稿可供研究使用。手稿中所有文字版权，包括出版权，均由加州大学伯克利分校班克罗夫特图书馆所有。未经许可，在用于非商业目的且正确引用的情况下，本书可摘录1000字以内以供出版。清华大学出版社获得版权所有人许可后出版发行。

# 译者序

## 他山之石

本书是现代控制论大师乔治·莱特曼（George Leitmann）的口述传记。本书采访者保罗·伯奈特专研科技史，并获得历史学博士，曾任教于大学，后来任职于加州大学伯克利分校图书馆，专门负责口述历史的采访编纂工作。由他来访问莱特曼教授，可谓是不二之选。

## 幼年在维也纳

莱特曼教授，犹太裔，1925年生于维也纳。彼时第一次世界大战方歇，奥匈帝国已亡，萨尔斯堡的轻歌曼舞，维也纳的雍容华贵，俱往矣。莱特曼受过传统犹太启蒙教育，且丰富扎实。他幼时已经显示出极高的智慧，如果没有其他的纷扰，很可能会继承家族传统，成为一名殷实的商人。闲时则浸淫于文物古董，恬静自娱。然而，西邻的德意志魏玛共和国野心勃勃，百废待兴，国内反对党则蠢蠢欲动。几年之后，希特勒快速登上全国政治舞台，一方面以民粹煽动人民，另一方面又积极规划德意志版的欧洲地图，其"渔阳鼙鼓动地来"之势即将笼罩全欧。

## 第二次世界大战

1938年纳粹铁骑长驱直入奥地利，莱特曼的父亲参加了犹太地下反抗组织，后来失事被捕，遣送入集中营。两年后，莱特曼和母亲经由犹太地下组织的协助辗转逃到了美国，定居纽约市。

1943年莱特曼高中毕业，那时第二次世界大战已经爆发，翌年他参加美军，担任工兵，并投入了欧洲战场，几经生死一线。战争结束后，因为表现优异，被陆军反情报机构相中，负责情报工作，成为最年轻的军官，继续在德国工作，在纽伦堡军法大审期间协助审讯德国战俘。由于他在"二战"时的突出表现，法国政府在莱特曼88岁高龄之际授予了他骑士头衔，以兹感谢。

## 重回校园

退役后，莱特曼在纽约市哥伦比亚大学连续拿到了物理学学士和硕士学位。彼时该物理系正值鼎盛，华裔女学者吴健雄就在那里任职，之后李政道也加入了该系。莱特曼毕业后，任职于位于加州中国湖的海军研究基地，从事当时算是非常尖端且机密的飞弹火箭弹道研发，并因为表现优异升任组长。工作一段时间之后，他产生了重返大学校园攻读博士的念头。

因为他的工作内容与控制论有关，他的博士论文研究方向就以控制论为主。那时控制工程领域的状况，恰恰犹如他初生时的欧洲，传统控制理论已达瓶颈，虽有不少建树，但在尖端弹道控制的应用方面却显得有些力不从心，徒呼负负。

## 现代控制论的开拓

而莱特曼则因缘际会，一方面受到师长帮助，进入了加州大学伯克利分校研读机械工程，另一方面则是适逢控制论内部革命，即由经典控制论迈入现代控制论，并亲身感受了第一波现代控制论所掀起的惊涛骇浪，让他从此与控制论结下了不解之缘。

莱特曼拿到博士学位之后，便留在了原系任教，6年内由助理教授升到教授。在前5年中，他发表的所有论文都是自己独立完成，内容涉及现代工程学领域，这项记录或许已成绝响。他的研究成果卓越，在最优控制、多条件最优决策、微分对策、鲁棒控制方面都有原创性、突破性，并引领了当时的学界风潮，从而让他在现代控制论领域留下了不朽的名声。

莱特曼教授一生共发表了超过300篇高水准的学术论文，所获荣誉与奖项众多，单是欧美各国最高学术团体所颁授的院士头衔就有7个之多，另外他还获得了3个荣誉博士学位，其他的高等学术研究奖也获得10余项。这些都是源于他的原创性研究成果，无关其他，誉之大师，谁曰不宜!

在个人生活层面，莱特曼可谓品味人生，能酒尚食喜游，但不耽于物。他继承了其父收集古董的雅好，又旁涉文史哲，书架上便有一本英译的《红楼梦》，还曾将德文版的庄子《齐物论》翻译成了英文。

## 只谈学术，不涉其余

虽然如此，但是他的个性非常内敛谦和。译者之一陈义华当年曾经忝列门墙，有5年的时间得以朝夕请益。每当他又获得一个荣誉，登上新闻，在走廊碰到同事向他道喜时，最常听到他讲的话是"这不过是年龄的标志罢了"，意谓这其实只是因为年纪大了，人家客气而已。如此匆匆一语带过。

他真正喜欢聊的话题其实是学术本身，这也是他一生念兹在兹之处，而且他能够把话题抓得很紧，只集中在其学术性，不涉其他功利层面。真正学有所得之士和莱特曼讨论时，会感觉犹如伯牙之遇子期。因为举世滔滔，知音却是难觅，只有莱特曼才能掌握住自己穷思竭虑，午夜梦回时灵光绽放的那昙花一现。

**本书的学术与社会价值**

阅读本书，除了得以了解一代控制论大师莱特曼的生平之外，弥足珍贵之处还有二：其一是他山之石，可以攻玉；其二是得以登堂入室，一窥真正原创性学者的内心世界。

**他山之石，何以攻玉？**

西方近代科技学术史的滥觞可以远溯牛顿那个年代。300多年来，欧美学术界人才辈出，成果丰富。究其最根本的原因，在于西方数百年间不由政府独导，而是在众学者具体操作之中，潜移默化地形成了一套虽然未见言筌，无人夸夸其谈，但却行之有效的审查研究成果的标准。如此据以激扬清浊，去芜存菁。

而这标准则是基于一套"范式"。

所谓"范式"，指的是一个具有价值标准、思考方法，与实施技术相适应的体系架构。这个架构的特色不在于其粉煌煌，而在于其形成之后，"百姓日用而不知，故君子之道鲜矣"。然而，其功能却足以撼动乾坤。根据科学史学家库恩的分析，所谓的科学革命，比如从地心说至地动说，从牛顿说至量子说，都是"范式"转换造成的。

事实上，"范式"几乎主导了所有的理性思维在具体领域的应用。可以这样说，不谈"范式"无以探源，其余种种，终归镜花水月。

这个"范式"的特色，就是其"内倾"取向，不假外铄。换言之，所有研究操作都来自操作者本身，所有的慧视灵光都出自人的发明创造，而不是来自什么客观之外的手册。

既然人类科技发展的最终动力是人的本身，那么也只有人是最高的仲裁者。所有真正具有原创性的成果在刚面世时，都仿佛是初生的婴孩，不必然意味着显而易见的功利远景。但是真正有原创经验的学者，则可以在心弦共鸣之际，感觉到那心灵绽放的火花。

这就是为什么当莱特曼教授听到某人发表新的科研成果时，既不会先问是刊登在哪个刊物上的，也不会问是哪个基金会资助的，更不会问可以应用在什么地方，当然也不会问论文引用次数，获得过什么奖励之类的，而是径自单刀直入，要你说说看，这研究是什么。

他在聆听之前，是无法提供抽象、条文式研究标准的，而是告诉你什么是好，什么是坏；可是在听完之后，他则直入堂奥，往往可以问出非常尖锐的问题，一举切入对方思维的盲区，让听者悚然一惊，惊于自己的疏忽，有时甚至会冒出冷汗来。

有些人刚开始或许还不太服气，勉强辩解，几番挣扎后，继而越想越有道理，茅塞渐开，最后则心领神会，心悦诚服，感激指点，打通了经脉淤塞之处，让自己的功力陡增。

这种审议方法很简单、质朴，却是直承西方科技文明的"内倾"传统。

推而广之，所谓研究结果是否杰出，根据西方学术传统，就是交由专家审议。可能是直接阅读论文，完全根据其中所陈、所议，细细理解之后再给予批评或称誉。这是一个"内倾"过程，不必涉及其他外在因素。

这里的审议标准未必可以事先言语道断，或写在书上、纸上广而告知，从而也可让旁人得以照本宣科。如同照套数学公式，所以无法客观化、外在化、广义化，而完全因内容情况而定，一定要经由具体操作方可。

这一西方传统如今仍然健在，仍被使用，并未消失，也绝非纸上谈兵。

纵或这西方的准绳未必可以一蹴而就。然而千里之行，始于足下，若能回转方向，由外向内，将最关键的"内倾"焦距成形，则方向拟定后，细致的实施方案就可按部就班，逐步推进。至于实行时所可能遭遇的困难，自然需要依赖集体智慧得以解决。他山之石，可以攻玉。

### 一窥真正原创性学者的内心世界

本书以口述历史的形式展现莱特曼教授的一生经历，是由采访者发问，莱特曼回答。采访者根据前一个回答，决定是否其中有可以细数之处，再续问下一个问题。每一次访谈都包含了一系列互相关联、层序有秩的问题。

采访者事后会将这些问答内容如实记录，不假雕饰，所以读者可以清晰地看到受访者的口气、用语、用词。这种真实的呈现，仿佛如见其人，如临其境。

这是让读者走进莱特曼教授内心世界的最佳方法。

相形之下，常见的所谓伟人传记，全书章节文字都经过了作者的精雕细琢、浓妆艳抹，所呈现出的无一不是作者视角之下的伟人，与真实血肉相连不知凡几。这就是为什么纵然时下爱因斯坦的传记上百，又有多少人阅后能感受得到爱因斯坦的脉动，而同其呼吸？

根据近代学者波兰尼等的研究表明，学术研究者所据以为学的资源，除了有形的外在资源之外，最深刻的无形来源有两处：其一是研究者的个人感受；其二是其指导者的影响。

关于个人感受，是来自个人的风格与禀赋。个人见山究竟是山还是水，主要是来自"支援意识"与"不可言说的知识"。"支援意识"会有助于形成"范式"。

关于指导者的影响，主要是形成具体的范例。在碰到难题时，教授与学生一起思考，一起经受考验。有时教授会根据自己的经验与直觉，建议往某一方向发力，则终有所得。这样的记忆会烙入学生"不可言说的知识"里，虽然无法宣之于口，但却可以了然于心。渐渐地，学生也可以练习使用自己的经验与直觉，在陌生的领域中蹒跚而行了。

值得强调的是，最重要的范例一定是要在实际操作之中展现出来，不能是只有空洞抽象的口号。所以教授仅口头叮咛学生做研究要有原创性是不够的，必须具体展示出如何达到原创的成果方可。

在本书中，通过莱特曼教授娓娓道来的一生经历，读者可以看到他的童年、成长、走上战场等各个时代，也可以看到他在学术生涯中的心路历程：如何涵养，如何感觉，如何披沙沥金，如何月中人物。

这种原创性学者的内心世界，才是西方学术界"内倾"式的审议传统的源头活水。

### 青青子衿，悠悠我心

中国知识分子自清朝末年以来，便充满了忧患意识。当年面对列强炮火，他们苦心孤诣，寻求国富民强之道：第一步便是洋务运动，以有形外在的建设为主，海军舰艇吨位甚至已达亚洲第一，最后则随着甲午战败而告终。

百年之后，20世纪80年代中国学术界面对西方声势夺人的科技成果，其本能反应或许也与百年之前无异。众人莫不汲汲于有形的成果，以外在形式的指标为先导，最初或仅图一时之计，但渐渐莫之能御。然而知识分子的长处之一，就是有反思抉择的勇气。中华血脉的长久，端在子孙。青青子衿，悠悠我心，但为君故，沉吟至今。为了后世的源远流长、幸福安康，今日的学术界能不致力焉。

　　翻译本书的目的是方便中国读者了解一代控制论大师莱特曼的生平，一窥真正原创学者的内心世界，给中国学术界以启示。在翻译过程中，译者尽最大可能全面呈现原文风貌，以准确把握原文的精神实质。由于译者水平有限，译文中定有不妥和疏漏之处，敬请读者批评指正。

## 译者团队成员构成

- 陈义华　美国佐治亚理工学院
- 黄　晋　清华大学
- 张新荣　长安大学
- 熊　丹　江苏苏净集团有限公司
- 潘慕绚　南京航空航天大学
- 李桂芳　南京航空航天大学
- 黄清敏　上汽通用五菱汽车股份有限公司
- 甄圣超　合肥工业大学
- 徐金全　北京航空航天大学
- 赵睿英　长安大学
- 董方方　合肥工业大学
- 孙芹芹　南京理工大学
- 王修业　南京理工大学
- 赵晓敏　合肥工业大学
- 孙　浩　合肥工业大学
- 尹　辉　湖南大学
- 于蓉蓉　山东科技大学
- 杨四阳　安徽工程大学
- 李晨鸣　合肥工业大学
- 刘晓黎　合肥工业大学
- 王　欣　长安大学
- 魏　萃　东北大学
- 刘东旭　延边大学
- 谢晓睿　安徽财贸职业学院
- 鲜媛洁　合肥工业大学

# 访谈者说

编撰一部如此长篇的个人传记，原因有以下两点。首先，这些生命之长度与厚度都需要被记载。其次，在我们眼中，这些独特的讲述者见证了庞杂的历史事件。我们希望听到他们讲述自己曾经的见闻、经历、遭遇和成就，更希望听到他们讲述一些大家习以为常、耳熟能详却又不明所以的事情。

你能从失败中学到什么？2018年初，在访谈即将开始之际，一个清晰的主题显然是风险。

12岁之前，莱特曼都过着怡然自得的生活。随后，一切都发生了翻天覆地的变化，小男孩迅速成长为大男人。20世纪30年代的维也纳繁荣稳定，似乎绝不可能发生任何巨大灾难。长辈们是这样告诉他的，他们还会拿这件事开玩笑。随后，莱特曼就看到大家都在议论的那个男人开车进了城。他还看到其他男孩穿着笔挺的制服行进，那些制服有的是用卡车运进来的，有的不知道是从哪里翻出来的。他的家中被盗，家人离散。他跟随几位家人逃了出来，靠着小孩的适应能力，他在纽约的一所中学重新过上了相对稳定的学习生活。不过，他在"二战"期间加入了美国陆军战斗工兵团，再次踏进一个危险世界。战斗工兵负责重建被摧毁的桥和路，而莱特曼负责侦查工作。换句话说，他冲在团队的最前端，而他的团队也是冲在一支前进队伍的最前端。他们常常深入敌后，一次次目睹了那些不幸者的命运。

我是一名科学史学家，在我的领域中，最重要的是研究社会与技术之间的关系，研究创造知识的制度、人民以及政治。以前，我根本不明白科学家的自身经历与其研究之间存在何等关系。

"二战"结束后，莱特曼获得物理学硕士学位，随后应征加入美国海军，从事火箭理论基础研究。他利用自己的知识和经验，为一个叫作控制论的东西作出了开创性贡献。本质上，控制论是一些数学规则，能够将一个系统控制在一个最优或稳定的规定状态。虽然听起来很抽象,但莱特曼的研究最终在很多领域中被应用,包括火箭研究、经济学、渔业管理、地震预报、飞机的风切变、人工智能等。我们的社会体系中有很多都是围绕可能性(最有可能发生或不会发生的事)进行规划的。莱特曼曾经生活过的社会体系中就存在危险。他平生的主要工作之一就是解释和控制体系中存在的那些可能性微乎其微的灾难性威胁。极少有如此抽象的理论研究中充盈着如此苦难的心路历程。这正是访谈中最突出的主题之一。

由于上述种种原因,我们认为这些个人传记的讲述者是充满智慧的。当我对莱特曼抱有如此期望时,他却通常会耸耸肩膀,说自己并不是专家,即便他是。这恰好体现出智慧的另一方面:谦虚。与其说我们在访问独立的个体,不如说我们是在跟随一群潮起潮落的人。在设计访谈环节的时候,我一直在尝试理解他的研究兴趣之广泛,或者作为一个重要见证者,他是如何面对那些巨大的全球性悲剧的,然而莱特曼每次都把话题回归到人身上。他提过这个人吗?他是否足够称赞此人,是否花费了足够时间讲他的故事?其他人非常重要,家人非常重要。家族大于家庭,他人优先。这便是他的生活方式,也是他用来理解世界的世俗方式,他总担心世界会崩塌。莱特曼之所以在同行、同事中,在他的国家和其他国家中都享有名望,这便是原因之一。他为我们树立了一个榜样,向人们展示如何渡过难关,直面困难,不被打倒,如何对成为比自身更为宏大事物的一部分的复杂礼物心存感激,获得幸福。

保罗·伯奈特,加利福尼亚州伯克利,2019 年

# 目 录

第 1 章　乔治·莱特曼的童年 …………………………………………… 001
第 2 章　"二战"中颠沛流离与艰辛求学 ………………………………… 028
第 3 章　在欧洲对抗法西斯 ……………………………………………… 056
第 4 章　进军火箭领域 …………………………………………………… 085
第 5 章　推进控制论 ……………………………………………………… 121
第 6 章　执教加州大学伯克利分校 ……………………………………… 149
第 7 章　魂铸控制论大师 ………………………………………………… 183
第 8 章　优化与稳定性理论 ……………………………………………… 209
第 9 章　探索不同领域的控制论 ………………………………………… 232
第 10 章　在控制论领域教学育人 ………………………………………… 261
第 11 章　余晖控制论 ……………………………………………………… 291
附　录 1　乔治·莱特曼背景与经历简介 ………………………………… 326
附　录 2　莱特曼纪念奥斯汀·布拉奎尔的文章 ………………………… 330

# 第1章

# 乔治·莱特曼的童年

采访时间：2018年2月12日

**伯奈特**：这里是保罗·伯奈特采访乔治·莱特曼的现场。今天我们有幸采访乔治·莱特曼先生，我们现在在加州的伯克利，这也是我们的第一次采访。今天是2018年2月12日。在口述史中，我想如果您能尽可能详细地介绍您的祖辈就再好不过了。给我们讲讲您的父母、祖父母，如果可能的话，还有您的曾祖父母。

**莱特曼**：好的。我出生于1925年5月24日，那是一个周日的早晨，我被告知是凌晨5点出生的。我的父母是约瑟夫·莱特曼和斯特拉·莱特曼。我母亲的娘家姓费舍尔。我想几乎这个家庭的每一个分支，在我接触过的大多数世代中都来自一个完全被同化了的犹太家庭，特别是我的祖母和外祖母，对宗教的依恋只有两种方式，她们确实真的只庆祝赎罪日，没有其他节日。尤其是我的父亲，鉴于他经历过世界大战，自己可能已经是个不可知论者了，所以我们觉得自己是奥地利人。当然，之前的几代人都是奥匈帝国的公民，包括我的父母、祖父母和在那之前的大部分人。我猜一直到1800年，奥匈帝国还只是真正的玛利亚·特蕾莎帝国的一部分。尽管他们不是都出生在维也纳，但他们觉得自己是真正的奥地利人。奥地利是一个多民族的国家，君主制，我不知道有多少民族，但大概有几十个，还有所有的主要宗教。

**图1.1　祖父亚历山大·莱特曼**

所以我们觉得很自在。我父亲是五个孩子中的长子，其中一个在 1894 年出生时就夭折了。我的祖父亚历山大和他的妻子塞西莉亚（因某种原因有时被称为"塞维亚"），我想可能是波兰语的名字。他们来自波兰的奥地利区域，直接与俄罗斯帝国相邻。事实上，该省的首府是克拉科夫，直接与俄罗斯接壤。考虑到与俄罗斯的关系，在那段时间里这里大部分时间都是军事区。我的祖父亚历山大很早就开始了他的军旅生涯。他的两个哥哥和他的父亲，大概在 19 世纪 70 年代或 80 年代移民到了英国。所以他是这个家族中唯一还留在奥匈帝国的人。他开始为军队工作，从一名军士开始。他出生于 1864 年，所以大概是在 19 世纪 80 年代开始了他的军旅生涯。我看了他的记录。他迅速晋升为中士，然后晋升为少尉、中尉、少校，最后他的最高军衔是中校。

现在有趣的部分来了。我在查阅中看到，军队的行政部门中有文职军衔，或者至少是文职头衔。例如，医务人员被称为中尉医师，准医师也拥有同等的军衔。所以我祖父的军衔是二等高级财务顾问。如果是一等的话，他会是一个标准的上校。他是一个非常爱国的君主主义者，起码在我见到他的时候是这样。我不记得了，因为他在我 4 岁之前就去世了。他是一个真正的爱国者。事实上，他被授予了帝国所有公民除王子以外所能获得的最高荣誉。另外，他还获得了那枚金十字勋章。

图 1.2　全家福——祖父身穿制服

**图1.3 莱特曼家族——祖父亚历山大与父亲约瑟夫**

我不太了解我祖母的家庭。事实上,我几乎一无所知。她一定来自帝国的同一地区,因为他们显然是在祖父当兵的时候结婚的。他们有4个孩子——实际上是5个,4个女孩,还有我的父亲,他是长子,生于1894年。其中一个女孩在很小的时候去世了,所以我父亲有3个幸存的姐妹:罗斯姑妈、阿黛尔姑妈和吉赛尔姑妈。有趣的是,这两个中间的姐妹——也就是阿黛尔姑妈和吉赛尔姑妈嫁给了两个来自美国的远房表亲,他们来自加州的金斯佩尔家族。我想这可能并不罕见。他们在19世纪中期来到美国。

**伯奈特**:我想是19世纪50年代吧?

**莱特曼**:大约在那时。这一切都很明显,因为那时正值欧洲解放。那些看到在俄罗斯和其他地方发生大屠杀的犹太人想要离开。金斯佩尔家族做得很好。他们在中央谷地拥有土地,还在弗雷斯诺和贝克斯菲尔德之间运营公共马车。后来他们卖掉了那处房产,然后搬到了旧金山。但我从未见过阿黛尔姑妈的丈夫,他在我出生前就去世了,我想也许正好赶上了地震。吉赛尔是我父亲最小的妹妹,在第一次世界大战结束时死于流行性感冒。阿黛尔和罗斯两位姑妈住在维也纳。我和阿黛尔姑妈从未见过面。她曾为我登记加入美国红十字会,在那四五年中,我每过一个生日,就会得到一个5美元的金币。我不知道发生了什么。

**伯奈特**:所以您的姑妈们跟随金斯佩尔家族一起搬到加州去了。他们相遇是因为有家庭关系,会常来拜访。

**莱特曼**：我知道他们是远房表亲。

**伯奈特**：他们前来拜访，您才得以了解他们。

**莱特曼**：他们实际上是到欧洲找妻子的。这就是我得到的消息。当然，这些消息都是我从别人那里听到的。金斯佩尔家中的一个和最小的吉赛尔结婚，当然他们没有孩子，因为吉赛尔在1917年之前去世了。阿黛尔姑妈嫁给了另一个金斯佩尔家的人，她的丈夫在我有机会见到之前也去世了，所以我不认识他。阿黛尔姑妈和她丈夫有两个儿子，是我的堂兄弟。待在家里的查理是一个受姑妈宠爱的孩子，还有堂兄阿尔弗雷德，他是我最喜欢的堂兄之一。事实上，他大概七八年前才去世，享年94岁，而我在那之前四五年就已经是他遗产继承的执行人了。他退休后去了长滩。

至于罗斯姑妈，她还留在维也纳。她嫁给了阿尔弗雷德叔叔——我们叫他弗里茨·戈维茨。他们住在普拉特游乐场的一个非常漂亮的房子里，那是一个巨大的绿色区域，属于以前皇帝骑马的地方。当然，那是我最喜欢的地方，因为他们经营一家糖果店，类似于一家熟食店，更重要的是，他们有3个孩子。库尔特，他是最小的，比我还小，还有两个女孩，玛莎和凯。玛莎在中间，她比我大一岁左右，还有凯表妹。每次去那里的时候，我都打扮得得体靓丽，这一过程不会超过5分钟，因为那里对我来说真的是一个自由的地方，我总是喜欢去那里，当然，还有糖果。

**伯奈特**：他们是淘气的孩子吗？会不会出去就惹麻烦？

**莱特曼**：对，尤其是玛莎，她原来是个真正的假小子。我们是邻居的噩梦。当然，在我要被接走的时候，我就重新穿好衣服，把一切都收拾干净了。真是个好地方。我妈妈经常带我去普拉特，因为我们住的地方离普拉特大约只有15~20分钟的步行距离。

**伯奈特**：普拉特是一个公园吗？

**莱特曼**：普拉特是一个很大的公园。那里曾经是皇帝和贵族骑马的地方。公园里有小路和草地。沿着中间的那条小路，旁边有很多大树，有咖啡馆、餐馆和各种各样的好东西，那里还有一个体育场。旁边游乐园就是其中的一部分，这是一个非常完整的游乐园，它因巨大的摩天轮而闻名。公园的入口那里还有旋转木马。那是一个小村子的规模，公园里有自己的邮局和铁路。那是一个美妙的地方，是我生命的第一部分，直到1938年，我还是一个非常快乐的孩子。例如，在最初的三四年里，我的父亲在第一次世界大战中是一名志愿者，他在塞尔维亚前线两次受伤。战争结束后，他去了一所商学院，成为一名会计。父亲为一家政府机构工作。我一度认为父亲的工作与军事有关，因为我知道他与阿富汗战争部长有联系。我记得我看到过一次，他和阿富汗部长沟通，我猜是他们要来奥地利买武器——回函上说。很不幸，这位部长刚刚被绞死。因为我父亲是个集邮爱好者，所以他保存了所有类似的东西。

　　父亲也是个热心的渔夫。我3岁以前就开始学游泳了，因为他经常带我上他的船。那时候人们是不穿救生衣的。事实上，当我再大一点的时候，清晨5点我被要求去为他划船。我从来没有真正成为一个渔夫，因为我不知道如何把鱼钩拿出来。那是一段快乐的时光，直到大约1931年或1932年。我想那是奥地利的一部分，在维也纳的东北部，是多瑙河的一条支流，我父亲在那里钓鱼，我们通常在农场宿营。我父亲也在那里上班，他会在周末乘火车去，然后再回来。那是一段快乐的时光。我没有不悦的经历。我在三四岁的时候有了第一个女朋友。这里有一些图片，真是有意思。实际上，这种情况一直持续到最后。

图1.4　父亲约瑟夫与母亲斯特拉的婚礼

我目睹了许多事件。在我讲到那个时期之前,请允许我先谈谈我母亲的家庭。我的外祖母嫁给了费舍尔兄弟中的一个,他们有一栋公寓和一家很大的服装店。它占据了公寓一楼的所有角落。他们来自匈牙利南部一个叫塞格德的城市。当然,我的母亲出生在维也纳,但我的外祖母一直和我们住在一起,因为她的丈夫去世后,她继承了那栋公寓。大概在他们住在那里的时候,她已经把两套普通公寓改造成了一套非常大的公寓,位于公寓大楼的第一层。我想那是一栋四层的公寓,可能是19世纪初建造的。不过,那是一个非常方便的地方。我们住的地方离一个大型露天市场有半个街区远。当然,现在那里的服装店已经不存在了,它已经被一个油漆和化学品供应商接管了。我还记得店主人的名字,他叫扎勒。

我想起了一些事情。我们住的地方是一间非常漂亮的公寓。我有一个很小的起居室,我们称之为家庭用房,在厨房旁边。我们有两个走廊,有一个室内厕所,这很重要,因为在那个时候,厕所是在公寓外面的走廊里。我们是唯一有私人卫生间公寓的。我们有一个非常大的浴室,这对我父亲来说很重要,因为他是一个业余摄影师,他有专用设备用来冲洗胶卷。因为他常常自己冲洗照片,所以衣服常常被烧出破洞。我的母亲有一段糟糕的经历。有年夏天当她还是个孩子的时候,去了在意大利的一个鱼市场,当她看到虫子从鱼里爬出后,再也没碰过一条鱼。我父亲有时也会作弊。如果他没有捕到鱼,就会从其他渔民那里买鱼,带回家来,然后倒进我们的浴缸里。我可怜的母亲不仅要忍受,还要烹饪鱼。

图1.5 莱特曼与父亲约瑟夫

我们家庭里有一个女佣,她负责做饭,我们还有另外两个女佣,每个月来一次打扫整个公寓。我还记得她们穿着毛毡拖鞋来擦拭拼花地板的样子。她们所清扫的东西还包括:高高的天花板、带有紫色双层窗帘的高门、天鹅绒的窗帘等。使用很少的房间是餐厅和客厅。客厅有两扇带阳台的双层窗户和一架三角钢琴,我在那里学了5年钢琴,除了音阶之外什么都没学过。我外祖母住的地方离公寓的其他地方都很远。通往厨房的门厅有两扇双层窗户,其中一扇被改装成笼子,用来放我父亲的小鹦鹉——虎皮鹦鹉。我想大概有 30 只。其中有一只温顺的蓝白相间的小鹦鹉，我猜它的妈妈已经死了。它经常待在家具下面，直到我们回家。然后它会跳起来给我们一个吻。我记得在小时候，还有一条狗，一条丝毛猎犬。有趣的是，我还有一个丝毛猎犬的史帝夫玩具，现在还在楼下我女儿的书房里。

在我母亲的家庭中，她还有一个哥哥和一个姐姐。哥哥是老大，我叫他保罗舅舅。她姐姐的名字叫伊丽莎白。伊丽莎白嫁给了一位奥地利骑兵队的退役上尉。所以即使在那个年代，犹太人也可以有这样的职业，这在德国是不可能的。所以弗朗茨·约瑟夫是一个相当开明的皇帝。他们有一个女儿，我的表姐玛丽亚，她比我大 7 岁，我想她生于 1917 年。我知道这一点是因为我刚看了她的讣告。她最初是一名儿童剧演员，在马克斯·莱因哈特表演学校（Max Reinhardt School of Acting）工作，那时学校有自己的剧团。后来去了学院，还去了舞蹈学校。他们住的地方比我们的好。我想我会用自命不凡这个词来形容他们。保罗舅舅有时付不起全部的账单，我父亲可以说是全家的家长，他会支付保罗舅舅的账单。他们住在一幢豪华公寓里，公寓室外有一部电梯，两边都有台阶。在他们公寓的前门上，挂着我舅舅的交叉军刀。我记得很清楚，他抽雪茄，还是个秃头。

图 1.6　母亲斯特拉、姨妈塞维娅和外祖母范妮在前往美国的路上

图 1.7 玛丽亚·帕尔默,莱特曼的表姐

**伯奈特**:您的舅舅在您的童年记忆里是一个戏剧性的人物吗?

**莱特曼**:是的。他有一辆摩托车。这很有趣。保罗舅舅我真的不太了解,因为他在第一次世界大战中是奥地利炮兵的中尉,并在战争的第一年被俘,当时俄国人接管了奥地利那部分的一个堡垒,同样在波兰那一部分再次占领了一个堡垒——普热梅希尔,我不会为你拼写,因为它只有 P-R-Z-S。你知道的,这就是普通的波兰语。所以,有趣的是,他一直没有回来——因为那也是在我出生之前——直到 1920 年。战争于 1918 年结束,人们认为他已经死了。一天,门铃响了,保罗舅舅回来了。他曾在西伯利亚的战俘营里当战俘,时间比俄国革命还长。

**伯奈特**:参加"内战"的白俄人。

**莱特曼**:他和捷克旅一起在俄国革命中参加战斗,当时他在捷克斯洛伐克,或者说是波西米亚和摩拉维亚,在战争两年后他出现在维也纳。他进入了维也纳工业大学,成为一名化学工程师,获得了专业所需的硕士学位。在 20 世纪 20 年代,欧洲的经济形势总体上非常糟糕。他的俄语说得很好,因为他在西伯利亚待了将近 5 年。当时的苏联正在发展自己的工业,所以他们特别邀请了许多外国工程师。1929 年,他离开了家,离开了妻子爱丽丝和女儿埃尔弗里达,他找到了一份工作,成为一家当时由苏联管辖的化工厂的厂长,叫作斯维尔德洛夫斯克。那时在叶卡捷琳堡,沙皇已经被赶走了。然后,在 20 世纪 30 年代早期,大约在 1932 年,他在莫斯科得到了一份更好的工作,再次担任了一家化工厂的厂长,他的妻子和女儿,爱丽丝和表妹埃尔弗里达,也加入了他厂里工作。直到后来的 1937 年,他被迫做出一个选择:成为苏联公民或者离开。他可能确实犯了个错误。无论如何,他决定离开并回到维也纳。然而这只持续了 4 个月,因为后来纳粹来了。

有一个关于我爱丽丝"舅妈"的小故事。她娘家姓索伯森,叫爱丽丝·索伯森。

卡尔·索伯森是她的一个远房表亲，后来叫卡尔·拉迪克。他可能是俄国革命的主要推动者之一，是列宁的好朋友和门徒。后来斯大林上台。拉迪克很有幽默感。他最终成为莫斯科审判的受害者。我想他是在 1936 年受审的。

**伯奈特**：1936 年到 1937 年间。

**莱特曼**：差不多是那样。他很有幽默感。我在斯特凡·海姆的一本历史小说里读到这些，书名叫《拉迪克》，他为自己的审判写了剧本。他没有被判处死刑，他和他的女朋友被送到西伯利亚的古拉格集中营，但只持续了一个星期，所以，这一切都是安排好的。

现在我可以回到我早期的时光，比如说前四五年。我 6 岁时进入文法学校。学校离我们住的地方很近，大概有两三个街区，所以我可以步行去学校。在这里，我又记起了一些特殊的事情。其中一个是我说话太多，我经常被妈妈叫来谈这个问题。我有几张照片，是我把装在篮子里的午餐盒挂在脖子上的情景。至于午餐，我们午餐的牛奶被放在散热器上的小水杯里，用来保温。在那个年代，所有东西都是装在玻璃容器里的，因为没有塑料容器。校长的名字在我脑海中浮现，他的姓是伊默沃尔，"永远充实"。不知怎么的，这些小事情又突然出现在我的脑海里。

图 1.8　小时候的莱特曼

我刚刚想到了一件事，想起了一些你不会想记住的事情。在我三四岁的时候，我的父母把我送进了一家法国幼儿园，非常小的一个幼儿园，只有8~10个孩子和2个老师。我曾有一段糟糕的经历，老师带我们去公园，我和另一个孩子站在出租汽车上，老师和其他3个孩子都坐着，当我们转过内城大道上环路的拐角处时，车门打开了，我们都掉了出来。幸运的是当时车速不快，他抱着我倒在电车轨道上，电车开过来了。当时救了我一命的是维也纳有轨电车的排障器，它能让车速慢下来，老师才有时间把我和另一个压在我身上的孩子抱起来。之后，我大约花了一周才走出心理阴影。

伯奈特：您当时受伤了，是吗？

莱特曼：是的，摔伤脸，我的鼻骨摔断了。后来我从那所幼儿园退学了。这就是我所记得的。

伯奈特：我得到的印象，您是非常稳定的。在某种程度上，您有着一个田园诗般的童年，您被家人包围着。您可以去舅舅的糖果店，还有那些漂亮的公园。我认为更大的是帝国王冠上的宝石——维也纳。

莱特曼：帝国已经不存在了。但是迄今为止，维也纳都还被认为是帝国的首都。

伯奈特：但它确实有首都的那种感觉。在那些日子里，在您的父母和祖父母的年代里，维也纳是帝国发展、繁荣和先进技术的中心。当我浏览您的自传体作品和您做过的其他采访时，我们能列出您的亲属中有很多位是军人。您的父亲、您的祖父、您的两个叔叔都是奥匈帝国军队的军官。在第一次世界大战中战斗过，在那之前也战斗过。您的祖母是在奥普战争的炮火中出生的。

莱特曼：是的，在摩拉维亚。

伯奈特：所以，我想一个稳定、繁荣、和平的环境，和一个暴力、敌对、不稳定、危险的环境会形成鲜明的对比，而且所有这些都发生在同一个地方。我不确定我对此有什么特别的见解，但我想这个问题可能是：作为一个孩子，您是如何处理的？也许只有您舅舅家门上挂着的交叉军刀才说明问题，这是浪漫的。

莱特曼：我当然没有置身于那种环境中。这是我的日常生活。在那个年龄，我没有历史感。当然，我的历史感来临要晚得多。但我确实在很小的时候也经历过历史事件。例如，在20世纪30年代早期，我们不再去农舍——那条被称为坎普的小河。我父亲在一个叫老多瑙河的湖边购买了一块地，直至今天，那里还是很受欢迎的地方。我们建造了一座小房子，小的乡村房子，是我父亲设计的，然后找了一个建筑师来帮助他搭建。即使在我开始上学之后，我们还是在那里度过了夏天，因为在湖的一端坐有轨电车可以到达那里。我父亲有一条大船，所以他会乘船去他工作的地方，然后坐有轨电车，然后划船回来，诸如此类。这看起来很自然，并没有什么深奥或特别的地方。正如你所说的，在很大程度上，这当然不是我始料未及的。我知道我的家庭比较富裕，我的一些朋友没有我富裕，但我肯定不认识任何贫困的人，他们显然存在。我想在那个年龄，我说的是12岁左右，我已经明白了一些事情。例如，在1934年冬天，这个国家虽然像往常一样，但在政治上分裂了。那些大城市通常是左翼的，而农村是右翼的。在奥地利，右翼意味着法西斯。有一个法西斯政党。

图1.9　少年莱特曼为了玩耍穿着不当

**伯奈特**：意大利式的。

**莱特曼**：对，有点意大利式的。那个法西斯党的头目是斯达亨伯格伯爵，他有自己的民兵。对于维也纳来说，我不知道具体的百分比是多少，我可能会查一下，但可以肯定的是，大部分都是社会民主党。当时有一个共产党，规模还相对较小。社会民主党是主要政党，他们为工人们建造了巨大的公寓楼。后来这些都被法西斯分子接管了。第一位法西斯总理是一个叫恩格尔伯特·多尔福斯的小人物。因为他们开始遵循意大利法西斯的墨索里尼模式立法，于是出现了一场起义。政府称之为"内战"。这次战争只持续了大约3个星期。社会民主党和共产党的左翼同盟称其为工人起义。这取决于你怎么看待它。首先，当法西斯军队开始行动时，工人们建起了堡垒，但最后工人们被残酷地击败了。如果你看看今天仍然存在的这些非常大的公寓楼，它们总是有一个外翼和一个内翼的整体。

**莱特曼**：今天，你仍然可以看到"内战"的影响。那些曾经被破坏过的地方，最终都被修缮过了，但你仍然可以看得出来当初被破坏得很严重，因为最终是军队带来了大炮和飞机并接管了这些地方。当然，没有人能阻止这些。所以"内战"在3周内就结束了。记忆中，在我们街区的拐角处，露天市场所在的地方，他们用沙袋搭起了一个机关枪阵地。我偶尔能听到机关枪的声音,所以我猜他们在向人开枪。我也不知道具体的比例,但绝大多数维也纳的犹太人都是社会民主党人,因为另一种选择只能是一个法西斯党。当然,维也纳人一般来说是中间偏左的。法西斯党的主要支持者,以及最终支持纳粹的人都来自农村。在当时,农村人口占全国的三分之二。维也纳几乎占了整个国家人口的三分之一,有200万人。整个国家也许有600万人或650万人,跟现在差不多。

所以,在那个时候,就我的家人而言,他们对法西斯政府不满意。事实上,对纳粹也不满意,因为在1934年夏天,纳粹发动了政变,他们冲进了在帝国城堡里的议长办公室。我记得那时我们已经回国了。我想大概是在6月吧,我们听了广播,先是报道总理办公室遭到了袭击,然后几个小时后传来的新闻报道,实际上他们已经接管了办公室,但总理没事。后来我们才知道发生了什么,因为他们开始演奏葬礼音乐了。这就是当时的情况。这些场景因为一些奇怪的原因深深地印在了我的脑海里。即使在社会民主党掌权的时候,军队的重要性也是显而易见的。例如,在体育课上,我们曾经投掷假手榴弹作为练习,以及爬绳,等等。那种纪律严明的态度是非常强烈的。

然后,下一任总理大臣,一个名叫舒希尼格的人,在第一任总理大臣被谋杀后接任。但因为他上任后首先宣布纳粹党为非法,他受到了希特勒的威胁。这让希特勒很不舒服,他给舒希尼格施加了很大压力。我们现在说的是1935年、1936年和1937年那3年。奥地利的法西斯政府感觉受到了墨索里尼的保护,这一方面表明了希特勒是多么的邪恶,而另一方面又显示了希特勒是多么的狡猾。1937年,我想应该是1937年的秋天,希特勒邀请墨索里尼去观看德国军队的军事演习,这把墨索里尼吓坏了。

与此同时,我被文理中学录取了。我父亲认为我要么会成为一名专业人员,要么可能成为一名教师,所以我去了文理中学。即使在目前的体系中,也有两个分支:一个是技术分支,即科学与工程分支;另一个是人文分支。如果你想进入法律或社会科学领域,你需要学习8年拉丁语和8年希腊语。我注定要学8年拉丁语或希腊语,所以我开始学习拉丁语,这对我来说是最难的。从10岁开始,我被文理中学录取了。我通过了1935年的考试。从某种意义上说,那是一段不太愉快的时光,因为那是一段纪律非常严格的时期,被称为教授的老师和已经被称为先生的学生之间发生了公开冲突。10岁的时候,我成了"莱特曼先生",我记得他们用拉丁语叫我"四瓣屁股","莱特曼先生,您是四瓣屁股。"(此处使用拉丁语)。

**伯奈特**:您做了什么导致这些事情发生?

**莱特曼**:我不记得我做了什么。

**伯奈特**:也许您什么也没做。

**莱特曼**:我们都被打了。

**伯奈特**:哦,天哪。

**莱特曼**:这是类似于伸出你的手,然后你就被狠打一下。他们没有连续打你或怎么样,但那就是惩罚。

**伯奈特**:那很痛吧?

**莱特曼**:是的。这是公开的斗争。另一方面,学生们却想尽办法打断老师的讲课。在他的座位上放上粉笔,在地板上放上各种让他滑倒的脏东西,还有图钉,诸如此类。我记得很清楚,学校旁边有一个小商店,我们在那里买学习用品、纸、铅笔和所有的东西。它也卖小玩具,像那种跳跃的小东西,你摩擦它们时就会到处乱跳,甚至有爆炸感。这是我一直铭记在心的事情。唯一发生的一件大事,我想大概是第二年吧,就是院子对面有一所女子学校,我们是一所男校,大约有 600 名学生,我们尽了最大的努力去偷看女孩们住的地方。我们想也许会看到她们在换衣服之类的。当然这只是希望。我们站在马桶上试图窥视,结果被抓住了。所以我的整个班级——总共有两个班——被开除了一个学期。我们不得不上私人课程。除了拉丁语,我的父亲什么都教过我。我的老拉丁语教授,爱珀斯坦教授被雇来教我拉丁语。实际上我在一个学期的私人辅导中学到了比课堂上多得多的拉丁语。这些都是我印象深刻的事情。这是一些小插曲,很奇怪,我对那个时期没有一个完整的记忆,但我记得学校是拉纳大公文实中学。在我忘记之前顺便说一下,因为西格蒙德·弗洛伊德是学校最有名的毕业生,这个学校现在被改名为西格蒙德·弗洛伊德文实中学。1873 年,西格蒙德·弗洛伊德从那所学校毕业。

**伯奈特**:他是您家附近的居民,对吗?在利奥波德施塔特。

**莱特曼**:他住在犹太人口最多的第二区。在他变得非常有名之前,他的办公室一直是设在多瑙运河对岸的中心地区。有人曾经把他指给我看,当时他正走在一个名叫奥加藤的公园里,离我们家大约有三四个街区。那里有一个滑冰场,我在那里学过滑冰。他走路时总是保持双手放在背后的教授式的走路姿势。另外，一点小胡子一直是弗洛伊德教授比较出名的一部分。当然，那时他已经很出名了。这一点一直在我脑海中挥之不去。我也不知道，这些信息中有多少后来被强化了。我只知道我一开始就接触到这些。除此之外，我还可以去滑冰，步行只要10分钟。穿上溜冰鞋的感觉很棒。走路20分钟到游乐园，诸如此类的事情。这很有趣，因为它与我的整个历史非常契合。我父亲脾气很暴躁，他可以毫不犹豫地大发雷霆，但马上就后悔了。我受到的最严厉的惩罚是他打了我一巴掌，没有比这更糟糕的了。但是，当我们因为试图偷窥女生而被开除时，他并没有惩罚我。我想是因为他记得自己的童年吧。（笑声）我只记得我被告知不要那样做，但我没有受到惩罚。

**伯奈特**：这种绝对的、严格的性别隔离，滋生了一种好奇心，不是吗？

**莱特曼**：20世纪80年代以前都是这样。

**伯奈特**：直到20世纪80年代，该校才实行男女同校制。

**莱特曼**：八九十年代。我查过了，有一位女性教育部长。这所学校仍然只有大约600名学生，但现在是男女同校，搬到了另一栋楼里。他们搬到了镇上的另一个地方。这是非常有趣的。在这种意义上，我从来没有交过女朋友，因为在学校里，只有在那里你才能认识女孩。当我来到美国的时候，我发现女孩真的很好。（笑声）

**伯奈特**：的确。我想再谈论一下这个问题。第一次世界大战结束时您父亲在服役，您的两个舅舅也都在"一战"中服役。轴心国被打败了。我对奥匈帝国的历史不是很熟悉，但在德国，有大量的赔款要付给法国以及其他国家，这在20世纪20年代使德国经济陷入瘫痪，当时通货膨胀严重。我不知道这种不稳定在多大程度上也对奥地利产生了影响，如果它受到同样影响的话。

**莱特曼**：我不记得那些国家得到了大量的赔偿，但我记得整个中欧地区的通货膨胀和失业率都很高，战败国的情况肯定更糟。很糟糕。因为这个原因，我舅舅去苏联找了份工作。

**伯奈特**：是的。他毕业于维也纳工业大学。作为一名化学工程师，您认为他能找到工作吗？

**莱特曼**：我不能和我父亲讨论这个问题，因为我最后一次见到舅舅是在我14岁的时候。我想他在奥地利政府经营的军火公司得到那份工作，很可能是通过舅舅父亲的军队关系。我的意思是,我没有证据证明这一点,但这肯定没什么坏处。这当然是其中的一部分。我只感觉到,我们在这个国家有一个家,在那里我们度过了整个夏天。我刚找到一本他们出版得很好的书《奥地利军队》,1937 年出版,当时还在法西斯政府统治下。当我们在乡下有房子的时候,附近有军队演习活动。那是一个开阔的乡村,我有时不知怎么走进了野战厨房区域,显然在那里我成了吉祥物。一天有一队人在铺设电线,他们慷慨地照顾我就像对待宠物一样,那天晚上我没回家。第二天早上,我父母找我,我不在,所以他们报警了。他们花费了一天半的时间才找到我,因为军队"收养"了我。(笑声)

**伯奈特**:这属于您的家庭,您的大家庭,参加帝国项目的故事,对吧?奥地利是一个高科技、工业国家,目前是世界第四大机械制造国,仅次于德国、英国和美国,所以在军备制造方面,它就……

**莱特曼**:比法国规模大。

**伯奈特**:比法国规模大。奥地利有许多高科技产品的制造商和出口商,领域涉及汽车、火车电动机、飞机,其早期的石油工业也很重要。所以西格蒙德·弗洛伊德说这里是现代工业的中心,它输出高科技产品和工程创新等。

**莱特曼**:嗯,在医学上,奥地利是领先的国家。文学、音乐都是领先的。

**伯奈特**:还在很多方面,不是吗?

**莱特曼**:我不知道。我大概是在 10 岁或 12 岁的时候才意识到,我的父母会去看歌剧,以及诸如此类的事情。我真的觉得我是由外祖母范妮带大的,她和我们住在同一套公寓里,她拥有这套公寓的房间及其一切。她是一个非常坚强、聪明的女人,而且非常有趣。我仍然记得,我们总是有最新的收音机和留声机使用。我的父亲不做会计后,开了一家电力供应公司,我母亲在办公室帮他,所以我外祖母真的很照顾我。她会这样说:"打开收音机,也许我们会听到些什么。"这是一种"狡猾"的语言。当她不小心把杯子掉在地上时,她说:"你看见了吗?它从我手里跳了出去。"她是一个非常聪明的女人。她一直和我们住在一起,直到她去世。事实上,许多年后,1947 年她在美国的家中去世了。我记得她当时已经昏迷了,她的儿子保罗舅舅和我的母亲都在场。她的另一个孩子,伊丽莎白姨妈已经和她的女儿搬到了好莱坞,所以她们不在那里。但她睁开了眼睛。我坐在床边,她说:"我还活着吗?"随后她就去世了。

**伯奈特**:天啊。

**莱特曼**：我永远不会忘记这一幕。当然，那时我还是个大学生。这些被称为轶事的小故事在人们开始回忆时，这些小片段又会跳回你的脑海里。就像这样子。

**伯奈特**：她的性格坚强，却又有些轻佻。

**莱特曼**：她是个风趣的人。甚至当我后来成为哥伦比亚大学的一名大学生时，当我和女孩约会时，她也会说一些不太得体的话，我现在就不重复了。她有真正的幽默感。她肯定是我早年生活中最重要的人物之一，这是毫无疑问的。

**伯奈特**：您是被她抚养长大的，对吧？

**莱特曼**：是的。另一位祖母马上搬到了她住在旧金山的女儿家，所以我和她，也就是亚历山大的妻子塞西莉亚，几乎没有什么联系。阿黛尔姑妈住在这里，但我不认识她，我们确实和她一起住过一段时间。这个时期我还没讲过，但在我们谈到德奥合并之前就不谈这个了。

**伯奈特**：我只是在想，这是一个如此发达的国家，而您的家庭在这个国家的中心。您在地理上处于中心位置，而您父亲则从事电力供应业务，也就是最前沿的领域。

**莱特曼**：他总是对科学技术、远足和探险感兴趣。事实上，在他结婚之前的夏天，他是一个负责挖掘工作的志愿者，我想工作地点应该是埃及或者中东的某个地方。后来，可能为了弥补打了我一记耳光之类的遗憾，他立即弥补了——我记得他主要做了两件事情。这两个地方现在都还存在，一个科学的、真正的天文学中心，叫作缪斯女神。那是一座很大的建筑，那里有演讲厅，还有……

**伯奈特**：是一个天文台。

**莱特曼**：是天文台，它是战后重建的。它现在的样子很漂亮，位于周围都是林荫大道的环城大街上，也就是在多瑙运河畔。我过去常被带到那里，先是去看电影。那里放映了很多关于探索和科学的电影。我仍然记得他经常提到的一位探险家是斯文·赫定。我记得他是个北极探险家，是瑞典人。我父亲非常喜欢外国，我想除了塞尔维亚，他最想去的国家只有法国和英国，但他从来没有到过那里。他和我叔叔弗里茨过去常喜欢看足球比赛。事实上，1934年他们参加了国际足球比赛……

**伯奈特**：世界杯？

**莱特曼**：世界杯。从那里给我带玩具回来，而且总是些很有趣的玩具，诸如此类的事情。我有一个小发电机，能产生足够的能量让你能真正感受到它，但又不会让你受伤。一架小飞机、一个水晶收音机，你可以玩……

**伯奈特**：您能听到广播吗？

**莱特曼**：我可以用耳机听广播。那很有趣，因为我曾经拿着手电筒躲在毯子下面做那种事。这些事一直萦绕在我的脑海里。顺便说一句，因为你总是可以在传记或自传中读到，像著名作家施尼茨勒这样的人，在某种程度上，中产阶级男孩的性教育通常是由女佣来完成的。可能是口头的，也可能是示范的。不管怎样，就是那种事。在1937年夏天，我家来了一位年轻的女佣，她十六七岁。我们住在走廊的相邻部分，因为有蚊子所以走廊被网围住了。她教了我一些事情。后来，我们被我外祖母范妮抓了现行，她被解雇了，不得不在一小时内离开。在我的记忆中，那位年轻的女佣来自希特勒的出生地布劳瑙恩。

**伯奈特**：天哪，她因此而被开除，真是太可怕了。

**莱特曼**：这被称为不当行为。我仍然记得德国的不当行为。

**伯奈特**：在很多方面，标准中产阶级的教育强调技术。甚至连玩具都具有教育意义。通过一个发电机，就能使你对电的基本原理产生兴趣。一套化学装置，至少在我的那个年代，都是男孩子的必修课。

**莱特曼**：我曾经用错了化学试剂，差点炸毁了公寓。

**伯奈特**：我也曾经用错过，我理解您所说的差点炸毁公寓是什么意思。

**莱特曼**：我还记得我把高锰酸钾晶体丢到盐酸里，它形成了一团漂亮的红色的云朵，呼啸而过。是我的外祖母立刻带我冲到浴室，及时帮我处理，才让我保住了视力。她对我的人生非常重要。

**伯奈特**：她一定是您的天使。除了学校的教育外，您的父亲还向您展示了一些东西，向您介绍了一些想法和技术。您还学习了英语，但我发现这不是您的常规课程。

**莱特曼**：我父亲和母亲都在学校学习过英语。我母亲还读过不错的商学院。事实上，我与父亲通信时，他总是用英语给我写信，他曾在红十字会工作过一段时间。他很有远见。诚然，我的父亲非常严厉，但却有一颗柔软的心。后来……

我们之前讨论过这个问题，那就是除了范妮外祖母，我从父母那里学到了什么？在过去几周的晚上，我曾试着去思考我有什么奇怪的性格特征，它们又是从何而来？比如，我是一个控制欲极强的人，但我从不发脾气。我偶尔会生气噘嘴，但我不会发脾气。这在后来的纽伦堡审判中发挥了作用。尽管我有理由发脾气，但我没那么做。我想这和我父亲经常发脾气有关,我常对自己说,永远也不要发脾气。我相信这是我通过耳濡目染学到的东西。

我还知道父亲早期是一个收藏爱好者,收藏了很多东西:绘画、手工艺品。他还收藏有伊特鲁利亚斧头之类的东西。甚至在他母亲家里,他还有一个橱柜。他母亲住在多瑙河畔,离我们20~25分钟的路程。直到现在,我还在收藏艺术品,我把那些东西摆得满屋都是。现在我还会不时地上拍卖网站,买一些我要留给我女儿的东西,她后来成为一位画家。这些都是人们可以用来学习的东西。你可以采取消极的方式,比如什么都不做,也可以采取积极的方式,比如去收集、去拍卖,诸如此类的事情。我相信这对我有直接的影响。我母亲对我的影响要小很多,除了她是一个很棒的厨师,并且对美食充满热情以外。我的母亲一辈子都没喝过酒。

我后来了解到,从我父母开始,我们不信教,这一点后来得到了我的一些表亲的证实。他们经营熟食糖果店,分别是表姐玛莎和表妹凯——最小的库尔特表弟是美国的一名统计员,后来成为马里兰州公共卫生系统的负责人。我们相互学习。我表姐玛莎是个假小子,我们常常爬到乡下小屋的屋顶上,从那可以看到一条高速公路,大概有六七个街区的距离。我们常常用镜子照射来往的游客。哦,还有一次玛莎给我剪了一个反着的莫霍克发型。她把我中间的头发剃光了。(笑声)

**伯奈特**:她说,这会很好看的,你不要动。

**莱特曼**:这件事很有趣。她去年才去世。

**伯奈特**:从您收藏艺术品开始,都发生了什么?您从您父亲那里学到的东西,给我印象最深的是,对这个世界的尊重和敬畏。您要去欣赏……

**莱特曼**:是的,事实上他对探险感兴趣,他有很多这方面的书,我女儿搬过来的时候,我扔掉了许多。有一本德语书叫《牛仔、牧人和牧童》。我想他一定很想去南美,诸如此类的事。他和一些人有联系,他有一个高贵的朋友,阿富汗的战争部长,那位朋友有一辆车。事实上,我有一个烟盒是这个伯爵给我父亲的,它上面还装饰着皇冠什么的。他们经常在一起,可能是去钓鱼。一次我看到他被车接走了,可能是去喝酒了。我只知道这些。直到现在我还记得,在赎罪日那天,我想要证明我并不是没有宗教信仰的人。因为对于来自基督教家庭的我和我的儿子来说这是很不方便的。我儿子在赎罪日当天去拜访了弗里茨叔叔,而当时我的

祖母，也许还有我的母亲也去了犹太教堂，就在赎罪日的那两天假期，有人告诉我她们喝了杜松子酒并吃了火腿三明治。（笑声）

**伯奈特**：所以她们绝对是不可知论者。

**莱特曼**：是的，我想是的。有意思的是，一个人怎么会信教，然后，又突然变成不可知论者，甚至无神论者。当今后我们谈论纳粹时期及其后时期时，我会谈到这点。

**伯奈特**：对不起，请继续。

**莱特曼**：这件事现在暂且不提。再说我晚年的一件事，是我从我父亲那里学到的。那就是你在面对对立事物时该怎么做，这很有趣。当然，当这种情况发生时，你可能忘记了自己学过什么，这会让你陷入其中，不知所措。我忘记过许多事情，如果让我看我写过的论文，我甚至不知道我是如何从这一步推导到那一步的。但，当我想象真正回到过去时，我清楚记得，我在法国学校学到的一首歌曲，当时我在一所法语幼儿园。我可以背给你听："Le boeuf, der Ochs; la vache, die Kuh. Fermez la porte; die Tür mach zu!"

**伯奈特**：法语和德语的混合体。

**莱特曼**：这是我前几天突然想起来的。并且现在我可以唱所有纳粹的歌。

**伯奈特**：哦，天哪。它一直在您的脑海中吗？我的意思是，因为您所经历的变迁，让您无法忘记。

**莱特曼**：是的。但我认为大多数人可能会有意识地抵制这些东西。但随着年龄的增长，它们会不自觉地出现在我脑海里。我猜想是我脑海里的"电路"空了，所以这些东西又回来了。（笑声）

**伯奈特**：这些东西我不太了解。我比较好奇一件事，可能是刚才一直在谈论奥匈帝国的事情的缘故吧，那就是归属问题。在那些年里，您的家庭处于局内人/局外人的状态。但最终，在某种程度上，还是归属局内人，因为您的家庭处在这个国家的中心，受到欢迎和接受，还因为您为国家服务获得了最高荣誉。您说过您的祖父和父亲都是爱国者，他们相信这个地方和人民，认为自己是奥地利人。

**莱特曼**：哦，当然是的。有一本书叫作《万物的怜悯》，这本书讲述了过去300年里犹太人和德国人的关系。19世纪中叶，当解放运动到来时，出现了一个问题——尤其是在德国，但我没有遇到过，至少没有意识到——那就是他们应该被叫作德国犹太人还是犹太德国人？被称为犹太德国人而不是德国犹太人这点很重要，对此有很大的争论。

**伯奈特**：对不同的划分会有不同的反应，因为会形成这样一种行为——犹太人被欢迎与当权者建立积极的关系。当权者可能是皇帝或是国王之类的人。这是一种策略，在某种程度上涉及同化，包括语言、文化等。另一种反应，我猜想在更远的东方国家，是一种激进的隔离政策，如哈德西运动，这是一种隔离主义运动。

**莱特曼**：是的。另外，我认为俄国革命中有犹太人的参与，是对一个多世纪以来他们所遭受的一切的回应。

**伯奈特**：在第一次世界大战爆发前的这段时期内，欧洲在某种程度上具有极大的稳定性，充满繁荣的气息，商业进步，全球贸易频繁。皇帝弗朗兹·约瑟夫允许犹太人进入国家机关。

**莱特曼**：是的，他们甚至封犹太家族为贵族，像罗斯柴尔德家族，就被封为了贵族。有趣的是，在德皇威廉二世的统治时期，犹太人可以成为军队的士官，但不能当军官，直到第一次世界大战。因为战争中死了太多军官，所以他们才会任命犹太人军官。我不知道他们的官职能升至多高，但至少是中尉或上尉。

**伯奈特**：所以当第一次世界大战结束后，出现了失业、通货膨胀、不稳定等因素，以及威尔森民族自决原则。这加速了民族与民族之间的矛盾，也导致了反犹太主义的崛起。您对反犹太主义还有什么印象吗？当然，那时您还是个孩子。

**莱特曼**：我没有印象，直到后来纳粹出现。事实上，我有一位家庭成员皈依了基督教。我母亲有一个二表弟，或许是三表弟，他是一个男高音演员，非常有名，是位受人尊敬的男高音，名叫恩斯特·费舍尔。他也是斯卡拉剧团的成员，在剧团里，他叫佩内斯托·佩斯卡托雷。我一直记得这件事。同样地，这也是我听说的，他决定改变信仰，因为这么做能给他带来很多好处，实际上他也确实这么做了。当时，红衣主教的大主教名叫 Innitzer，所以这是 30 年代早/中期的事，是他能够接触到的人，他想知道这位维也纳的红衣主教是否会皈依成为天主教牧师。我记得他是这么说的："费舍尔先生，我知道你这么做不是因为你想成为基督教徒。"他说："你得和一个普通牧师打交道。"这是我所知道的唯一与这类事情有关的故事。现在，奥地利出现了反犹太人的政客，维也纳的一位市长就是其中之一。除此之外，我对这类事情没有更多的了解。

**伯奈特**：利奥波德斯塔特是第二区，横跨运河，与维也纳市中心隔河相望，您将它描述为非犹太人居住区，只是因为它……

**莱特曼**：不，不，那里从来都不是犹太区。尽管大多数犹太人都居住在那里，但我认为这与很多事情有关。当然，如果你往前推二三百年，他们仍然在维也纳的火堆上焚烧犹太人。后来出现了一个皇帝利奥波德，成了弗朗兹·约瑟夫的前身，那时的维也纳也被叫作利奥波德城。我不知道这是因为他做了好事还是坏事，学校里教的东西也没有说明白。

**伯奈特**：学校里有没有祷告会？有礼拜堂吗？

**莱特曼**：有祷告会。那时，教室里仍然有十字架，直到最近奥地利才是现在这个样子。

**伯奈特**：这是一个非天主教的地方。

**莱特曼**：犹太人总是对此感到宽慰，他们在周六有犹太教训导，这是自愿的。我们周六不上学。在奥地利，你每周可以有三个假期，因为周五是穆斯林假日，所以你一周只工作四天。（笑声）

**伯奈特**：多报名，然后你就可以……

**莱特曼**：你知道，如果你观察奥匈帝国的构成，你会发现它是一个多民族的国家。你再看巴尔干半岛，几乎所有的地区都是奥地利的一部分。甚至在我父母那个时代，意大利的边界在里雅斯特，所以奥地利的海军——世界上最大的海军之一，必须穿过亚得里亚海进入地中海，此时其余的部分还在亚得里亚海。整个亚得里亚海的东海岸都是奥地利的，一直到阿尔巴尼亚。有趣的是，后来我的意大利朋友告诉我，他的父母总是去奥地利维也纳度假。但当你到意大利南蒂罗尔的上阿迪日，你会遭遇敌视，这种现象至今依然存在。这到底是奥地利的领土还是意大利的领土，这个问题依然饱受争论。目前，这是奥地利现任政府最主要的一个政治观点，它们想让上阿迪日回归。现在我还记得我们当时唱的爱国歌曲。安德烈亚斯·霍弗是奥地利的英雄，他领导人民同意大利作战。他是南蒂罗尔人民的领袖。我曾经唱过关于他的歌：《安德烈亚斯·霍弗》。同样地，这个名字突然出现在我脑海里。还有好多类似的事情仍然存在。

在第一次世界大战期间及其以后的一段时间里，这种敌意是直接针对意大利人的，因为在那些日子里，他们是西方的盟友，因此被称为"背信弃义的意大利人"，就像德国人称呼英国人为"背信弃义的英国人"一样。这种敌意在跨国公司中也会存在，特别是在民族主义刚刚兴起的时候。德国在19世纪统一了，意大利也统一了。但当时有很多公国，还没能实现统一。

**伯奈特**：那个词叫什么来着，民族统一主义？有这样一种感觉，如果一个国家里有一个少数民族，而另一个国家也有该民族的群体，他们就会想要和那个民族联合起来，或者重新划定边界，以符合国家的某种概念。

**莱特曼**：当然，巴尔干半岛就是一个例子，也许现在的中东也是。这种危险是极端民族主义造成的，会让你产生优越感。我想了很多，我认为这是有心理基础的。人们喜欢高人一等，我不知道这是为什么，这让我很不解。这样做的必要是什么——是为了更伟大的德国？我想现在可能是轮到美国了。你得到的东西多，你比别人强，所以你应该得到更多。我想是这种心理在作祟吧。

**伯奈特**：是的，出卖权力，并找个替罪羊。

**莱特曼**：是的，而且这通常是有经济因素的，因为有时候小群体在某种程度上处于较低的经济阶层，这点很容易产生摩擦，并且成为极端主义人群的一部分。

**伯奈特**：当然，那段时间里发生的事情，几乎在任何地方都有，如果你看一下美国，你会发现城市比乡村情况要好。在很长一段时间内，情况正好相反。在城市里，基本上你得了病就会死亡。但随着科技的变革，城市和乡村在收入、繁荣程度和舒适性方面的差距越来越大。另外，以奥地利为例，你们国家以基督教为主，有许多信奉天主教的乡村，有多种语言，多种民族，多……

**莱特曼**：多宗教的。

**伯奈特**：多宗教的城市，且它们在全国范围内都有联系，并发展得很好。我不想过度解读在奥地利发生的事情，但在"一战"之后，农村和城市间的差距在不断扩大。所以有各种各样的机会可能被政治利用。我想问，从您年轻时的经历中以及您从别人那里听到的事情，我们能得出什么结论？其中种族主义是否是20世纪30年代从德国传过来的，还是在奥地利维也纳滋生出来的？

**莱特曼**：早在20世纪20年代就有一场运动——毕竟，希特勒在那里住了很长一段时间——认为奥地利人属于德国人。希特勒巧妙地利用了这一点。奥地利是抵抗匈奴的堡垒。从某种意义上讲，奥地利是保护德意志民族的缓冲区，很早就有一些人认识到这点。他们多数在经济上很贫困，他们不是唯一的那群人，但在那里他们找到了沃土。种族主义早在"一战"结束就已经开始出现了。反犹太主义的宣传在那些日子里非常盛行，因为有一个关于犹太商人的神话，是说他们在战争中赚了很多钱。

**伯奈特**：罗斯柴尔德家族，对吧？

**莱特曼**：通常是这么认为的。并且……

**伯奈特**：《犹太人贤士议定书[协议书]》①，是出自这本出版的小册子吗？

**莱特曼**：我认为这个故事在此之前就在其他国家流传开了。甚至在英国也出现过这样的事。我刚想到，还有一件有趣的事。在东方有犹太人，在西方也有犹太人，而西方的犹太人总觉得自己要优越得多。在波兰，像罗马尼亚这样的东部国家，犹太人多数居住在小城镇里，而且通常很贫穷——他们中大多是商人——经常会受到，不能说是敌意吧，但肯定是对他们东部犹太人的抵抗。他们也成了被讽刺的对象，我认为这很悲哀。有两派犹太人，德系犹太人和西班牙系犹太人。西班牙的犹太人认为自己很优越，因为毕竟大多数人都是哲学家之类的人。然而，这导致了悲剧的发生。这就是我为什么一直觉得应当批判个人而不是针对他所在的团体。当人们采取集体行动时，那是非常可怕的。我在政治集会上看到过这种情况，无论是在纳粹德国还是在美国，人们都在喊口号。希特勒是个天才，他充分利用了这一切。我记得，在20世纪30年代，我们用收音机收听希特勒的演讲，我甚至模仿他的演讲。12岁时我曾在我家的聚会上模仿希特勒演讲，逗大家开心。我可以像他那样大声喊出来，但什么内容也没有。因为如果你听过他的许多演讲，你会发现他喊的都是口号。

**伯奈特**：也就是说，您会模仿希特勒的演讲，逗人们开心。

**莱特曼**：是的，从某种意义上讲，这是一种充满怨恨的幽默。因为我们在德国有亲戚，但当时人们仍然相信，对已经被同化的人来说，不会有多可怕的事发生，至少没有被消灭的担心。也许我们该走了，因为这种可能性还是存在，并且让人恐惧。我认为，就我的家庭而言，直到克里斯塔尔纳赫特事件，我父亲才意识到，离开才是唯一的选择。在那之前，他都不确信这种事会发生。因为之前出现过反犹太主义，但后来都不了了之了。

**伯奈特**：我想这是其中的一部分。反犹太主义已经伴随犹太人很长一段时间了，就像您说的，它来了一波又一波，但后来都消失了。曾经也发生过大屠杀，但我们坚持下来了，活了下来。不是……

**莱特曼**：比如，法国的德莱福斯事件。

---

① 1903年首次在俄罗斯出版。

**伯奈特**：是的，发生在世纪之交。

**莱特曼**：因此，即使在最进步的民主国家，这种事情也可能发生。这导致了一种虚假的希望，人们希望这种事件只是暂时的。

**伯奈特**：您提到一件非常普遍的事情，不只是在德国和奥地利，在美国、加拿大和其他地方都有，那就是种族科学。它从世纪之交开始迅速发展，而且还在加速。它开始塑造和支配社会科学，处于科学的核心位置，或者我们认为自己应该对人类有所了解，就是了解人类有哪些种族，他们有哪些特征。

**莱特曼**：毕竟，纳粹德国的种族政策的制定不是心血来潮的。他们的哲学家罗森博格就这个问题撰写了巨著，并阐明了纽伦堡法律。你知道你成为犹太人的概率是多少吗？这些东西不是突然出现的，它们大部分早在19世纪就出现在英国了。像在科学界，我们是站在巨人的肩膀上一样。这非常阴险，但是这些人做得很巧妙。如果你看一下种族主义的制定，就会发现问题的关键，因为现在存在种族主义，或曾经存在过种族主义，所以种族主义总之是存在的。这只是一种主观感受，并没有合法化。在德国，这成了法律。为了让你感受到这种愚蠢的做法，以我自己的经历为例，在我的德国护照上，有一个大大的"J"，我的护照上印有纳粹的红十字，上面就是一个大写的"J"。到1939年中期，所有犹太人都必须有中间名，女人必须叫萨拉，男人必须叫……

**伯奈特**：以色列？对，是以色列。

**莱特曼**：是的。

**伯奈特**：只是一个标记，是为了识别……

**莱特曼**：当然，还有那颗黄色的星星。

**伯奈特**：因为距离的原因，人们对城市化有这样的担忧——我不是在说欧洲，我是在说美国——那就是种族退化问题。他们考虑最好通过与优秀的异族通婚来保持健康，和养牛没有什么不同，所以想要最好的……

**莱特曼**：没错。但两方面都要考虑，一方面用安乐死来净化种族，另一方面是为了除掉那些不正常的人。我们稍后再谈论这个问题。我与我这一代的德国人结下了非常深厚的友谊，这很不容易——当然，这对当代的人来说算不上什么——我发现，根据他们的经历，他们也在遭受种族主义或一些愚蠢行为的折磨。从反犹太主义之类的行为来说，我认为，有一些人真的相信这并不是种族主义。比如一些科学家，他们觉得这只是在研究面部特征。

**伯奈特**：颅相学。

**莱特曼**：颅相学。育种。整个想法都是纳粹用最佳的方式整出来的，包括关于雅利安人的概念。希特勒可能是个黑头发的小个子男子……

**伯奈特**：棕色的眼睛。

**莱特曼**：对，所以必须有借口。但是金发、白皮肤之类的，然后……

**伯奈特**：日耳曼民族。

**莱特曼**：日耳曼民族。整个事情又回到这类问题上来了。这有很长的历史，它并不是凭空出现的。有一个非常有名的作家，名字叫威廉·布施。我不知道你是否见过他，用韵律和趣味的东西写出了适合孩子阅读的书。我有他所有的书。但他收到了反犹太主义传单之类的东西，内容本质上是基于种族的纯洁性。他是19世纪的人，这种事情在那时很常见。通常情况下，借口是找一个做过坏事的特定人，然后把他怪罪到整个种族。例如，克里斯塔尔纳赫特屠杀，它持续了好几天，起因是一名波兰犹太人在巴黎枪杀了一名德国外交官。

**伯奈特**：是的，好像是冯·拉斯。

**莱特曼**：冯·拉斯。当你看到这个结果时，很明显这是一场直接的大屠杀。焚烧犹太教堂之类的行为都是宣传的产物，但其准备工作却非常清晰，因为在几天之内，他们施加了惩罚，比如经济惩罚。一切都很顺利，这家伙很轻松就枪杀了德国外交官，然后你会受到……

**伯奈特**：惩罚。

**莱特曼**：在德国，国会大厦的火灾归咎于共产党。所以在一两天之内，纳粹就把所有的共产党人都抓了起来，扔进了集中营。这一切都是精心策划的。这些人大多有博士学位，如戈培尔之类的人，所以说他们并不傻。

**伯奈特**：而且是宣传方面的专家……

**莱特曼**：莱妮·里芬斯塔尔，一个了不起的女人，她非常聪明。但是她可能忽略了一些事情，因为最重要的事是希特勒对电影制作的大力支持。现在，如果电影碰巧是宣传片，那就另当别论了。毕竟，她是纽伦堡政党集会的制造者。即使在今天，你也能看到类似的事。

**伯奈特**：是奥运会吧？

**莱特曼**：哦，是的。我之前看过。我想，这并不是偶然。

**伯奈特**：这就是图形、符号的魅力。

**莱特曼**：它利用了人们的天性，因为从某种意义上讲，人们倾向聚集起来，而发生可怕的事情是因为罪恶感的扩散。如果我干了一件坏事，有100万人也干了同样的坏事，那么我的罪恶感只是百万分之一。这是一个非常强大的东西。现在随处可见的政治集会，人们高喊着"美国！美国！"或者"希特勒！希特勒！"，这是一回事，这让我感到十分害怕。

**伯奈特**：从那以后，您在不同的国家、不同的背景下，看到了让您想起那段时光的事情吗？

**莱特曼**：是的。你在法国就能看到，同样地，还是高喊。首先，你会感受到更有力量，因为你不是一个人。群体越大，喊声也越大，也越壮观。如果你看看1936年的集会，你会有一种感觉："天哪，这太棒了。"

**伯奈特**：想象一下，他们非常仔细地观察什么是吸引人的，然后把它放大许多倍。我认为，还有一种传播混乱、猜疑的感觉：把你感到罪恶感的事情指向你的敌人，以分散注意力。人们会说："那是你做的""不，那是你做的"。

**莱特曼**：没错。这种回答要么来自大屠杀的否认者，要么来自对大屠杀嗤之以鼻的人。他们或者会说，大屠杀不是德国人的发明。

**伯奈特**：这是假新闻。

**莱特曼**：但不是。他们参加了"布尔战争"。是谁发明了集中营？是英国人。当我参加纽伦堡审判的时候，我听到很多这种故事，然后甚至在外边询问别人，"不，这不是我们发明的；这是英国人发明的"。在某种程度上，这没有错。

**伯奈特**：没错，这是一个反思的机会，不是说只有纳粹做了坏事，而是说，看，在我们的历史上，我们做了这些坏事。我们现在讨论的话题是我们下次将会讲到的，它是您和您家庭生活的一个转折点。我想让下次会谈内容是关于那些成长的岁月：关于您的家庭呀；那些塑造您生活的祖先呀；他们对学习、艺术、音乐的热爱。即使您不喜欢您的钢琴课，他们也会让您去接触……

**莱特曼**：我和我所处的环境给了我一个机会，也许很多人都没有，这是一个问题。这就是为什么我们要去支持一些组织，做一些你有能力做的事，去帮助一些人做他们想做的事而不是学坏，这很重要。人们总是会去做坏事，人类并没有这么伟大。这就是我为什么喜欢狗。（笑声）这是真的。

**伯奈特**：但是，教育机会不仅仅在学校里，还在外面。您父母在这方面为您投入了很多，带您去体验，这对您很有帮助。

**莱特曼**：是的，我对此非常感激。我已经很长一段时间没有意识去想这个问题了，因为我实在是太忙了。但这确实是真的。在我看来，这是美国少数民族的主要问题。当然，其他地方也是如此。那些家庭强大的少数民族，给孩子们学习的机会，比那些没有条件的少数民族的孩子做得好得多。这似乎明显地否认了这些方面的种族问题，是因为这真的是机会，也是历史，诸如此类的事情。有时人们对我说，看看你经历过的可怕的生活。有一段时间，你失去了父亲，诸如此类的事情，但你仍然做得很好，所以你一定是一个更好的种族。你开始思考这个问题，发现这完全是胡说八道。但这很有吸引力，因为这是做得不好的借口。

**伯奈特**：没错。您能看到，获得受教育机会，源于强大的、稳定的、安全的家庭环境……

**莱特曼**：我认为这要比正规教育更重要，因为世界上有很多坏人，包括纳粹分子，都受过很好的正规教育。正规教育当然是很重要的方面，但还不够。作为一名教授，我不想对教育嗤之以鼻，但我认为这还是不够。

**伯奈特**：也许下次我们也会讨论汉娜·阿伦特那种平庸的恶行。导致他们做坏事的原因不仅仅是由于个人的痛苦经历。一些关于制度的东西，关于一个集体走向，也会让事情变得更糟。（电话铃）这个铃声是个好时机……

**莱特曼**：对你？

**伯奈特**：不，是我们停下来的好时机，我们可以停下来，下次再谈。

**莱特曼**：好极了。

# 第 2 章

# "二战"中颠沛流离与艰辛求学

采访时间：2018 年 4 月 24 日

**伯奈特**：这里是保罗·伯奈特采访乔治·莱特曼的现场。今天是 2018 年 4 月 24 日，这是我们的第二次会谈。在第一次会谈中，我们谈到了您的祖先、您的童年、您的直系亲属。这次我们开始谈论 20 世纪 30 年代的黑暗风暴，纳粹主义在德国的兴起，以及随后在维也纳（奥地利）的兴起。我们从 1938 年 3 月 11 日的政变开始谈吧，奥地利被并入现在所谓的大德国，那时您多大了？

**莱特曼**：我当时 12 岁。

**伯奈特**：那时您才 12 岁。在一个 12 岁的孩子眼中，最初的几天里，您看到了什么，遇到了什么？

**莱特曼**：嗯，首先，飞机从头顶飞过，伞兵降落，这非常令人兴奋，不是对我父母，而是对我。在军事方面，听收音机报道整个军队用坦克队伍开过街道。当然，那会儿没有电视，我得到的消息显然是来自纳粹那边的报道。正当阿道夫·希特勒坐着豪华轿车从德国越过边境去奥地利时，我记得，我真的还能记得播音员说："我们已经可以看到元首的眼睛在远处闪烁。""你知道，那种事情，那种……"

**伯奈特**：浪漫。

**莱特曼**：浪漫化。你已经可以看到，反对的观点是完全无力的。这些人在希特勒开车穿过的村庄道路上一路站着，然后一直延伸到城镇，这些人真的很热衷于见到他。我想了很久。很明显，从一开始到第一次世界大战结束，大多数奥地利人都想加入德国，一切都表明了这一点。我想可以理解的是，因为他们失去了一个帝国，突然之间成为像瑞士或罗马尼亚之类的国家。他们可以归到另外的七八百万德国人之中，并再次成为帝国的一部分。那种大规模反对的观点我认为是错误的。就像希特勒在 1932 年赢得大选一样，我想这里也发生了同样的事情。现在，在他们在那里接管 3 天之后，进行了一个全民投票，投票率大概是 99.7%。可能是因为我最近看了选票，选票上有一个大圆圈，里面说"是"，有一个小圆圈，里面说"否"，选票必须交上。

**伯奈特**：因此，这不是秘密投票。

**莱特曼**：当然不是。也许这也是其中的一部分，但是我认为他们无论如何都将获得多数，我对此毫无疑问。这真的给整个背景一个不同的画面、不同的角色。现在让我和我母亲感受到的一些事情真的不应该是那么令人惊讶的。总有反犹太主义的历史事件出现，我记得上一次，我们提到为什么大多数犹太人居住的第二个地区叫利奥波德斯塔特。好吧，结果是这样的，我几周前刚刚查过，那是为了纪念德意志民族的神圣罗马帝国皇帝利奥波德一世。因为实际上是他把犹太人赶出了那个地区，所以那个地区的非犹太人以他的名字为荣。因此不是犹太人在感恩他，而是该地区的非犹太人在感恩他。历史的整个色彩确实总是很黑暗，其间也有犹太人受到赞赏的时候，特别是对那些帮助政府的人，例如银行家。在德国不同的直辖领地和小地方，这很显然是事实，他们成为财政部部长之类的人物。顺便说一句，在"南北战争"中，美国南方的财政部部长就是一个犹太人，人们对此并不清楚。我认为第一个犹太内阁——碰巧是在南部联盟——是犹太人，这是一件非常特别的事情。

正如我对你提到的，无论如何，我也想借此机会纠正或澄清以前采访中的一些回忆内容，我有可能记错或者失实，我也可能要做一些补充说明。我认为，在上一次采访即将结束时，我提到了我最喜欢的舅舅保罗，当他面临选择成为苏联公民或者离开时，他选择了从苏联返回，并且正好赶上了德奥合并。正如我随后提到的那样，他在战争结束后的第二年，不是在 1918 年而是在 1920 年回到了维也纳，因为他在战争的第一年就被俄国人俘虏了。顺便说一下，那个堡垒被称为普热梅希尔。我们当时是简单拼写出来的，我会以正确的名称将其写入笔录中。之后他作为战俘度过了 5 年的时间。我刚读完一本名为《点燃东方》的书，该书讲的是 1917 年至 1920 年或 1921 年的这段时间，苏联布尔什维克赢了，但"内战"仍在继续。奥地利战俘在那场战争中被派上了用场。例如，在乌兹别克斯坦有件大事情，因为英国人试图阻止印度的入侵，而列宁公开宣布，发动世界革命的途径是在像印度那样的地方。我想，在那里我舅舅可能有所经历，但他从没跟我提过这件事，可能他不太愿意谈论那段日子。但我认为他和我很亲近，他已经有了与整个过程相关的经历。

好吧，现在让我说回到1938年初。我有点想起来我的父母与亲朋好友讨论的内容，因为他们当时一直在收听广播，并听过希特勒演讲。当时的总理库尔特·许士尼格是所谓的基督教社会党领导人，这是奥地利唯一的政党，因为纳粹分子暗杀了前任总理而被取缔。当然,社会民主党(小型共产党)是主要的反对党，在1934年被取缔。他认为可以抵抗希特勒。希特勒在很长一段时间里一直在鼓噪，想要占领奥地利，1937年末这一点变得越来越明显。因此许士尼格被邀请到贝希特斯加登，希特勒把他吓得魂飞魄散，就像他对贝尼托·墨索里尼所做的那样。首先，许士尼格获得支持回来时再次将纳粹党设为合法党，其次，他在3月初举行了自己的公民投票。许士尼格辞职了，临时总理阿图尔·赛斯·英夸特只担任了一两天。最后，我敢肯定，这是第12天早上，德军越过边界。维也纳被占领的时间还更早，因为他们派出了伞兵。当然，看到他们倒下，令我感到非常兴奋。

**伯奈特**：所以，他们是在白天下来的吗？

**莱特曼**：是的，早晨很早。几个小时后，第一批坦克就到达了。整个事情非常清楚。另外，他们还立即用卡车为冲锋队和党卫队以及希特勒青年团运来了制服。到了第二天，这些人身着制服，一切准备得很好，组织得很有条理，这一点你必须给予肯定。我从犹太人的角度注意到的第一件事是，当我们12日下午向窗外望去时，老犹太人正在冲洗街道。基督教社会党用油漆刷了口号："对所有公投说是。"那些口号到处都是，纳粹给犹太人的第一个任务是清理街道。然后第二个，我想我之前提到过。那是希特勒青年队的一支部队，大概是第二天才出现，从我们的房前走过，全副武装，敲着鼓，唱着一首歌，这首歌不是用英语押韵的，而是用德语押韵的。"当犹太人的血从我们的匕首喷洒或溅出时，我们会感到高兴。"那是我听到的第一首歌。很明显，我并没有像我父母那样非常沮丧，因为这对我来说是一件非常抽象的事情。

然后，另一件让我意想不到的事情是，突然间我有点孤单了。在街上出门很难，没有朋友、没有人认识我，我有点嫉妒。我之前在其他采访中也提到过这一点，我想知道，如果他们反对别人，我自己是否不会成为一个纳粹分子。显然，作为一个强大而多彩组织的成员，整个构想非常有吸引力。当然，情况很快就改变了，当时，我真的很怨恨自己被孤立的事实。我回想起来，很长一段时间以来，那可能是整个最初经历中最糟糕的部分。

**伯奈特**：正如您所说的那样，在最初的日子里，您是非常有计划的。我读过许多有同样经历的人的叙述，我谈论的是前5天、6天、7天的事情。他们有同样的故事，一遍又一遍地，公开羞辱，公开虐待，而且是针对犹太人的，更重要的是他们是公开干的。公开的行为是为了让其他人观看。

**莱特曼**：哦，绝对。

**伯奈特**：真是奇观。

**莱特曼**：是的，用很大的字在商店门上写出"犹太人"。那些报纸，比如说希姆勒的报纸，整体基调都是老内容，这又不是什么新鲜事，因为即使在20世纪20年代，当人们对输掉这场战争有反应的时候，犹太人也在某种程度上受到指责，因为他们在战争中赚了钱。然后出现了讽刺漫画，当然，它们很早以前就已经存在于英国的一些漫画中了。例如，罗兰森的雕刻作品就显示了犹太人的鼻子大，并且总是留着胡须。他们总是将一些事情与犹太人喝基督教婴儿的血的神话联系在一起。当然，这是一个可以追溯到很久以前的传说故事。

**伯奈特**：血腥诽谤。

**莱特曼**：是的。但另一方面，他们也只是一些肮脏的老人，试图欺骗雅利安的女孩。这是贯穿宣传直至战争结束的整个时间的主题。当我回想起来的时候，还是有些矛盾。在希特勒暂时与斯大林达成和解之前，还有一个由共产主义者、布尔什维克和犹太人组成的阴谋集团的说法。他们被归为一组，并被归为一类人。从逻辑上讲，这很荒谬，但人们相信这一点，因为当时他们有两个敌人，红军和犹太人，当然还有其他人，吉卜赛人和同性恋者，那是一个相对较小的群体，对人们并不重要。当然，反对犹太人是许多世纪以来反犹太主义的一部分。他们仍然在17世纪的维也纳用柴堆焚烧犹太人。然后还有一些插曲，就发生在我家人所住的地方。他们很幸运，因为恰好弗朗兹·约瑟夫皇帝在这一传统上是主张自由的。当然，这与1800年中期的解放运动有很大关系。虽然有些犹太人有自己的名字，然后却还想要德国的名字，但这取决于他们给办事员多少钱。我曾经研究过这个问题，我肯定读过这些（名字），当他们分发名字的时候，新的名字取决于他们交了多少钱，例如有一个名字叫Scheisseimer，意思是"粪便桶"。然后，他们不得不稍作更改，这种事情很普遍。

  这种屈辱非常典型，我认为确实是如此。首先，从各个角度使犹太人感到恶心，其次，使他们感到羞辱。我认为这是他们公开的两个目的。你说得很对，我想这是我这一代人和我父母那一代人第一次遇到的情况，在沙皇统治下的东方犹太人可能早就遇到过了。但这是同样的道理，只是将他们划分为一等或二等公民。事实上，这不人道。他们认为犹太人不是人类的一部分，这是他们消除犹太人的最后理由。另外，对于德国的犹太人（例如从 33 岁到 38 岁），也有可能移民，他们将所拥有的一切物品抛在脑后，这样至少可以活着逃离。否则，只有等到 40 岁、41 岁才有可能改变。严格意义上说，他们必须离开，把一切都抛在脑后。他们已经拥有了完整的雅利安化思想。

  出于这个原因，我认为，首先对于我的家庭，尤其是考虑到我父亲的家庭，他的父亲是一个军衔较高的军官，他为祖国服役并且受伤，让人很难相信这不过是一个短暂的阶段。因此，兴奋的是，也许我们将不得不暂时离开，甚至是因为犹太人来到这里，然后他们回来，直到大约 6 个月后才真正消失。甚至在某种程度上，我们之前也谈到过，我的家庭完全被同化了。对于有宗教信仰的人，在我的家庭中从来没有试图否认自己是犹太人，从来没有。正是出于这个原因，父亲想要我受戒礼①。我们不会向任何人隐藏此情，那是我们的文化、我们的传统。这并不能使我们成为更大的正统或信徒。我知道我的父亲是不可知论者，从他的行为我可以肯定，对此，我感到非常高兴。因此，在纳粹到来之前，我已经受到了一位拉比②的指示，而且这种情况还在继续。在纳粹进入大约一个月后，我才能够受戒礼。他们是 3 月中旬进来的，我得到的戒礼仪式就在我的生日之前，也就是 5 月中旬。

  **伯奈特**：据我所知是在德奥合并之后不久，许多维也纳的犹太人领导组织被关闭。它们中的一些后来复活了，因此阿道夫·艾希曼在几个月后才来，并且真正开始了驱逐犹太人之举。他复兴了青年战斗队，从而把犹太人赶了出去，这就是他想要的。但是最初，诸如此类做法是针对高层领导的大辟刑，是领导者的屈辱，而我了解到的是犹太人变成了草根阶层。这是关于这些事情的民间说法。另外，您如何在德奥合并的一个月后受戒礼？这是一个惊人的举动。

---

① 犹太青年的成年仪式。
② 犹太神职人员。

**莱特曼**：一点问题也没有，一点也不。我们甚至还举办了特别的晚餐，我得到一块金表，也留下了我现在这些东西。因此，生活还将继续，而且我认为这也使得没有异议变得更容易了。

**伯奈特**：那么在德奥合并一个月后，您受戒礼了吗？

**莱特曼**：对，有一个庆祝活动，还有很多朋友参加。这种方式赋予了它持续不断的生活气息，因此没有大的中断。同时，这也给了我那身为一家之主的父亲时间去建议人们做什么。当时就他的情况而言，对于他自己、他的母亲、当然还有我的母亲、我的外祖母以及我，他觉得我们可以花时间并以合适的方式做到这一点。因此发生在他身上的第一件事，当然是他的生意被政府接管和被雅利安化。现在我不知道这是否涉及销售，或者这仅仅是一个过程，我没有参与那种事。发生的另一件事是我母亲回家了，她不再需要去办公室为我父亲提供帮助，她不用再去帮助整理资料了，因此我可以经常看到我的母亲。这也是非常必要的，因为我们不能再雇用基督徒了，那是法律的规定，显然我们的女佣已不能再受雇于我们，当然女佣对此也不满意，所以我母亲又开始做饭了，这是一个转变。

第二个转变在3周左右的时间内很快发生了，那就是我被赶出了学校。这是一个很大的变化，它让我至少能在成年礼之前为之努力学习。然后，很快我们确实需要为可能的移民做打算，并做些与其相关的事情。我做的第一件事是开始认真学习英语课程。我的父母英语说得很好，所以他们认为这很重要，而我的两个祖母从未学习过英语。对我来说，这是第一要务。

**伯奈特**：您认为他们当时正在考虑移民美国吗？

**莱特曼**：是的，因为我们在那里有亲戚。当时还有去巴勒斯坦的想法。在德奥合并之前，就已经有犹太人成为犹太复国主义者，当然，他们立即想到并确实去了巴勒斯坦。例如，还有其他在南美洲有亲戚的犹太人。在一些较小的国家中，犹太人的人口相对较多，所以他们在那里有联系。还有一种想法是，如果这种情况只是暂时的，我们也不用走得太远。这种回归的想法，在"二战"后并没有过。我昨天刚统计过，现在奥地利的犹太人数量比战争结束时要少，当时大多数犹太人已被消灭。这些人中大多数是来自苏联的犹太人，因此在奥地利基本上没有第二代。这是什么？这是战后70年。我认为这是一个巨大的变化，这让我震惊。我认为犹太人在奥地利只占人口的6%或7%，当然，在维也纳，这一比例为10%。

**伯奈特**：20万人……

**莱特曼**：是的，对。

**伯奈特**：……在维也纳。

**莱特曼**：在德国则有所不同，有些犹太人确实是回去了。人数少，不如在奥地利那么多。这让我们想起了反犹太主义最糟糕的那段时期，如果你想这么认为的话，那就是"摆脱犹太人"，在奥地利沦陷后这情况变得更加严重，也许是因为希特勒是奥地利人。如果你看看真正糟糕的恩斯特·卡尔滕布伦纳那群人，他们也是奥地利人。这总是令我震惊，直到今天我才有机会与奥地利朋友讨论这件事，为什么会这样呢？当然，在20世纪80年代之前，他们侥幸逃脱了许多惩罚，但那是后来的事情了。

事情进展很顺利，在接受戒礼之后，我变得非常虔诚。我每天都在做我接受指导前从未听说过的仪式。这一直持续到11月，有一些事情让我第一次真正感受到反犹太主义赤裸裸的行径。有一次我在街上被人驱赶，但那是件小事。实际上，水晶之夜①。那天我从英语课上回来，在火焰中穿过了当地的犹太教堂。我很快就回到了家，来到一间公寓，看到里面有很多我不认识的人，邻居们、街上的人，他们都在饥不择食地吃着东西。

**伯奈特**：在您的房子里吗？

**莱特曼**：是的，在我们的公寓里，那是我们的大公寓。事后我父亲发现他的集邮册丢失了，他是一个非常认真的第一版邮票收藏家。那些人在玩弄收音机，那是一部花哨的收音机。他们一进来就开始放肆了，我的母亲、我的两个祖母也无力阻止。幸运的是，我母亲已打电话给我父亲，告诉他不要回家。再者，因为我父亲正在帮官员做事。他不在家，所以他没有遭遇这起强行入室、盗窃事件。在其他地方，我知道有人被殴打，不过这在我们身上没有发生。

**伯奈特**：您父亲当时还保留着他的武器吗？

**莱特曼**：这正是我马上要说的事。他是预备役军官，是带着手枪的。我想大概是第3天或第4天，他们取走了手枪，所以他们确实组织得很好。

**伯奈特**：他们知道谁有……

**莱特曼**：他们知道谁有武器。这很不寻常，因为乡下的猎人当然有武器，但在城里几乎没有。我父亲有手枪，他们只是来取的，没有发生冲突。他们说："法

---

① 是指1938年11月9日至10日凌晨，希特勒青年团、盖世太保和党卫军袭击德国和奥地利的犹太人事件。

律规定你不能有武器，你是一个犹太人，故事结束了。"很久以后我再看这件事时，如果我没有忘记的话，我只是提一提，这是他们认真对待此事的第一个象征。但是，这也可能是暂时的，因为法律会变，诸如此类。直到今天我才发现我从一个几乎正统的人变成了一个不可知论者。过了一两天，拉比冲进了烧着的会堂，他也被烧伤了。他把自己锁在里面，放火烧了那个地方。所以我说，我不能证明上帝不存在，但我也不相信上帝存在。这就是我的故事的结尾，它完全地让我震撼。所以有一段时间我成为犹太复国主义者。我加入了一个犹太复国主义青年组织，我们还有一小块地，但我不记得在哪儿了。我们学习如何种植，所有这些都受到了他们的鼓励，因为这是一种更容易摆脱犹太人的方法。而且，也可以从实际的角度来看待这个问题，例如他们确实提供了资金让犹太人离开。又如该公司将仍能赚到的钱都存入一个账户，这是一个被冻结的账户。如果我们想有钱生活，就必须每月申请，从被冻结的账户中提取。而且，即使是在1938年初期，或1939年末期，也可能是1939年初时还能为移民做准备。我的父亲非常有条理，他申请了允许我们移民的资金，他们也高兴地给了我们。所以我们能够打包一些东西并把它们放进盒子里。我父亲已经安排好了一切，他买了5张从意大利北部的里雅斯特出发的意大利航线的通行证。当然，那之后对我们来说非常重要。

他也为家里其他人做了同样的事情。例如，所有其他直系亲属——我的舅舅保罗和他的家人、我的姑妈罗斯和她的家人——他们都在1939年初离开了。他们都离开了。因为我们在美国有亲戚，所以申请美国签证必须提供一份所谓的宣誓书。这似乎没有什么问题。他们不能带走任何东西，钱之类的东西都不能带走。我的外祖母甚至打包了她的马鬃床垫，她搬到养老院之前就是在这张床垫上睡觉。它很厚，硬得像块石头。她在伯克利有自己的公寓，还有那张1938年买的马鬃床垫。在1969年，她退休后搬到了伯克利，还是用同一个马鬃床垫。生活很神奇，也真的很让人吃惊。

**伯奈特**：因此，雅利安化过程对您父亲和其他犹太人所有或管理的企业而言，重要的是要实现向非犹太人所有制的过渡，以保持业务发展，因为如果这是犹太人拥有的生意，他们会抵制，然后他们会在窗户上粉刷，说："不要从这个犹太人的商店里买东西。"

**莱特曼**：而且，这实际上是一种无偿收购业务的方法。后来，当恢复原状时，他们弄清楚了我们真正得到的是什么，平均来说，有些东西是零，有些东西是一美元的十分之一。我说过，我们在湖边的乡下有一所小房子，维也纳的副市长喜欢上了它，所以他接管了它。这很容易，但回过头来看，一切都是这样。我们有绘画，我父亲是拍卖会的常客，我继承了这些。他有波希米亚水晶，其中一些仍然在这里，另一些我们能够将其装在箱子中并随身带着。我父亲收集了很多硬币，也收集了很多手表。他能够和一个党卫军军官交谈，军官说："我会帮你把这些东西拿到瑞士去。"但是军官要收费，他要保留其中一部分。战争结束时，其中一部分在瑞士，很小的一部分。我认为这是他的明智之举，因为他知道与我们的亲戚交流会用到这些东西，而且总是有很大可能性是我们给他们在瑞士的账号贡献些什么，他们会去检查。（此时电话响）对不起。

**伯奈特**：没关系。（通话结束）这是一个调整的过程，在某个时候，有企业，有投资的犹太人必须在某个时候做出决定：我什么时候减少损失并离开？这是令人痛苦的。有些人说："我无法重新开始。"于是他们留下了，而您的父亲已为全家的离开做好了准备。

**莱特曼**：毫无疑问，他在这方面做得很好，这显然救了我们。我记得在1939年初，除了我父亲，其他人都拿到了签证。我们从加利福尼亚的家族那里得到了宣誓书，还有一个我从未见过的家族分支，它以前在纽约叫Grynzspan。所以一切绝对没有问题。直到今天，我都不明白为什么我父亲没有拿到签证，可能是因为他出生在波兰。波兰曾是奥地利的一部分，他可能被考虑加入波兰。但后来我对自己说，我很确定他的母亲出生在波兰，那为什么不会对她有影响呢？我真搞不懂为什么会是这样。

**伯奈特**：作为一名军人，他首先要确保所有人都安全离开。

**莱特曼**：是的。他担心危及我们的生命，最终还是说服自己与大家一起离开。但这里有一个过渡时期，从我个人的角度来说，我记得最清楚。在水晶之夜之后，也就是11月3日，在大约一个月的时间里，有一家人想要我外祖母拥有的那套公寓，他们想在楼下做生意，做油漆和化学用品生意。他们真的想要那套公寓，而且他们成功了。我们被迫进入强制销售的行列，他们一知道我们是这栋公寓的主人，就把我们赶走了。我们全家五口人——父母、祖母、外祖母和我搬到祖母原来住的地方，那是离我们大约15~20分钟的车程，就在多瑙河岸边，是一个非常小的公寓。她的公寓只有一间卧室，所以总共有一间客厅、一间卧室和一间厨房。但我们还是将就了，我们五个人在那里住了一年半，还不算太糟，我不记得对此有什么特别的不满。

当时是 1939 年，我们已经搬到了那个小公寓，我想大概是在 1939 年中期，战争开始了。波兰被入侵是在 1939 年 8 月吗？然后，几乎在一夜之间，情况变得更糟。首先，实行了配给制度。犹太人的口粮恰好是四分之一，有些食品则为零，例如没有肉食，至少从我的经历来看，是这样的。我还不是素食主义者，所以我会注意到这些。1939 年和 1940 年的冬天真的在我的脑海里挥之不去，我们仍然在那个小公寓里。犹太人无法得到任何取暖材料，没有煤，也没有木头。直到今天我还记得，我带着一个用来装蔬菜的大袋子跑出去……

**伯奈特**：麻布袋或其他东西。

**莱特曼**：麻布。是的，麻布袋。跑到运煤车后面，捡起一小块煤，将其带回家。那是一个痛苦寒冷的冬天。很显然，最糟糕的是那漫长的时间，那就是我们所实际经历的。我们曾经还捡拾木头和其他东西。简单来说就是冷，而我祖母的公寓是一栋非常老的房子，没有翻修，所以厕所在走廊上，我记得我坐在那里冻得直发抖。这些好像就发生在刚刚，我能感觉到。这些小小的个人困难，如果你想这样讲——当然，那是相对的事情——它们会牢记在我的脑海中，然后以某种方式常常浮现。这也许是另一个推动力，我们必须结束这种情况。我一定告诉过你一个故事。有一天，父亲很自豪地带着一块肉回家，他找到了一个愿意以大价钱卖给他烟熏肉的人。我的外祖母是一位出色的厨师，她说："我会为大家准备的。"当她开始拆开它时，结果发现只是一只猫，所以我们没有吃。我的外祖母范妮是位真正的艺术家。她可以用花椰菜做出各种各样的东西，即便是肉。直到今天，我都还爱吃花椰菜。所以在某种程度上，记忆是很琐碎的。那时是 20 世纪 40 年代初期，在 1942 年初的万湖会议之前，差不多是那之前的两年。

**伯奈特**：最终的解决方案。

**莱特曼**：最终的解决方案尚未公布，但实际上行动已经开始了。他们在街上挑了一些犹太人，并将他们驱逐到集中营。这只是零星的事情。那还没完，突然之间所有人都必须去奥斯维辛集中营。那时，我们当然知道那里有集中营，我们在 20 世纪 30 年代就已经知道了。但是，我们根本不知道集中营会有烤箱和毒气室。这一切都发生在后来，但很明显，留下来变得非常危险，所以我父亲决定离开。一旦他安全了，我们就可以使用车票了，因为当时官方的政策仍然是要取消车票。如果你有离开的方法，他们并不会阻止你。他对奥地利和南斯拉夫之间的地区很了解，战争期间他曾在那里服役。他的塞尔维亚语说得很流利。我不知道他是怎么做到的，但他还是找到了向导，和另外四五个犹太男人一起去了。当然，他们分散在火车上的不同地方。他们有一个聚会场所，我认为那是一家乡村旅馆，如果不是在阿尔卑斯山，就是在白云石山脉。当我的母亲于1969年退休并移居加利福尼亚时，她能够在自己的文件中找到——但愿我能找到它，但我找不到——一张写有旅馆地址和密码的小纸条。只要有足够的钱，就会有人来帮助你，所以他成功了。我们收到一封来自尼什（塞尔维亚）的电报，说："那本书到了。"

我父亲选择塞尔维亚的尼什是有其他原因的。首先，第一次世界大战期间，他第二次受伤之后，在尼什的一家军事医院里接受过治疗。另外，我母亲在尼什有亲戚，虽说是远房亲戚，但是亲戚。这就是他选择那儿的原因，他开始为那里的红十字会工作，所以，直到大约一年以后，我们偶尔还会通过红十字会的渠道接收信件。从1941年初开始，我们再没有得到他的消息。我保存着他最后一次联系我时的信件，是他寄给我的一张来自尼什的明信片，上面说："这里的一切都很棒。""我们很快会见面的。"那是用英语写的。我现在依然保存它。从那以后，我们再也没有得到关于他的任何消息，但最终我还是或多或少地弄清楚了到底发生了什么。

所以我们成功了。大概是在我们"知道"他安然无恙的两周后——我们知道他"安然无恙"是加了引号的——我的母亲、我的两个祖母还有我，坐火车去了里雅斯特。我们的护照上面写有大大的J，我的母亲和两个祖母有了新的中间名。所有犹太妇女都必须叫萨拉，而我的中间名则为以色列。但是我们并没有被阻止，他们让我们通过了。我们的护照上有合法签证，所以他们说："好吧"。我们四个就这样成了被迫离开奥地利的犹太人。我们在里雅斯特待了三四天，也许更久一点，是等待下一班去美国的邮轮——萨杜勒尼亚号。我们或者坐在里雅斯特的大广场上，或者在咖啡馆里，我吃冰淇淋，我的母亲和我的两个祖母一起喝咖啡、吃奶油。那几乎是一种新生活，我们已经好几年没见过这样的情景了。在维也纳，不允许我们吃糕点，犹太人是不允许的。我们也不能坐在公园的长椅上。这一切都是被禁止的。所以，里雅斯特是一个好的开始。我想说的是，就我个人而言，地狱般的生活已经结束了，此后的一切都很美好，无论对像我母亲这样的人来说有多么困难。但无论如何，那是天堂。

**伯奈特**：在某种程度上，压力已经减轻了。

莱特曼：是的，简单地说，生活又变得美好了。我们身上带了 50 美元，那是我们所被允许携带的所有财产。但是我们知道有亲戚可以去投奔，所以必须一直向前，这是对的，我们登上了萨杜勒尼亚号邮轮。当然，它是通过亚得里亚海离开的。我们停靠的第一个城镇是杜布罗夫尼克，我有一个相册——我已经开始拍照了。然后，下一个是帕特雷。所有的一切都令人兴奋。我们 4 个人住在一间小木屋里，我还记得我的两个祖母戴着假牙，到了晚上她们把假牙放在玻璃杯里然后放到架子上，还在周围放上水果。这段经历我一直都没忘却。

伯奈特：细节，小细节。

莱特曼：细节。但琐碎的细节却成为生活的一部分。我和船上的一个女孩交了朋友，在那之前，女孩子对我来说是一个谜。

伯奈特：此时您只有 14 岁？

莱特曼：对，我 14 岁。

伯奈特：生活物品寄走了吗？还是待在维也纳的仓库里呢？

莱特曼：没有。我父亲已经联系好了维也纳的一家名为 Spediteur 的搬家公司。一切都用法语，维也纳人有一半是法国人。那个大容器，大概有这张桌子那么大，已经打包好并随我们一起，为最终的移民做准备。其他所有财物已经被提前寄出了，是的，已经被寄出了，并在纽约等着我们。我外祖母的马鬃床垫就在里面，还有锅碗瓢盆。我们在容器里放了很多疯狂的东西。我们放进去了几幅画，有幅画是希特勒的，也被放了进去，因为他在纳粹眼里不是有名的艺术家。

伯奈特：是的，那是堕落的艺术。

莱特曼：是的。无论如何，到那时这场战争已经持续了将近一年，也许是 9 个月。是的，9 个月了。我们的船在直布罗陀附近被一艘英国潜艇拦住。我记得很清楚，看到它浮上来很令人兴奋。然后登陆艇驶了过来，他们检查了乘客名单，并带走了一些德国人。

伯奈特：哇。因为他们在搜捕间谍，或者在寻找……

莱特曼：我也不知道，我只知道我们有德国护照。我猜他们知道"J"是指什么意思。我不知道。无论如何，我们显然只是带着两位老太太，而下一站是里斯本。我们在里斯本停了下来，那是我们在欧洲的最后一站。另外，我们还差点错过了船。我的两位祖母留在了船上，母亲和我表示要去观光，但我们几乎找不到回码头的路了，差点被困在里斯本。那是另外一种感觉，只是很短的经历，但是我们做到了。我认为那是从里斯本出发的五六天的旅行。那是一艘相当大的船，大约有 3 万吨。在意大利航线上有两艘船：沃坎尼号和萨杜勒尼亚号。然后我们到达了纽约。我不记得自由女神像，因为我们没有经过埃利斯岛。我想我们实际上是通过哈德逊河到达船港的，那里有码头。下船……

下船。我彻底崩溃了，我居然看不到任何印第安人。

**伯奈特**：您对美国的印象是西部风格的。

**莱特曼**：是的，没错。我最喜欢那些读物。

**伯奈特**：汤姆·米克斯……

**莱特曼**：是卡尔·梅。他是著名作家，我读了许多他的书。我还记得一些名字——温尼托、老破手。这些人物深深地印在我的脑海里，这很疯狂。所以，我感到非常惊讶，但这并没有持续太久。

**伯奈特**：所以您对摩天大楼并没有深刻的印象，您只是感到失望……

**莱特曼**：真的，我很失望，我没有看到任何东西，只有一列高架火车经过，我想也许印第安人就在那里或别的什么地方。后来，我们在罗斯姑妈家住了几个星期。她们搬进了布朗克斯区的一套公寓，所以我又见到了我的表亲，我的 3 个表亲，还有我的罗斯姑妈和弗里茨叔叔。这是很棒的。

**伯奈特**：在某些时候，许多试图去美国的犹太人都被拒绝了。但就你们的情况而言，首先，在这个过程中你们足够早，其次，有亲戚为你们提供某种帮助。

**莱特曼**：我敢肯定，有些情况真的很让人震惊——一船的孩子都被拒之门外。虽然这些孩子有从荷兰到英国等地的通行证。但整船的人还是被送回了，他们都被枪杀了。

**伯奈特**：一段痛苦的经历。在早期，阿道夫·艾希曼在维也纳也使用了自己的专业知识，莱因哈德·海德里希也参与其中。此后，艾希曼去领导盖世太保。在某种意义上，他们在维也纳进行了一些残酷的试验，而您和您的家人以及其他人都遭受了这种虐待。

**莱特曼**：是的，但那只是在做准备，因为真正的最终解决方案直到 1942 年 2 月的万湖会议上才被阐明。同样地，并没有关于此事的公开声明。只有在恩斯特·冯·拉特被杀之后，才有公开的声明。大概是在水晶之夜，对犹太人征税之类的事情，与即将发生在我们身上的事情相比，这些都是微不足道的。

**伯奈特**：您和您的家人安全地抵达纽约。当我在思考您的传记时，我想到一个青春期男孩——14岁的年纪,如果人们在考虑他们是要继续在一起生活还是离婚,他们会说现在离婚不是一个好时机,因为那是性格形成的时期。您所处的情况是,家人并没有完全在一起,世界正处于危机之中。我想请问您是如何应对这种情况的?您的母亲、祖母及其他家人是怎么做的?您是怎样度过那些年的?

莱特曼:当然,我们仍然认为我父亲是很安全的,因为1941年德国人进军南斯拉夫时,我们仍然能听到他的消息。这是我们最担忧的。我的母亲当了大约一年的清洁女工,然后做了一些战争的后勤工作。到美国后,她在一家制造工业钻石的公司找到了一份工作,而该公司实际上是一个难民家庭所拥有的。她是一个非常坚强的女人,例如她从未让我感到她在为我做出牺牲。她到美国做的第一件事是给我买了一辆自行车。我想这花了她5美元。那是一辆单速罗利。我骑着自行车跑遍了整个城镇,一直到曼哈顿。最后,我们住在皇后区。整件事就好像我们到了天堂。我无法用其他方式来形容它。在仅剩三四个星期的时候,我进入了高中,并且成绩非常好。在接受了他们认为的3个星期的学校教育之后,我的拉丁语得到了A+。他们并不知道我已经学了将近3年的拉丁语,我也没有向他们说明这件事。这很棒,那是一段快乐的时光。那时有我的保罗舅舅在,我们最终搬去和他及他的家人住了大约一个月。我上学的那所高中几乎就在我们住的那条街的对面。我们在杰克逊高地的一栋公寓里租了一套房子,我想是在七十二街3715号。瞧,这个数字是突然出现在我脑海中的。我母亲有一套非常漂亮的小公寓。我的母亲、她的母亲、我的祖母和我都住在这个小公寓里。我睡在客厅的沙发上,她们有一间卧室。这个公寓是租来的,因为我知道母亲在1969年搬到这里的时候,她支付的租金和她1940年在纽约支付的租金是一样的,我想是72美元。

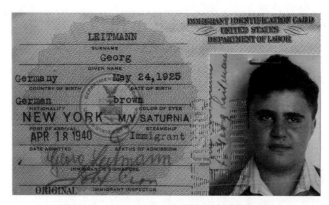

图2.1 1940年,莱特曼的移民身份证明

**伯奈特**：正如您所说的，是天堂。

**莱特曼**：确实是这样，母亲找到了这份好工作。我们的生活并不奢华，但毋庸置疑，我们拥有了想要的一切。对我来说，直到高中毕业才真正开始打仗，那是 1943 年的 12 月份。我是学年中期毕业，那时候外婆还健在，所以我离家参军时，母亲至少不会孤单。这是我考虑的很大一部分因素，因为我才 18 岁。

**伯奈特**：您曾经上过英语课吗？但是上课和处在语言环境里说英语是不一样的，您花了多长时间来适应？

**莱特曼**：3 周。

**伯奈特**：只用了 3 周？

**莱特曼**：我没有开玩笑。我犯过一些错误，记得在英语课上，我们在读诗，好像叫沃尔特·惠特曼，反正就是那类诗人的诗。"来吧，孩子们。"——你懂的，就是要朗诵第一行诗。当时不知怎么就提到了阿肯色州，我读成了"阿堪萨斯"州。全班都笑了，老师说："不，不，别笑，他读得对，是我们读错了。我们没有发出结尾'斯'的音。"所以我记得这件事，显然当时是我读错了。顺便说一句，我的口语正在倒退，而且还会忘掉许多英语单词，我的脑海里有时会闪现一些德语单词。太奇怪了。前几天，我还想不起来床上盖的被子用英语怎么说了。

**伯奈特**：您是说"Duvet（羽绒被）"？

**莱特曼**：但德语里是"Decke"，我脑海里想的是这个词。大脑真是个奇怪的器官。

总之，一切都很顺利。我读了高中，沃纳·甘茨成为我最好的朋友，他们一家是从亚琛来的。我们直到现在还保持着联系，现在都靠手机联系，他比我小 6 个月。高中学习简直就是小菜一碟。

**伯奈特**：我是否可以说，您在欧洲学到的课程更深？比如数学这块，您当时的数学成绩是领先的吗？

**莱特曼**：我认为是这样，但我不会说它更有条理。相比之下，在欧洲上过学会让我们学习起来更轻松一些。这边对我们的要求没有以前在欧洲那么多，可能是这个原因让学习变得更容易，当然也因为当时已经开始打仗了。我很快找到一份周末兼职工作，在法拉盛的一家药店。从杰克逊高地乘坐高架火车就能到药店，杰克逊高地那里有火车站。药店老板是一位高个子德国女人，非常好，还有她的小个子犹太丈夫。后来她告诉我，其实她此生的挚爱在第一次世界大战中丧生了。她非常善良，每周末都往我的口袋里塞满盥洗用品让我带回家，诸如此类。12月7日那天，我正在送《周日》报纸。真是太神奇了，人们能从我这里得到新闻。正如我所说，我有一份工作，那确实是我的第一份工作。显然，因为我于1941年12月份已经在那打工了，所以送报是兼职的，我整个夏天都在做。实际上，直到高中毕业之前我都在做这份兼职，当然是在周末。

**伯奈特**：抱歉，打断一下。您的家人在那段时间接触过一些难民家庭吗？当然是存在某种社交关系的那种。您在纽约是否遭遇过反犹太主义？

**莱特曼**：肯定有一些，因为当时反犹太是合法的。比如，你可以合法拒绝犹太人、黑人，或其他种族的人，即可以合法拒绝租房给他们。我一直记得，我们当时在找房子，母亲找房的标准是首先要便宜，其次是要没有其他限制。因为当时的宣传用词是"受限制"，就是那个意思。这个词就是告诉你，想都别想。这绝对是反犹太主义的一个体现。但除此以外，我想不出什么了，比如在学校从来没遇到过这种事。那个时候，我们当然非常清楚欧洲发生了什么事，报纸每天都在不停地报道。后来我发现，美国社会存在某种程度上的反犹太主义现象。即使是罗斯福（富兰克林·德拉诺·罗斯福）总统也未能免俗，他喜欢讲犹太笑话。他的内阁成员有几个是犹太人，但社会上反犹太主义仍然存在。

**伯奈特**：还有大学限制犹太学生的名额。

**莱特曼**：对，是有名额限制，在医学院尤其明显。当时所有人都觉得犹太医生太多了。但我个人从来没这样觉得，丝毫没有。

**伯奈特**：新闻报道中说，12月7日的时候美国并不想主动加入战争，但珍珠港事件改变了美国的态度。美国卷进来的时候，您还在上高中。当时的媒体是怎么报道这件事的？美国要开始和欧洲打仗了，大家都是怎么说的？

**莱特曼**：当时有一些很强硬的党派，这很正常。有一派是反战群体，或者叫作孤立主义者，他们非常强硬。我们当然知道这些，因为纽约的犹太报纸都报道过。当时有一份德国难民报纸，叫《建设报》之类的名字，我们从报纸上了解了那些地区正在发生什么，所以知道了孤立主义、考夫林神父（查尔斯·考夫林）是什么，但没有亲身经历过。我们知道这些事的存在，就是没有亲身经历过。坦白说，我们甚至没有为这些事感到惊讶。我母亲也没有因为是犹太人而找不到工作，没有遇到这类事情。我们租房也没有被拒绝。但是你知道，我们周围的邻居都不是那种自大自傲的人。因为你这样问了，我才会琢磨反犹太主义这回事。我想不出有什么亲身经历能让我感受到反犹太主义的存在。客观上我们知道这个国家存在反犹太主义，但反犹太主义在哪呢？这不足为奇。

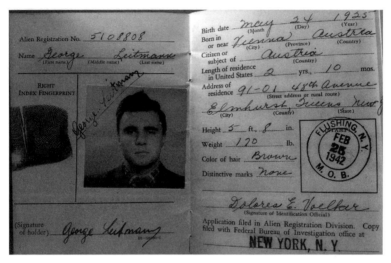

图 2.2　莱特曼的外国人登记卡

**伯奈特**：听起来好像您的母亲在保护您，她希望您能够度过一个正常的童年生活。

**莱特曼**：哦，确实是这样。

**伯奈特**：正常的青春期。

**莱特曼**：是的，我当时的确处在青春期，我在高中就开始留意女孩子，觉得这个世界太棒了。我母亲的几份工作收入都不错。后来战争结束了，人们不再需要工业金刚石了，她就转为一家人造珠宝公司工作，做设计师。她在那儿是个女领班，她是个很坚强、务实的人。我们那时都不抱期望父亲还活着，因为 20 世纪 40 年代后期战争一结束，她就给红十字会写过信，红十字会告知她，如果我父亲在尼什，那么生还十分渺茫，因为所有人都知道那儿的人几乎被消灭光了。没有具体详情，一些细节是后来才知道的。所以我记得她应该是在 38 岁那年正式变成了寡妇，守寡了 44 年。有意思。

**伯奈特**：您是 1943 年 12 月高中毕业的。那时候同盟国已经抵达北非，他们正在前往……他们登陆西西里岛是什么时候？ 1943 年？

**莱特曼**：对，1943 年，我记得是。

**伯奈特**：他们打仗，那么接下来您打算做什么呢？高中毕业后找工作了吗？

您去服兵役了吗？

**莱特曼**：是的，是的，噢，是的。同样，非常讽刺。我们刚来美国的时候被登记为来自敌对国的人员，我现在还保留着我的移民身份证明卡。美国人从来不伤害我们，但我们在美国的身份是敌对国人员，因为我们拿的是德国护照。官僚机构总是喜欢搞这种小把戏。

**伯奈特**：这取决于您是否被需要，为了某些特殊的……

**莱特曼**：哦，这个，都是一样的，就连沙皇也突然爱上犹太人了。记得吗，沙皇曾做过一次重大演讲，题目是"致我亲爱的犹太人"。

**伯奈特**：那是什么时候？是罗曼诺夫王朝……

**莱特曼**：那是第一次世界大战的时候，战争开始了，突然间就……"致我亲爱的犹太人"。一切都是相对的。仅就我个人而言，我当时生活得很愉快，因为我最喜欢的叔叔还活着。很多时候我们都是和叔叔及他的家人在一起，他的儿子就是我的堂兄埃尔弗里德，我们叫他埃尔弗。他有一份特别好的工作，是在新泽西一家大型啤酒公司做技术指导，所以他们买了房子，那个时候可能要花2500美元。我们很多时间都待在一起，我有各种各样的照片，我那时总是在玩小恶作剧。后来我转变了，这对我来说是件大事。我毕业的时候是12月份，我知道我要去参军了。我愿意参军，但也确实想试试在这个过程中能否找到一份工作。当时美国陆军有一个项目是可以申请加入的，我想应该不是V5就是V8训练计划[①]。我申请了那个项目，结果入伍的时候，他们把我安排在一个战斗工兵营里。不过也不错，我喜欢军队的食物。太疯狂了，真的很疯狂。第一个礼拜我就得了肺炎，吹起床号的时候我晕倒了。我们当时在新泽西州，后来才被送去接受基础训练。我得到了很好的治疗。这些都不是问题。

**伯奈特**：您在新泽西的哪个基地？

**莱特曼**：我实在记不清新泽西的基地名字了，我们在那儿只待了几个礼拜。那里是用来过渡的，然后我们就被送到科罗拉多州的卡森营地，现在叫作卡森堡。不知道为什么，战争后所有营地都叫作堡。我们在那里的战斗工兵营进行基础训练。军队生活也同样愉快，就像我说的，我喜欢那里的食物。我记得在基础训练阶段，我被升为下士。我成为一名情报官，主要工作是分析每周的新闻。

**伯奈特**：也就是说，你们正在接受基础训练和特殊训练。是2月份？还是3

---

① 陆军专业训练计划。

月份？实际上那时盟军已在为诺曼底登陆集结兵力了。

**莱特曼**：不，不对，进入特殊训练前，诺曼底登陆就已经发生了。

**伯奈特**：1944 年 6 月份将会是……

**莱特曼**：对的。我们在密苏里州的伦纳德伍德堡进行了特殊训练，我就是在那里成为美国公民的。因为当时只有本国公民才能被送出国外。我们不可能是为诺曼底登陆做准备。

**伯奈特**：哇，所以说您进行了特殊训练。那么您是否可以简单说一下，战斗工兵在战斗中所扮演的角色？您被要求去做什么？工兵在军事行动中处在什么位置？

**莱特曼**：其实，战斗工兵比步兵的境遇更糟糕，因为普通工兵主要负责建筑工作。而战斗工兵需要走在步兵的前面，清扫地雷、修复桥梁、运输步兵装备、修建浮桥，诸如此类。我被派去做侦查工作，需要走在其他队员的前面。

**图 2.3　1945 年初，莱特曼与西德·夏皮罗**

**伯奈特**：我正想问这个。

**莱特曼**：但实际上我会更加安全，因为通常只有吉普车司机和我两个人。主要是别被抓住，因为我们是负责搞情报的。听到炮火声我们就会躲起来，否则会被打死。何况我也没必要那么玩命。

**伯奈特**：没错。等一等，为什么您会感觉更安全？

**莱特曼**：会的，因为我们可以躲起来。听到枪响的时候，我的职责并不是加入战斗。另外，此时我们是不能有任何行动的，因为我们的职责是搞情报，把情报汇报上去就可以了。

**伯奈特**：还有关于无线电台的事，因为我猜您应该会有一部无线电台。

**莱特曼**：我们的确没有。

**伯奈特**：好吧。我刚刚还在想无线电台是否会暴露你们的位置。

**莱特曼**：应该不会。我们当时还在用有线。

**伯奈特**：天哪。可即便如此，你们面对狙击手的火力也会束手无策吧！

**莱特曼**：哦，是的。实际上我遭遇过一次。当时狙击手从教堂塔上向我们射击。但这些都不可怕。

**伯奈特**：这是职责的一部分。

**莱特曼**：其实我曾想试着列出曾经经历过的所有死里逃生的时刻。特别震惊。举个例子，在进行基础训练的时候死过人，因为我们训练用的是真枪实弹。训练中有一部分内容是学习军事渗透，其中越障训练需要真枪实弹。你需要匍匐前进，上面是带刺的铁丝网之类的东西，屁股要压得很低。机关枪都是自动连发的，扫射出来的子弹比我们高出这么多，两三英尺。这是特殊训练的内容。我旁边的一个战友滚进了壕沟里，沟里有一条蛇，他跳了起来，被枪扫射成两半。这些是夜间的训练课程，机关枪每隔五发普通子弹会有一枚确认光弹被射出。

**伯奈特**：这么说你们有曳光弹？

**莱特曼**：对，用曳光弹来照明。我们中有一个人牺牲在所谓的村战中，他是从背后被射中的。

**伯奈特**：村战是什么？

**莱特曼**：就是渗透。

**伯奈特**：哦，挨家挨户地打。

**莱特曼**：挨家挨户地打。叫作村战，用的是真枪实弹。

**伯奈特**：那么您说的是村战演习吧？

**莱特曼**：对的，对的。我看到的前两次伤亡都是在训练期间。那个可怜的家伙是从后背被击中的。当然，首先 M1[①] 很凶狠，子弹打穿他后留下了一个致命的大洞。旁边也没有救护车守着，把他拉到了一个急救站。还有一件挺有趣的小事，在卡森营地有一部分是关押德国战俘的地方，关押德意志非洲军团的战俘。这是

---

① 加兰德步枪。

我记着的另外一件事。我们需要到山里去修路，或类似的任务。我们被卡车从营地运进山里。然而反方向行进的是非洲军团的战俘，他们唱着纳粹歌曲，身着短裤，活像马戏团演员。

**伯奈特**：他们配备着沙漠装备，身穿沙漠制服。

**莱特曼**：对，是这样。我们偶尔看到他们其中一个人被吊死在自己的兵营里，我猜他被当作勾结美国人的叛徒。这种事发生过两三次，他们当时也在唱纳粹歌曲。

**伯奈特**：他们当时在干活，或者说他们当时正在野外干活……

**莱特曼**：其实也不算是。也不算是这样。

**伯奈特**：在那个阶段。

**莱特曼**：对，他们仍然是雄心勃勃的，这特别令人震惊。他们的歌直到现在我都能唱两句："Wir gehen gegen England."这些歌词在脑海里印象深刻。

**伯奈特**：这句歌词是什么意思呢？

**莱特曼**："我们要去英格兰。"显然，他们那时正在计划入侵英格兰。到了那个地方，他们仍在计划入侵英格兰，毫无疑问，他们确信会赢得这场战争。直到10月份我们才被运往欧洲，所以肯定是在诺曼底登陆日之后了。还是在海滩登陆。在英格兰我们又接受了为期大约6周的训练。所以当时一定是在12月初。又是一个非常寒冷的冬天，我对两件事印象深刻。我们当时正朝英国海岸行进，打算穿过海峡。部队火车偶尔在车站停靠，凌晨两点钟的时候，那些善良的英国女人会站在那里分发茶水。但是，美国人却把它当成了咖啡，结果直接把茶水吐在了地上。我记得很清楚，我们乘坐一艘名为远洋邮轮的波兰船穿越海峡，然后沿着船上的绳梯爬进登陆艇。他们提供的是典型的英式早餐，还有烟熏鱼。

**伯奈特**：哦，天哪。

**莱特曼**：随着船像这样升起来（做出海浪起伏的动作），（笑声）我们登陆了。上海滩后，天已经很黑了，所以我们只能临时露营了。天气非常寒冷。我们住的是双人帐篷，在那里住了三四天。但是，早上睡醒的时候，就是第一天早上，那是第一次所有人都认为我们将无法从战争中苟活，因为我们露营的周边布满了未引爆的地雷。

**伯奈特**：我的天啊。

**莱特曼**：是啊，我记得那是我们第一次这样想。

**伯奈特**：我想问的是，在你们训练期间，特别是特殊训练期间，您对训练有感觉吗？会感觉自己已准备好面对即将发生的事情了吗？

**莱特曼**：嗯，我们会这样想，但这种感觉消失得非常快。这样吧，我先给你举一个例子。巴黎被攻占了，所以我们只能乘坐火车绕过巴黎进入法国境内。车上没有卫生间，什么都没有。我们坐的是普通的运畜拖车，就是40个壮汉或8匹马那一类的。因此，火车停靠的时候一定要下去解决内急，因为那还在法国境内。我下车以后，裤子还没提上来，火车就开始动了。不过火车刚开始速度是很慢的，最后他们把我拽了上去。也就是说，我差点被丢在法国。冬天开始了，我们的制服完全不够穿。我们有军靴，靴子像这样穿起来，柔软的部分露在外面，所以一旦弄湿，就再也晾不干了。这种军靴设计得太荒唐了，把吸水性好的一面露在外面，光滑的一面朝里。我们没有冬季制服。对面走来的战俘都有冬季制服，我们却没有冬装可穿。我们到达了阿尔萨斯—洛林，位于一个叫作埃皮纳尔的小镇上。后来，我们在旧的马其诺防线上滞留了两三个星期。

**伯奈特**：是待在一些山洞里，是吗？

**莱特曼**：一些山洞。山洞里肯定没有光，我们唯一的光源是罐头盒，食品罐头盒，往罐头盒里注入气体，然后就有了光源，我们在黑暗中很郁闷，两个礼拜都没洗过澡。几周后，我们终于离开了那里。到达终点，他们为我们做的第一件事，是提供了一个淋浴装置。给你5分钟时间洗澡，换上一套新制服。就是他们刚刚扔给你的那套制服，可能合身，也可能不合身。他们看看你，然后来一句："不错。"我真的很需要刮个胡子、理个发。我发现一家正在营业的理发店，当然了，那家店当时属于德国。我们这些年轻人自然都接受过德语培训。我舒舒服服地理了个发，然后理发师用一把直形剃刀给我刮胡子，他的女儿给他打下手，当时他女儿肯定有20多岁了。当然，我是个美国士兵，他们还以为我不会说德语。当理发师拿剃刀刮过我的喉咙时，他女儿用德语对他说："为什么不割断他的喉咙？"我睁开眼睛，用德语说："这话说得可不太友好。"我把她吓坏了。她以为我要用枪打她，我以为她会晕倒。我记得这些，你知道，这些是小片段。

**伯奈特**：显然，当时德军对英格兰的入侵一定是大规模的，但是你们却不能制定出任何应对计划，而且还存在着供给不足的问题。

**莱特曼**：是会发生一些意料之外的事。

**伯奈特**：而且当时处在寒冬，那是多年来最冷的一个冬天。

**莱特曼**：1939—1940 年的冬天非常可怕，然后就是 1944—1945 年的冬天也非常糟糕。

**伯奈特**：这么说，1944 年的 7 月或 8 月，您乘船去了英国，然后 1944 年的 12 月份您在法国。我在想，突出部战役……

**莱特曼**：突出部战役开始了。

**伯奈特**：这场战役发生在法国东北部，前线穿过了比利时。突出部战役即坦克大决战，正是反攻的一部分，是对德国人……

**莱特曼**：真正的最后一次大战。

**伯奈特**：他们开车从防线中间穿过，在防线上制造出了这个"突出"的痕迹，防线沿着……

**莱特曼**：当时天气不好，无法动用空军，所以也无法向德军投掷炸弹，而且德军实际上已夺回了大约 40 英里的阵地。那里更靠近比利时，因此那时候他们已经很接近海岸了。我们只得等到天空放晴才能对他们进行轰炸，但等到那时候仗都已经打完了。其实我们根本没有参加突出部战役，而是去了附近的一个战场。现在与我同住的是一位退伍军人，他是从突出部战役退伍下来的老兵，我们差点在战场上相遇，当时相隔仅有 50 英里。不管怎么样，法军是从地中海过来的。他们是法国第一军，从地中海登陆法国。其实我们制服上是法国的标志，我们隶属法国第一军。他们没有坦克推土机，而战斗工兵有，所以受到了他们的重视。

**伯奈特**：这么说推土机是用来清理……

**莱特曼**：大多用来排雷，还有障碍物。另外，有几件小事让我印象很深。部队中有位非常疯狂的副指挥官，叫梅杰·斯宾塞。他排雷的方法是直接把车开进雷区，如果压到地雷的话……实际上我们真的压到了。幸运的是，我当时坐在吉普车的后边，但是司机被炸死了，梅杰·斯宾塞也伤势严重。他后来在医院里躺了好几个月。他是个蠢货。

**伯奈特**：他是不是觉得需要那样做来激励士兵，或者他是……

**莱特曼**：我觉得不是，我觉得他就是单纯的蠢。当时的主要战役是在两三周后进行的，例如收复阿尔萨斯洛林，就是科尔马的首府。那一仗德军打得很疯狂——那是他们占领的最后一块领地——因为如果他们保不住那块地，他们会被赶回莱茵河对面。他们特别想保留这片领地，哪怕是象征性的也可以。可能我要再说回英国，因为它们之间有关系。我们把英国那些大房子的其中一间清理了出来。那家把房子封存起来了，所有贵重物品都存放在单独的房间里。我们将房子打扫出来，作为艾森豪威尔司令部的一部分。有人打开一扇壁橱，这家人给壁橱糊满了墙纸，他掀开墙纸发现了一个可以通往隔壁的入口，所有贵重物品都储存在隔壁的房间里，大家疯狂地抢那里的东西。然后第二天早上，他们把抢来的东西运回了老家。然后我们觉得，作为抢东西的惩罚，我们会被送往突出部战役去打仗。我记得很清楚，两天后我们就在船上了。

我还记得，在科尔马的时候，我被丢在德国防线后面——虽然没有明确界限，但那块地确实还没有被占领。而且因为那里留有坦克推土机的通道，我们知道部队会从小镇的某个地方穿过来。德国人非常狡猾，他们发现大路可以通行坦克和卡车，就在路中间筑起巨大的砖墙，两侧只留下人行通道。我的任务是搞明白他们都在哪些通道上盖有砖墙，否则，那会使整个部队陷入一场灾难。

**伯奈特**：而且会束手无策。

**莱特曼**：那样就必须撤退。

**伯奈特**：没错，束手无策。

**莱特曼**：在郊区的，是的，在郊区，一个大宅院里，我待了可能不到 3 天。只有我自己，非常安全，没有人进来，因为德国人认为美国人还没到这里。夜里能听到外面有巡逻队走过。突然，一枚炮弹击中了院子，院子开始燃烧。我说，嗯，我要离开这里。但是作为一名美国兵，我必须拿一份纪念品。于是我走进书房，发现了一本木版画。是个小东西，可能有 15 张。我看了一下，它出自德国艺术家奥托·阿贝茨之手，至少上面签的是这个名字。画的名字叫作《西西里之旅》，描绘的是童子军在西西里的经历。后来，奥托·阿贝茨这个名字对我来说非常重要，因为战争结束后我读了一本关于他的杂志，发现他已经受到了审判。他不是主要战犯，但曾经担任过德国驻法国维希政府的大使。20 世纪 20 年代末期，他成为艺术家，变成了亲法分子。这也是为什么他被任命为法国维希政府的大使。后来他也成了个大人物，奥托·阿贝茨，我后面再讲他那些事。很早的时候我就知道他。奥托·阿贝茨，我有 3 次突然想起他，真是奇怪。

**伯奈特**：这么说您走在队伍前面，设法判断前进路线。

**莱特曼**：后来司机把吉普车开回去了，只留下我自己。

**伯奈特**：您对此有什么感觉？

**莱特曼**：我不害怕，特别刺激。我当时才多大？那会儿是 1945 年。

**伯奈特**：对，1945年初。那时德军在撤退，但是他们……

**莱特曼**：所以，我当时19岁，是吧？

**伯奈特**：是的。

**莱特曼**：1925年生人，对，19岁。

**伯奈特**：我对战线有一个疑问，我们通常说，第一次世界大战的战线非常精确和固定，但第二次世界大战时有开阔的……

**莱特曼**：我们那儿没有"一战"那样的沟壕战。

**伯奈特**：是的。当时有开阔的空地和机动性很高的部队。

**莱特曼**：是的，会有我们的部队在那儿，过一个小时还会有其他人在那儿开车经过。所有人都在移动，有些时候也会驻扎下来。例如，有一次我们到达了德国边境，就在科尔马后面。往北走了大概有20英里，就是法国、比利时和德国之间的边界了，一个叫作萨尔格米纳的小镇，法语叫作"Sarreguemines"。我们在那儿休整了将近两个礼拜，穿过了所谓的齐格菲防线——齐格菲防线好比是法国的马其诺防线。这些休整工作对于战斗工兵来说很重要。我们在那里搭建了一座桥，尽管德国人仍然有可能轰炸这座桥。这座桥曾经被一架德国飞机炸毁过，当时德国没剩几架能用来炸桥的飞机，这架就是其中之一。我在那儿还交往过一个女朋友。这件事很好玩，德国人就驻扎在一个街区以外的地方。她叫珍妮特，不知怎么的，我们交上了朋友。因为外面很危险，她说服父母晚上待在地下室。这样我们就方便约会了。我为了去找她，匍匐穿过街道，毕竟和德国人只隔了一个街区。这事使我终生难忘。我有她的照片，我现在还保存着。

**伯奈特**：所以，在某种意义上，所有这些死亡与毁灭……

**莱特曼**：仍然存在着生气。

**伯奈特**：危险之中仍然存在着生气和活力，您能感觉到自己还活着。

**莱特曼**：是的，没错，正是这样。那样做太可怕了，但对一个19岁的孩子来说，这又非常刺激。我知道人们是怎样变得狂热的。现在你肯定对沟壕战狂热不起来，但是随着事情的发展，大部分时间你只是待在那里，因为……

**伯奈特**：没有发生任何事。

**莱特曼**：没有发生任何事，非常奇怪，有时好几天都不会发生任何事。很好，我们继续。

**伯奈特**：我在《搭建通往胜利的桥梁》一书中读到，科尔马那里当时有很多村子在打仗。是否……

**莱特曼**：外面去往科尔马的路上有一个叫作凯塞尔斯贝尔的小镇。那里肯定发生过小规模战斗，但是没有真正驻军。德国人真的很想占领那个小镇，他们做了一件很聪明的事，我们当时应该考虑到了。城镇受到了严重破坏，我们住在一些公共建筑里，或在学校里临时宿营。那是个镇子，所以不必睡在帐篷里。部队安然度过了两三个晚上，我感觉是在一所学校里住了一晚。这就说到了另一个故事。我说过，我居然没死！早上我醒过来，并没有听到任何动静。德国人当晚扫荡了所有大型公共建筑，他们认为我们会在那些地方宿营。屋顶不见了！发生这些事的时候我一直在睡觉。我睡在阁楼上，用睡袋把整个头都包了起来。打开睡袋，我看到了天空。这种事发生过两次。在这儿是一次，后来穿越美因河时又是一次。不知道为什么，在这片领土上总会发生这种事。没有哪一次我真的感觉事情要结束了。我认为其他人也一样，每个人都相信自己能挺过去。

**伯奈特**：危险是可以适应的吗？您有没有感觉您有点适应了，您调整……

**莱特曼**：是的，我觉得可以，尤其是在真正挺过去以后。对我来说，我觉得那个冬天最艰难的一件事是冻疮。我到现在还会长冻疮。现在我的脚都要多冷有多冷，因为我的足背动脉有血栓。都70多年过去了，我仍然能从双脚上感受到那场战争。

**伯奈特**：身体落下病了。

**莱特曼**：的确是这样。不，我不这样认为。有些事让我不爽，单纯从人性角度来说，一种不人道正在蔓延。我们终于穿过了齐格菲防线，因为桥还没有搭建起来，我们利用浮桥在美因河上运送步兵，然后在沃尔姆斯上了岸。其间我本人没有开过一枪，有好几次不得不躲起来。我们已经架好了浮桥，卡车可以通行，但坦克不可以。我们再次抵达一个地方，那是一块空地，当晚就在空地内休息了。关键是，当时我们已经筋疲力尽了，能睡个好觉，起码我是这么想的。早上我们醒过来，外面阳光灿烂，但我感觉天空仍然是黑漆漆的。原来半夜有卡车开了进来，其中一辆正好在我上面停下了，幸好没有撞到我，我被压在了卡车底下。也许我有一位保护神。鬼知道？即使在那件事之后，这种事情也发生过很多次。

**伯奈特**：在那本书中或者其他故事里，敌军往往是一个抽象概念。你们试图达到目标，试图占领阵地，只得到这些命令。

**莱特曼**：是的，很少有人亲眼见到敌军。很正常，但是……

**伯奈特**：是的，相传有一个故事。德军向美军的一个排投降，他们一开始时迎合讨好，紧跟着索要香烟。然而一个美国士兵对准他们举起了来复枪。因为那里刚刚发生过战事，他只想当场射杀德国人。更因为他的一群弟兄在那儿被德国人枪杀了。

**莱特曼**：我觉得这种本能反应很正常，但它并不是常规操作。出于政策，德国人经常干这种事。例如，打突出部战役时，他们不抓战俘。如果有人投降，就直接射杀。无关个人，都是规定。如果抓走战俘，再把战俘运回去，他们负担不起成本。

**伯奈特**：他们当时正在撤退。

**莱特曼**：对，后勤供给不上。当然了，这有两方面原因。我给一个中学做了很多年的志愿者，今年还在做。

**伯奈特**：前景塞拉中学？

**莱特曼**：前景赛拉中学，很好的一所学校。他们每年都会组织一个关于"二战"的活动，例如采访目击者，不光是战争期间的目击者。还有比如采访曾经被关押在日本俘虏收容所的人。这是很重要的事，我们这些目击者还活着的已经不多了。他们总是企图提出一个论点，我说了，战争可不是游戏。不管你怎么看，它都只能是地狱，可能不是个人意义上的地狱，而是整个人类的地狱。比如还有一次，当时我还在萨尔格米纳，在齐格菲防线前面做侦察工作。我和司机进行了一次小型侦察，然后我们来到一条小溪旁边，看到一个带有血水的橡皮筏。两个美国人被射中，躺在那条船上失血而死。那种事会发生，但并没有持续多久，就像第一次世界大战一样难以置信。你只要越过防线马上会被歼灭。

**伯奈特**：还有炮轰，还有……

**莱特曼**：炮轰。另外，人在泥泞中生活几个礼拜，会患上各种各样的疾病。但那种糟糕的事情却很少发生。可能在太平洋上，他们登陆岛屿时会遇到一些，但不会太多。当发生像突出部战役这类进攻行动时，当他们开着大量坦克进来时，情况通常会变得非常糟糕。显然，许多人是这样死掉的。但是没有人会坐以待毙。

**伯奈特**：这对您来说无疑是个快速发展的过程。对于您和与您在一起的人来说，事情……

**莱特曼**：是的，战争表面上是赢了，但在人的心理感受上有很大不同。我们从不怀疑战争已经结束。不是说你一定不会被杀,但是战争已经结束了。

**伯奈特**:好吧,也许该暂停一下了。我们现在正讲到即将进入德国领土的时候,下次再接着聊。

**莱特曼**:好的。我们谈了有多久,已经两个小时了?

**伯奈特**:是的。

**莱特曼**:天哪,这次比第一次过得要快一些。

# 第 3 章

# 在欧洲对抗法西斯

**采访时间**：2018 年 5 月 17 日

**伯奈特**：这里是保罗·伯奈特采访乔治·莱特曼的现场。这是我们的第三次会谈，今天是 2018 年 5 月 17 日，我们是在伯克利山庄。上次我们采访结束时谈到了您的部队即将进入德国。今天我们可以继续这一话题，我想这对德国人来说是一个巨大的心理阴影。

**莱特曼**：在一定程度上确实是如此，他们知道他们即将输掉这场战争，但又不想以真正失败的方式输掉它，所以才表现出来如此强烈的抵抗。他们知道一切就要结束了。那些希望获胜的人总是幻想是否会有一些秘密武器存在，这也是希特勒所指望的。对于这方面，从战后进行的一些采访和交流中便可知道。我认为有一点很明确，物理学上德国已经具备了相关的知识，这一点是毫无疑问的。但是有趣的是，这是爱因斯坦的"犹太科学"，因此希特勒禁止这些物理学家从事这方面的研究。我们很幸运，他们将所有力量都投入到了诸如 V-1 和 V-2 导弹这些"报复性武器"上。实际上这从来都没成为战争中的主要武器，1000 磅的炸药，尤其是 V-2 炸药，如果拥有有效载荷，这是一种很可怕的武器，但它却没有有效载荷。尤其对伦敦人来说，那个脉冲喷射的 V-1 就更差了。我记得在去法国之前，我们在英国待了几个星期，其中有一个周末是在伦敦，我们去了皇家海玛特剧院。我记不起来当时的演出名字了，但是记得它是被一个 V-1 导弹打断的。当你听到"扑通、扑通、扑通、扑通"的声音停止的时候，说明他们要进攻了。那是一种脉冲喷射武器，会发出这种声响，能听到它意味着它击中的地方离你已相当近了。这次它落在剧院附近仅两三百英尺的地方。同样，它没有巨大的有效载荷，与 V-2 相比是一种较小的武器，数百人即可生产。它失败了很多次，因此从气势来看，它要比 V-2 糟糕多了。

战后最早的基础力学书籍之一，是由两位荷兰教授科伊和维滕博盖尔特撰写的。我仍然记得这本书——《未来弹道学，1946》，现在就放在我公寓楼下。里面有一章介绍了相关应用，还有一个完整附录，实际上是关于 V-2 的发展历程以及所有的照片。刚开始测试时，大部分都是在荷兰发射的。我不知道他们带走了多少名工作人员，当时那里有一个带有控制装置的煤仓，离发射台大概两三百英尺，通常满载时刚好可以够所有人使用。

**伯奈特**：对于盟国而言，最痛恨的应该是希特勒的反犹太主义（把犹太人都赶到盟国去）。

**莱特曼**：噢，那只是一部分，另一部分来自我们的审问，还有一部分来自其他人的审讯。那是战后，当我们采取回形针行动来询问德国科学家和工程师时，我们总是将他们安排在同一个房间，通常是酒店或者城堡，在旁边的房间我们可以监听他们。1945 年 8 月，当在广岛和长崎投下两枚原子弹时，从他们的谈话中可以发现他们猜到我们已经建造了一个巨大的反应堆，但令他们惊讶的是我们还有运输炸弹的大飞机。他们没有相关的工程师（当时德国只依靠科学家来发展原子武器），所以还没有关于内爆的想法。我们很幸运，我们的工程师们想到了这种方式。其实德国人也很幸运，他们输了之后就投降了，既然我们已经投了两枚原子弹，我们可以在德国再投下一枚，或在日本也再投下一枚。历史上有很多令人惊奇的巧合或怪事，选择不一样，结果可能是完全不同的，有时是具有灾难性的。这点很有趣。无论如何，继续，你可能还有问题要问。

**伯奈特**：我有一个问题，在没有超级武器的情况下，盟军的轰炸确实是依靠燃烧弹和重磅炸弹吗？

**莱特曼**：是的，英国人和我们共同承担了。

**伯奈特**：各种类型的和先进的高爆装置摧毁了德国的大批城镇。当时的德国肯定受到了破坏，他们很难毫发无损地逃脱。

**莱特曼**：很难。你可以看看战后的柏林。

**伯奈特**：很让人震惊，不是吗？

**莱特曼**：我再顺便说一句，本来是打算稍后再提的，但我担心后面会忘记。当时在维尔茨堡，我们稍后还会说起这件事，我亲眼见证了这次行动，而不是指空袭本身。在两三个小时的时间里，我看到一些巨型轰炸机飞向柏林，当第一批飞回来时，还有一批仍在飞向柏林。那得有多少架？有时一次就有 2000 架。它们的有效载荷是很可怕的，当然与核武器相比，它们的可怕程度显得小多了。

**伯奈特**：是的，但是当你有 2000 架时，有效载荷加起来已经很大了。

**莱特曼**：哦，是的，可以看到这些巨型飞机以 200 架为一组的编队方式往同一方向飞行，同时前面的飞机经过一个半到两个小时的飞行会回来。

**伯奈特**：就像是空中列车。

**莱特曼**：是的，列车。顺便说一句，在战争快要结束的时候，我们又制定了一项警告居民离开此地的政策，告诉他们尽快离开城镇，那里将被夷为平地。当然，那个时候德国人已经知道这些空袭的目的。通常，它会对穷人有影响。例如，在维尔茨堡，类似于伯克利大小的小镇，有 12 万或 13 万人，有钱人住在美因河的西岸，我稍后会提到他们。当时，只有约 8 万～9 万人活下来，城市的那部分被夷为了平地，唯一还矗立着的是某个地方的教堂塔楼。有件事我从来没有提过，但我突然想到了。因为在瓦砾下埋着成千上万的尸体，当你进入这些城镇时，能闻到一种独一无二的味道。你不知道那到底是什么，但它有一种非常独特的味道。

**伯奈特**：尸体的味道。

图 3.1　1945 年，兰茨贝格集中营

**莱特曼**：其中一部分味道是东西燃烧散发出来的。当然这有它自己的味道。这些并不是人们在战争中必须考虑的事情，它不是真正的战斗，是战斗的余波，而且会持续很长时间。

**伯奈特**：这是整个战争的一部分，对吧？这可以追溯到美国内战。如果搞清了敌人的情况，那么不仅是军事力量，火车站和平民都会暴露无遗。

**莱特曼**：正确。当然这是第二次世界大战中的极端情况，再后来的越南战争从某种意义上讲情况更严酷。

**伯奈特**：是的，投放的炸弹数量是"二战"期间所有战区投放量的4倍。

**莱特曼**：这太可怕了，实际上人们并没有真正为此做好准备。总之就是这样。我们当时在萨尔格米纳，德国人称它为萨尔盖穆德，我不知道要待多久，但至少要一周，也许要两周。这个想法还没有在我的脑海里存留很久，我们就接到了突破齐格菲防线的命令。齐格菲防线在第一次世界大战中已经有了。我想大概是3月初到3月中旬。当你想到只有两个月了，你就知道距战争结束有多近了。

**伯奈特**：太可怕了。

**莱特曼**：虽然只有两个月，但也有很多人会死去。正如前面说的，我很幸运能进入侦察部队。我想那应该是一次行动或者其他什么的，我把那打印出来了。

**伯奈特**：哦，"计划与行动"。

**莱特曼**：我属于该部队"计划与行动"的成员，我的照片在比较靠下面的部分。

**伯奈特**：请问这是什么？它看起来像一本小册子。

**莱特曼**：是的，那是我们当中一个人在战争即将结束时写的一本书，也不是为了出版，是为了给家人看。

**伯奈特**：我现在给它一个特写。

**莱特曼**：我想他的名字叫霍比，或者可能还有其他名字。他的父亲也在那个部队，他和其他人一起收集材料，在1946年左右，他们为这些退伍军人编写了这本小册子，里面包括杂七杂八的很多内容。这就是"计划与行动"。我不知道我是怎么进入的。是的，行动，计划，我当然没有参与计划。我想收集情报属于计划吧。

**伯奈特**：是啊。您所说的收集情报一般要跑多远的距离？

**莱特曼**：那要看具体情况。有时候可能是数英里，有时候也可能是几百英尺。接下来我没有做什么事情，建桥时我也没有去抬那些梁片。许多人在施工中失去了手指，他们不得不把手伸到里面才能操作，这些都说不准。现在有些贝雷桥还在使用，贝雷是它们的设计者。在夏威夷的公路上你会发现很多贝雷桥，战后工程师利用它们建造了当地的桥梁。这种桥梁大概30~40英寸长，4~5英尺高，用螺栓在端部把它们连接起来。因此安装灵活方便。它可以做成单层、双层或三层，也可以是既有单层也有双层、三层的混合式。我们在维尔茨堡建了一座铁路桥，是双层还是三层的那种，当时这个消息甚至登上了报纸。在我的书中，你可以看到它的一些照片。

图3.2　1945年，被炸的德国格拉布龙桥

图3.3　1945年，在德国，第286战斗工兵部队建造的浮桥

第3章 在欧洲对抗法西斯

图3.4　1945年,第286战斗工兵部队的杰作

图3.5　1945年2月,在科尔马战役中修复桥梁

图 3.6　第 286 战斗工兵部队副指挥官梅杰·斯宾塞

**伯奈特**：从机械化角度来看，这也是一项变革性技术？

**莱特曼**：从大规模使用的角度来看是这样的，而桥梁的建设方式是在战争爆发之前就已经发明了。当然在第一次世界大战中并没有使用这项技术。因此，如果不考虑人员伤亡，只考虑建桥速度，这算得上是一个变革，这一点也不好笑。我们在萨尔格米纳建桥时出现了第一次伤亡，当时在那里发生了袭击。德军通常会在我们施工作业时试图袭击我们，用的一般是普通的武器。

**伯奈特**：目的是减缓你们的施工进度。

**莱特曼**：是的，因为在这种变革性的桥上能够运输重型武器。除了著名的雷马根大桥，德军炸毁了大部分的桥梁。没有完成炸毁任务的士兵会被处决。

**伯奈特**：那么在一条中等的河流上建一座桥需要多久？

**莱特曼**：如果没有任何阻力的话，大概一天时间。但我们总是隐秘地进行，建桥本身还是很快的，主要取决于河流两边的地形。你可能需要建造一些架子来支撑桥的两端，这可能需要较长的时间。一般首先是由工兵利用冲锋艇穿过河流，建起一座浮桥，至少能供步兵通过。最后同样是由工兵建造桥梁，这时需要更多的设备，卡车要拉设备过来，所以此时的道路要足够好。这取决于道路所遭受的破坏程度。这已经是最快的了，如果要造一座双层或者其他复杂点的桥当然要花费更长的时间。

**伯奈特**：现在想想，您有没有觉得自己从那里学到了一些之后可以用的东西？

**莱特曼**：从工程角度而言，我想并不是如此。从技术上讲，这非常简单。基本想法就是把它们做成嵌板，这样6~8个人就可以用棍子将它们穿起来。他们按照孔洞排好，用适当尺寸的工具从中穿过就可以了。现在大学里有类似的比赛，要求快速建造一座小桥的模型。这种做法在历史上已经存在很久了，可能有八九十年了。

**伯奈特**：或许那些事情给您带来更多的是压力与枯燥。

**莱特曼**：你可以从我们的日程安排中看出，那是一种枯燥且不适的工作。比如在那个严酷的冬天，我坐在卡车里，动弹不得，我能听到有人因疼痛而哭泣。

**伯奈特**：那真是太糟糕了。

**莱特曼**：我现在坐在这儿，我知道我就是那时候被冻伤的。

**伯奈特**：您现在觉得怎么样？

**莱特曼**：我现在还有感觉，我的足背动脉被堵了，而且从来没有痊愈过，我是一名拿退休金很少的老兵（笑），刚好够吃午餐。我们当时继续往前走，如果不看计划，我真不太确定我们的第一站是到的哪里。事实上第一站是莱茵河，就在沃姆斯附近，应该是在沃姆斯北部，实际上在沃姆斯和曼海姆之间。那里还有另外两个工兵营——第280营和第290营，他们参与了桥头堡的建设。我们也许是在第二天或几个小时后到达的，那时对岸并不安全，但我们还可以站起来，希望没有人会向我们开枪。但至少这不是面对面的战斗。我记得那是我们的第一站。

我们又一次到了河的另一边，我记不清准确的时间了，但我们一定是下午晚些时候到达的。那个时候，我们已经能把卡车开过去了。一定是这样的，我们在桥头堡停留了几个小时后就靠岸过夜了。我们把车开到了树林里的一小块空地上。在去那里的路上，仍然有很多德军尸体躺在那里，已经开始腐烂。士兵们对着那些肿胀的尸体胡乱射击，就为了听到爆炸声，这非常不人道，让人感觉很糟糕。那时我们把车停在那里，实际上，在执行这些任务的时候，我基本上都是开着吉普车——他们怎么称呼它们来着？我想是"带轮子的床"。

**伯奈特**：确实如此。

**莱特曼**：是啊，我在上面睡过觉。我有一个睡袋，我把它装在吉普车里，我也可以把它扣到我的头上，直到醒来为止，甚至整晚不动，我太累了。天看起来很黑，我不明白为什么会有这么黑。我能看见光线从旁边穿过来。有一次当我抬起头时，发现我正躺在一辆卡车下面，那辆卡车就停在我的上边，差点撞到我。当我刻意试着再尝试很多次时，却几乎做不到，绝对巧合……你叫它什么？运气吧。如果我信仰宗教，我会说它是守护神，这点我想我之前提过了。

**伯奈特**：因为您活下来了，今天才能坐在这里。

**莱特曼**：确实如此。

**伯奈特**：像达尔文学说。

**莱特曼**：这种结果以及如何生存，其实是非常偶然的事情。在那之后又发生了几次。我想第一次是在科尔马，我们居住在被德军清洗过的一间民房中，当我早上醒来的时候，屋顶不见了，我却什么也没听到。从那以后，又过了好几天，也经过了很多地方。那时，我们一般尽量不睡在帐篷里，而是去搜寻在小村庄里那些没有被严重破坏的建筑。那里没有抵抗，所以总是有农民的房子还有其他能带走的东西。我想我唯一带走的东西是一堆散落在地上的邮票，有人在集邮。我并没有带走那本集邮册，只拿了其中几张作为纪念品，就像那些木版画一样。

**伯奈特**：嗯，您之前提到那个木版画。

**莱特曼**：那是在科尔马。

**伯奈特**：当您说到那些空空的小镇时，我能想象到您说的那种情景，大量的难民、流离失所的人和奔跑的士兵。

**莱特曼**：是的，那些村民往另一个方向走。在一些非常小的村庄里，基本上没有了男人，这导致发生了很多的闪电恋情。当事人会说："我要死了。"这很有趣。

**伯奈特**：这会对您产生一些影响。

**莱特曼**：当时你不会去考虑道德问题，这是一种完全不同的世界观。我昨天还跟别人提过，作战部队对后勤部队和一般平民的蔑视并不带有仇恨，他们总是会发现平民抱怨自己没有足够的肉类，不得不吃鸡肉或者诸如此类的事情。这些人到底是怎么了？我希望他们中的一些人能在这里。这是一件不可思议的事情，这显然意味着他自己的家人也在家乡，但尽管如此，他们之间还是产生了敌意。一个独立的社会就是这样，每个人都在正常做事，你在这里做什么呢？当我参加到这场战争时，这种想法变了，我们很明显要赢得这场战争，这可能需要很长时间。我记得在海滩上的第一个晚上，我们睡在双人小帐篷里，早上醒来时发现周围都是未爆炸的弹药，突然想，我们活不了了。但一段时间后情况就变了，人们习以为常了。这就像日常生活一样，只有零星的危险事件。当时的德国空军已经不存在了，他们的情况很糟。而且，战争结束后，我们沿着当时为德军建造飞机场而修的高速公路行驶，看来它也是飞机跑道，两边停着一排排破损的喷气式飞机。能看出来德军的技术很先进。梅塞施密特公司，当时它们已经能够制造喷气式飞机了。这里有一张照片，里面有我。

图 3.7　1945 年，莱特曼坐在一架废弃的梅塞施密特喷气式飞机中

伯奈特：我看到了。

莱特曼：令人惊讶的是，整个行动都很不确定。

伯奈特：恍惚间回头想一下，哦，美国卷入战争已是不可避免的了。

莱特曼：不，这很不确定，很可疑。

伯奈特：即使到了后期，您还是这种感觉吗？

莱特曼：对我们来说，当时不清楚战争何时能赢，但我们知道最终是会赢的。

伯奈特：但代价是什么？大家一直在争论广岛和长崎投下原子弹之事，不是吗？

**莱特曼**：是啊，尤其是对于那些被殃及的城市。还是那句话，必须把自己放在决策者的位置上来看问题，他们面临着选择。这很容易成为超越道德的问题，整个行动都是不道德的。问题就在这，怎么才算是相对更道德点。当然，每一场战争都会发生暴行，但在某种程度上，这一次不是，仅仅一年多，诺曼底登陆后战争很快结束了，其中许多事情是可以避免的。在阿登战役中有美国囚犯被处决，但我认为这是罕见的。

不管怎样，我不太确定。下一站可能在美因河，在那里我们停留了几天。其他的地方仅仅只停留了一天。我们从西边来到美因河。我猜想我们不会找到自己想要的东西。河的东边是真的不怎么安全。幸运的是我们安全地走了出去，维尔茨堡的富人们起初设置了警告出口的标志，他们有各种方法，钱和其他，他们住在非常漂亮的别墅里。所以这是我们做的第一件事，在别墅里面休息。我想我们是在一栋三四层的大楼里。又要谈那些不道德的琐事。我们总是用最好的瓷器来吃东西，然后把它扔到窗外而不是清洗一下，只是为了毁掉它。

**伯奈特**：我想您当时正处于一种超现实的境地，几周前您还坐在一辆装牛的火车车厢里，没有洗手间，并且天很冷。

**莱特曼**：对。当然到了那个时候已经是春天了，天气也没有那么糟。我想应该是第二天，前面的部队发现，在美因河里停泊着一艘驳船，里面装满了香槟。占领法国后，德国人尽情享受着香槟酒的美味。这些香槟和其他东西被一起运来。我们都喝了很多，我们甚至用香槟酒来洗澡，不过这不是件好事，事后还需要用水冲洗很长一段时间。我记得很清楚，在第二天或第三天，那些刚好在河边的弹药被引爆了，周围还有狙击手。我不知道他们是不是开了枪，但真的是发生了大爆炸。但当时的爆炸甚至没有吵醒我，就像在科尔马，我一直睡在睡袋里。当我把头伸出来的时候，我彻底醒了，我已经在露天睡觉了，屋顶被冲击波吹掉了。

**伯奈特**：您当时一定是太累了。

**莱特曼**：天知道为什么。当时在楼下的人就没那么幸运了，虽然没有死人，但很多人被飞溅的玻璃碎片扎伤了。当时有通信兵在楼下驻扎，那个背设备的小伙就坐在窗户附近，所以他差点死了，玻璃的威力真的很可怕。但在楼上，只是屋顶飞了出去。这次我又很幸运。

**伯奈特**：您在另一次采访中提到，不是每个人都能承受压力的。尤其是海湾战争以来，我们谈论了很多关于创伤后应激障碍症。你们那个部队有战斗压力吗？您自己经历过吗？

莱特曼：有一个年轻的中尉，我之前可能没有提到过他，现在也不记得他的名字了。他在前面走时看到了一只地图箱，当时德国人用皮箱装地图并扛在肩上。他很好奇，想知道里面有什么，就上去拉了一下，结果原来那个扛地图箱的德国士兵倒在了他的身上，尸体已经变形了。最后这个中尉不得不被送回家，他疯了。

伯奈特：也就是说他碰到了尸体。

莱特曼：尸体倒在了他的身上，尸体可能已经在那里好几天了。当时他只想看一下那些地图。我能理解，感到有压力是因为当时正处于危险之中。另外也会因为突然的惊吓让你难以接受。

伯奈特：当时应该没有必要大惊小怪。

莱特曼：我觉得他只是被吓着了。

伯奈特：当时有没有想办法疏导一下有类似经历的人，还是已经麻木了？

莱特曼：没有，我们当时没有心理学或精神病学方面的专家，那些医务人员通常是"屠夫"。那里没有很多牧师。牧师通常照顾那些压力过大的人，直到他们能自己走出来，这便是当时唯一的心理干预。这样能够早点发现那些迟早会发疯的士兵。

伯奈特：你们是走走停停地前进，朝东北方向很快到了法兰克福以南的一个地区，对吗？

莱特曼：对，阿什哈芬堡，在法兰克福附近，那是个郊区。

伯奈特：您给我看了那个很好看的谷歌地图，上面显示了第286号位置，那些到达欧洲大陆的人就停留在了这个位置。

莱特曼：我想应该有这方面的文字记录。有军官必须跟踪记录我们行动的位置、时间等，以形成日志。我想那个位置可能是从那里来的。当然，他和其他一些士兵都认为这是一件好事。那就是谷歌地图。实际上这些人也有类似于谷歌地图的一本小册子。需要的话我也可以把它打印出来。

伯奈特：显然你们是在追击德国军队。路上会有投降的德军吗？他们是整建制投降还是分批投降？当时情况是怎样的？

莱特曼：多数都是分批的，有时是整建制投降。德国政府是不允许投降的。

那些大批投降部队中的军官和将军会被希特勒作为逃兵缺席判处死刑。比如在斯大林格勒战役中投降的人，他们都被判处了死刑。这点看起来很可笑，这时候他们都已经是战俘了，根本不可能会被执行。在维尔茨堡发生了这样一件事。我想是第三天或第四天，我们派了几个人去侦察维尔茨堡的情况，就像我说过的，发现整个城市被荡平了。在那里我们并没有遇到大规模的抵抗，但在那里仍然有德国军队。第二天，我想是在轰炸之后，我们在周围搜索。被派出去的两个人一直没有回来，大约一两天后，我和司机被派出去看看能否找到他们。所以我们就过去了，我想，我们只被派出过这一次。我觉得一定有狙击手在那些教堂的塔楼里，所以我们很快又离开了那个地方，我们的整个任务不是交火，而是获取情报，我的工作在某种程度上更安全，你可以这么理解。

**伯奈特**：是的，您说您可以自主决定，您也可以离开那个区域。

**莱特曼**：我是可以自由行动，事实上，我们的任务不是参与战斗。当时我们没有短波发报机。当时是可能有的，但我们没有。

**伯奈特**：这是一种传统的侦察，您要出去直接拿到情报，然后安全地回来。

**莱特曼**：是的，靠人的智慧。我不知道我们出来有多远了。我们一直在一天中的最好时间行车，路上没有遇到任何事情。我们进入了郊区，我想是阿什哈芬堡，这是一个相当大的郊区城市，在法兰克福之外。有一条有树木和灯柱的小巷，挂着很多尸体，我不知道有多少，大部分还是孩子。我是说都挂在那里。我们看到有房子就敲门，他们知道美国人来了。事实上，美国坦克在这之前已经穿过了那个地区。这是刚发生的事情，这些孩子才十来岁，已经被杀害了。德国人把火箭筒发给他们，人手一个火箭筒，名字叫"铁拳反坦克火箭筒"。告诉他们："一看到美国坦克就开火。"结果他们听到坦克声就逃跑了，也不等美国坦克到来了。然而，不幸的是美国坦克过去两小时后，一个党卫军连也来了。前线的这种混乱并不罕见，情况变化太快了。他们问："怎么回事？"人们说："孩子们逃跑了。"于是他们绞死了那些逃跑和投降的人。后来我发现处决或绞刑并不罕见，我意识到那不是单一的事件，太愚蠢了。

**伯奈特**：我小的时候对这点很震惊，我知道很多年轻人对"二战"很着迷，包括我这一代人，还有上一代人。有着一种孩子般的、男孩般的迷恋。我记得曾经看到一张战争尾声时期拍摄的照片，是一名德国士兵，他甚至连14岁都没有。

**莱特曼**：人民冲锋队，它被称为"人民的风暴"。

**伯奈特**：他们有一个"铁拳反坦克火箭筒"，就像火箭榴弹一样。

**莱特曼**：没错。当然这也很正常，这有点像在中东或非洲的童子军，有些也就八九岁的年纪。在亚洲，看看那两次"儿童十字军东征"，那些孩子都是那个年龄段的。这些对于人类历史并不新鲜，什么都没变，只是对我来说一时没转变过来，有点不适应。

**伯奈特**：敌人更加绝望，他们耗尽了资源，耗尽了食物，战术也已经耗尽了，他们基本上是在逃亡中。

**莱特曼**：首先，那里已经没有多少符合兵役年龄的人了，显然下一代人还有潜意识，也许敌人不会真正与这些孩子战斗。我认为在绝大多数情况下，这种潜意识是徒劳的。那种情况会使人发疯，那时我几乎什么都能预料到，当时我才19岁。

**伯奈特**：您当时是个少年。

**莱特曼**：我当时不认为自己是。

**伯奈特**：我相信。

**莱特曼**：我可能是年轻人。从某种意义上说，这是一个巨大的冒险。回想起来，我喜欢军队的食物，尤其是那些特供食品。

**伯奈特**：您是第一个绷着脸说这些的人吗？（笑声）

**莱特曼**：我告诉你，我之前生活中一直都有很美味的食物，但这次不同了。也许这正是我成为素食主义者的原因，我喜欢所有简单的东西。从某种意义上说，我认为，最让人难忍的是真正的疼痛，如冻伤。现在坐在这里，我清楚发生了什么。这种影响是长期的，当然那时候我们都是这样，不只是我，其他人也有这个经历。但是我认为我与他们有一点不同，他们不会说这种话。所以我可以更快地知道人们的真实想法，有时只需要听就行。

**伯奈特**：您以前的确给我们讲了理发师的故事。

**莱特曼**：哦，是的，这更像是一种轻松的幽默。当然，我觉得这给了我非常不同的感觉，这和我自己家庭的经历有关。从我来美国到返回欧洲，历时4年。

**伯奈特**：很难理解，很多事情都很难理解，我想知道这是一种什么样的经历？这会改变一个人吗？您觉得是不是会改变一代人，毕竟这么多人被卷入了战争，仅在美国就有1000万~1300万名士兵。损失包括：苏联死亡2000多万人，德国死亡700多万人，美国死亡40多万人，这是巨大的损失。但也是那个年代同龄人的大动员，通常他们被称为最伟大的一代人。

**莱特曼**：不管那意味着什么。

**伯奈特**：没错，不管那意味着什么，那是一种共同经历。我现在不要求您回答这个问题，记在心中就行。您在战后上了学，然后工作，在此期间它对您有何影响，您可以评论一下。

**莱特曼**：我不确定我是否有答案。我并没有把它当作是自我反省。也许它会影响我看待世界形势的动机和方式。从某种程度上说，它也许让我变得更宽容。例如，我在后来遇到真正的战犯时从不发脾气。人们会问："你为什么不过去打他？"我从来没有这样做过。

**伯奈特**：您是否有某种共同经历的感觉？我不知道，我不想问一个诱导性的问题。还是您觉得这不值得投入情感？有这种想法吗？

**莱特曼**：我觉得我没那个意识，我从来没有分析过自己，我不知道为什么我不发脾气，我不记得曾经做过什么。

**伯奈特**：这可能让您坚持了下来。

**莱特曼**：尤其是在我有一份不可能完成的工作时，这点对我来说很明显。我当然不想和他们一样。现在，这肯定是我考虑过的一个动机。显然如果你要和他们一样，就应该加入他们，如果他们允许的话。（笑声）

**伯奈特**：当然，后来的审讯技术也有了进步。现在的审讯方法是获得嫌疑人的信任。

**莱特曼**：有两种方法，要么那样做，要么给他们上水刑。

**伯奈特**：事实上这是一种倒退。

**莱特曼**：是的，这当然是一种倒退。

**伯奈特**：这是一种古老的手段。

**莱特曼**：倒退到了中世纪。

**伯奈特**：但现在审讯的最佳做法是赢得信任。

**莱特曼**：这似乎是显而易见的。有一个典型的例子：前面我提到过一本书，作者是理查德·索南菲尔德，书名叫作《见证纽伦堡》之类。他是一位比我大四五岁的男士，他激动地为他的子孙们写了那些东西，并最终出版了。他同时也是一名工程师，事实上，他最终成为通用电气的副总裁。在为纽伦堡审判做准备时，由于需要寻找会说两种语言的人，而他恰好符合条件。他当时是在车辆调配厂工作，他们把他挑选了出来，担任美国检察官特尔福德·泰勒的翻译。我说得有点超前了，主要是为了回应那个特别的问题。索南菲尔德和赫曼·戈林共同经历了一段糟糕的时光。特尔福德·泰勒很想取得戈林的信任。他让戈林保留制服，当然没有肩章之类的东西，拒绝称他为"元帅"。但索南菲尔德立即意识到如果能与戈林交好，他将变得更有价值，他就是这么做的。他通过称呼戈林的头衔等方式，让戈林知道自己是多么尊重他。就像我们今天认识的许多人一样，他们非常在意他人的钦佩、尊重和赞扬等等。索南菲尔德在这方面做得非常成功。

**伯奈特**：这有点大师的风度。全程报道审判的记者们可以看看戈林是怎么表演的，那就非常清楚了。

**莱特曼**：那是一个非常聪明的举动。当你读这本书时，你会发现戈林很早就意识到了这一点。当时他可能只有 25 岁，所以他比我大 5 岁。

**伯奈特**：让我们再回过来。您还在隶属于某个师的第 286 部队时，你们往东北走，到法兰克福下面的地方，然后转弯。你们基本上是在追赶撤退的德国人。

**莱特曼**：你必须了解一点，每个单兵其实根本不知道发生了什么，我不知道是左转还是右转，我只知道我们从一个地方到了另一个地方。除了上级长官，我们完全不知道到底发生了什么。我甚至不确定我们的上校是否也知道发生了什么，只有高级别的人才能真正知道。我自然回想不起来到底是实施了什么战略，或者采用了什么特别的方法。我甚至不确定要去哪里。我只知道每天或每隔一天就会转移，但是这些命令都是临时的。

**伯奈特**：这就进入 4 月份了，你们向东南方向移动。按照这张地图，你们最后差不多到了奥地利边界，就在这里……

**莱特曼**：终点是这里，但途中也有停留，比如在巴德特尔茨进行了受降。向我们投降的那个德国军官级别并不高，那会儿我甚至都没穿制服，只穿了衬衫和长裤。他只是我所负责接受的投降者中的一个。我用德语向他宣读了投降条例，这对我来说轻车熟路。

**伯奈特**：什么？是说接受他投降吗？

**莱特曼**：嗯，之所以让我来做这些，主要是因为我会讲德语，也是他们把我放在侦察部门的原因之一，所以受降是我的工作。

**伯奈特**：您相当于是对接的角色。

**莱特曼**：当时我认为自己并没有什么特别的，也没意识到自己很幸运，没有分析过当时的处境。怎么说呢，实际上我比队伍里 99% 的人都幸运，不必像一只狗一样地去工作。而且我的差事相对更安全，这一点直到后来我才意识到。那时我并不明白给我的任务是什么，其实有立竿见影的好处，只觉得很有趣。"有趣"，就看你怎么定义了。

**图 3.8　1945 年 4 月，莱特曼告知一名德国军官部队投降的手续**

**伯奈特**：是啊，任务明显具有挑战性。我曾和其他会讲德语的老兵交谈过，他们也是因为会讲德语而被选出来执行一些特殊任务。那么您被选中，后来有没有再被抽调到其他地方去担任某种角色呢？是怎样的工作？您是怎么过去的？

**莱特曼**：有，是在战后了。其实在战争即将结束前夕，我曾尝试告诉长官，希望把我调到能发挥我天赋的部门去。但约翰逊上校总是回答我说："不行，我这儿一个人都不能缺少，你打消这个念头吧。"所以直到战后，在 7 月份左右，我才得以正式申请调到反间谍兵团。

**伯奈特**：所以，最后还是您自己找的。

**莱特曼**：是的，不是他们来找我的，没有人会告诉别人：我们这儿有个有用之才。但我知道，一个会说外语、对体系有所了解的人是会有些用处的。当然不会有人主动过来对你说："你想调走吗？"

**伯奈特**：您还记得欧洲解放日吗？您记得当时您在哪儿吗？

**莱特曼**：记不太清了。我印象中并没有报纸或其他媒体报道过的那种欢庆场面，我们甚至连个联欢会也没有举办过。胜利的来临更像一个润物细无声的过程，是以危险一点点地减弱和消失的方式呈现出来的。也有一次不同的经历，发生在我们到达匈牙利的时候，在因斯布鲁克附近。当时我们马上就要抵达因斯布鲁克，正进入一个小村庄，突然被全副武装的德国空降兵包围。他们挎着施迈瑟冲锋枪，戴着那种低矮的头盔，所以可以看出来是空降兵，但他们并没有向我们射击。我表明了自己的身份，当然他们也听到我讲德语。我问他们是哪部分的，他们说自己是空军部队，是陆军元帅戈林的私人部队。

**伯奈特**：侍卫队。

**莱特曼**：对，侍卫队，大约有四五十人。我说："太好了，我很乐意接受他的投降。"他们说："太迟了，他正在和巴顿将军共进晚餐呢。"他们那个级别的人都聚在一起了，这很有趣。后来我还遇到这种事，都发生在那些大人物身上。即使在"冷战"时期，我方军官和他们的军官也经常聚会，彼此之间有得聊，和普通人反倒没什么话可说。

**伯奈特**：那是一种……

**莱特曼**：那是一种同为军人的友谊。

**伯奈特**：是的，是为某种目的服务的。敌我双方在某一级别需要有交流，有沟通。

**莱特曼**：在那种军官俱乐部里。

**伯奈特**：要能够去讨论条约。我肯定，有那么一个围绕着约束各方行为的、不断完善的协议，那是游戏的一部分。

**莱特曼**：是的，我想有时候会是那样，有时候也许不是。这种东西大概在电影里能看到更多。我想到一个电影，不知道是《桂河大桥》还是《战地军魂》？反正在电影里面，德国军官和美国军官互相敬礼，是那种很绅士的互动。我不是军官，我没有见过任何特别的东西。也许真发生过那种事情。我想那时候正在发生或已经发生的糟糕事足够多了，这会让双方没法走得太近。但你一旦达到将军级别或更高级别，两星或三星将军，也许会有那样的事情发生。不过，我认为艾森豪威尔将军是个例外，他不会和对手称兄道弟。但巴顿将军会，德国人非常崇拜巴顿将军，巴顿是他们心目中的将军类型。那是后来发生的一件事提醒我想起来了这一点。

**伯奈特**：我们谈论您所见过的一些行为和事件。兰斯伯格是怎么回事？

**莱特曼**：兰斯伯格，离慕尼黑很近。当时，我们进入了慕尼黑。当然，战斗已经结束了。我们到达那里时，慕尼黑已经投降两三天了。我们向奥地利边界移动的时间可能是在慕尼黑投降之后了。慕尼黑郊区有一个小镇，名叫兰斯伯格·考弗林。

**莱特曼**：我们来到了集中营，在村庄外大约一英里的地方。其实我们先到达那里纯属偶然，在大家的脑海里，最先到达的拯救者应该是101空降师之类的部队。在那里，我们看见了正在焚烧的尸体和骸骨。那场景对我的冲击比其他人更大，那时候我父亲还没有找到，我仍然希望能在那些无家可归的人群中见到他。我总望向那些人……

**伯奈特**：流离失所的人。

**莱特曼**：现在想想，那想法太蠢了。眼前的惨景让我们上校出奇地愤怒，他决定让所有男人、女人和孩子去集中营参观一圈。我确定，我偷听到了参观者们说的话，大意是：那些美国人果真和听说的一样，都是些野人，瞧瞧他们强迫我们看些什么。就是那种态度，他们明明知道发生了什么，火葬场的烟都还在冒着。令人无语，有些事情又没法隐藏。你都不知道我有多吃惊，那一幕至今还深深地烙印在我的脑海里。

**伯奈特**：关于那些事，您或其他人了解多少？那些事随后被揭示出来了吗？有人被杀死或被运走，都有报道吗？

**莱特曼**：我想那些事当然有人知道，比如我们的政府是知道的。至于美国大兵，我认为他们不会明确知道，除非他们亲自接触过或遇到过进入集中营的人。

**伯奈特**：关于那些遭遇已经被描述得太多了，当然是令人难忘的。您能回忆起一些吗？令人难忘的一些事。

**莱特曼**：那是一种非常痛苦的体验。有时我被噩梦惊醒，就跟那些事有关，就好像孩子们突然从灯柱上倒挂下来。当然这并不会吓到我。我想那是有感触的一部分，但我不认为那是可怕的。我不知道这对部队整体会有什么影响，他们决定不带走任何囚犯。我个人不知道，但那的确发生了。你所遇到的人的罪恶几乎无从了解。如果你是完全理性的，当你遇到纳粹党卫军，你会说"好罢"。我已经提过这方面了。也许我没有太多期望，在维也纳的那些所谓的朋友中，哪怕只有一个人悄悄对我的家人说一句"很抱歉！我们什么也做不了，真的很抱歉。"也许我能释怀一些。

**伯奈特**：所有人都很熟悉那个大型集中营，奥斯维辛……

**莱特曼**：除了奥斯维辛，还有很多集中营。

**伯奈特**：5000 个？还是更多？您是说超过 5000 个？

**莱特曼**：前段时间我看过一份报告，报告里统计了关押地点的数量，从关押 5 个人的警局，到大型集中营，有 8000 个这样的独立场所，用来……

**伯奈特**：拘押。

**莱特曼**：我记不清是谁写的一本书，书名大概叫《戈德堡》之类。作者根据自己掌握的资料，统计出要运作这些集中营需要 200 万～300 万人力。这个数字被否认了，直到现在也依然是被否认的，只是说少量人员参与运作那些集中营。但另一方面，有大量来自乌克兰的人充当志愿者。军官当然是德国人，而集中营的卫兵往往都是来自周围小国的志愿者，当时那也算是一份不错的生计。据我所知，索比堡的志愿者是罗马尼亚人。我对索比堡格外感兴趣，我发现指挥突围的二号人物也叫莱特曼。如果你读过那个苏联中尉战后的备忘录，你就会知道他曾说："我的一号朋友和军师是塞缪尔"。谁知道呢，那并非是一个很常见的名字，他叫什洛莫·莱特曼。不过我当时对此是一无所知的。

**伯奈特**：离战争结束很近了，或者说战争进入尾声了，集中营的恐怖被揭示，那又是一次……

**莱特曼**：还是花费了一些时间。我记不清，他们在纽伦堡审判中对集中营的事有什么大加利用的地方。整个审判采用了一种聪明的运作方式。根据我的回忆——当然那是一个后验知识——一旦他们建立起战争罪行审判机制，就要面对大量的问题。纳粹一定从战争结束前一两年就开始策划，为集中营的建立和期间的暴行找到应对的借口，实施迫害的人往往都会那么做。比如他们会说在"布尔战争"中就有过集中营。那算是一个借口，我猜想以前就被使用过。在司法里有这么一条，不论你做任何事，在迫害行为发生之前已经存在的手段，不能被采纳为罪证。这一点很快付诸实践，例如一名律师——那时他们有非常好的律师——

刚想提出那样的问题，立刻被指出来：集中营原来有一个拉丁名字。于是这类指控被排除在审判之外了。另外，从现实角度来讲，如果在某一层面牵扯进来有成千上万的人，你便无法审判那么多人。所以你必须先找到首领，再去针对一个组织。什么组织算作像黑手党那样的犯罪组织？是啊，纳粹党卫军、纳粹冲锋队和帝国保安部都是。然后你可以说，那人必须达到某个头衔以上，才能算是有罪。所以那种思路非常重要，也许有些人什么都没做。你能为几百万人搞个什么样的审判吗？那没有意义。所以我想，那是整个法律过程的重要一步。

**伯奈特**：在这种背景下是不是也有某种氛围，即在制定条约以决定德国未来的时候，会涉及所谓"公正"框架下的问题。是否要考虑之前"一战"后失败处理的教训？"一战"后那种"惩罚性公正"所导致的怨恨反而带来了另一场战争，这是最后公认的说法。我想在某种程度上应当采取另一种方式，就像您所说的，如果那样去追责，那么就连为城市供水的人恐怕都是有罪的。他们高层也许会明白这种事情，毕竟城市需要干净的水。用现实的方法来重建德国，不得不需要一定数量的……

**莱特曼**：大概是这样的，要用到本身有罪的警察。得有警察，周边没有太多男人了，必须得用警察之类的人，甚至可能涉及党卫军的人，这是很现实的，需要执行层面的人。从一个较高的层面来说，"冷战"在"二战"末期就爆发了，差不多一年之后达到高峰。我想，救了德国和其他轴心国的真正原因，是我们有了新的敌人。我们需要重新召集盟友，我想这非常重要。即便在 1945 年，我自己也身在其中的时候，我就看到这一点了。我们当时已经认识到，苏联人即便不是敌人，也是我们要小心的，他们不是我们的朋友。不过那就又要回到战前的日子了，在战争中斯大林是"约大叔"，但是其后……

**伯奈特**：是一个适合时局的朋友。

**莱特曼**：对双方来说都是。很明显，希特勒和斯大林之间也是那样。那是我能想象到的最愚蠢和最没有同情心的事情。如果你看看他们在签署协议之前，对彼此说的话和对彼此的看法，真是令人难以置信。那就是有计划地相互利用，以实现各自的目的。对苏联来说是部分接管波兰，而希特勒的野心是他自己统治世界。交友还是树敌是一件有趣的事情。在另一天——这完全跑题了——我在第九频道看到一个节目叫作"监视皇族"，你不得不给 BBC 点赞，它们带来了皇室新闻。很显然，当爱德华有了迎娶辛普森夫人的想法后，他的父亲乔治六世不惜动用一套间谍手段来对付他,军情五处甚至联邦调查局都参与了进来,他们窃听电话。英国某大学历史系有两位教授把这个当作长期课题来研究。随着越来越多的信息被公开,他们发现了一些文件,其中最令人震惊的文件是爱德华退位之后,如何和纳粹称兄道弟的内容。让爱德华最受不了的事情之一,是他妻子的愤怒,她竟被视为公爵夫人,而不是王室殿下。其他人都有殿下的称号,只有她被排除在外。也就是说,她永远不能成为王室的一员,也没有当王后的希望。这是他们和纳粹甚至是希特勒之间的主要议题,他们还签署了一份协议。希特勒签署了协议,他想尝试通过英国的反对党,利用英国的法西斯运动,扶持爱德华成为国王,从而取代实际的国王。同时,他们保证辛普森夫人会得到"殿下"的尊称,成为王后。当然你会说,这不过是编造的故事。首先爱德华不被允许回国,其次最大的羞辱是让他做巴哈马群岛的总督。这真是有趣。我想,个人动机往往会导致奇怪的结果,无论是为了自己制定宏伟的人生规划,还是其他什么。

**伯奈特**:有各种各样的合作,从最顶端到最底端都有。人们认可纳粹的意识形态,或为了达到自己的目的而与他们进行事实上的合作。在某些情形下,他们是在面包和良知之间进行选择——就在那个层面上。这些您遇到过吗?在法国有政治清洗,战后有惩罚,您所在的地方发生过类似的事吗?

**莱特曼**:有一种称之为"去纳粹化"的运动,算是一种非报复性的方式,至少在某个层面是一种法律允许的惩罚。实际上那时候,也就是我们还没有成为反间谍兵团之前,我们的主要职能是"去纳粹化",包括审查那些求职者,即想当警长的人等。特殊的情况是那时候我没有发现一个纳粹。"那些穿过街道的人,天哪,居然是可恶的纳粹",那种事情,我不断遇到。现在不是那样,这个时代不是那样的。

**伯奈特**:我父亲20世纪60年代初期驻扎在巴登-巴登,他们有一句话,用浓重的好莱坞式德国口音说出来是:"德国没有纳粹了,他们都死于战争了。"

**莱特曼**:战争中是有的。现在当然没有纳粹了,我的朋友或其他任何人都不会是纳粹的。我明白,从现实的角度来说,如果你想利用这一点,或说服人们你在任何事上都是无罪的,或说你只是不得已而为之,人们会说:"命令就是命令。"有一句老话:"不是我的错,我也是不得不服从命令。"那是事实,人们除了不反抗之外,确实是被命令的。即便是不谈抗争,人们也有不合作的方法,但代价是不能晋升或得不到想要的工作,一般不会真正导致被粗暴对待,例如被投入监狱或被杀死之类的。如果真有实际的抗争行为或密谋行为，那是另外一回事了。但如果只是简单说："不，我不想成为中士，我只想做一名下士。"这并不会有什么可怕的后果，当然，你也就得不到提升了。也有例外，也有非常勇敢的人。法国南部的胡格诺村让我难忘，村子里有600名村民，他们的文化程度都没有超过小学二年级或三年级，但他们却救了2000个犹太人。战争过后，有人问他们："你们疯了吗？你们到底怎么想的？"他们不理解这种问题，只是认为人们需要帮助。

**伯奈特**：对他们来说，这是很简单的道理。

**莱特曼**：是的，没有什么复杂的哲学。

**伯奈特**：没有公平可言。

**莱特曼**：你说到点子上了，对双方都是这样。另一方面，"我没有罪，我只是不能抗命"这一点你也说对了。长久以来，军令难违一直是个有争议的话题，直到今天还是。如果你从一个军官那里接到一个非法的命令，你能怎么办？事实上有多少人能够去抗争呢？即便是现在？我想总还是有勇敢的人，不过一旦事情对你或你的家庭带来危险，所有的就都免谈了。除了某些特别的人，没人知道一个人是不是属于特别人的行列。

**伯奈特**：是啊，除非亲历考验。

**莱特曼**：我想过这个问题。我们可以说："不，不，永远不会。"我不知道，完全不知道。这不是一个小问题。但我想，在起草法律法规的时候应当考虑这些因素。在制定法律的时候，你能多大程度地考虑个人，一个普通的个体，这不是一个小问题，我们不能对人们要求太多。我们有中情局局长的听证会，你会面临同样的问题。

**伯奈特**：我想那是属于战后秩序的问题，所谓的国际审判，是超越国家的审判。要被问责，特别是战争罪。我想，有些约定俗成的东西是长时间不变的，有些则会随时间而改变。

**莱特曼**：是的，但不是在政府层面的。虽然实施起来很困难，但那是朝正确方向迈出的一步。

**伯奈特**：我想您之前也间接提到过，许多人走出战争阴影是用了他们自己的处理方式。有些人采用了非黑即白的方式——那是一个敌人，我要如何处置他。您的理念是……我认为您赋予了一定的同情心。您真正看到了，很多情况在道德上是模棱两可的，您对其他人给予了充分的理解。我这样评价恰当吗？

莱特曼：在处置女子集中营的卫兵时，我没有任何层面的同情。首先，我不打算跟他们有什么共识。其次，那会使我的工作没法做下去，会事与愿违。我只要按捺住脾气，就能好好工作。把他们痛打一顿又能如何？事实上，那只会加剧他们的反抗，而我也做不了任何事，也别指望他们承认任何罪行。我一般情况下特别能自我控制，我是那种能自我控制的人。

伯奈特：战争话题先告一段落，我们来讨论下一段历史吧。跟我谈谈您是如何进入反间谍部门的？您自己申请了，但是是什么缘故把您带进去的？您第一次触及这件事的时候是什么情形？

莱特曼：我想我确实是被调动了，身体上也好，法律上也好，都是。当时我所在的部队解散了，我已经被分配到了另一个工程部门。本来我应该被合法地送回家的，当时我们也认为自己要回家了，没想到会发生后面的事。职业生涯开始了，我头脑中并没有每天具体要做什么的想法。命令下来，我被调动了，且保持了原来的下士军衔。有很多从事重要任务的人当初也只是下士，比如希特勒。拿破仑也曾经是下士吧。那时我20岁，1945年5月，我才20岁。这就是整个的想法。我即将穿上军官制服，当时这对我非常重要。我做的第一件事情很有趣，我找了一个裁缝，他可以给我做一件艾森豪威尔夹克。你可以在脑海里勾勒一下我穿艾森豪威尔夹克的画面，我必须通身带有美国标记。当时那些对我好像很重要，是某种有形之物，是我为之工作的东西，真的很有趣。

伯奈特：您的军衔依然是下士，但当您调动到反间谍部门后，军衔就和您从事的具体工作有关了。您能谈谈这方面吗？

莱特曼：在军方记录里我仍旧是一个下士，但对外部而言，我是个特工。我有证件、有徽章，我有写在一张纸上的一切权力："……不得被任何事或任何形式妨碍。"我们可以呈现任何头衔。如果我们愿意，可以穿便服，或者穿任何军衔的服装，上至上校。如果在特定时间需要工作的话，不需要特别的批准。这非常有吸引力。我们以团队方式工作，通常6~10人被分配到一个指定地区。

伯奈特：是这样。

莱特曼：通常我们的居住条件很好，这显然很有吸引力。我们部门设在海塞州的州府威斯巴登。我们在煤矿大亨的度假别墅里安营扎寨，团队有8~10人，由一位德国伯爵大人替我们打理家务。

伯奈特：所以她得有一套家伙事儿……

**莱特曼**：我们有一个厨房，设备齐全。我们变得很爱交友，我最终结识了汤姆·海曼，他成为我最好的朋友之一，他比我大12~15岁。刚开始我们挺陌生，我要用两分钟来谈这件事。他来自卢森堡，有个兄弟生活在瑞士，这是另外一个故事。他是个单身汉，是个非常有意思的家伙。我可以跟他谈论文化。他懂文学，会讲8种语言，8种啊，这还没有把不能书写的语言也算在内。我认识他的时候，他实际上已经是中校了，这是他的常规军衔，他做这个工作很久了。他逃离卢森堡后，从法国到了西班牙，然后去了南美，成为比德尔大使的私人秘书。得到那份工作之后不久，他自愿加入了比利时流亡军队。本来驻扎在英国的一艘船要带他回欧洲，却被鱼雷击中，所以他在新泽西海岸登陆了。他说："我能做得最好的事情就是加入美国军队。"于是他就做了。不知道为什么，他们只让他做一些简单的事情，只是些文秘工作。过了很久他们才意识到他是一个宝贝。他游历过整个欧洲，了解欧洲，通晓各种语言。那之后他被安排到了反间谍兵团。我认识他的时候，在部门里只有我们俩能流利地说德语。之后我们有了一条狗——一条德国牧羊犬，它的名字叫"狼仔"，它是我们这个德国小分队的另一个成员。汤姆喜欢吃甜品，还有肉汤和坚果。说到这儿，我得对伯爵夫人表示敬意，她负责打理家务，她为他安排了许多，一切都非常完美。那是一种非常不同的生活，不知该如何形容——我很突然地变成了优等民族。（笑）非常有趣，对一个20岁的人来说，像一部电影。我们甚至有吉普车和私人小轿车。我有一辆阿德勒，红色的阿德勒运动轿车，那是1945年2月德国最后生产的汽车，原本属于纳粹某个大人物的。车里装有一个汽笛，我曾在德国的高速公路上以每小时100英里的速度狂飙，然后被军警拦住，我亮出了我的证件。（笑）那时候就是那么蠢啊，带着某种梦幻色彩，不过想起来也是蛮有趣的。

在其他采访之前我必须提一件事。我暂时被安排负责一个威斯巴登附近的战犯营，大约有200名犯人，算是一个转移场所。有一天他们带来了一个苏联人，那时我不怎么了解情况，因此不得不和每个人谈话，他的德语水平我不敢恭维，只能讲些基本的德语，不过我们还能交谈。他曾经是红色空军的中尉，受过重伤，比我大一点，大约25岁或26岁的样子。他是一个瘾君子，伤痛太过严重，所以他们用鸦片给他治疗，于是他上瘾了。他待在柏林，当时柏林正被四方面力量（美国、法国、英国和苏联）联合掌控。比如在吉普车生产厂，每方势力都会派一个成员进驻到里面。他们有一个联合军官俱乐部，后来成为中情局。我猜那是一个战略服务办公室的分支机构。他们一下子就瞄上了他，给他提供鸦片以换取他的情报。把他的情报榨干之后，他们不想自己动手杀掉他，认为把他关进德国战犯营是个好办法，并让每个犯人都知道他是苏联人，这就是他们干的。我唯一能为他做的事情是给他带来香烟，毕竟他也曾经是个人物。直到今天，我也不知道到底发生了什么，我只负责了一个月。但是我肯定他们杀了他，那是暗杀敌人的一种方式，让敌人自己动手。

伯奈特：对他来说是无助的。他是一个在战争中负伤的人，最后的结果却让他承担了一份脆弱不堪的安全义务。

莱特曼：那是一种可怕的处理方式，不幸的却是此类事件随时随地都在发生。这只是一个插曲，我们接着聊"去纳粹化"的话题。在战争结束时，有传言说纳粹已开始转入地下活动，称为"狼人组织"。开始的几个月我们花费了很多时间，并没有发现什么蛛丝马迹。后来有一次我们突袭了"狼人组织"，大概是一个小分队，我不记得对他们做了些什么，只记得我们是从天窗破窗而入的，好像电影里的特技。

伯奈特：那次行动您参加了吗？还是只参与了计划？

莱特曼：实际参加了，不是计划。

伯奈特：您自己没有从天窗进入吧？

莱特曼：我想我进入了，是的，我进入了。我是团里比较年轻的，实际上是最年轻的。按照法律，至少得满24岁才能入伍，我是个例外，得到了特许，我还保留着艾森豪威尔将军给我签署的特许令。

伯奈特：所以您参加了行动，从身体素质上来说您最合适。您受过任何降索速成训练吗？或者他们只是说……

莱特曼：没有受过训练，但我在电影里看到过。

伯奈特：扔下一根绳子，您顺着绳子下去？

莱特曼：是啊，差不多是那样。我记得很清楚，我们看了一部电影。我们没有得到任何训练，这是事实。也许一般情况下他们会受训，但在那个特别的团队里，我肯定我们没有得到任何指导，都是在生活中耳濡目染的。

伯奈特：您即兴发挥了，并且掌控了周围的一切。

莱特曼：团里有一些资历很老的前辈，他们告诉我开始做什么，以及接下来要做什么。当然我在团里也不是什么上级，我们都是特工。我也不知道其他人的头衔，我们从不讨论这些。

**伯奈特**：如果你们从电影里学技巧，前辈们大概不给你们什么建议，他们可能已经有了怎么突袭一个地点的知识。或者不是这样，我也不知道。但如果你们非得说："我们要做什么？""他们在电影里怎么做的？""他们从天窗进去。"于是你们做了，做到了。

**莱特曼**：是的。后来当我成为一名反间谍军官的时候，我在军事情报学校学习了为期3个月的一门课程，那个学校叫霍拉伯德营，位于巴尔的摩。霍拉伯德营是部队的情报学校，现在应该还是，但在1949年夏天之前不是。

**伯奈特**：没有了"狼人组织"之后，战争期间出现了一些游击队，您是否会认为是那个组织死灰复燃了？

**莱特曼**：我不清楚它们有什么联系。你的意思是说与纳粹有联系？

**伯奈特**：不。我想可能在哪本书提到过，那是一种准军事部队的……

**莱特曼**：是战后吗？

**伯奈特**：我想，确切地说是战争期间。我得弄清楚。

**莱特曼**：我没有印象，但也很有可能，我们可以核实一下。

**伯奈特**：所以您做了一些……

**莱特曼**：我们甚至为此受到过表彰。我有那张报纸，关于表彰我们的报纸，在你的资料里有，是我们成功消灭"狼人组织"的报道。（《手术室行动》）

**伯奈特**：所以，还有些没有完全成形的新生组织。

**莱特曼**：我想那个推测来源于阿尔卑斯山贝希特斯加登的掩体，有一伙纳粹被怀疑藏匿在那一带，试图卷土重来。我想那是战争结束初期的事，可能有一伙，但也并不令人惊讶，从某种意义上说，现代的新纳粹也是那个过程的延续。我们刚才说到纽伦堡审判，在我审问的人当中，有海因里希·希姆莱的遗孀和他十几岁的女儿，她们被指控在被英军抓获时企图自杀。我尝试弄清楚这件神秘的事情，这些人究竟在逃避什么罪行。我问："你丈夫是做什么工作的？他干了些什么？"她说："他是德国的警察首领。"这是事实。然后我说："但你也明白，现在我们已经知道都有哪些集中营。"对此她没有什么反应。我继续问："你知道他干了什么吗？"她说，"哦，不，不，我们从来不讨论他的工作，但他是个很坏的人。"我问："为什么？""他有很多风流韵事。"话又说回来了。他那个女儿，叫古德伦，那时候十二三岁。准确说跟我差7岁，我20岁，她13岁。她是现代新纳粹运动的发起人，成立了一个组织去帮助前纳粹党卫军军官。当新纳粹集会时，她是出资人。她现在 88 岁了，或 87 岁。那不是一个武装抵抗组织，武装抵抗是过去"狼人组织"的做法。当然，从可执行和未来的视角，性质是一样的。我们的谈话跨越了 70 多年（古德伦死于 88 岁那年，正是今年我生日那天，对我来说，这是个很好的生日礼物）。

**伯奈特**：这些运动兴起又衰退，像潮起潮落，是吗？

**莱特曼**：那得看情况。我想它也是潜在的，是被卷入到某些思潮里的。如果你看看前些年出现的独裁者数量，就会被震惊。这提醒我，有些东西是永远不会消失的，这当然令人烦恼，但我们必须面对现实。战争结束了，但那些东西并没有都死掉，它们摇身一变，变成了其他的形式，也许是……

**伯奈特**：总是有。

**莱特曼**：是，一直都会有。这会让一个人意识到，你不得不尽所能去做，在任何特定的时间去阻止他们。这真的是与这一代甚至上一代德国人有关。很多好人而且是年轻人，对纳粹时期感到难过。曾经在这间屋子里我们有过一个聚会。记得我坐在餐厅里，我德国博士后的妻子在哭，坐在角落里哭。我走过去问她："为什么哭？"她说："我刚才和您的朋友沃纳甘滋聊天，她是亚琛的难民，他给我讲了所有那些发生在她和她家庭的事。"我说："你为那些难过了吗？"她说："不，我有罪恶感。"接下来的一周我见了她和她的丈夫，并且说"我需要跟你们聊聊"。我说："很久以前，我就认定了，罪行和责任是完全不同的，二者不是同样的概念。"如果你完全是理性的，那就很清楚了，那些当时还是胎儿或只是孩子的人们，他们如何能犯罪呢。这不是为他们开脱。问题是，他们能做什么。最主要的是你应该尽力阻止这些事再发生，这才是首要的。然后，给人们一些补偿，这是其次。我总是举奴隶制的例子，我说："嗨，我是一个美国人，我不是一个奴隶主。"但我仍觉得自己有责任阻止那些奴隶事件再发生。当然，你那样做是因为你知道人们被放在某个使他们低下的位置上，特别是在经济或教育方面，你努力给他们补偿这些。这些事可以长期做，也许过去发生的和现在能做的是不同的，尽管如此，那也是你不得不担负起的一个责任。这一点他们是懂得的。我们已经告别了那个年代，我可以回归正常生活并和人们正常地交流。直到今天，虽然没有多少那个年代的人存活下来，但我有时仍然会感到困惑，直到我了解我那一代人，我那一代的德国人。我想对他们了解更多一点，对他们或他们的父母，对我认识的高级纳粹，那样我就了解了那个时代。那些东西会给你的人生指明方向，尽管并不明确，但它会是一种潜在的处世哲学。也就是说，如何对待世间的问题。很显然，作为一个个体，作用是有限的，无论是否让你感觉良好，途径却有很多。

关于那些我没有太多可说了。其后的经历，无论是纳粹时代还是战争中，或是审判，这些影响我吗？很明显，影响了，一定是有影响的。

**伯奈特**：您采取了一种态度，让所发生的事情变得有意义，对吗？原本有太多没有意义的、格格不入的负面东西，您却循着一个正面的方向去处理它们，就像您对那对夫妇所做的。"让我们从中树立起一些正向的东西。"

**莱特曼**：我认为这很重要，就像人际交往，他们觉得如此有罪恶感，我为他们感到难过，你不得不生活在人性中。你可以成为一个隐士，当然那是另一种选择，我是认真的，那是另一种选择。

**伯奈特**：哦，我们很高兴您没有变成一个隐士。

**莱特曼**：还没有。从现在回忆过去，我很吃惊这些都是发生在 70 年前的事。（笑声）我醒来说，哇，我现在还能想起已经完全忘记的事情。

**伯奈特**：它又回来了。

**莱特曼**：我现在开始忘词，但某些东西还会跳出来，比如德语词汇会跳出来。然后我不得不努力去想，那个英文单词是什么意思。我是认真的，这些令我觉得困扰。

**伯奈特**：有些神秘。

**莱特曼**：你知道，我有一个关于大脑的理论，有些事会从你的大脑里消失，大脑只有那么大的存储空间。何况，突然这些旧事又把剩余空间填满了。

**伯奈特**：是的，表层的记忆消失了，内在的记忆依然完好无损。现在我们暂停，下次再继续吧。

# 第 4 章

# 进军火箭领域

**采访时间**：2018 年 6 月 21 日

**伯奈特**：这里是保罗·伯奈特采访乔治·莱特曼的现场。今天是 2018 年 6 月 21 日，我们将在伯克利山庄进行第四次会谈。欢迎回来，莱特曼教授，我们上次谈到您曾做过一些采访。

**莱特曼**：确切地说，是审讯。

**伯奈特**：我们就这个话题已经聊了一些，那您现在是否可以稍微回想一下，它是如何发生的，您又是如何被指定担任那样一个角色的？

**莱特曼**：这个问题我至今都未曾有答案。我们谈到了对海因里希·希姆莱的遗孀和他十几岁女儿的审讯。我已经说过我基本上是用纳粹化程序来审问他们，这可能会给人留下这样的印象：一切都是当时的环境造成的。但实际上并非如此。所以我认为，我应该说明我的真实任务——以前称为独立任务——作为一名反间谍部队的特工在纽伦堡战犯法庭上执行审讯任务。那件事发生在 1946 年 1 月初，实际上那时我搬到了纽伦堡。整个任务持续了大约两个月，完事后他们给了我一个选择：回去或继续留下来。我选择重新回到我的常规任务上，这很容易上手。在复员之前，我做了几个月原先的工作。实际上，他们决定给我这份特别的任务令我感到非常惊讶，完全在我的意料之外。事实上，我的前任已经离开了。我想他已经复员了，所以他们急需一个替补。我们之前已经提到过，他们很难找到两种语言讲得都很好的人，也许这就是我能得到这份工作的原因。我当时才 20 岁，从年龄上来说，这确实很令人惊讶。

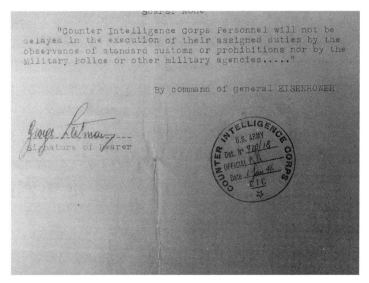

图4.1　1946年，反间谍部队给莱特曼的授权文件

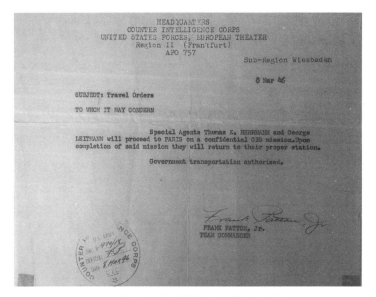

图4.2　凯斯·波佩特的反间谍部队通行证

**伯奈特**：在《美国的秘密军队》①一书中——同样还有其他的参考资料——令我非常震惊的一个事实描述是：反间谍组织中会说德语的人很紧缺，并且强调德

---

① 这是一部反间谍军团史书

语是做这种工作的基本技能。那么，如果让那些刚毕业的大学生去那里，他们不会说德语，这会对反间谍工作造成严重的后果。

图 4.3　1946 年，反间谍部队核心小组成员（由左至右：鲍勃·利奇、山姆·克劳特、阿诺养的狗、冈瑟·凯斯勒、莱特曼）

图 4.4　1946 年，反间谍部队的汤姆·赫尔曼

**莱特曼**：当然。最近有人提到（我不知道这种情况），要求或希望有人能说一口流利的外语。我们的国务卿亨利·基辛格从未意识到这一点，直到今天他也没有做到这一点。实际上，我有一种感觉，这是一种伪装。

**伯奈特**：这是他角色的一部分吗？

**莱特曼**：是的，因为他的哥哥没有一点口音，这点很有意思。总之，我最终来到了纽伦堡，这座城市的情况仍然非常糟糕，它遭受了严重的打击。对那里的人们而言，整个局势是严峻的。审判在正义宫进行，他们为此进行了大量的修缮。实际上，我几乎没有得到任何关于该做什么的指示。你刚刚提到的那本书中也提到了这一点。在反间谍部队中存在着一种被渗透了的文化。我确实也体验过这种文化。他们给了我关于将要做什么的意见，但是，并不会给我如何做那些事或类似事情的指导。

我想，我们可以再回到之前的话题。我们之前谈论过对希姆莱的遗孀及其女儿的审问。我还审问了另外两个人——我所审问的大多数人都是小人物——其中一个重要人物是古德里安将军，他是"德国装甲部队之父"，也叫"电战之父"。

**伯奈特**：就是装甲师。

**莱特曼**：是的，装甲师。他曾在斯大林格勒战役中担任指挥官。这可能是我记得所读过的最糟糕的战争故事。后来他投降了。再后来，他在缺席的情况下被希特勒判处了死刑。战争结束后，他被苏联人带回来当作目击证人，但他没有受到任何指控。他们把他带来只是为了提供证词。我有一天早上见到他。我穿着制服，但没有佩戴军衔徽章，只在制服的两边佩戴了美国国徽。我友好地向他打招呼。但他不理我，然后我告诉他我是谁，而他仍然不理我。他甚至不回答我的问题。当然，我很快意识到他为什么会这样了。很明显，当时我才20岁，看起来还是一个孩子，尽管当时我留有小胡子，我实在配不上他屈尊纡贵地与我进行任何形式的交流。这样，我很快在心里原谅了他。所以第二天早上，当我再见到他的时候已经换上了美国空军的中校制服，他立刻做出了反应，我们进行了交谈。我不记得我都问他什么了，但确实谈了许多话题，例如斯大林格勒战役，还有他在这场战役中的作用。从那天以后，他就完全正常了。这是审讯，并没有持续太长时间，可能也就两三轮。

**伯奈特**：您不需要设计这样或那样的议程吗？

**莱特曼**：不用，他们给了我一些大致的指示，是一些他们感兴趣的话题，但肯定没有审问程序的安排。这是非常奇怪的。我确定，在有关反间谍部队的书中也提到了这一点，但缺乏根本的理念内容。反间谍部队多年来在很多不同的地域是以不同的方式运作的，这有很多弊端。根据这本书，特工们最感兴趣的是拥有美好的生活。显然亨利·基辛格就是那些建立了自己帝国的人之一。顺便说一句，他是中士军衔。

除了古德里安，我也审问过其他人，其中有 5 名或 6 名德国女性，还有卑尔根贝尔森集中营的女警卫，那是最糟糕的集中营之一。我之前也提到过这一点，我总是能控制自己，几乎是用一个声调说话。我问她们的第一个问题是："你们都做些什么？这些营地是干什么用的？"她们中一个发言人有点像德国人，说这些集中营对生病的犹太人来说是个真正的 Sanitoria。我知道她用了德语，是指医院（Krankenhaus）。她们用了另外一个词，大概意思是这样，我没听太清楚。我问她们是什么人，她们说她们是护士。接下来，我与她们的审讯会谈非常短，我知道我不会有任何进展。这些都是我脑海里最深刻的记忆。正如我所说的，其他大多数人都是小人物。

我想，另一个给我留下深刻印象的是，我可以在不忙的时候去旁听审判。鉴于我的经历，对我来说，再一次坐在离赫尔曼·戈林那些人 15 英尺远的地方并没有让我感到兴奋，只是让我意识到，我正在见证一段无法想象的历史。直到今天，我都不敢相信我真的在那里坐过。我可能坐在第二排，看着这些人。好吧，不管怎么说，直到 70 多年后的今天，我仍然惊讶于我能做到这一点。

**伯奈特**：您知道，当您想要参观一个以前只在书上见过的著名地方，它在您的脑海会有一种超凡脱俗的光环。然而当您真的来到了那里，它会以一种深刻的方式变得真实，遇到这些人也有类似的感觉吗？就算他们是被贬低的人，他们没有了肩章，他们摘下了徽章和勋章。

**莱特曼**：对。那个时候戈林已经瘦掉了 200 磅左右，这肯定会有影响。我记得他坐在那里，还是很有主见的。很明显，其他的 12 个或 13 个人，我猜他们大部分人都觉得自己直到那一天都是在听命于帝国元帅。因此，即使他是那样瘦弱，但无疑仍是个很有影响力的人。我在一次会谈时确实提到过，作为主要检察官，实际上是指美国检察官特尔福德·泰勒将军的翻译索内费尔特。他意识到，如果要做任何有意义的事情，就必须用正确的方式，与那些过于自我的人打交道。他在这方面做得非常出色。在审判方面，这就是我的主要经历。两个月过得很快，我得到了美国陆军的一点感谢。我接手了前任秘书的工作，正如我发现的那样，她不仅仅是个秘书，她其实是纳粹。好吧，她是苏台德德国纳粹女兵部队的头目BDM。

**伯奈特**：是不是可以这么讲，这之后你俩的发展是如此这般。

**莱特曼**：是啊。当她叫我"我的小犹太人"时，我很快和她分手了。

**伯奈特**：天哪。

**莱特曼**：是的，我还有一张照片，上面写着"别忘了我"的字样。

**伯奈特**：嗯，我想问问您，是不是反间谍部队背后的一个重要目的就是处理占领问题。我记得这是很久之前的事了。最近为了准备这次采访，我又读了一遍相关资料。这些人一直在与血腥的冲突作斗争，他们非常愤怒，他们的家园被炸毁，您打算如何安抚这些人？他们对自己的行为感到十分惊讶——

**莱特曼**：这很容易。

**伯奈特**：他们翻身了，只是说："哦，你现在是负责人了吗？好。"我想问您，从您的角度，事后回想有没有这样一种感觉——好吧，A，那有多真实？B，有没有一种感觉，认为德国人是统治者的追随者，这就是他们被卷入国家社会主义的原因？

**莱特曼**：我真的不这么认为。首先，在那个时候，他们已经习惯于唯命是从。对那一代人来说，这可能是很自然的事情。他们中的一些人只是实用主义者，或者说他们中的大多数人是实用主义者。我想我们已经提到过这一点了。

**伯奈特**：这是推卸责任的做法。

**莱特曼**：是的。但另一方面，他们很乐意指点别人。"不是我，是他们"之类的事时有发生，这是很自然的事情。奥地利人直到80年代中期才不这样做了。作为一个国家，这并不奇怪。我不确定在其他国家会不会也是这样。这特别令人困扰，尽管这可能是一个糟糕的经历，但至少德国人拥有过十多年的民主政府。当然，当时的德国在经济和其他方面也都很糟糕，所以这也许不是最好的民主社会。当然，除了他们所受到的条约之外——我不想用"服从"这个词——这确实很重要。我认为马歇尔计划是一个绝妙的想法。很明显，它在当时很可能是受"冷战"的影响。但我认为，尽管如此，它现在仍然起着很大的作用。正如我之前提到的那样，如今德国人之所以仍对美国非常恼火，是因为又要被迫去和那些他们已经忍受了很多年的传统的人打交道了。所以，说不定最后还会有积极的一面，那就是他们不会接受它。他们是不会翻身的。

**伯奈特**：这很有趣。您之前所说的，或者至少是暗示过的，由于纳粹党的统治地位，他们培养了一代被吓倒的人，或是受到威胁和威吓而屈服的人。所以，与其说这是一种民族性格，不如说是10年的政治环境所决定的。人们想知道，这种事情是否会在其他地方发生，或在其他时间发生。

**莱特曼**：我认为他们（今天的德国人）认识到了这一点。我认为，在经历过这些之后，他们也许能更好地判断当前发生的事情，仅仅是因为他们已经经历过了，并且看到了全过程。也许这是一个主要方面。另一方面，他们对贵族的热爱仍然存在。我对此感到惊奇，或者说很好奇。

**伯奈特**：在德国？

**莱特曼**：没错，在德国。伊芙丽丝·梅尔是我最亲密的德国朋友，实际上她也是我非正式收养的妹妹。她是黑森州的科学与艺术部部长。我几乎每隔一天都会与她通过电子邮件联系。她是社会民主党人，所以她做了5年的社会民主党部长，在此之前她曾在达姆施塔特工业大学担任教授。她仍然对贵族社会很着迷。她给我介绍了许多公爵和公爵夫人。她是黑森州一个令人钦佩的贵族家庭的座上宾。那个贵族家庭在莱茵河上有一座城堡，他们在那里建立了一个艺术属地，在城堡里还住着雕塑家和画家。事情是这样的，在克里斯塔娜赫特事件之后，我遇到了她的母亲，也就是老公爵夫人。我和她谈了很久，她说："我们不能留在这里。"1938年，他们离开城堡去了南美，直到战后才回来。这个家族的继承人后来成了黑森州共产党的主席。这真是有些矛盾，这是一件很奇怪的事情。但他们从来没有真正克服这个想法。我们通过实业家与贵族来对应，例如，那些赞助艺术和诸如此类的事情。卡内基和洛克菲勒家族也是受人尊敬的，他们算是贵族。因此，也许这是一个普遍现象，或者至少不像我想象得那么罕见。

**伯奈特**：我想，政治上也是相当多样化的，有马克思主义者，后有马克思主义者和绿党。但他们知道自己的历史，并在2018年敲响警钟。在我们结束欧洲话题之前，我想问一个关于战后环境的问题。这是我们文学、电影作品中的重要组成部分，我们对历史中的这些时刻非常关注，在这些时刻中，公民社会已经崩溃或者几乎无法融合在一起。我想，您在这样的环境中，并且您在反间谍部队中，到处都是危险。有人担心破坏分子，有人担心间谍。您是否得到了关于如何在这个世界上表达自己的建议，或者每个人都清楚发生了什么？

**莱特曼**：我确实不记得接受过什么指导。现在，我是部队里8~10个人中最年轻的探员。我们在不同的城市都有团队，我们是最小的。我有一个比我年长的同事，他是我最好的同事之一——我想我之前提到过他，汤姆·赫尔曼，我们对此谈了很多。他对德国历史和文化非常了解。我在那里的时间相对较短。但是，那时候我们进入了"冷战"时期。所以在那时，也许我们的关注点更多地集中在工作上，而不是"去纳粹化"。

**伯奈特**：已经开始了吗？到1946年，您觉得开始了吗？

**莱特曼**：当然，绝对是这样的。因为，几乎从战争结束，甚至从夏天开始——1945年初夏我已经不在反间谍部队中了——经常有苏联人来参观我们的工厂，或者把工厂搬走作为战争补偿。

**伯奈特**：他们拆了工厂，把工厂搬到了苏联。

**莱特曼**：正是如此。当然，他们也开始在这个国家建立自己所谓的立足点。除了柏林，苏联在德国的领地由四部分组成，即柏林周围的所有地区。当然，东部地区就是所谓的德意志民主共和国。所以我认为他们在很大程度上参与了传播。但我确实要再次指出，反间谍部队缺乏专业精神。

**伯奈特**：所以我们谈论文明的崩溃是很合适的。我们刚刚停电了。

**莱特曼**：是的，看起来是挺合适的。在德国，我们面临的是战后困境，无论你怎么称呼它，都是暂时的。我记得有一个代表团考察了黑森州的德国工厂和其他类似的地方。我的部队在这个州的首府威斯巴登，所以我们把他们安排在了当地最好的旅馆里，它被称为金鹿之类的名字。他们在一个房间里，或者也许是两个房间。他们大概有6个人，是一个算不上大的代表团。然后我们把他们两边的房间都占了，并在他们的房间里安装了窃听器。我们一直偷听并记录他们的谈话。我们那时仍然没有磁带录音机，甚至也没有有线录音机。虽然德国人也没有磁带录音机，但他们当时已经有了有线录音机了。我们录了78张磁带。当然，他们互相说着俄语。虽然我们有了这堆磁带，但是周围我们认识的人没有一个会说俄语。我不知道他们发生了什么，但在那之后的整个过程中，他们只是坐在那里。

**伯奈特**：没有人把它们收藏起来，然后把它们带到华盛顿之类的地方去吗？

**莱特曼**：据我所知，没有。实际上，这些团队都是独立运作的。例如，在描述一些团队的腐败时,如果你愿意这样称呼的话,我们的团队完全不是这样的。我们没有尝试过奢华的生活。在战争时期,我们的生活条件很好。我们住在别墅里,有一位德国贵妇,她算是一家之主。所以我们过得很好。我们每个人都有一辆私家车和一辆吉普之类的车辆。但除此之外,我们肯定没有赚到钱。

**伯奈特**:您听说过那些人的故事吗?

**莱特曼**:这些人是普通的美军士兵,他们竟然在柏林贩卖香烟。直到夏末,他们才开始控制士兵往家寄钱。我们收到了一些小册子,每次寄东西出去的时候,他们会在上面打钩。那时,你得到了你的薪水,你知道你挣了多少钱,但你不能把钱寄出去。例如,我知道在我自己的部门里有几个人,他们把一辆小拖车装满香烟,挂到吉普车后面,然后开往柏林。它们的价格大约是80美分一整大纸箱。他们在那趟往返中赚了5万~6万美元,并把钱寄回家了。我认为这种事情已经超出了我们的责权范围,但我确信它发生过,而且非常普遍,但各个团队都是相当自治的。我从没见过高层的人来拜访我们,我们也不是真正意义上的代理负责人。我们都是特工,几乎是平等的。但有些人更有经验,比如汤姆·赫尔曼,他在战争的实际战斗阶段就已经在为反间谍部队工作了。

**伯奈特**:您和赫尔曼是唯一能流利地说德语的两个人,对吗?

**莱特曼**:还有一两个人说得很好,但我们是最流利的,因为我们是欧洲人。据我所知,其他特工都不是欧洲人。这显然与此有很大关系。这不是一个组织严密的部门。我没有上过陆军情报学校,但当我成为预备役军官时,在朝鲜战争之前,他们召回了美国各军区所有的预备役军官,然后把他们送到位于巴尔的摩的霍拉伯德堡。当时叫作霍拉伯德营,这是一所陆军的军事情报学校。我们学习了3个月的课程,这是另一个故事,我的笔记本还在那儿呢。

**伯奈特**:关于您学习的内容。

**莱特曼**:是的。例如,我们甚至有一门关于宪法的课程,讲什么是合法的,什么是不合法的。显然,法官不会命令你去窃听。但在接下来的一个小时里,我们学习了窃听以及如何打开和重新密封信件。(大笑)我有我的课堂笔记。

**伯奈特**:老师可能会说:"这就是人们期待的正规社会,正是如此,你就可以知道法律的真正含义了。现在我要教你如何打破它。"

**莱特曼**:我有那个时期的剪贴簿,算是我的期末考试,是关于抓人的课程。还有,跟着他们我学会了如何将跟踪器放进汽车油箱,并跟踪他们。在巴尔的摩,我们对人们的汽车做了同样的处理，然后跟着他们……

**伯奈特**：只是为了试验？

**莱特曼**：只是这样，你知道的……

**伯奈特**：测试一下？

**莱特曼**：没错。当看到那个人在停车场下车，我们会往他的油箱里扔几样东西。然后……这样我们学会了如何跟踪别人。我可以给你看那些靠墙站着的人的照片。在某种意义上讲，我们是一群喜欢自找麻烦的人。

**伯奈特**：所有的东西都需要完全定性。美国中央情报局成立于1947年。在那时，他们开始去尝试搞清楚各种活动的性质。

**莱特曼**：是的，包括谁能在哪里做什么。另外，反间谍部队不能在美国境内做任何事情，它本该是一个海外机构。当然，这里由联邦调查局负责，后来也是。我认为这里仍然与中情局有关，但不是每天，如果你现在有可能接触到海外的人，那么他们就可以……

**伯奈特**：国土安全部已经把所有这些东西囊括进来了。

**莱特曼**：没错，扩大。但也许是在杜鲁门的领导下，人们做了很多的努力，来明确谁来负责，在什么范围内负责，以及这些人可以做什么。这些秘密组织太多了，我们现在已经有很多组织了，也许还会有更多。当然，问题总是存在的——我的管辖权应该置于何处？总是有人试图扩大权力。首先，这会让你更有权力；其次，这会让你觉得你可以做得更多。这是核心问题。

**伯奈特**：这在当时是一个巨大的负担。你刚刚结束了与法西斯的斗争，现在又要去打击极权主义，而且这两种制度又都是封闭的专制制度，你只能通过恐吓、监视和武力控制着人们。美国正试图建立某种制度来对抗那些制度，而不是变成那些制度。

**莱特曼**：是的，这实际上很难做到。因为他们之间要互相学习，今天我们已经看到了。

**伯奈特**：您能解释一下吗？

**莱特曼**：我的理念就是，你这么做是有原因的。这是审讯技巧的全部想法。比如水刑——我从来没有遇到过这样的事情——这种事情确实可以通过说"我们这样做是为了维护民主"来证明。那么问题是你能走多远，这不是一个简单的问题。

例如，接到了显然是非法的命令，你能做什么？你能简单地说"我不接受那样的命令"吗？我想大多数人都会遵从命令的。在德国，这确实是个借口：命令就是命令。"我不想要，我知道那很糟糕。"甚至有人会说，"我不能违抗命令，我已宣誓效忠国家领导人。"这在圣经中几乎是宗教性的事情。有人还会说"我不能违反，我会触犯法律"。他不管这是真正的法律还是宗教法律。当然，这是一种个人选择，我相信这很难，除此之外，违抗命令也是很危险的。但我认为，即使仅仅从做一个好公民的角度来看，我能违背法律规定到什么程度，这还没有完全解决。然后，什么是合法的，当然这又是另外一个问题。

**伯奈特**：这些年来，一些心理学研究中出现了令人不安的结论。这些结论表明，在没有任何风险的情况下，这个人只是简单地被告知："去做吧。"如果一个以官方身份的人说要做某件事，他就会这样做，即使他们认为这会伤害别人，当权者还是会说："不，继续"，其中没有任何理由或解释，"不，完成研究"，而这个人照做了……

**莱特曼**：是的，这就是整个理念，尤其是在美国，一个法治国家，这个理念一直存在。因为某些原因，他们认为其他国家不是这样的。那是拿破仑的法律，我们有自己的盎格鲁-撒克逊法，它是一个更好的法律。做到与众不同是一件非常困难的事情。首先要脱颖而出，这明显会让你自己和你的家人受到惩罚或遇到危险。有很多方面使人们服从一件明显是坏事的事情，我认为在德国上升到了一个明显最坏的程度。但我能理解，能成为英雄的人真的很少。人都是以自我为中心的，这是第一位的。那么，我认为道德实际上是一种附加物。

**伯奈特**：道德问题需要与他人达成共识，自己一个人做是很困难的。需要找到同类人……

**莱特曼**：没错，那样会变得非常危险，你突然会变成一个另类的人。

**伯奈特**：或者，它可能是对某种不当行为的有组织力量的对抗。

**莱特曼**：是的。这就是我认为非常重要的原因。如果想反对正在发生的事情，那么你要使用所有可能的法律手段。这有时候会变得有点模糊。你会惊讶地发现，很少有人会这么做。它可能要付出代价。人们会说："我买不起，我没有时间。"他们总是有借口。不幸的是，有时候，当你意识到你最好这样做的时候已经为时已晚。那就太危险了。

伯奈特：是的，没错。

莱特曼：我认为，在很大程度上德国就是这样。当然，再加上糟糕的经济形势。这很容易让人觉得自己高人一等，但我认为这些事情在任何地方都可能发生。

伯奈特：是这样的。这是人的问题，不是……

莱特曼：在某些社会中，他们出现的可能性较小。幸运的是，我们仍然可以说出来。每次我看CNN，惊叹于他们是如何抨击我们的总统时，我都说，他们没进监狱真是太好了。我是这么说的。

伯奈特：也许那样太明显了。也许他们应该检查一下麦片里有没有钋元素。不管怎样，我想知道我们是否还有时间再讲一个关于那个时期的故事。我希望是汤姆·赫尔曼的故事，或者至少是他带您去做这项工作的故事。您能告诉我关于波佩特案的有关背景吗？

莱特曼：波佩特是玛德琳·德·玛姆[①]的妹妹。这大概是在1946年3月，在我即将结束反间谍部队的工作时，我和汤姆·赫尔曼被派往巴黎两三个星期，与历史上所谓的"法国二局"合作。"法国二局"是很久以前建立的，但这个术语至今仍在使用。从拿破仑时代就有了，相当于法国的特勤局。我们的任务是帮助他们找到合作者。我记得那是被称为"波佩特案"的重大事件，这件案子涉及了玛德琳·德·玛姆夫人，在她大概30岁出头的时候曾经是一个合作者。

德国驻法国大使[②]实际上是奥托·阿贝茨，他是我们之前提到过的那个人。你是否记得我曾经说过，在科尔马，当我所在的大楼着火时，我"借"（偷）了一件艺术品。正如我前面所说，这是一件奥托·阿贝茨签过名的木版画。他显然是个艺术家。事实上，他也是一个亲法派。这可能是他们让他担任大使的原因，他会表现得非常出色。于是，这件事引起了人们的深思，"法国二局"认为他们最好应该先调查一下。从那以后我一直在努力寻找，但我找不到任何能证明这一点的东西。至少正如我所说的那样，波佩特只是玛德琳最小的妹妹。于是我们和他们变得很友好了，而且"法国二局"就设在巴黎警察总部里，那里距离巴黎圣母院很近。在占领期间，盖世太保和他们的总部都在同一栋大楼里。"法国二局"非常自豪地向我展示了德国在巴黎的每部电话都装有窃听设备，而且一直保持到现在。他们仍在戴高乐的统治下使用它。这真的很有趣。

---

① 玛姆香槟公司的创始人。
② 法国当时处于被占领的状态，是维希政权。

**伯奈特**：所以占领的后果之一就是他们处于一种被监视状态。与其他城市相比，巴黎的情况是怎样的？显然，那里没有遭受德国人所经历过的轰炸，但遭受了长达 5 年的占领。我想知道，如果您衡量城市的"温度"，它会是什么样子？会发生什么？是高兴？还是疲惫？

**莱特曼**：我不愿意谈这个话题，包括与我所认识的法国人，我最亲密的朋友和同事。最终，当我进入学术界时，他们和我谈论了很多，但那时已经是 20 世纪 60 年代初了。他们非常高兴地发现，他们有可能保留了世界上最伟大城市的宝藏、艺术品和建筑。在某种程度上，这当然是。他们有一种自我满足的感觉，他们实际上可以继续把巴黎作为世界的文化之都并对此非常满意。这是真的。当然，这就是当时的情况。双方都同意不破坏这座城市，这在某种程度上是神奇的，在其他地方从没有发生过这种情况。从华沙开始，接着是阿姆斯特丹、鹿特丹和其他所有地方，德国人确保不会以任何方式做出任何让步。但他们在巴黎却是这样做的，所以我想这个城市有一种神秘感。我认为这也延续了法国人对自己的看法。当然，他们对所谓的抵抗运动感到非常骄傲。据我所知，这项运动被高估了。然后还有很多。令我惊讶的是，我调查了这个问题，因为早期的抵抗运动，特别是在巴黎，几乎从一开始就出现了？他们恰巧是一群共产主义者，一群犹太裁缝，是非常贫穷的人。他们是第一批抵抗组织。当然，所有人都在抵抗。这有点令人吃惊。我查过了，我必须谨慎行事，我不会说诋毁的话，但至少要让反抗的呼声比他们所说的还要强烈。这不是游击式的抵抗，从来没有过那种事，是有人蓄意破坏……

**伯奈特**：更隐蔽的形式。

**莱特曼**：是的，更隐蔽。有一些蓄意破坏的意思在里面。如果看看抵抗运动中的成员，我不确定他们的动机是否都是一样的。他们可能是合作者，可能还有别的关系。一些妇女因为经济原因沦为妓女，而她们的顾客恰巧又都是德国人。我不知道这是否使他们成为合作者，但他们却被当作合作者对待了。

**伯奈特**：他们肯定是这样的。

**莱特曼**：剃光头，游行示威。

**伯奈特**：我记得战后有 8000 起谋杀案，有些人被清算，我猜这就是所谓的净化。

**莱特曼**：而且，一旦你再次掌权，有些事情可能会做过头。这是报应，是应得的报应。但这让自己感觉良好，你现在可以把过去的怨恨发泄在这些人身上。但很明显，有人，例如法国警察、宪兵，几乎是成了某些人的合作者。他们把犹太人集中起来，带到德国人那里，让德国人把他们拖走。这几天被当作一件可怕的事来纪念，但这一点也不稀奇。顺便说一句，我想这种情况在克罗地亚出现了多次。当然，在那个时候，克罗地亚也是法西斯政府。他们付钱给德国人，去抓犹太人。盖世太保说过："我们的人够多了。别烦我们。"他们说："好吧，我们会付你们很多钱去抓他们。"这种情况几乎到处都有，只是程度不同而已。这是人类的悲哀，一点也不好。

**伯奈特**：这对于您来说是难以理解的，您几年前在维也纳也经历了这种情况。您看到了这一系列行动和意识形态的全部后果，以及它的全部表达。您在集中营里看到了，您在这些人的行为中也看到了。

**莱特曼**：这对于人类来说不是一个好启示。我们只能这样说了。

**伯奈特**：是的，确实是这样的。让我们抽出一点时间来感谢法国对您在法国第一军贡献的认可。您能说说当时的情况吗？您没有立刻被认出来，对吧？还是一开始他们就给了您嘉奖？

**莱特曼**：我记得是在科尔马解放后的一两天，法国人被允许在美军之前进入，就像他们在巴黎时所做的那样。在那里举行了仪式，他们不仅授予了单位勋章，还嘉奖了单位中的优秀个人。我成为获奖者之一。奖章被称为十字棕榈勋章。这里还有点郁闷，它实际上是一个团队的奖章。法国人就是喜欢搞仪式。一直以来，我一直相信戴高乐将军就是这样做的。戴高乐实际上是法国第一军的统帅，他个子很高。另外，法国将军们的帽子也差不多这么高，它的名字叫塔西尼。如果你看到了我得到的一些嘉奖，可能会说是戴高乐将军给我的，但事实并非如此，我必须做一点纠正。

这之后什么也没发生。其实，我从来没有获得过奖牌，或其他任何东西。我想，直到我80岁生日的时候，正好是科尔马战役60周年纪念日。我的一些朋友，包括一位名叫格特鲁德·赫米利的女士，她是第一所只招收工程学女生的法国高等学院的院长……直到今天，像巴黎综合理工学院一样，仍然有一个针对女学生的相应机构。我们变得非常亲密，几乎在同一时间，我和黑森州的部长伊芙丽丝·梅尔的关系也变得很亲密，并不是因为她是犹太人，事实上，她来自维也纳，后来成了法国人。简而言之，就是这样。她认为，如果能把我80岁生日和科尔马解放60周年结合在一起就好了,并且我可以获得勋章,那就更好了。

现在,这些学校和巴黎综合理工学院一样,实际上属于国防部管辖。我后来才知道,她认识一个叫珍·罗奇的将军,她跟他说了这件事。他们军队的记录比我们做得好,他们回去看了看说:"是的,我们在科尔马发了奖,如果莱特曼得到了,那是他应该得到的奖牌。"我妻子南希和我就是这样被邀请去巴黎的。那是2005年6月,我们的儿子也从雅加达飞了过来,那时他在世界银行工作。当时我们住在法国陆军的军官俱乐部,那是巴黎的一个街区。它被称为国家武装部队总部。我们在那里订了两个房间。顺便说一下,我们的房间是需要付费的。我们的儿子约瑟夫比我们先到,所以他占了大房间。(笑声)他说他愿意交换房间,但我们还是让他留在了大房间。

这是一个非常好的仪式,是在军官餐厅举行的。两位将军——罗奇将军和另一位将军,以及他们的妻子,约瑟夫、南希和我也在场。午餐我们先喝了一点香槟。法国人对此很在行。之后,罗奇将军把这个勋章授予了我。南希教我用法语说几句感谢的话。我只会基本的法语。

图4.5 1987年,儿子约瑟夫、妻子南希和孙子约瑟夫·拉斐尔

图 4.6　1987 年，女儿伊莱恩参加加州马拉松比赛　　图 4.7　孙子亚历山德拉和尼古拉斯　　图 4.8　1969 年，伊莱恩

罗奇将军用英语进行了 20 分钟的演讲，因此我也用英语回答并感谢了他。这些我都有照片。那很好，我有奖牌，还有他们打印好的程序单。我剪贴簿里有，这很好。

当然，接下来发生的事情是，他们发现我们一直在密切合作，甚至在学问上也是如此。特别是与奥斯汀·布拉奎尔以及巴黎大学的人在一起。所以，这是一个额外的加分，我这样做了很多年，是从 1961 年或 1962 年开始的。虽然我没有官方的消息，但我确信罗奇将军一定是法国荣誉军团的指挥官。然后 4 年前的今天有人告诉我，他们要让我成为荣誉军团的骑士。这完全出乎我的意料，我这辈子从没想过。他们说鉴于我的年龄，我不需要去巴黎，我想那时我应该是 88 岁，但他们会来我这里。伯克利分校的院长尚卡尔·沙斯特里很喜欢这类活动，所以这些活动都是在教师俱乐部大厅里进行的。太棒了。他们把荣誉军团勋章授予一些美国士兵，这应该是一个策略。在战斗部队如果他们能够建立功勋，特别是如果他们能与法国军队有联系，那就非常有意义了。但通常情况下，大概只有四五个人会被授予荣誉军团勋章。在这里，只有我一个人。此外，我们还有一个由 12 名或 15 名博士组成的科研队伍，他们都来自这里的理工学院。因此，他们把自己的阅兵服空运了过来，在一边组成了法国仪仗队，在另一边组成了来自伯克利的后备役军官训练队（ROTC）。然后他们戴着帽子，是华丽的拿破仑帽子。这真的很好。和过去一样，他们做的仪式比任何人都好。

第4章 进军火箭领域

图4.9 奥斯汀·布拉奎尔和莱特曼

这是一个漫长的仪式，持续了半个多小时。当时的执行副校长兼教务长乔治·布雷斯劳尔代表当地政府发表了演讲。事实上，这个星期天我刚刚和他们夫妻一起吃了午饭，他现在是学校马格内斯收藏馆的馆长。尚卡尔是主持人，他发表讲话。指挥金熊营的上校就军队的兄弟情谊做了一篇长谈。然后法国总领事说："我代表法国总统……""你们知道我在拿着腔调，因为根据法国法律，我们在正式场合必须使用这种腔调。"（笑声）他很有趣。但随后他又强调："这是法国能授予的最高荣誉。"这是事实。当然，直到今天都是如此。南希非常投入，因为她完成了她的研究生课程，并且过去是一个主修法语的本科生，当时正在十分努力地为恢复中的法国图书馆收集书籍。为此她获得了一个奖项——鸢尾奖。当然，他们只给南希带来了花之类的东西。那也很好。当我认真考虑所有这些嘉奖令和奖牌之类东西的时候，我并没有把它们当回事。因为我知道总会有两种人：A，他们会说你应该得到更多；B，别老生常谈了，我们不能给你100万美元，但我们会给你一个奖章之类的东西。情况就是这样，但我不是在嘲笑他们。当然，我很感激，而且每次都很享受。这是毫无疑问的。

**伯奈特**：我认为关键的一点是，他们很感激您，国家很感激您，我认为所有这些都值得您骄傲。我想任何一个老兵都会觉得那些值得被嘉奖的人已经躺在地下了，或他们受了重伤，这当然有一定的道理。

**莱特曼**：这绝对是真的。当这种情况发生的时候，你会代替别人，我当然是这么看的。否则你就是在自欺欺人。随着年龄的增长，我越来越相信这一点，这与学术荣誉、博士荣誉、学院成员荣誉有关。名义上看起来好很多，死后看起来很好。

**伯奈特**：是的，是卓越的，绝对是的。（笑声）

**莱特曼**：每次我去参加追悼会的时候，这些东西总是会摆出来。我告诉南希："我死的时候，一定要在我的棺材上放一个紫色枕头，然后把所有的勋章都放在上面。"（笑声）

**伯奈特**：我认为，有成就的人都有些谦逊。我很难采访那些不把功劳当回事的人，我明白为什么了。事情是这样的：您处于历史的洪流中，如果不是您，可能还有其他人在这个位置上。我接受这一观点。但事实是，您当时在那儿，您以自己的方式行事，并且您表现得很好，人们想要认识到这一点。

**莱特曼**：好。我对此表示感谢。我不是讨厌或不欣赏，我要说的是，我只是不接受这些。当然，被授这类奖章的典型代表一直是苏联人。我记得有一位将军……

**伯奈特**：乔治·茹科夫？

**莱特曼**：是茹科夫还是伊万科涅夫？我忘了。反正，我看到他和亚历山大·帕奇将军在一起，他的军装上挂满了他所获得的勋章。我们的将军都有这些丝带，那还好。实际上，他的肩膀上有一块突出的东西，勋章挂在上面。

**伯奈特**：为了放置他拥有的大量勋章。他有悬臂式的吗？

**莱特曼**：是的，绝对的。但他们感到光荣，尤其是苏联人。我认识一些苏联老兵，他们对待这件事非常严肃。这是伟大的卫国战争。当然，他们牺牲了2000万甚至更多的人。我明白这一点。只是以这种方式来纪念太糟糕了，如果我们可以停止这样做就太好了。我确信这是不可能的，这是不会发生的。

**伯奈特**：然后，让我们谈回到纽伦堡。您从巴黎回到纽伦堡。到那时您完成了吗，您什么时候……

**莱特曼**：没错，我是从纽伦堡来巴黎工作的，这是正常的程序。我想我是在1946年5月初复员的。其实，我当时是应邀留在CIC的。我认为可能会吸引我的一件事是，他们想让我护送那些他们想带回美国接受进一步审问的人。我只是要做出选择，如果我要去学校的话——当然，当时退伍军人法案已经出台了，那是一个很大的激励——我最好是这样做。例如，汤姆·赫尔曼就留了下来。当然，他是中校。他们给我的条件之一是我要加入五角大楼的历史部，他们正在为各个分支机构撰写战争史。我不想这样做，我想去学校。但我告诉他这是公开的事情，他做到了，他得到那份工作两三年了。我可以讲几个小时关于他的故事，但我不会那样做。

**伯奈特**：也许您可以考虑一下五角大楼历史部的那份工作。

**莱特曼**：我决定放弃那份工作，去上学。

**伯奈特**：1946年5月，您被遣散后从纽伦堡去了维也纳，对吗？

**莱特曼**：不，实际上是在1月底的时候，我第一次从纽伦堡去了维也纳。

图4.10　1946年，莱特曼担任纽伦堡审判的审讯员

我乘坐了第一批飞往维也纳的航班，苏联人直到那时才允许美国人进入他们控制的区域。后来很多地区都开始互通航班，像在德国一样。

**伯奈特**：大概是什么时候？

**莱特曼**：在1946年1月，那时我是乘坐一架型号为DC-3/C-47的飞机进入维也纳的，实际上这是一次民航运送军队的任务。这次旅行很有趣，飞机上除了我们，唯一的乘客是一名护士，当我们飞到维也纳的军用机场时，飞行员已经喝醉了。

**伯奈特**：真的喝醉了吗？

**莱特曼**：是的，当他们每次看到苏联军队时，都会开着飞机在他们头顶上盘旋。那天我们从飞机的舷梯上走下来，飞行员踉跄着险些跌倒。这些小事一直萦绕在我的脑海里。下机后，我预订了一个旅馆房间。我记得，从机场到旅馆要路过中央公墓，我的祖父葬在那里。于是，我想去看看他。我的祖父是位杰出的人物，他曾经在军队中担任中校。中央公墓是一个宗教墓地，其中有天主教区、新教徒区、犹太区，也许还有穆斯林区，也可能没有。逝者名单由一位守墓人专门保管，当我告诉守墓人我想要去犹太人区时，他在地图上给我指了指，但他没有提醒我墓地已经被损毁了。当我走进墓地时，才发现所有的墓碑都被损毁了。但我找到了离我祖父坟墓最近的位置，守墓人告诉我墓地是按照姓氏的顺序排列的。我在那里坐了很久，一直思考着在墓地的所见所闻。后来，我乘出租车到了位于维也纳市中心的旅馆。那是在哪一年？是1946年？对，就是1946年。

**伯奈特**：是的，1946年1月，是冬天。

**莱特曼**：是的。然后我去了我出生的公寓。正如我之前所提到的那样，在纳粹时期没有人真正关心过我们。

**伯奈特**：在纳粹时期，您的邻居没有帮忙吗？还是说他们甚至擅自拿走了您的财产？

**莱特曼**：那时候，房东是位说话带着口音的波希米亚女人，我到现在依然记得她的名字，叫斯塔尼。我是在1940年5月离开，1946年1月回去的，距离我离开维也纳已有5年半的时间了。我一回去就见到她了，她说："耶稣基督（Jesus Christ），小乔治在这里。"尽管她说的德语带着口音，还是当地方言，但我还是能听懂，我们立刻认出了彼此。她是捷克斯洛伐克人，苏联人把她安排在这里，当时她已经是维也纳地区共产党部门的负责人了。整条街都被炸毁了，我出生的那座建筑也被破坏了，但现在已经修好了。

那是我在这个城市的第一站。之后，我去了我叔叔在普拉特游乐场附近的家。我在前面的谈话中提到过，我叔叔的家也已经不在了，整个地区都被轰炸了，我也不清楚那里究竟发生了什么。从前葱绿苍翠的树木都已经被砍下来当柴烧了，游乐场里巨大的摩天轮也被破坏了。之后，我去了我祖母的公寓。纳粹把我们赶出了我出生的地方后，我们一直住在祖母那里。我对小时候的事情记忆犹新。我并没在祖母那里待太久，大概3天后，我不得不飞回纽伦堡了。

**伯奈特**：您回到维也纳的时候，完成您想做的事了吗？找到您想看的东西了吗？

**莱特曼**：我只是单纯地想回去看看，同时也是好奇这个地方到底发生过什么事。我在那里度过了一个漫长的周末。那是我第一次回来，航行又是免费的。在我85岁生日的时候，前任奥地利总统费舍尔邀请我去他在帝国城堡的办公室。当时，他问我第一次是什么时候回来的，回来都做了些什么？我和他说的内容跟现在我对你讲得差不多。你知道他对我说了什么吗？他说："现在我们已经重建了中央公墓犹太人区,重现了它昔日的模样。对此,我很清楚,我岳父葬在那里。"费舍尔娶了一个犹太人。我和费舍尔在一起待了一个小时,这次谈话很有趣。和费舍尔的谈话大概是在 2010 年,距离我第一次回维也纳已经过去很多年了。

图 4.11　2010 年 5 月,维也纳霍夫堡,时任奥地利共和国联邦总统海因茨·费舍尔博士祝贺莱特曼 85 岁生日

图 4.12　费舍尔兄弟服装商店

图 4.13　1946 年 2 月，刚刚结束战争时的乔治·莱特曼

**伯奈特**：我想，在您去维也纳之前已经很清楚的一点是，您的未来并不在那里。

**莱特曼**：当然。

**伯奈特**：您已经不属于那个地方了。

**莱特曼**：不，绝对不是。当社会民主党人执政的时候，我可能会考虑拥有双重国籍。但对于奥地利现任政府，我不会，奥地利现任政府在我看来是"新纳粹分子"。直到现在，我在奥地利还有一群非常亲密的朋友。今天早上，我还在和其中一位朋友进行邮件联络，他给我发来了一篇《明镜周刊》上的文章，内容是关于他们对现任总统的一些感受。

图 4.14　1946 年 2 月，莱特曼在维也纳

**伯奈特**：关于特朗普？

**莱特曼**：是的。那些天我看了很多历史方面的资料，这是一个很吸引人的话题，而我们每个人也都是历史的见证者。

图4.15　1949年，莱特曼所在反间谍部队的训练

**伯奈特**：是的。这是一种有助于思考您下一步要做什么的方式。被遣散之后，您会想，我下一步要干什么？又会发生些什么？那后来您回美国了吗？

**莱特曼**：对。我母亲有一间公寓，我的外祖母和她住在一起。这是唯一一件让我参军时不那么痛苦的事。她一直有我的外祖母陪在身边，这使她成为一位非常坚强的女人，能干而且自立。退伍后，我接受了《退伍军人法案》的条款。

**伯奈特**：和您的母亲以及外祖母的重逢很愉快吗？

**莱特曼**：是的。但是，我的外祖母有点生我的气，因为我一回到家就剃掉了胡子，而她习惯了男人留胡子。我的胡子不是很多，只有一小撮，她曾极力劝阻我不要剃掉胡子。因此，我剃掉胡子让她有点不高兴。这是一件很有趣的小事。后来我逐渐成为她的依靠，因为那时她的身体出了问题，带她去医院是我的首要任务。这是一段有趣的经历，但是我待了不到一年就离开了。

**伯奈特**：1940年5月后。您走了几个月吗？

**莱特曼**：不，是4年，或3年半。

**伯奈特**：对于青少年来说，这是很长的一段时间。您在美国度过了青春期，

图 4.16 20 世纪 40 年代末，母亲斯特拉·莱特曼

长大成人了，然后参军了。

**莱特曼**：是的。对于一个家庭来说，父亲是很重要的，但我失去了父亲。我一点也不介意参军，甚至有些喜欢那里的生活。复员后，我立刻申请了哥伦比亚大学并申请走读。那时，我已经决定继续从事基础科学研究。虽然我不是工程学专业出身，但我有工程经验，所以我申请了哥伦比亚大学。哥伦比亚大学有一些针对退伍军人的优待政策，比如，只要选修体育课程都可以得到学分，类似这样可以轻松拿到学分的课程有很多。此外，还有一个很好的激励政策，如果你所有选修科目的成绩都是 A 或 B（是 B，而不是 B-），这时每 6 个 A 就能使你获得一个额外的选修课学分。我在哥伦比亚大学的整个本科阶段，只有一个学期没有获得额外学分。我待会儿再讲这件事情。之后我开始学习物理专业。

**伯奈特**：我不想打断您，但我想问问您，您说"我想去上学"，您是否清楚上学是要做什么呢？或者您有一个终极目标："我想成为一名科学家。"您是怎么想的呢？

**莱特曼**：我不确定我是否完全想清楚了。我只知道：第一，我想去上学；第二，为此我已经筹备许久，而且我的父母也希望我去上学。当时我住在家里，所以生活花销不大。在那个年代，即使像哥伦比亚大学那样的私立学校，学费也很少，何况我还不用付学费。

**伯奈特**：您有奖学金吗？

**莱特曼**：没有，但我享受《退伍军人法案》的政策优待。

**伯奈特**：抱歉，我忘记了，您是可以享受《退伍军人法案》的政策优待的。

**莱特曼**：对我来说，这个法案真的很好，军人可以获得额外的学分。法案规定，退伍军人依法享有国家的教育资助，直到其拿到硕士学位。所以我知道，只要我本科成绩足够优秀，我可以继续攻读研究生。在我印象里，高中是一段美好的时光，我很享受高中的生活，在哥伦比亚大学也是如此。大学期间，我选修了很多晚上的课程，因为哥伦比亚大学有一个很好的传统，即使你是一名本科生，只要老师允许，你可以旁听与你专业相关的任何课程。例如，在本科阶段，我选修了两门斯特恩的社会人类学课程。斯特恩是一位非常著名的人类学家，他编写了一本标准教科书，书名为《当人们相遇》。他是一个马克思主义者，同时他也是马克思主义期刊《科学与社会》的编辑。不得不说，这是一本很棒的书。这些后面都会讲到，我现在只是简单提一下。

为了不影响我的必修课程，我选修了很多晚上的课，那时候我的晚餐通常是在宏恩与哈达快餐店解决的。恰好哥伦比亚大学校园附近就有一家，有时上课到很晚，一份烤面包配奶油芝士和巧克力牛奶就是我的晚餐。直到今天，我仍然感念在校园生活的这段时光。在哥伦比亚大学我过得是如此的幸福。在这期间，我有很好的机会可以向许多优秀的教授学习，其中很多是诺贝尔奖得主，包括查理·汤斯。当我读研究生时，他是我的量子力学教授。

**伯奈特**：哥伦比亚大学是美国享有盛名的学府。

**莱特曼**：它确实是。

**伯奈特**：哥伦比亚大学也参与了武器研发的工作。比如当时的很多关于弹道学的研究。除此之外还有近距离引信（麻省理工学院是这项研究的核心）。

**莱特曼**：还有原子能，恩里科·费米是主要的研究人员之一。

**伯奈特**：是那个辐射实验室吗？

**莱特曼**：是的。当我读硕士的时候，我用这个实验室做过我的项目，这个实验室真的很棒。这是另一个故事了，我将在我的研究生工作部分讲到。我总共上过两次暑期课程，只有一个学期我没有拿到额外学分，在其他学期我都获得 A 和 B，有几个学期我甚至拿到了 18~19 个学分。

**伯奈特**：要上几门课才有 18 个学分呢？

**莱特曼**：大概要上 4 门到 5 门课程才行。

**伯奈特**：所以您的方法是，把自己定位成一个正在学习知识的学生，而不是想着学习是为了获得博士学位，然后从事这个职业，或去经商。

**莱特曼**：是的，那时候我甚至根本没想过要读博士。

**伯奈特**：您当时只想着要学习，这就是您的目标，对吗？

**莱特曼**：是的，我当时只想学习，之后我才考虑要以此谋生。显然，部分原因是这样的。我不打算只做一个科学家。

**伯奈特**：但是，在那个时候您还不知道要以什么方式来谋生吧？

**莱特曼**：是的，我并不清楚我要靠什么来谋生。这些都是20世纪40年代的事情，从1946年到1950年，我记得的那些人都很杰出。我本科时，师从一位名叫埃尔万·科贝特连茨的教授，学习的是微积分一和微积分二以及高级微积分。他是亚美尼亚人，是在巴黎接受的教育。所以他讲话混合着亚美尼亚和法国口音，人们觉得很难听懂他的话。当时，微积分课程有两个班级，一个班级平均有50个学生，而科贝特连茨的班级只有5个学生。科贝特连茨的口音对我来说是一个挑战，但我还是选修了他的课。上高等微积分的第二学期，他给了我一个C，我去问他："科贝特连茨教授，你知道学校关于学分的规定吗？"他当然知道这个额外的学分我是可以轻易获得的，他是个无所不知的人。我向他提出，希望能在暑假期间重修这门课然后补考。我还记得，他用独特的口音回答道："我的C就像别人的A一样。"我说："嗯，你知道，我也知道。"他是不会同意我重修然后补考的。他在很多方面都非常一丝不苟，也从不会轻易地给A。教授和他的女儿住在河边大道旁的一栋两层联排别墅里，他把楼下租给了一对我认识的双胞胎姐妹。她们告诉我，她们总是能在晚上听见教授在楼上跺着脚，并咒骂着"不，不，不，愚蠢，愚蠢"，他应该是在给作业评分。说到作业，他是用红墨水给你批注的，比你写得还要多，他就是这样一位一丝不苟的人。一到考试，他总是会精心打扮。一般的常规考试，他只穿一件花哨的外套，但到期末考试时，他会穿条纹裤和晨礼服，就是那种硬衣领的燕尾服。

**伯奈特**：您认为那意味着什么？他做这些又想表达什么呢？

**莱特曼**：他只是习惯了。据我猜测，他大概是在巴黎大学（索邦校区）学习时养成的习惯并延续至今。他是一位真正杰出的人物，他和他女儿共同创立了美国三维国际象棋协会，兼任该协会的主席。在《生活》杂志上有关于他的精彩照片。在这本杂志的最后一页，他们总是会刊登一些诸如三头婴儿之类的怪异照片。科贝特连茨教授在那本杂志上总是有一席之地。他有一点小胡子，刮胡子时老是会割伤自己，他会凝视前方，像这样。他是我永远不会忘记的人，虽然他没有获得诺贝尔级别的奖项，但他是真正出色的人。

**伯奈特**：在这种环境下，您有没有从他身上学到什么呢？比从其他教授身上学到的东西更多？

**莱特曼**：是的，我从他身上学到很多。我需要很努力地去学习，他很严格。正是他的这种严厉成就了我，这对我来说意义重大。在某种程度上，我很自豪我能够很快地听懂他的讲座内容，一般人通常要花费二三个月的时间才能理解他的讲座。慢慢地，我更加习惯他的口音。在第二学期，他的心脏出了点问题，因此他让我在黑板上替他写讲课内容，而他坐在讲桌前口述与讲课内容有关的方程式。也许在哥伦比亚大学的旧址，学校的大门、走廊上的U型实心墙和黑板都还在，但也有可能不存在了。他会从黑板的左上角开始一个定理的证明过程，然后写到中间，再写到右边。将定理的证明过程写完后，他会拿着黑板擦疯狂地抹来抹去，擦掉冗余的部分，嘴里说道："我简化了这个定理的证明过程。"我过去常常会将科贝特连次的讲课内容做成笔记，而且我会重新抄写这些笔记，现在这些笔记还在我楼下的书房里。当他在黑板上简化定理的时候，我只是粗略地把黑板上的内容写下来，然后把他简化的内容写在下面。下课后，我会在下一页把简化后的证明过程完整写下来。这是我的方法，这样在课堂上我就不用一直在记录。

**伯奈特**：您重新整理了课堂上的笔记。

**莱特曼**：整理笔记让我受益匪浅。当然，在某种程度上这也是一种挑战，我暗暗地对自己说，我不会让这些困难打倒我。我相信我有能力掌握好各个科目的知识。最后，我在3年内拿到了学士学位。

**伯奈特**：我能接着问您关于重新抄写笔记的事情吗？您能告诉我您为什么要做这件事吗？

**莱特曼**：重新抄写笔记是我复习的一种方式，以确保我掌握了这些知识。如果我上完课后，在某些方面依旧不懂，重新抄写笔记可以帮我查漏补缺。

**伯奈特**：研究表明，做笔记和重新抄写笔记有助于形成长期记忆，这比用计算机打印出来学习效果更好。

**莱特曼**：是的，极有可能。在那个时候，还没有计算机，因此也不存在使用计算机打印的问题。

**伯奈特**：这是一种普遍的学习习惯吗？您知道这种习惯将会帮助到您？

**莱特曼**：不是，我认为课后在另一页纸上整理笔记是我个人的习惯。重新抄写笔记不是我的独创，我知道有人已经这样做了。后来，这个学习习惯对我来说十分重要，尤其是在一年的研究生学习中。这一年的课程学习很难，而我在研究生院的成绩也不太好。我本科时的成绩是A+，研究生时的成绩可能只是C+，但

C 在那个时候是很好的成绩了。我的成绩一直没有进步,这和本科真的很不同。后来我甚至怀疑自己都考不到 C 了。

**伯奈特**:那时候有表现突出,得到过 A 的传奇人物吗?不管是在您那一届,还是您上一届或者下一届?

**莱特曼**:我真的想不起来了。实际上,我在研究生阶段的所有同学我都不记得了。我最好的朋友是沃纳·甘兹,他是我的高中同学,后来去了纽约城市大学并成为一名土木工程师,他没有读研究生。他的儿子在麻省理工学院获得了博士学位,并成为波音公司的副总裁,后来成为波音公司在北欧的首席执行官和总裁,3 年前从波音公司退休了。他把父亲接到索诺玛县住,并在那里购买了一处房产。总之,这是另外一个故事了。我尽可能地和朋友们保持联系,因此我写了很多邮件。我是那种会立刻回复邮件的疯子,这让人抓狂。

**伯奈特**:我不想成为一名心理学家或者其他什么。但与大多数人的一生相比,在 12 岁到 20 岁这个年龄段,您已经做了很多事情。我想这段经历会使您变得沉稳,这意味着您一旦和某人成为朋友,就会和他一直保持联系,是这样的吗?

**莱特曼**:是的,我很喜欢和别人交朋友。当然,不是我现在接触的每一个人,而是我喜欢的人。我的生日是在 5 月,令我高兴的是,在我收到的众多祝福邮件中,超过 80% 是德国朋友发来的,这是一个既内疚(作为间谍欺骗过德国朋友,而现在他们还给我发祝福邮件),又充满责任感(有责任给他们合理的解释)的事情。甚至那些平时接触不是很密切、但依旧保持联系的朋友也给我发来祝福,这真的让我很开心。对于一般人来说,他们不太愿意去理会这些邮件。但对我来说恰恰相反,我会起得很早,起床后我做的第一件事就是查看邮件,随后筛选掉大部分的无关紧要的邮件,最后开始回复邮件。在我过生日的那天早上,我回复了那个在《明镜周刊》发文的人,我把这篇文章发给了很多人。有可能我也发给了你。那是一个链接,点击这个链接,就可获取到它翻译后的内容。我发现电子邮件对我来说,是一种可以和我的朋友一直保持联系的工具。

**伯奈特**:的确是这样。让我们把话题回到哥伦比亚大学。您提到在研究生阶段,您获得了硕士学位,并且写了一篇论文,对吗?

**莱特曼**:在哥伦比亚大学读研究生,可以选择两个方向:一个方向是你可以选择做项目,这样你需要通过的课程会更多一点;另一个方向是你可以选择完成一篇论文,这样你需要通过的课程可以少一点。其实两个方向都差不多,而我选择的是第一个方向。我研究的项目是二次电子发射，它不是一个纯理论的东西，而是实验。在实验时，我使用了费米在普平大厅的实验室，它位于哥伦比亚大学的物理大楼，因为我需要在低压环境下来完成这个实验，在一次实验时我差点毁了它。

**伯奈特**：做这个实验您需要一个真空环境吗？

**莱特曼**：是的，这个实验需要真空环境，我试图用空气泵来得到足够低的气压。这个实验与电子轰击或粒子轰击金属表面有关。比如，用电子轰击金属表面，作为二次效应，电子会从金属表面逸出。人们通常利用二次电子发射实现能量放大之类的目的。

**伯奈特**：实验是在一个类似于真空管的环境中做的吗？

**莱特曼**：是的。

**伯奈特**：一个盘子？在真空管里面有一个捕捉电子的圆盘？

**莱特曼**：是的，电子的运动需要有电压差。顺便说一下，现在，二次电子发射仍然是一个开放的课题。我前几天查了一下，令人惊讶的是，从某种程度上来说，这是一个还没解决的问题，这个课题太难了。做这个实验有两件事警醒了我。第一，为了检查真空管是否有泄漏，我们在排真空管空气的橡胶管中放入玻璃管。然后在旁边放一个装有乙醚的瓶子，如果瓶子有发光、放电现象，就意味着密封不良。有一天，我被乙醚熏晕了，当同事们发现我的时候，我已经躺在实验室的地上了。这是第一件事。第二，更糟糕的事是，学校警告你，如果人不在就不要让泵运行在工作状态，对此我感觉很沮丧。我为了得到足够低的真空管压强，就必须让水冷循环泵一直运行着。因为电线断了，当我星期一早上到的时候，泵里的水淹没了我楼下的实验室。作为惩罚那个学期我花费了许多时间来打扫仪器，而且这件事影响极其恶劣，甚至惊动了学校校长来调查这件事。这位大学校长就是后来的美国总统艾森豪威尔。

**伯奈特**：他曾是您所在部队的将军。

**莱特曼**：是的。他来调查这件事。我想，他一定说了，"给这个家伙学位证书，然后让他滚"。（笑声）

**伯奈特**：但，这是一次不错的经历，您尝到了其中的酸甜苦辣。那么，固体物理学是不是您感兴趣的呢？

**莱特曼**：是的，在那个时候我挺感兴趣的。

**伯奈特**：与此同时，因为哥伦比亚大学正在进行与国防有关的项目，我想到一个我们还没有真正探索过的问题。您是如何进入人生的下一个阶段的呢？和哥伦比亚大学有关系吗？您进入人生下一个阶段的过程是怎样的呢？

**莱特曼**：在 1950 年，学期快结束的时候，大概是 5 月份或 6 月份，我获得了哥伦比亚大学硕士学位。那时候我必须找一份工作，一位来自加州理工学院的教授正好在那个时候来哥伦比亚大学招聘。那个时候，喷气推进实验室已经存在了。

**伯奈特**：喷气推进实验室？

**莱特曼**：是的。加州理工学院和哥伦比亚大学有合作，所以他们去哥伦比亚大学招聘。到目前为止，加州理工学院还在推进两项工程。他们在 20 世纪 30 年代就开始了喷气推进实验，之后在莫哈韦沙漠为海军建立了一个和喷气推进实验有关的美国海军武器监测站。然后海军在战争期间完全接管了这个监测站，与此同时接管了政府喷气推进实验室。监测站、喷气推进实验室和加州理工学院有关，但它们已经不再是加州理工学院自己的了。通过哥伦比亚大学的招聘，我获得了第一份工作。

**伯奈特**：他们在哥伦比亚大学贴了通知，您参加了他们的宣讲会？或者通过其他的什么途径去面试的呢？

**莱特曼**：他们在哥伦比亚大学进行了招聘宣讲，你可以去报告大厅听他们的宣讲会。如果听完后有什么问题，他们会给你解答。而且，如果你想申请工作的话，他们会给你一些资料，而我就是通过听宣讲会获得了这份工作。因为我有一个姑妈的家在旧金山，另一个姑妈的家在洛杉矶，所以我选择在加州工作。由于有亲人在身边，我很快适应了那里的生活。对于我的母亲来说，她的生活并不是很容易，因为我的外祖母在 1947 年去世了，她基本上是一个人生活。但她有一份很好的、让她很投入的工作。

**伯奈特**：她在珠宝店工作？

**莱特曼**：在战争期间，她在一家用机器制造人造钻石的公司工作。

**伯奈特**：生产钻头之类的东西？

**莱特曼**：是的，就是那类的东西。公司老板是个难民，名字叫作范德。在战争结束之后，范德进入珠宝行业，我母亲也随之进入珠宝行业并成为一名珠宝设计师，实际上她到 1969 年才退休。我小的时候在那里上高中，我们住在同一套公寓里，那个时候还要交房租，到现在我还记得房租是多少钱。在 1969 年，她花了 72 美元买下了这套公寓。

**伯奈特**：哦，我的天！

**莱特曼**：是的，我仍然记得那些。

**伯奈特**：后来您搬出来了吗？搬哪里去了？

**莱特曼**：我搬到了莫哈韦沙漠。我的舅舅是在 20 世纪 50 年代中期去世的，一直到我离开的时候，我的舅舅保罗还住在我母亲公寓附近。当时，我舅舅住在埃尔姆赫斯特，我母亲住在杰克逊高地。我母亲在那时有舅舅的帮助，生活得并不是太累。起初，我在美国海军武器监测站的研究部工作。另外，在那里还有从事火箭武器方面研究的其他部门。有迹象表明，一旦太空时代开始，他们也将参与其中，火箭是太空时代的主要工具。有关火箭的研究在有条不紊地进行着，正如喷气推进实验室的工作一样，火箭的研究是一个军事项目。总之，喷气推进实验室的研究成果已成为空军能否向前发展的一个重要因素。我非常喜欢那里的工作，我所属的部门在美国海军武器监测站主楼的迈克尔逊实验室里，该实验室是以第一位美国诺贝尔奖获得者艾伯特·迈克尔逊的名字命名的，他是一位物理学家。在那里，我开始真正地参与了许多应用科学和工程相关的工作，他们的研究与应用有关。在那里不仅仅是为了研究而研究，更多的是为了实际应用而研究。随着时间的推移，我开始对空气动力学感兴趣了。换句话说，是对环境和扰动怎样影响火箭运行轨迹产生了兴趣。

**伯奈特**：类似于研究风速之类的东西？

**莱特曼**：是的。我主要研究环境和扰动对火箭运行轨迹的影响，实际上这是一个非常复杂的问题。环境和扰动对火箭轨迹的影响是非线性的，所以你无法与线性系统联系起来。由于这些系统不是线性系统，这让我对这类问题产生了兴趣。我开始对火箭轨迹进行优化，我在思考如何通过控制火箭的喷嘴和尾翼使这些轨迹更稳定、更精确。

**伯奈特**：我能打断一下吗？您能告诉我"二战"中有关火箭的一些事情吗？比如，您是什么时候知道德国人制定的计划的呢？

**莱特曼**：我清楚记得，第一次接触火箭是在德国人轰炸伦敦的时候，那是一个由脉冲式喷气发动机推动的 V-1 火箭。脉冲式喷气发动机更像一个……

**伯奈特**：一个推杆？

**莱特曼**：是的，一个推杆。当时，我被派驻英国几个星期，在离开之前我们去了伦敦的皇家剧院。

**伯奈特**：对，您之前提到过。

**莱特曼**：你提到火箭，也勾起了我的回忆。当时，人们都知道火箭很危险，因为当推杆停止时，它就会爆炸。当时，皇家剧院正在上演莎士比亚的戏剧，但是我不记得具体是哪一出了。那时，我们正坐在剧院里，推杆停止了，大约5分钟后剧院外面发生了一场大爆炸。

**伯奈特**：大概5秒钟吧？

**莱特曼**：是的，反正不是5分钟。那是我第一次接触火箭，那时我还没有接触过V-2火箭。

**伯奈特**：大概在1944年的11月份？

**莱特曼**：对。相对V-1火箭来说，V-2火箭的数量要少得多。因为核物理学是众所周知的，而且德国科学家也很聪明，他们之中有些是犹太人，有些是半个犹太人。但是希特勒是一名反犹太主义者，他禁止德国科学家研究核反应，那是犹太人擅长的科学。这对我们同盟国来说很幸运。他说这一切都是该死的犹太人引起的。希特勒要求德国科学家必须专注于他所说的武器研究。

**伯奈特**：是惩罚性武器吗？

**莱特曼**：惩罚或者说是报复之类的，称之为复仇性武器，这就是V型武器"V"的来源。之后，他们便集中精力在佩内明德造火箭，那里成了他们的火箭发射场。我之前提到过的、由两位荷兰教授编写的《未来弹道学》，是第一本关于欧洲工程学的著作。书的附录详细记录了德国人研制火箭的相关文献和研究数据。令人惊讶的是，德国在火箭实验中误伤了很多自己人，他们当时正拿着仪器坐在大概200英尺（约60米）外的沙袋后面控制火箭的发射。当翼片没有足够的速度保持稳定时，就必须调整喷嘴。而用陀螺仪来控制喷嘴是一件复杂的事情。这些该死的东西很不稳定，因此大概有80%~90%的火箭在刚冲出控制台后就坠落了，当时没有很多发射成功的火箭，而大部分成功运行的火箭都是从荷兰发射的，这是我第一次接触火箭。

**伯奈特**：或许在V-2火箭的研发过程中丧生的人和被火箭杀死的人一样多。这真的是一项巨大投资，德国在V-1和V-2项目上的研发和制造成本比美国曼哈顿计划高出 50%[①]。

**莱特曼**：这我不太清楚。

**伯奈特**：显然这是一笔巨大的投资，我刚查阅了这件事，我想单独确认一下。这真的是一项惊人的投资。但我提起这件事，是为了说明这项巨大的研究投入确实也带来了回报，此后再也没有飞行员丧生。尽管投资很高，但是拥有这种运载工具可以随意攻击他人。我记得您在之前的谈话中提到，他们把研究重心放在了火箭发射上，却忽略了有效载荷对火箭发射产生的影响。在此过程中，参与火箭研发的人员确实积累了许多弹道学方面的知识。然而，众所周知，他们中的好些人后来都被美国和 CIC 逮捕了。

**莱特曼**：那是回形针行动，当时我们正在和苏联人竞争。

**伯奈特**：他们带走的人里面有一部分是自己人。

**莱特曼**：也有一部分是德国人。火箭研究不仅仅是理论研究，还是工程学问题。我就是这样从纯科学进入工程领域的。我想，还有工作的地点。我当时在红石兵工厂接触到的巨型火箭，本质上是德国火箭的衍生品。

我是通过工作接触到火箭的，那些产自红石兵工厂的巨型火箭，本质上属于德国火箭的衍生品。我接触过最大的火箭是大狄克，它的射程有三四百英里。即使在今天，就占地面积而言，美国海军武器监测站可能仍是美国最大的国有机构之一，它位于南加州的莫哈韦沙漠。尽管在美国海军武器监测站如此大的场地发射，火箭有时依然会掉落在发射场外。

**伯奈特**：这些项目您都没有参与过。例如，因为美国海军武器监测站是隶属海军的，后来他们在莫哈韦沙漠的一个人工湖研究潜艇用鱼雷。另外，他们是在您走之后开发的北极星导弹项目吗？

**莱特曼**：我想你所说的北极星导弹项目，可能就是后来的导弹核潜艇计划。我参与的武器 A 计划（即 Weapon A 计划）是研制潜艇上的火箭发射系统。当时我们的想法是在潜艇上升至水面上时发射火箭，如果设计火箭在潜艇航行时发射，风的作用会形成扰动。在莫哈韦沙漠有一个专门的测试轨道，由我负责进行理论和实验的验证。轨道上有一个带有别克引擎的火车头，用来牵引火箭发射器。事

---

[①] 德国在 V-1 和 V-2 项目上的花费比美国在曼哈顿计划上的花费高大约 50%。Frederick Ordway, III（弗雷德里克·奥德韦三世）和 Mitchel Sharpe（米切尔·夏普）。火箭团队（The Rocket Team）。Apogee Books，1979。

实上，有一本书是介绍这个的。

**伯奈特**：《伟大的特立独行：海军武器监测站从火箭站到研究、开发、测试和评估中心的过渡》？

**莱特曼**：《伟大的特立独行：海军武器监测站从火箭站到研究、开发、测试和评估中心的过渡》就是关于武器 A 计划的书。书中有一张照片，是我站在其中一个火箭发射器上，但书中没有注明照片的出处。照片主要是用于展示火箭发射器的，他们也没有标明站在火箭发射器旁边的那个人是谁。但是我有完整的原照片，或许你也有。在《通俗科学》上有一篇关于同一个项目的文章，上面也有相同的照片。当然，一旦太空时代的竞争开始，武器 A 计划一定会启动。50 年代初的时候，我在中国湖工作，几年之后武器 A 计划正式启动。实际上这项计划的启动时间与苏联第一颗人造卫星（即史泼尼克号）的发射时间是有重合的。

**伯奈特**：我想那应该是 1957 年吧。

**图 4.17　20 世纪 50 年代中期，莱特曼在中国湖火箭试验场**

**莱特曼**：我在莫哈韦沙漠一直待到 1957 年，那时正好也是计算机时代的开始时间。当我准备我的博士论文时，我还在使用模拟计算机，但是它的数据处理能力并不能满足我的使用要求。

**伯奈特**：是机械的，还是电子的？

**莱特曼**：它是电子模拟的，不是机械的。

**伯奈特**：是微分分析器吗？

**莱特曼**：是的。那时真是一个激动人心、硕果累累的时代。太空时代和计算机时代都是从那个时候开始的，我真的很幸运，它们的到来给人们提供了大量的工作和丰厚的报酬。当时，我在一本叫作《空间飞行》的英国杂志上发表过一篇小文章，名字好像是《乔治·莱特曼：火箭动力学家》，类似于自传。我在那篇文章中有个脚注，说我的教育归功于德国，我的工作归功于苏联。（笑声）

**伯奈特**：听起来很公平，也是很有道理的。《伟大的特立独行》[1]中确实谈到了，他们在1951年引进了一个固特异电子微分分析仪，即电子模拟计算机。基本上，它能在20分钟内完成一个团队一整天才能完成的工作。早在1953年，您就得到了一台全新的 IBM 701 电子计算机。那是您一直都在使用的设备吗？

**莱特曼**：我一直都在使用它，直到最后完成博士论文。

**伯奈特**：当时世界上只有19台这样的计算机，它在一小时内可以进行3600万次计算。

**莱特曼**：这些计算机用了一些电子管。

**伯奈特**：是的，这绝对是一台数字电脑。它的特殊之处在于，能够让您拥有强大的数据处理能力，对吗？这就是让您的研究成为可能的原因？

**莱特曼**：实际上，我个人并没有做过太多的计算，我大部分时间都在研究方程。但是我逐渐开始对非线性系统产生兴趣，因为大多数的系统是不能被线性化的，而且系统的线性化处理会造成信息的丢失。当我开始攻读博士学位时，非线性系统的研究变得很重要也很有趣。因为我知识积淀不足，总是很草率地把事情完成了，在哥伦比亚也是如此，但现在看来这是很不幸的。如果我能够再多花两三年的时间，可能会更精通数学。后来，当开始学术生涯时，这让我对要研究的理论和应用有了更加清晰的认识。对于有意向申请在我这儿读研究生或博士后的学生，我总是从理论和应用两个方面进行考察。这种理论与应用相结合的考察方式是非常有效的。

---

[1] 伊丽莎白·巴布科克（Elizabeth Babcock），《伟大的特立独行：海军武器监测站从火箭站到研究、开发、测试和评估中心的过渡》（Magnificent Mavericks: Transition of the Naval Ordnance Test Station from Rocket station to Research, Development, Test, and Evaluation Center），1948—1958 华盛顿特区：海军航空系统司令部（Washington, DC: Naval Air Systems Command），2008。

**伯奈特**：那很有意思。我们以后再继续探讨有关教育的问题，并寻求教育的最佳方式。我想在目前专业化程度较高和需要汲取的知识较多的情况下，想要达到您所说的具有广度与深度的学习是不太可能的。即使那时，您也会觉得自己在数学方面不够熟练，掌握不足。

**莱特曼**：是的。简单来说，我对自己的学业和生活都有一个时间规划，但总有一些意料之外的事情会打乱我的计划。我为此感到遗憾，但生活就是这样。

**伯奈特**：访谈时间不多了。

**莱特曼**：我们是不是该谈谈学校的生活了？

**伯奈特**：我们是该谈谈学校的生活了。但是由于时间原因，我们这次访谈先到这里吧！

**莱特曼**：好的，时间过得真快。

**伯奈特**：下次我们将继续第五次的访谈。

**莱特曼**：好的！

# 第 5 章

# 推进控制论

**采访时间**：2018 年 7 月 19 日

**伯奈特**：这里是保罗·伯奈特采访乔治·莱特曼的现场。这是我们的第五次会谈，今天是 2018 年 7 月 19 日，我们正在伯克利山庄。在第四次会谈收尾的时候，我们稍微聊了一下中国湖，当时您刚刚加入中国湖。我想从我比较好奇的一个问题开始今天的会谈。中国湖是按照平民身份雇用的您，可以谈谈在中国湖平民与军事人员之间的文化差异吗？我猜那里几乎所有平民身份的人都参过军。因为您刚经历过"二战"，而且那里的所有成年人可能都有过军队经验。我们是否可以聊一聊中国湖的文化？

**莱特曼**：首先，中国湖本质上和喷气推进实验室一样，是加州理工学院的一个分支，它和老百姓之间已经建立了紧密联系。中国湖应该是西奥多·冯·卡门创立的，他是所有这些机构的创始人。当然，在战争期间，军队完全把控了这些机构。加州理工学院的喷气推进实验室成为空军的一部分，而中国湖成为海军的一部分。和空军使用喷气推进实验室类似，它和加州理工没有直接关系，所以不太出名。军队的影响主要是在管理层面。我感觉 95% 的员工都是平民，至少在中国湖是这样。通常会安排一位海军上将作为该站的军事首脑，然后安排一位平民做技术总监，他们的地位基本平等。所以，平民技术总监也是这帮人的真正领导。结果，我到那儿的时候——我那会儿还不知道，当时的技术总监一家和我未来的妻子交往密切（那会儿还不认识她），她后来被带过去也是这个原因。这是个小插曲。

我们大部分人都住在基地，离得最近的城镇是里奇克莱斯特，位于基地以外，在基地马路的尽头，那是一个西部小镇。虽然我可以在基地外面住，但我实在想不起来有谁住在外面。基地会提供已婚夫妇和单身人士的住所。单身人士住的地方特别像汽车旅馆，大家都住得不错。我在其中拥有自己的公寓。

**伯奈特**：应该有空调吧？

**莱特曼**：是的，一切都很不错。住在里面的大部分是海军，也有些空军，还有几个飞行员。我们和他们之间的接触特别少，至少在我这个层级很少。除了他们，经常和我们接触的是那些技术工人，这些技工本该成为海军的。当然，我们肯定要与他们合作。至少在我7年的经历里，军民之间往来甚少，可能高层不是这样。我刚到那里的时候等级是GS-7，离开的时候是GS-12，我猜当时的最高等级是GS-15。现在应该还有特别的政治任命。当然，我只与其他平民身份的人往来。因为那里不全是退役军人，也没有那么多退役军人。有些人岁数比我大很多，40来岁，甚至50来岁的都有。有一个叫伯尼·史密斯的人，我稍后还会谈到他。我第一次见到伯尼·史密斯的时候，他50岁出头。一些高层人士年纪更大。我们研究部门的负责人是伊瓦尔·赫伯格博士，大家管他叫油腻的伊瓦尔，他当时大概人到中年，40多岁。

我可能是那里既年轻，层级又低的人之一。所以谈到火箭计划的问题时，我知道的也就是大家看报纸或从其他地方都能知道的消息。后来大家都知道美国开启了火箭计划。但直到太空时代初期，它才真正成为最重要的一项计划，或者说被广为人知。顺便说一句，海军的参与程度远低于空军，也没出什么成绩。你可能还记得，高空火箭发射时出现过很多失误，后来我开始写论文的时候对这个问题还是很感兴趣。是真的，有很多火箭坠毁，当然大型火箭也如此。那个时候，只有德国人在这个领域耕耘了将近10年，但是他们的火箭也会坠毁，90%的概率火箭会坠毁，并砸死发射人员。但他们在很大程度上解决了这个问题。比如，红石兵工厂发生的事故并不多。

**伯奈特**：但解决这个问题是一项工程，几乎是——我不想诱导您，但这不是解决火箭巨大失败率的理论方法吗？他们有一种——不是靠试错，但他们已经找到了最优解？可以这样说吗？

**莱特曼**：怎么说呢，至少他们在朝这个方向发展。诚然，就像曼哈顿计划一样，最终的解决方案完全是工程学的产物。物理学是我们、是德国人、是所有人都熟知的学科。当时有些小问题，即物理学和化学方面有一些小的新问题有待解决，但其他问题就全都是工程学的事了。在曼哈顿计划中，他们就是这么想的，即该怎么引爆炸弹呢？我之前提到过，德国人没有找到头绪，那真是万幸。

**伯奈特**：您这样说很有意思。我以为海军武器监测站最初是由曼哈顿计划的项目基金支持的，最初目的也是造出能够达到临界状态的炸药。

**莱特曼**：我不知道。我猜，你开始阅读那段历史的时候会发现这一点——直到 6 个月前我甚至都不知道。不对，我从在那里任职的时候开始看书，就是 1950 年以后，大多是翻着看。我对以前的历史一无所知，甚至没有人打算告诉我们过去的历史。

**伯奈特**：需要知道，对吗？

**莱特曼**：没有一本手册上有 "我们始于 30 年代……" 之类的内容。我工作的地方是一个以迈克尔逊命名的实验室。20 世纪初，迈克尔逊成为美国第一位诺贝尔奖获得者。这个实验室有好几个部门，而我恰好被安排在研究部——研究系，我猜——部门。还有化学部，还有不同的工程部门。我不知道为什么我会在研究部门，可能那个部门正在招人。就这么简单。

**伯奈特**：您当时被录用了，也就是说他们知道您的数学水平？

**莱特曼**：知道的，你需要填好多表。他们会去一些地方招人，像哥伦比亚，还可能有——显然有加州理工和其他地方。不管他们的需求是否迫切，你必须记住，紧接着朝鲜战争爆发了。不管是否考虑到最终会有研发什么东西的需求，但最高层领导可能已经将其纳入计划里了。这种常规武器已经众人皆知——而且也考虑在那里研发，因为那里叫作海军武器监测站，它不叫 "发展" 之类的名字。真的只是从一个测试——其实就是进行现代化——和一个引入新点子的地方发展而来的，但肯定不是研究站。大概在我加入的时候，那里才变成一个研究站。

**伯奈特**：看起来是这样。可能在您加入那里大约一年以后，军械局就让中国湖负责海军所有火箭研发的技术方向了。研发就是从那里开始的。

**莱特曼**：对，而且我猜这也是他们当时招人的原因。

**伯奈特**：这样说得通。

**莱特曼**：并且在不同领域，从推进化学之类一直到控制与优化，后者当时甚至都不叫这个名字，可能叫作系统理论之类。整个领域可以追溯到多年以前，即使在 "一战" 期间，大家对这个领域也非常感兴趣。例如，诺伯特·维纳当时是一位著名人物，他在 "一战" 期间是一名军官，在陆军军械团担任少尉，是研究炮火的，就是让炮弹发射更加精确。军方肯定在"一战"期间就已经开始考虑这块领域。它绝对是"一战"的延续，随着战争的发展，他们做了很多工作。依照我所处的层级，这种事根本不用我考虑，或者甚至都不需要我知道，不需要和我提及，招我进来不是干这个的。我所参与的其他领域也一样，比如在反间谍部队，他们几乎不会向你提供背景信息，不会向你具体介绍领域和岗位需求，好像你是渗透进来的。我觉得中国湖也这样，他们不会说："目前，我希望你朝这个方向努力。"有时他们会说："我们需要让这些轨道更加精准。"我真正能慢慢融入的也就是这类普通领域。我是1950年底加入的，从1951年初到接下来的几年里，我才慢慢融入这个领域。我参与的那一部分叫作航空航天学，就是研究航空航天，有膛内弹道学，研究推进力之类，然后是膛外弹道学，就是研究弹道测定、编程、优化等。

**伯奈特**：这是一个很重要的转折。因为在这段时期之前有很长一段时间，军队的兴趣点一直放在弹丸轨迹上。这也是军事上的一门大科学：物体在空中升起后，该如何降落。

**莱特曼**：这是诺伯特·维纳的主要研究方向。

**伯奈特**：对，我们可以称之为火箭。但更准确地说，它们现在叫作自推弹道式装置，内部携带推进力。

**莱特曼**：是的，而且可以在某种程度上用来影响弹道。

**伯奈特**：没错，还可以带来巨大效果。而且毫不夸张地说，和炮弹相比，这项工作要复杂得多。

**莱特曼**：是的，没错，肯定复杂得多。需要做更多工作，需要对这种装置的发射过程进行很多干预，可能性越多，则会有更多相应探索和推进的方法。确实是这样。而且整件事还得考虑这些是更加长期的项目，有时候是，有时候不是，所以需要考虑。比如以更加经济的方式推进装置，这样也许可以节省一些燃料，得到更大的有效载荷。这也是为什么V-2火箭从某种意义上来说是一个彻头彻尾的失败，它用一个巨大载体携带了大量燃料和有效载荷，结果最后仅仅是其中很小一部分装置将载体带了过去。问题的重点在于，相对于初始重量——初始重量基本上是燃料的重量，怎样增加有效载荷，用火箭推进剂吗？这样就把另一个科学领域加入计划中，也就是数学。

**伯奈特**：在理论部分，您曾经——我不是想讨论您的论文，不过您正在利用罗伯特·戈达德的研究成果，他曾经为火箭设计出了基本的概念装置。他设计出了理想化的火箭。是否可以说，您在试着把这个理想化的火箭变成实物？

**莱特曼**：对，为了打造实物，将模型进行优化。当然是这样。我们没有真正超越自己，戈达德早在1919年已经发表过一篇相关论文。第一次世界大战前他就已经开始研究火箭了，他那时还是个年轻小伙子。戈达德是一名工程师，不是数学家。我也不是数学家，从来都不是，但我的数学比他稍微好一点点，他写论文时用的是简化模型。非常有趣，因为这种火箭有很多级，这么多级对于推动火箭来说是很要命的负荷，需要摆脱掉。而他在模型中去掉了这些级……

**伯奈特**：以一种平滑的轨迹。

**莱特曼**：燃料用完后自动脱落，这是个绝妙的主意。他的确意识到了，有两件事可以相互折中，这两件事可以阻碍你——比如，垂直升天的高空火箭——阻碍你用最好的方式做这件事。空气阻力是存在的，这种力会降低火箭的速度，这是一方面。另一种降低速度的力只有重力了。那么问题是，你对这两种力无能为力，又如何调整弹道，让它达到最优折中呢？换句话说，就是如何两害相权取其轻。他意识到了这一点，也尝试在不懂经典数学的情况下解决问题。他提出的方式是,将弹道分成时间段，并假设每个时间段都存在恒定加速度。接下来的问题是，如何把时间段分给每一级。换句话说，如何改变推进整个系统的加速度来最好地分开两个不好的影响呢？如果速度过快（相对引力来说是很好），就会冲出重力场，重力越来越小，因此不存在非常大的引力。但是速度过快的话，空气阻力就会上升。那个问题想要优化的，其实是这种折中效果。其他领域中也有类似问题，比如不得不——甚至可以用来解决经济问题，比如你想赚很多钱，又不想造成太大污染，处理污染物需要花钱。如果回忆一下，我们做所有事几乎都用过这种折中方式。

**伯奈特**：这么说，成本收益分析也是其中的一部分。经济学历史上有很多关键人物，其中很多人都受到了约翰·冯·诺依曼的启发，他的理论慢慢流传开来，运筹学与弹道研究之间也存在着某种联系。

**莱特曼**：对，它们在基础科学中的关系非常紧密。由于判断标准不同，所以它不可能跳到前面去。后来，我的兴趣开始从航空弹道学上移开。因为最初几个月我都在适应环境，真正开始研究这个方向是在1951年初。那里的人有的和我年纪差不多，我和其中一些人现在仍然保持着联系，尤其是圣诞节的时候。有些人更早就开始研究了,他们持有不同观点。比如伯尼·史密斯,他对数学不太感兴趣,但对这个问题感兴趣,而且无论别人怎么抨击这一点,他都不在乎。但那也不是他最感兴趣的事,别人也一样。我的直接上司是纽柯克博士,一位厉害的数学家,他更喜欢让我研究这些。

**伯奈特**:我想搞清楚一件事,我猜您刚去的时候,他们会开一次或几次欢迎会,向您介绍一下情况。

**莱特曼**:真的一次都没有,我刚才想表达的就是这件事。和在反间谍部队一样,我没有参加过任何欢迎会。在那里我有点迷茫,有点……

**伯奈特**:然后他们就说:"行动。"

**莱特曼**:反间谍部队的老人会向我介绍些情况,这边反而没有任何介绍,太有意思了。也许现在的情况会好得多,不清楚,我猜的。

**伯奈特**:那里已经有工作过的老人,我想象你们的聊天会是这样的:"你在做什么?需要你做什么工作?"或者他们会说:"这是我们正在做的事,如果你有什么想法,也可以研究这个方向?"

**莱特曼**:是的。比如大家会担心精确度,就是正在尝试改变的摄动影响。大家肯定希望火箭的瞄准越来越接近目标。大炮也一样,除了有一点,研究火箭时可以按照自己设想的方式进行,而大炮有自己的方向。确实是这样,不过,想法都是要提高性能。我们的目的是要更加接近目标,或者像太空项目那样将有效载荷运送到其他任务中,最后把所有这些工作组合在一起。可以通过最优解进行组合。其实我刚到那里的时候获得最优解仍然是依靠变分计算,那会儿还没有庞特里亚金极大值理论,也许这个理论正在酝酿,或者是还没有发表。使用这个理论,无论你想把什么最小化——就是某些东西的函数——其中一部分是可以实现的,剩下的就是物理和化学方面的事了。然后你会想,在这个条件下,我想最小化或最大化的那个东西——可能是最小化燃油消耗,或者是最大化有效载荷,或者是各种东西的组合。但是普遍理论会让你这样想:你要去影响很多变量,然后,基于这些变量的种类,这个理论在某种意义上能用在其中一个或很多变量上,这些是你感兴趣的地方。因为,你刚开始通常不知道你想做的事都有什么,因此做得越宽泛,对看待问题更宏观的人越有好处。你还会说:"我有一个特殊的系统,我想这样做。"反正在研究部门中可以这样做。我想,在更加直接的工程部门中,可能会卡在自己的工作成果上。

**伯奈特**：这是个问题。您在谈论创立理论时说，您决定在公式中想要关注哪些变量，就开发公式，往里插入一些数字，然后看它是否可行？换句话说，不存在实验关系式？

**莱特曼**：是的。但是有一种理论说，如果这样做，久而久之会将变量和最终值最小化或最大化，这样可以覆盖一大类。也可以说，你能为哪种物理现象或物理对象建模，并以此为基础发展理论。有些时候很严格，有些时候可以粗略。我从一开始就遇到了这个问题，它基本上是个语义问题。经典的变分计算已经发展了200年，它是一个基本工具，能让你以非常抽象的方式看待事物，并不一定要找出解答，只简单地告诉你有这样一些条件。如果你能解决那个问题，也就得到了解答。你在开发时甚至想不到会遇到什么问题。然后，你会突然说："我做不到。"因为在真正的系统中无法改变那个特殊变量，或者变量是受限制的。你能够做多少，能做多大，一定要发展地看待。在原始模型中，在经典变分计算中，所有这些根本不存在，它们大部分出自20世纪30年代芝加哥大学数学系一个名叫布利斯的人的理论，让我们解决问题比以前方便得多，特别是在能做的事很有限的情况下。

最终，20世纪40年代末苏联人加入了这一领域，他们提出的一些方案成为标志。有一位名叫庞特里亚金的数学家，他和他的研究生们研究的那部分问题，美国和其他地方的人肯定在10~15年前就已经研究过了，但是没有人从工程学角度阐述清楚。在那段时期，就是40年代末、50年代初我着手研究的时候，人们才意识到，以这种方式提问对工程学思维更管用。尽管在数学领域已经提出过这个问题，并且在某种程度上得到了解决。好像在不断较量，在争是谁先做到的，好吧，这取决于谁做了。

**伯奈特**：您说的"提问"的意思是，他们在以一种能够让工程师理解、应用和获取的方式来构架数学吗？

**莱特曼**：是以让工程师更能理解你要做什么的方式来构架。我觉得后来我的论文——我今天早上读它的时候，在第19页发现了一处打印错误——我的论文涉及两个模型，一个简单、一个复杂。迄今为止，仅仅因为数学因素，复杂模型比简单模型难解决得多。因为在更普通的模型中，就以变量的种类来说，其数量比受限模型要大得多，但比更严格的模型更加通用。允许在数学中使用附加条件的想法变得更有用。如果有人，无论是谁，听到这个后都会发现，在经典变分计算和几乎每个领域中，都要同时满足必要条件和充分条件。通常，人们首先要关注必要条件，大家觉得，如果得知了自己的系统满足了必要条件，马上能够得出一个答案。如果不这样做，则无法做到最好。因此，你已经可以排除所有类别的问题、策略或其他。充分条件的意思是，如果满足这些条件，你肯定会得到最好的，然后问题是在特殊问题里对"最好的"的定义是什么。因此，人们是受约束的，而且作为工程师自然要考虑必要条件。

现在，满足必要条件并不代表解决这些条件后所得到的答案会是最优解。但是由于某个原因，最优解的问题被取代了。多年来，甚至直到今天人们都会说："最优的解决方案是……"但实际上他们真正的意思是找到了最优解的备选解决方案。我大约有一两年都困在这个陷阱里，然后我突然意识到，我想要的最优到底意味着什么？我们一开始的想法是，这些条件是得到最优解的必要条件。有几个同事多年来一直在责怪我，他们会说这一类的话："哎，别管这些了。如果它在这些条件下不是最优解，那它就是个特例。"人们都喜欢畅聊自己感兴趣的东西，或者是有能力做的事，或者是做出过成绩的事，有些时候说得太过了，后来我对这件事很谨慎。

**伯奈特**：您的意思是不是，可能在不同领域中有些科学家会混淆期望和最优解？

**莱特曼**：不，不是期望。我是在区分所谓的最佳方法和极端方法。极端方法——当然你可以用其他名词——极端方法的意思是这些解决方案是用来满足最优解决方案的条件的。换句话说，如果这个东西是最优的，那么它肯定属于满足条件的那一组方案，但这个东西本身不一定是最优选项。这样一来，选择策略的余地会更大，因为在许多情况下，解决方案更多是极端的，而不是最优的。特别是很多工程方面的应用数学家，他们不喜欢被转移注意力，或者他们会说："好吧，这些都是特殊情况。每个解决方案要么是最优解决方案，要么不是最优解决方案，事情有点古怪。"我甚至和朋友讨论过——他们有的在斯坦福大学。那些人可能觉得我是个书呆子，我愿意承认我是。

其实呢，我真正是想警醒人们，我所说的这些可能不是最优选择问题。如果你很聪明，你会推动理论的发展，会提出更准确的想法。我这样做过，别人也这样做过。有时候，人们其实证明了极端的东西实际上不是最优的。或者，实际上反之亦然。在控制论中，你会在一些情况下提出极端方法，而且如果一切都非常精确，它们其实是最优的。不过，哪怕你做了最小误动，最优解会突然变成最劣解。

我书中有一些案例——不是我本人的例子,是我引用的——如果一个系统有实施策略的确切方法,比如最大限度地减少在特定条件下到达某个位置的时间,它将会是最优解,它确实会减少我从这里到达那里的时间。但是如果犯了最轻微的错误,比如在策略上稍有延迟,那么现在到达那里需要花费的时间会是无限长,你可能永远无法到达那里。

**伯奈特**:错过了机会。

**莱特曼**:实际上它会来回移动,永远不会离开那个点。如果想继续的话,现在改变一下策略,然后正确地改变它,你会在最短时间到达那个点。但是,如果你到达了那个点,然后改变了策略,又出现了一些延误——无论延误有多么短暂——仅仅是为了满足必要条件,你一下子就得在这个点上来回移动,并且永远无法到达那里。会出现这种情况。

**伯奈特**:大概是说,满足一个最优解所需要的条件越多,就会有更多机会。

**莱特曼**:有更大可能性。嗯,而且与稳定性有关系。稳定性指的是,从数学角度来说,可以在多大程度上依赖你所做的事。一个非常小的失误会把事情搞砸,所以从功能意义上说,有些问题是不稳定的,它们带有的特性会突然把最好的变成最坏的。因此必须把它们纳入可能性当中。

**伯奈特**:这听起来特别适合火箭研究。无数例子表明,正确地把弹丸推进或推动至其本该到达的位置,其复杂程度令人难以置信。在其轨迹的每个点上都有太多不同部位可能出错。以我对太空计划这类事物的有限认知,人们付出巨大努力围绕选项建立冗余,需要进行最小化——即使会受到这类干扰,还是有一些被抵消来保留其稳定性。

**莱特曼**:反过来这件事也强调了感知能力的重要性。要能够权衡正在发生的事,如果突然意识到正在发生这种事,便可以去做别的了,不再一直跟它死磕。另外,它还强调了一件事,在我给出的案例中,工程师通常认为,如果真有他们所谓的反馈策略——换句话说,就是基于观察环境的策略——便能随着环境变化来改变策略以寻求最优解决方案。但这通常发生在那种不稳定的系统中。在我刚才说的那个简单例子中,是能够意识到在函数空间中所处的位置。换句话说,当处在位置与速度的空间中,你应该知道自己的确切位置,如果不知道,便会犯错。以一种好的方式或一种明智的方式进行权衡变得非常重要。因此,整个想法不仅仅在于做到最好,而是利用最好的想法来做到这一点,不要对方法做过多假设。

举个例子，知道你在哪，速度有多快，取决于你如何权衡这些事。

**伯奈特**：还取决于权衡的速度有多快。

**莱特曼**：没错。如果权衡速度不够快，还是会犯错误的，策略也会变化，但你本人并不知情。那个例子就是这样的。

**伯奈特**：难以置信。我有一个问题，您的资源从哪儿来？还有，比如您在芝加哥是如何师从布利斯的？基地里有图书馆吗？还是说您经常往返于加州理工学院？换句话说，知识是如何传递的？

**莱特曼**：其实你只有在阅读论文和参考文献的时候，才会知道该查找什么，或者去哪儿查找。通常参考文献本身附有很多参考资料，这是最好的办法之一。当然了，现在有互联网，查找起来非常容易，当然是与60年前我手中的资源相比容易一些。

**伯奈特**：当时关于火箭研究的文献有多少？20世纪50年代您加入了两大主要协会。您一开始加入了英国星际协会，这个名字非常不错，还有美国火箭协会。

**莱特曼**：火箭协会现在叫作AIAA，就是美国航空航天协会，20世纪60年代初改的名字。

**伯奈特**：这两个协会成立的时间也不是特别长，好像都是20世纪20年代成立的。

**莱特曼**：差不多吧。英国那个协会没有美国火箭协会出名，但也是当时为数不多可以发表和查找文献的地方之一。当时期刊的数量要少得多，很多信息哪怕是在今天都是受限制的，是机密，不能公开。没准机密文件中有你要的东西。

**伯奈特**：所以您没有访问权限？

**莱特曼**：哦，不，我有Q许可证[1]，比机密级别还高。但是可以这么说，除非能快速浏览文献，否则不会真正得到最多的新资源。

**伯奈特**：在我们引用的那本书《伟大的特立独行》中，佩内明德[2]的专业技术是由利弗林·史密斯带进海军武器确认试验站的。

**莱特曼**：是的。

**伯奈特**：因此它就在那。但是，我想知道谁能知道那些东西或者看到那些东西。

---

[1] 美国政府发给经过最彻底忠贞调查而合格人员的证书。
[2] 第二次世界大战中纳粹德国秘密研制导弹的基地。

**莱特曼**：首先是有权力接触机密信息的那些人，然后他们将信息带到中国湖。很简单，因为在那里工作的所有人都被允许研究这些东西，但它们不会出现在公开文献中。这正是问题的关键。很多时候，人们在公开发表文章时都是把主要内容隐藏起来的。换句话说，使它们看起来更像数学而不是工程，或者不列举可能具有保密性质的例子。事实上，我曾经在这件事上遇到麻烦的原因之一是——我本不应该得到许可。我本质上从来没有研究过核问题。不知怎么了，我想我最早的一篇论文——是在伦敦的一个会议上发表的——事实上是关于核火箭的，但它确实与核能或类似的事情无关。它只是关于核火箭的约束问题。很简单，约束主要有两类，其中一个是推力。也就是说，在你感兴趣的系统中，你能达到的推力是有上限的。

**伯奈特**：否则它会爆炸吗？比如？

**莱特曼**：它只是受限于当时的物理学和工程学，而不是爆炸。关键是可以从火箭中获得如此大的推力，当然，他们也在不断努力获得更大的推力。但对于核火箭，那种来源而不是爆炸获取能量的火箭，它们是限功率的。它们的功率是有限的，而不是推力幅值有限。我写了这篇论文，真的，我本应该把它叫作限功率火箭。但因为核火箭对我来说看上去更有魅力，我觉得——这是在我开始进入学术界之前，在那段时间里，我不能发表很多东西，几乎所有我们在那里做的东西都是保密的。因此，我想也许我应该这样做，这让我后来陷入了麻烦。他们认为我确实应该有 Q 许可证。不管我有没有，都没什么区别，因为我并不是在研究火箭的核部分，可以这么说，我是在研究外弹道学。我认为这本身很有趣，人们经常被其困扰。你会发现，在文献中有些人对某个特定问题的应用感兴趣，他们会在这方面进行研究并发表。而有些人想研究不同类型的问题，他们会给出例子，而且只有例子。例子不会给你惹这么多麻烦。这是非常有趣的。

当苏联人开始研究这个的时候，我和他们谈了谈。我通过社交认识了庞特里亚金，并结识了他的三个同事，我和其中两个成了好朋友。我曾经问过其中一个朋友，我说："所有这些——数学，基本上——都已经完成了。"那时，我特别被数学家告知："苏联人正在做的没有什么新东西。"他们的回答是："我们试图了解芝加哥大学的布利斯在做什么，但是不明白他在做什么。"嗯，那是胡说，连我都能理解他在做什么。因此这是借口。他们最终研究这个的原因是苏联政府对优化这个话题很感兴趣，很明显主要是出于军事原因。他们被告知："如果你在这个领域表现得真正出色，你会获得列宁奖。"这确实推动了他们。因此他们并不想太仔细地研究之前的成果。他们解决问题的方式是非常有帮助的。现在我们已经做完了，两三个人在美国，但不是用完全相同的方式。他们所谓的控制变量，也就是微分方程中没有导数的变量。你可以选取它们，因为系统是对动力学的描述，你需要得到微分方程。我们过去常称为决策变量或策略变量，和我一起工作的人和认识的人使用了不同的叫法，但那是苏联人最终的叫法。工程师们喜欢那种叫法，即"控制变量"。

**伯奈特**：是一回事吗？

**莱特曼**：这完全是一回事。然而，在苏联的系统中可以得到更多，最优性的主要总体条件被称为庞特里亚金最大化原理。因此，有一个函数包含了系统的普通变量和控制变量，然后由这些变量组成的某个函数必须最大化以达到最优，也就是"控制变量"。因此在任一点，这些变量必须属于某个约束集合，你不能得到无限的推力等。这个函数，也就是 H 函数，相对于那些"控制变量"，必须在系统的任一点都要最大化。其中一个最经典的条件叫作魏尔斯特拉斯条件，它在 19 世纪已经为人所知了。所以 H 函数就是经典理论中的 E 函数。在这种情况下，同样没有人讨论控制变量，而是会说这些在微分方程中没有出现导数的函数，必须在魏尔斯特拉斯条件中最大化——这完全是相同的条件。当用现代语言写下它时，那就是最大化原理。苏联人也做了一些事情，当然其他人也做了一些事情，但基本上，19 世纪的魏尔斯特拉斯条件和庞特里亚金最大化原理没有区别，庞特里亚金最大化原理也使用了 H 函数。在某种意义上，这是一个老问题"谁先做了什么？"

**伯奈特**：您提到苏联人做这件事可能比你们晚。

**莱特曼**：不。是第一次提及庞特里亚金最大化原理的时间比我们晚。是的，比我着手的时候晚。但是就决策变量而言，我和其他人在40年代后期已经发表了论文。

**伯奈特**：显然，苏联有自己的火箭计划。那么，喀秋莎火箭在"二战"中使用过吗？

**莱特曼**：用过。

**伯奈特**：他们会用它来轰炸城市？

**莱特曼**：是的。

**伯奈特**：它们非常不精准，但它们确实被使用了。

**莱特曼**：嗯，它们有大炮台。

**伯奈特**：它们是密集火箭炮。他们有一个火箭项目，还从德国邀请了一些人来参与他们的研究项目。

**莱特曼**：你说从德国来的，我不知道。当然，在30年代中期，佩内明德在1934年、1935年已经开始运作。那时，直到两方接触之前，纳粹德国和斯大林领导下的苏联一直被严格隔离，我不认为他们之间会有太多交流。我觉得有趣的是——我问过我提到过的那个人——雷瓦兹，他是苏联人，也是在1960年或1961年首次提出的这本书的四个作者之一。——我说："雷瓦兹，你研究这个问题的目的是什么？"他说："我们想知道"，然后他向我眨了眨眼睛接着说："我们想知道，如何在我们的客机上使用尽可能少的燃料。"苏联的国际航空公司是个伪装，真正的航空公司根本不在乎这些，这显然是军方的目的。但他说："这确实是我们开展这项工作的真正原因。"

**伯奈特**：眨眼，眨眼。（笑声）您借鉴了芝加哥大学布利斯的研究，开始探索那些关于火箭质量的问题。那些问题在您打算去学校之前就着手解决了，对吗？哪些是您正在研究的问题？

**莱特曼**：我已经在研究了。事实上，我论文写得很快的原因是：首先我已经选好了题目，这对人们来说有时是一个漫长的过程；其次我已经着手研究这个问题了。毫无疑问，这很有帮助。你必须申请两年的博士课程，那是最短的时间，因此必须做4个学期的学生。我有一个硕士学位，但那是物理学的。那时候，通常要花费五六年的时间才能获得，但我只花费了两年时间。事实上，我只在学校待了一年，第二年我回到了工作岗位上。如果没有过去的经历，这是不可能的，我猜你们也会这么说。

**伯奈特**：现在是时候谈谈那个机会了吗？那是怎么发生的？

**莱特曼**：好吧，让我们看看。我当时在中国湖，1953年，我想是1953年初。海军研究办公室，实际上是我们的上级单位，为那些复员的人设立了非常慷慨的"奖学金"，即博士学位。它只有博士项目。后来，我遇到一个有趣的故事、一件轶事。我想我应该申请这个"奖学金"，因此我和研究部的主管伊瓦尔·赫伯格谈了谈。我说："我在考虑申请这个，你觉得怎么样？"他说："我问你件事，我是博士伊瓦尔·赫伯格，我的厕所坏了，我该怎么办？我拿起电话，给修理厕所和一切东西的海军机械人员打电话。我说:'我是博士赫伯格,我的厕所坏了。'5分钟后,他们就会来修我的厕所了。现在,假设你的厕所坏了,然后你说:'我是乔治·莱特曼,……'"他说,他们需要5周时间才能修好我的厕所。因此我的动力,我想获得一个博士学位的原因,是尽快"修好我的厕所"。(笑声)后来我才发现,这其实不是一件小事。

**伯奈特**:它确实有帮助,我认为社会地位不是不重要。

**莱特曼**:确实。我认为这不公平,它本质上是不相关的,但现实如此。这就是我为什么要说:"好吧,我会申请的。"我得到了第二份"奖学金",即现在我必须四处看看,我应该去哪里上学? 我想大概是在1953年底或1954年初,我实际拿到了这个奖学金。问题是要等到1954年秋天才开学。在那时,生活要简单得多,也许在某些地方现在仍然如此。要想进入大多数学校——当然是在欧洲——只需要有一位教授说:"是的,我想收这个男孩——或者女孩——读博士。"只需要这样。我发现,当时最有名的航空弹道学家是一个叫雷蒙德·桑格的人,他是苏黎世联邦理工学院的教授。那时,我已经写了两三篇论文,我想它们大概在1956年才能出版,但至少我可以寄手稿,这是1954年初完成了的。他接受了我。为了1954年秋季学期,我把车卖了,把音响卖了。

南希和我差点订婚了。我是怎么认识南希的,那是另一个故事了,我和她结婚63年了。我们一起出去约会。让我们这么说吧。突然,我得到了去瑞士的好机会,她确信她再也见不到我了,她辞了职,然后在旧金山找了一份工作。现在楼下还有一个旅行箱,是旧的旅行箱,上面仍然贴着"苏黎世美国领事馆"的标签。顺便说一下,我打算坐船去。那一定是8月的第一个星期,我有两个来自海军情报局的访客,他们都是特工。我是陆军,他们是海军。但无论如何,他们说:"我们知道你打算去苏黎世上学。"我说是的,他们说:"恐怕不行。瑞士有一窝子的间谍。"要记得,那时是麦卡锡时代的鼎盛时期。"你可以去德国,去英国,去意大利,去法国,但如果你想去瑞士,我们会收走你的护照。"

**伯奈特**:去瑞士?

**莱特曼**:是的。我真的完蛋了,我能去哪儿呢? 两周后就要开学了。我记得是在苏黎世,那是9月中旬。在中国湖有两个顾问,其中一位在那之前我已经认识很久了,非常熟悉,他是数学系的教授,史蒂夫·迪利贝托。另一位我不太熟,他是伯克利大学机械工程专业的年轻教授,沃纳·戈德史密斯。那个周末，我们坐在游泳池边，我给他们讲了我的伤心事。首先，迪利贝托对我的研究很感兴趣。事实上，他发表了几篇关于这方面研究的论文。他说："如果你想的话，我会支持你的。"当然，我进不了数学系，我不是数学家。沃纳·戈德史密斯说："如果你想和我一起工作，我会让你加入。"我只是他的第二个学生，他非常渴望得到一个已经站稳脚跟的研究生。我不认为他真的知道我要做什么。真的。他研究碰撞问题并且出名，可以说伯克利是"碰撞力学之父"。我就是这样进来的。在那个年代，这是可能的。申请伯克利的截止日期早已过去，是 1954 年的 4 月 15 日。我想，我必须马上申请，何况现在是 8 月。后来，我进来了。我想这在今天是不可能的，因为有一个招生委员会。我就是这样来到伯克利的。我就是这样回到南希身边的，她已经在旧金山了。两周后，我来到了伯克利。情况就是这样。

**伯奈特**：之前你们分手了吗？

**莱特曼**：不，不，不。那时，当我要去苏黎世两三年时，不管怎么说，她对此很悲观。我向她保证我不会忘记她。而眼前，只过了两个星期我们又聚在一起了。还挺奇怪。

**伯奈特**：让我们顺着这个话题接着聊。你们是怎么认识的？是通过您的同事吗？

图 5.1　莱特曼与导师沃纳·戈德史密斯

**莱特曼**：不。南希在剑桥，但她在波士顿有非常亲密的朋友。她在波士顿大学完成了她的研究生学业。她没能进入哈佛大学，现在她还在为这件事生气。我猜是哈佛大学的拉德克利夫学院，她住在剑桥的一栋合租公寓里，还有一对夫妇也住在那里。她们成了非常亲密的朋友，对，是博思韦尔夫妇。后来，他（弗兰克·博思韦尔）成为美国海军武器监测站的技术总监，并在麻省理工学院获得了博士学位。顺便提一下，他师从诺伯特·维纳……世界真小！他们是非常亲密的朋友，她已经完成了研究生工作，刚从法国回来，她在那里的一所中学教书一年。她说："我要去美国旅行。"与她的一个朋友，亲密的朋友，并最终作为博思韦尔夫妇的房客在加州住了一段时间。后来她非常喜欢这里，她决定在基地找一份工作，然后住下来。技术总监有一栋很大的房子，有5间卧室，尽管他们有6个孩子。她实际上比我到这儿时住得更久。但她直到1952年才来到加州。我对博思韦尔家的访问始于1952年。我是通过博思韦尔夫妇认识她的，但我并没有通过博思韦尔夫妇真正了解她。她一直对戏剧很感兴趣，并在一家名为"中国湖院"的小剧院担任演员。一个星期天的下午，我去了剧院。我知道她参演了一部诺埃尔·科沃德的戏剧，名叫《欢乐的精灵》，她扮演了男主角的第二任妻子。当我在那里看到她时，我想我应该对这段关系更认真一些。我们就是这样走到一起的。

**伯奈特**：您被她迷住了。

**莱特曼**：嗯，实际上，我是个坏男孩。我是说，既然我已经在舞台上见过她，我再去游泳池看看她。（笑声）我不得不承认这一点。同年，我们一起上了俄语课。加州大学洛杉矶分校在中国湖设有一门俄语进修课，她常坐在我前面。

**伯奈特**：好棒啊。我认为您叙述事情的方式是非常实事求是的。我在尽力欣赏，那是多么不同寻常的环境。您在加利福尼亚沙漠中央的一个秘密军事基地进行火箭研究，在那个时候，那是最高风险的军事研究，也是前沿技术，他们搞出了制造炸弹的办法。他们现在正在研究什么？

**莱特曼**：一种发射系统。

**伯奈特**：发射，这是"冷战"的产物。我相信您当时应该不知道，那时还没有人造卫星。

**莱特曼**：当然，这是在最终太空竞赛成为主要推动力之前。

**伯奈特**：但这不仅仅是一份工作，对吗？

**莱特曼**：嗯，我当然喜欢我的工作，这是毫无疑问的。首先，这很令人兴奋，还有我喜欢上了在加州的生活；再有，我遇到了南希。在我们在一起很亲密之后，发生了苏黎世的事情。在那时，她觉得再也见不到我了。到1954年，我们已经很亲密了。她是1952年来的，我大概是在1953年初认识她的。1954年，我获得了"奖学金"。这都发生在一个时期。从一个更宏观的角度来看，我当然不知道所做的事情的战略价值。这是另一份工作，这是真的。但是，首先它是一份我觉得能胜任的工作，其次我很享受这份工作，再者它给了我获得博士学位的机会。我不知道，如果没有它，我是否还会那样做。我有工作，有《退伍军人法案》，但《退伍军人法案》只能帮我拿到硕士学位。那时候学费很低，但要回学校上学可真麻烦。

伯奈特：您曾经说过——您可能会在以后再谈这个问题——当有人说您的生活因为欧洲发生的事情而改变时，我想您的回答是："如果我留在欧洲，我可能会进入家族企业。"对吗？或者是类似的回答。

莱特曼：十分正确。

伯奈特：当您被招募到中国湖的时候，您是不是在想："我只想谋生，我想要家庭，我想要有自己的生活，我想要做一些有挑战性和有趣的事情。"

莱特曼：是的。

伯奈特：因此模式是，如果有一个模式的话，作为一个孩子，您在危机中长大；在您青春期的某个时刻，您从一个国家辗转到另一个国家；最后来到美国，在那里度过了一段非常愉快的时光，然后被征召参加战争，并在那里出色地战斗。被遣散后回到学校，然后被招募。您又回到了军事领域。这些是因为恰好这个世界充满了这样的机遇吗？那里有研究的机会吗？或者是在某种程度上召唤着您？

莱特曼：高中毕业后我一直想学技术。一开始，我对生物系感兴趣。不久之后，我产生了从事工程领域研究的想法，毕竟我从高中就入伍了。我在高中的时候数学就很好，我已经很擅长这个领域了。那时，我已经很清楚自己不会经商了。让我们这么说吧。当然，我已经在这里了。我有一个舅舅，我之前提到过，保罗舅舅，我最喜欢的舅舅。他是一名化学工程师，我很崇拜他。因此毫无疑问，他对我的影响很大。我知道他非常高兴我获得了博士学位，尽管他60岁刚出头就去世了。当然，他对此非常满意。没有任何一个人能说清楚造成这一切的原因。我之前提到过——我想我已经提到过——在我为一本名为《空间飞行》的杂志写的自传体文章的脚注中，我把我的教育归功于纳粹德国——《退伍军人法案》——而把我的工作归功于苏联——火箭计划。有趣的是，我认为，世界上这些大事件都是以一种非常密切的方式对个人产生影响。这当然是真的。这是非常普遍的情况。人们从事了那份工作。幸运的人会被拉入从事他们喜欢的、有趣的、报酬丰厚的工作。而有的人在造船厂工作，然后得了石棉肺。这便是为什么我说我非常幸运。我被拉入从事了我可以胜任的工作。

**伯奈特**：这些都是每个时代的核心故事。有战争就有与之相关的暴力。您被卷入其中，无法逃脱。然后，在"冷战"时期，您处于军事研究和发展的顶峰。您有这些机会，您是这些主要故事的核心人物。

**莱特曼**：这真的再次提醒了我。比如，我真的想成为一名教授吗？我记得在1952年或1953年去麻省理工学院参加一个技术会议。我环顾四周，说道："天啊，这就是我想去的地方，一所大学。"我的内心在敦促我做这件事，据我所知，这可能是获得"奖学金"的另一个标准，这比说一是一、二是二要复杂得多。它总是由很多不可预测的事情组成，它是完全不可预测的事情。

**伯奈特**：碰巧的是，伯克利是一个研究工程或工程学以及物理和化学的好地方。它绝对是西海岸的中心。因此，这并不是一个巨大的牺牲；这又是一个同样好的机会。我想不同的是，您是对的。通常当您选择研究课题时，您会和别人一起工作。您有一个想法……

**莱特曼**：然后，我和一起工作的人讨论。

**伯奈特**：没错。我也想，您在伯克利会被培养得更加独立，从某种意义上说不得不独立。论文指导老师不是您所研究方面的专家，或者不一定对您所做的研究有浓厚的兴趣。

**莱特曼**：有趣的是，第一，我不是一个工程师，我必须去攻读工程学的学位。因此我有一个工程学的博士学位。第二，我希望我能专注于理论而不用做太多的计算。在那个年代，计算真的是件很麻烦的事。我记得南希经常送我去中国湖的计算机中心，当时是一种使用计算机的途径。那里交通工具比较少，她半夜把我叫醒，给我一个三明治，便小跑着去了计算机中心。我一定整理了有上百万张IBM磁盘。在那个年代，编程真的是……

**伯奈特**：是个物理过程。

**莱特曼**：我从来没上过课，当时也没有计算机科学的课程，你必须自己编写程序，用 FORTRAN 语言。我不懂，也不喜欢，真的不喜欢。事实上，在那 6 个月的时间里，我躁狂抑郁。有一天我以为我已经完成了，我画了曲线得出了结论，第二天早上我再看的时候，却感觉不太好，我不得不重新开始。我做了大量的计算，先是用模拟计算机，还不够好，然后是用数字计算机。最后，我很幸运，沃纳·戈德史密斯接受了我所做的计算结果的数量和质量。他认为我使用了真实的数字。他想看到曲线并从这个角度分析系统，而不是只给出一堆方程。

**伯奈特**：从长远来看，这对您有价值吗？

**莱特曼**：它的价值仅体现在后来。我知道，即使我要在其他领域工作，我也应该同时致力于理论和应用，或者至少证明这对于一个相当有趣的例子是有用的。特别是在我招收博士后时，我会试着去找那些非常优秀并且渴望做计算的人。自从我来到这里后，几乎没有做过计算。这是非常有趣的。

**伯奈特**：您的论文很有趣。您实际上是在引导读者尝试使用模拟计算机。

**莱特曼**：失败了，它不够好。

**伯奈特**：然后您开始使用 IBM 704（数字计算机）吗？

**莱特曼**：是那样的。

**伯奈特**：这是一种定向运算。您所从事的工作太复杂，对精度的要求太高，这是当时可用的高性能计算机所不能胜任的。您的研究实际上代表了一个时代，当您将有计算……

**莱特曼**：这就是我会躁狂抑郁的原因。前一天看起来还不错，但第二天，很明显这还不够好。我甚至更愿意用模拟计算机来做这个实验。对我来说，我是学物理，而不是受过数学训练的人，这是一个真实的实验。每次使用模拟计算机，你都在为一个真实的电子系统写方程。不用做数值分析，你所做的是通过物理来得到答案。

**伯奈特**：这绝对是令人着迷的。我想问您个问题，我对模拟计算机知之甚少，您画电路图吗？

**莱特曼**：是的。

**伯奈特**：您能告诉我电路是如何……

**莱特曼**：不。你从另一个角度出发，你说，我有一个特定的方程需要考虑，然后找到这个方程的电路。

**伯奈特**：太神奇了。实际上，您做了一种电路设计，然后用模拟计算机进行计算。

**莱特曼**：对的。然后你必须建立旋钮，旋转旋钮，这些是控制变量用的。它们只是工作得不够快。加速度、速度的变化或者别的什么，都太快了，不能用简单的电路来代替。

**伯奈特**：在您的论文中，您要求使用浮点系统来计算这个。您的同事 Velvel Kahan（William），专攻计算机科学，最终迫使他们在 IBM 计算机中加入浮点运算。

**莱特曼**：我很幸运。没错。我可能还在研究它们。（笑声）这是为什么我说，能够这样做是如此幸运。我非常感激，就像我说的，从那时起一切都很好，一切都很好。我得说，有人帮助过我。有个叫塞尔弗里奇的人，他检查了我的程序。我非常感激他。而且迪利贝托的研究非常有用，他对非线性微分方程很感兴趣。当然，我所面对的也是非线性微分方程。它们并不是超级复杂的方程，但是它们必须是非线性的，一旦将它们线性化，你便失去了对这些系统的很多真实描述。这些事情就这么凑在了一起。南希和我经常谈到，她不知道我哪里幸运，但她知道我很幸运，因为我很高兴。很明显，事情一定进展顺利。

**伯奈特**：哪些人您比较关注，或者说哪些人对您产生了影响？您了解加州理工的钱学森和罗伯特·埃文斯的合作情况吗？

**莱特曼**：钱学森那会儿在做很多事情。他是中国人，当时他是美国空军名誉上校，非常有名气。他在加州理工是类似首席科学家或类似级别的科学家。我大概在 1951 年或 1952 年看过他的论文，具体时间我可以查一下，应该是在我论文的某一页里。哦，找到了，钱学森和罗伯特·埃文斯合作的论文发表于 1951 年的《美国火箭学会》。我到伯克利之后，大概在 1954 年才决定去帕萨迪纳。我想拜访钱学森并听取他的学术见解。我应该是打电话或写信给他说想拜访他，他回复我"当然没问题"。后来，我在他办公室见到他了。当时他坐在办公室里，周围都是打开的盒子，满地的文档和杂物。他已经决定回中国了。

**伯奈特**：是中华人民共和国。

**莱特曼**：是的，是中华人民共和国。

**伯奈特**：新中国刚成立不久。

**莱特曼**：没错。作为一个土生土长的中国人，钱学森肯定想回他的祖国去做点事情。刚开始他的上校军衔被吊销了，很难想象一个美国空军上校到中国工作和服务；接着，他打包了自己的专著、合著以及指导撰写的学术论文和报告准备带回中国。不过他还是被洗劫一空，满地狼藉，他气得不得了。

**伯奈特**：您刚到钱学森办公室，然后美国特勤处的人就来了？

**莱特曼**：是的。他成为"不受欢迎的人"，不被允许带任何东西回中国，只能带些随身行李，他很郁闷。我告诉他，罗伯特·戈达德和他以及罗伯特·埃文斯的论文都给了我很多启发。后来一些人的论文同样也给了我很多启发，我记得有个叫哈默尔的德国作家，和另外两三个人，不过他们发表的论文不多。我记得我给他看了一些我的论文手稿，那些文章相继在1955年和1956年发表。然后他说："你做的这些事情都是在浪费时间。"我们现在说的最优控制理论是在最大化原理之前产生的，钱学森那会儿并不知道庞特里亚金。他说："那个领域我都做遍了，没什么新东西可做的了。"听他说完，我当时沮丧极了，不过，幸运的是我没有听信他的说法。"在这个领域探索下去只会浪费时间，一无所获。"他一番好意提醒我。不过，之后不久他发现自己错了。回到中国，他成为原子能计划负责人。钱氏家族是一个非常杰出的家族。

**伯奈特**：他也算是间接地影响了您。

**莱特曼**：算是吧，还好我没有盲目迷信。我认定，当时我已经做的工作和成果是他不曾了解的，肯定还有很多工作可以做。

**伯奈特**：的确，有很多工作可以做。有个叫伯纳德·史密斯的人，从事液体燃料研究，对您来说是导师一样的人吧？

**莱特曼**：他在中国湖有很高的声望，他的妻子是我们部门的秘书。他是一个有趣的怪人，我们是很好的朋友。他先担任了DC地区达尔格伦美国海军的技术主管，后来成为技术总工，5年前去世了。

**伯奈特**：能谈谈皮埃尔·圣阿曼德吗？他是地球物理学家，您和他合作得怎么样？

**莱特曼**：与伯纳德·史密斯一样，他是个很有趣的人，我和皮埃尔·圣阿曼德及其家人常常聚会。作为一个地球物理学家，他对卫星计划很感兴趣。

**伯奈特**：比如遥感技术？

**莱特曼**：对，我们联合申报了好像叫老鼠计划的一个项目，至于为什么叫"老鼠"呢，我想指的是最小化轨道之类，我不太清楚。不过，无论如何这些都在美国海军的掌控之中。

**伯奈特**：您申报的这个项目内容与美国国家航空咨询委员会有关系吧？

**莱特曼**：是的，那会儿还是 NACA①。

**伯奈特**：算是火箭科学的进阶版了。

**莱特曼**：也许我的很多想法是受这些人的影响而产生的。那时候我遇到了很多有意思的人，我现在还保存着与他们联络的一些信件。我记得我曾收到过英国地平协会主席的一封长信，他劝我不要从事卫星研究，他们协会认定地球是一个倒金字塔，发射的卫星会撞击到地球。他在信里说："卫星可能会撞击到地球，这是个无法解决的问题。"太有趣了。还有我的偶像德里克·劳登，他是一位很有教养的绅士，同时还是伯明翰高等技术学院从事航天研究的教授。后来他在新西兰坎特伯雷大学数学系任系主任，最后又回到英国，直至 2008 年去世。大约在 1950 年他首次发表了一篇关于太空轨道的论文，内容大概是在太空中卫星可以从一个轨道转到另一个轨道。他曾写过一本名为《空间导航的最优轨道》的书，于 1963 年由巴特沃斯出版社出版，是这个领域的经典著作。在这本书的致谢里他提到我，并致信我说："如果没有您的鼎力相助，我不可能写出这本书。"我和他不是那种拥有亲密私交的朋友，而是专业领域的朋友。那会儿还没有电子邮件，我们之间的沟通都是通过写信。他曾经在写过的一篇文章里面提到：在一个没有空气动力作用的重力场中，只有地球、月球、火星这类物体，对于火箭轨道、火箭轨道控制、控制火箭从一个轨道转到另一个轨道，无论要优化什么，不管是使最终质量最大化，还是燃料消耗最小化，都是开关式控制。也就是说，要么驱动力需要最大，要么不用，因此火箭要么滑行，要么用最大驱动力去推动。这对工程师来说很有吸引力，不必反复折腾。

**伯奈特**：有点像是推杆机。

**莱特曼**：没错。在极值控制理论中，所谓的单数弧有随着时间变化的过程控制。因此，问题不在于最大化和最小化，而在于驱动力上下边界。而驱动力会在满足必要条件的前提下，以某种最优或至少是一种极值的方式随时间变化。当时他做了一些假设，具体我记不清了，楼下的文件夹里应该能找到相关的内容。我当时说："我觉得这不对劲，也许我会尝试一些简单的重力场、势场、线性二次场等。"我发现，我可以在这些场的轨道里满足单数弧的那些条件，并满足极值

---

① NACA 是美国国家航空航天局 NASA 的前身。

条件。我把这些写信告诉了他。他是个聪明人，一般的小错误很快能被他发现并改正。可这是一个大的错误，这决定了没有那种简单开关式控制的可能性，而这种开关式控制太吸引人了。后来他说："如果真像你所说的话，我来做一些实际的重力场模型，试试看能否满足这些条件。"他也确实这么做了，后来他发现了一种现在称为劳登螺旋的东西，这种轨道沿着极值弧不需要开关式控制。时至今日，人们还没搞清楚在什么条件下是最优的。在某些情况下，可以证明这些不是最优，但总体来说，这是尚未解决的难题。他无疑对我产生了很大的影响，我和他一直保持联系。后来他移居到了新西兰，担任基督教会大学应用数学系主任。再后来，我成为他儿子的博士学位委员会成员，我们关系很好。后来在1962年还是1963年，他获得了美国火箭协会颁发的一个重要奖项，这是协会里的一个大奖，可是他没法去领奖。作为理论水平超群的牛津剑桥班的共产党人之一，他无法获得签证。

**伯奈特**：那些大多是理论上的马克思主义者。

**莱特曼**：因此他既无法拿到签证，也无法拿到奖牌。

**伯奈特**：那会儿是"冷战"时期，而且您能清楚地知道，只能待在这里，不能去苏黎世。您的朋友无法获得签证等这些事，让您无法回避这些条条框框。不过从某种程度上讲，科学没有国界。您了解苏联的情况，接下来我们可以聊下您和您的苏联同行，或更确切地说是同苏联合作的事情。看来当时，一方面是开放的科学共产主义，另一方面是真实的"冷战"。

**莱特曼**：谁知道会不会再次发生？（笑声）对了，就是在那个非常时期，我想可能是在那儿之后，我因为失去了Q许可证而遇上麻烦了。

**伯奈特**：1953年底，您的Q许可证被临时取消了。

**莱特曼**：没错。实际上，在他们觉得我没问题以后便给我奖学金了，不然我从海军研究所是拿不到奖学金的。

**伯奈特**：我不确定您之前是否讲过这件事情，可能我不记得了。

**莱特曼**：我们之前谈过这个的，可以查看前面的记录。

**伯奈特**：好的。之所以发生这些，是因为您在1944年给苏联写的那封信吧？

**莱特曼**：嗯，发生了很多事情。我在美国联邦调查局有档案，但这不是我自己要求的。

**伯奈特**：我想我们已经聊过原因了，您能谈谈当时您为自己辩护的场景吗？

**莱特曼**：好的。当时文书不知道落在哪儿了，后来我收到了公务委员会发来的通知说我的 Q 许可证有问题，委员会将在洛杉矶联邦大楼里举行听证会，需要我参加。拜访了姑妈和表弟之后，我去了洛杉矶。简而言之，这事情的起因涉及四件事情。每个星期五下午，作为单位的士官，我要和那些作战工程师一起花费一个小时来查看一周的新闻。有报道说苏联红军有妓女陪同，这是政府给他们提供的。每个人对这个消息都很感兴趣，我说："我会写封信给苏联大使馆询问答案。"我当时确实这么做了。很快我收到回信，信封上写着"苏维埃社会主义共和国联盟大使馆"。我得到的回复只有一句话："您提供的信息不正确，此致，敬礼。"有人把这事传出去了。这些信息是如何进入我的档案的？我不知道，反而我的家人都成了社会民主党，我父母都是。我的母亲直到去世的那天也没变过。那时刚好是亨利·华莱士大选，那会儿是 1948 年吧？

**伯奈特**：应该是 1944 年[①]。

**莱特曼**：好的，1944 年。美国纽约有个劳工党，我母亲当时是劳工党成员，而我也积极参加了华莱士大选的运动，当时我在哥伦比亚，所以一定是……

**伯奈特**：一定是之后的事了。

**莱特曼**：对，是之后。一定是 1948 年的选举，当时我在哥伦比亚，这在我的档案记录了的。然后，当我去哥伦比亚时，我选修了两门人类学课程，师从著名的人类学家斯特恩。他编写了一本非常有名的书《当人们相遇》，备受好评。同时他还是《科学与社会：马克思主义月刊》的编辑，他是个马克思主义者。这是一个需要两学期才能修完的课程，我忘了是第一还是第二学期，他布置作业，要求阅读《工人日报》。我没有从图书馆借来看，而是自己订阅了一学期，这也足够了。这就是我说的那四件事。他们知道我和我妈妈支持谁，当时美国劳工党是注册制的。这便是对我的指控。当时我起身说："我想请委员会允许我发表声明。"他们说："当然。"他们态度很好。我在声明里指出：无论我做什么，无论动机是什么，我所做的一切，包括写信给苏联大使馆、注册一个合法政党、投票给一个合法候选人，以及订阅报纸，都是合法的；作为一个信仰民主的人，我只是在行使我的宪法权利，义不容辞。随后响起了掌声。后来，我的工作、Q 许可证都回来了。

**伯奈特**：通过这个故事可以看到您当时所处的环境和经历的时代。

---

[①] 华莱士在 1948 年美国总统大选中是进步党候选人。

**莱特曼**：虽然这些事曾一度让我头疼不已，但还好，没有明显影响我的生活，更没有影响我后来的晋升。我在这儿担任教授时，海军研究所还给了我资金资助。除了这件事，其他基本没什么让我有困扰，反正我本来睡眠就不好。那段时间我的睡眠质量尤其糟糕，也算是唯一的"成效"了。这也算是另一段有趣的经历了。有时候回头想这些事情，会忍不住感叹：天哪，瞧瞧我都经历了什么。

**伯奈特**：那是个充满怀疑和恐惧的时代。我想和您多聊聊您的一些论文。我还没有读过那段时间其他关于火箭研究的论文，好像这方面的论文很少，这让我很惊讶。论文里每一章都从一个简单的模型开始，您一步步使其更加复杂，这个过程是任何读者都不能错过的，会令他们得到很多启发。换句话说，与其他领域最近发表的论文相比，您一开始是在做一个文献综述，涉及范围很广，然后再逐渐缩小范围。

**莱特曼**：我论文的参考文献相对较少。

**伯奈特**：这真是太厉害了！您从戈达德的理想火箭和简化的运动方程开始，您研究的是火箭的真实问题，比如火箭的质心。

**莱特曼**：火箭里的门道还是很多的。关于火箭有很多模型，是苏联人引以为豪的。在 100 多年前，俄罗斯人齐奥尔科夫斯基提出了一个简单的方程式，被称为 Tsiolkovsky 方程（1903 年）。该方程将火箭视为质量可变的点。这与牛顿力学是矛盾的。在牛顿力学里，一个质点或一个粒子都有特定的质量。而这是个变质量的粒子，无量纲。因此当你据此编写方程的时候，能得出最简单的模型，目前还有人在用。

**伯奈特**：您加了一些东西，比如质量加速项，解释恒定阻力。我好奇的是，这些欧拉—拉格朗日方程在 50 年代和 60 年代，包括在其他领域都变得很重要。您能谈谈它们是怎么产生的，是做什么的吗？它们有悠久的历史，在 18 世纪中叶被提出，并在 20 世纪中叶被广泛应用。

**莱特曼**：好的。其实这些方程式与如何获取最优解的条件有关。它们只是要求，除了模型方程以外，系统必须是这些方程的解，这些方程我们现在称为状态方程。在经典的变分计算中，比如在庞特里亚金的最大值原理中，你所做的是将假设的最优解和相邻解进行比较，当然这很可能不是最优解，肯定不比最优解好。当你查看这些解决方案的方程式时，需要什么条件？你可以通过庞特里亚金的最佳控制理论来定义"小"，即通过数学来定义"小"，这取决于参数 $\varepsilon$，而 $\varepsilon$ 又无限接近零。这些是欧拉—拉格朗日方程解决的问题。换言之，它们是以多种不同的方式出现，当仅查看解的灵敏度的时候也会出现。出于某种原因，布利斯并未提及。又或者说，相邻解如何影响解的灵敏度？比如这些 $\lambda$ 在其他领域被称为伴随变量。在经济学中，它们有非常明确的解释，比如它们是您想要的最大化或最小化利润的灵敏度而已。因此，它们属于灵敏度变量。顺便说一句，布利斯曾在20世纪20年代进行过这项研究工作，并进行了这些变量的演算，但还是没发现它们之间的关联，又或者他发现了，只是没有发表出来而已。

**伯奈特**：这有点像经济学中的需求弹性，需求弹性是指一个变量相对于另一个变量的敏感度。

**莱特曼**：对，从本质上说是弹性变量。我们现在谈谈那些后来的研究。它们还与动态规划相关，它们往往体现在偏导数中。这些偏导数的数值与变量的变化跟作用于结果的影响有关。若变量为 $X$，结果为 $V$，则 $V$ 相对于 $X$ 的偏导数，给定时间的值是多少？就是 $\lambda$。换言之，就是灵敏度变量。当然，前提是结果相当平稳，如果不是的话，这将变得非常复杂。所有这些都是相关的。后来我和 Blacquière（Austin）讨论几何理论，和动态规划有关，不过更多是从几何角度而言。在我看来，当你关注全局最优的时候，必须考虑具备什么才能满足全局和几何条件，例如决定结果的变量，有时候会涉及效用函数。但是在一个区域空间中，又是局部的，且在你的函数空间中，一旦有了这些条件，便可以沿着这些曲面，从局部出发，最终能够满足欧拉—拉格朗日方程。在这里，再次从偏导开始，它是结果的几何表达，是关于局部变量的效用函数。如果现在沿着特定的轨道运行，那么在任何给定的时间，需要考虑这些变量的值是什么？它们又变成哪些伴随变量，这种情况下是 $\lambda$。可以通过一般函数得出它们，在这里它们被称为拉格朗日变量，也可以说是罚函数。如果将约束方程添加到要执行的操作上，则使用这些 $\lambda$ 来连接它们。这像个把戏，除非真的想分析它们是从哪里来的，否则根本得不到完整的理论。有些人会这么做，他们会说，如果我把必须等于零的值添加到要最大化的函数里，不会改变任何东西。好吧，然后你只能告诉他，你到底在干什么？

**伯奈特**：的确，了解它们的含义很重要。

**莱特曼**：你知道为什么要这么做吗？人们之所以这么做，是因为以前做过、证明过，现在如果有个约束方程，我们添加进去就好了。

**伯奈特**：在后来的会议中，也许是我们的上一届会议中，如能讨论这个话题将会很棒。很多科学家和研究人员都在抱怨，人们会为了自己的利益而甘于世故。他们只会说："这真是太不可思议了，我要利用和应用它。"而不去理解其中数学的精妙所在。

**莱特曼**：是的，这是双向的。你也可以说："如果太花哨了，那我不感兴趣了。"那得到了相反的论点。我后来加入进来了，不仅仅关注必要条件，更重要的是关注那些充分条件。我有个特别的同事，一个朋友，他曾经告诉我："你在浪费时间，这些虽然可能发生，但是太罕见了。"我不知道"太罕见了"是什么意思。它们能发生，而你永远不知道它们。这取决于你如何看待这个世界。我在很多方面都想规避风险，昨天我还和其他人讨论过这个问题，考虑充分条件像买保险一样令人更安心。

**伯奈特**：让我们开设一整节课来讨论这个问题吧，这很有趣。

**莱特曼**：的确很有意思。

**伯奈特**：是的。在结束对这篇论文的讨论时，您看到的是非线性现象，因此您需要用数学的方法进行研究。这些方法是不是已经在您的数学课件库里了？还是您在伯克利或在中国湖的时候有什么收获，有人影响了您？

**莱特曼**：目前在我的课件库里还没有。我在哥伦比亚大学学士和硕士阶段修的数学都是非常基础的，这是 65 年前的事情了。那时教的数学现在高中就开始教授了，可能学生也不一定听得懂。偏微分方程是一门研究生课程，我在学习之前都没做过偏微分方程，只接触过一些高等微积分。这令我很后悔，做什么都太迟了。我的数学基础不太扎实，我需要别人帮助。很多时候我会有很好的想法，并通过一个简单的、我能处理的例子表达出来，接着有人出来说，他对我的这个想法很感兴趣，他可以帮我做得更好。这种事常常发生，好多次了。

**伯奈特**：当您在伯克利读研究生的时候，哪些人对您有很大影响？哪些课程对您真的有帮助？

**莱特曼**：伯克利的课程？

**伯奈特**：是的。

**莱特曼**：没有。我不是工程师，但是他们让我学了很多基础工程课程。除了有门我自己的论文导师教的课程，为期两学期。我忘了课程名称了，好像是关于连续介质力学或流体力学，但一定涉及偏微分方程。那时候，我的导师可以只给一个学生教授一门课。他是个很严厉的人，许多学生光看着他就会发抖。我还是报名了，他是我的论文导师。那一年，我仍然在伯克利上课（我只修了一年），在那两个学期的连续介质力学课程中，我和另一个同学是这门课仅有的两个学生。只有每周二和周四他才给我们正儿八经地上两小时的课。

**伯奈特**：就两个学生上课？

**莱特曼**：是的。上课过程堪称完美，老师声音也很洪亮。我还发生了一件有趣的故事。因为第二学期我成了唯一的学生，那会儿我已经和南希订婚了，那是1955年。我和他说："沃纳，我们订婚了，南希想去买点东西，我周四不来上课可以吗？"他说："没问题，乔治。"可是到了下一周的周二上课，他讲的内容我竟然听不懂了。我问他："您是怎么从公式5推演出公式7的？"他说："唉，因为你上周四没来上课啊。"他人真的很好，给我看了上节课的笔记，然后又给我一个人补了课。

**伯奈特**：就一个人啊！这课的听众太有存在感了。

**莱特曼**：这节课和平时没什么区别，但他非常认真尽责，认真尽责到极致，而且非常努力。不过他并没有重复那个周四课程的内容。

**伯奈特**：仿佛他是对着空气在讲课。

**莱特曼**：嗯，教室基本上是空的。他只有那么多时间，其他时间都排满了。他给我补了一堂课，如果他还是讲周四的课程，那就不是他了。同时，他在周二给我讲了周二该讲的课程内容。

**伯奈特**：真是了不起。

**莱特曼**：对了，我还是他追悼会上的发言人，我讲了这个故事，大家都知道这是他会做的事情。（笑声）

**伯奈特**：好了，我们还有好多要讨论的话题，不过先暂停吧。下次我们将继续讨论您从研究生成为教授的事情。

**莱特曼**：好啊。时间刚好。

# 第 6 章

# 执教加州大学伯克利分校

**采访时间**：2018 年 9 月 7 日

**伯奈特**：这里是保罗·伯奈特采访乔治·莱特曼的现场。这是我们的第六次会谈。今天是 2018 年 9 月 7 日。上次我们谈话的时候，聊到您已经完成了自己的博士论文，即将毕业，准备进入人生的下一阶段。但是，为了让我们了解得更清楚，您是否可以告诉我们一些关于您在 20 世纪 50 年代中期的个人生活？

**莱特曼**：好的。上次我们已经提到过我遇见了南希，1954 年初我们快要订婚了。接下来我所面临的问题是，能否获得一笔非常可观的博士奖学金。正如我前面提到的，我的老板赫伯格博士说服我去继续深造，因为他有博士学位，在海军基地这样的研究机构，拥有博士学位对于个人职业的稳定与发展尤为重要。我觉得我最好拿到博士学位。接着，我必须选择一个地方去攻读博士学位，我希望我能成为像雷蒙德·桑格这样的人，他是我即将开始的论文研究方向，甚至是将来从事工作的领域中最杰出的物理学家，弹道学是他的专长之一。在那段日子里，我所要做的是联系一位著名的教授，而不需要制订详细的研究计划。如果他或她说："欢迎你和我一起工作。"这就行了。就这样，我成功地被苏黎世联邦理工学院录取了，这所学校相当于是瑞士的麻省理工学院。

这时一切都安排妥当了。当南希知道我要去苏黎世联邦理工学院之后，她认为一段时间内都见不到我了，于是她辞掉了在中国湖的工作，搬去了旧金山，并在那里安定了下来。在 1954 年中期，我安闲自得，整装待发。接着，就像我曾提到过的，在 8 月初，两位来自海军情报局的特工同事来拜访我。

**伯奈特**：您是否和他们表明了您即将去往瑞士，或者说他们早已经知道了？

**莱特曼**：他们早已经知道了，他们告诉我，我可以在任何其他地方获得学位，但是不能在瑞士。当时正处于苏美"冷战"的高峰，而瑞士是间谍聚集的地方。那可能是真的，瑞士不歧视任何从事间谍活动的人。就这样，我被困在了原地。正如我之前提到过的，我向两位伯克利的教授说明了这些情况，其中一位名为沃纳·戈德史密斯，他是工程学系的教授；另一位是数学系的教授，在这之前我们已经认识了，他对我当时所做"关于火箭运动方程，变质量系统的一般概念"的工作很感兴趣。他在中国湖写了几份有关此事的报告，其中一份报告中提到了蓝铿——莱特曼公式。这几份报告足以让我立即入读伯克利。之后，我和戈德史密斯一起工作，他非常年轻，那时刚当上副教授。在我去瑞士的计划被拒绝后，能和来自工程学系的戈德史密斯一起工作，这是一个偶然但很好的结果。随着时间的推移，这一点变得越来越明显，显然我是非常幸运的。另外，我和南希在分离几个月后又重逢了。当我1954年回到伯克利的时候，我们马上订婚了，我记得当时是9月，大概是在学期开始的时候。

紧接着，在1955年1月我们结婚了。顺便说一句，我在纽约的母亲以及我在加利福尼亚的阿黛尔姑妈，特地过来参加了我的婚礼。阿黛尔姑妈打算为我筹办婚礼晚宴，但我本来没有打算举办任何正式的仪式，我在水晶之夜后成为疑神论者，不过为了让我的母亲高兴，我同意让一位犹太教士为我主持婚礼。那天，在一座古老的犹太教堂里，我和南希在犹太教士的书房里秘密结为夫妻。顺便说一句，这位犹太教士是哈佛大学的神学博士。

**伯奈特**：神学博士！

**莱特曼**：很少有犹太教士能够获得哈佛大学神学博士学位。在后来和他的交谈中有这样一件事：南希是一个新教无神论者，但她想改信犹太教。不过，这位犹太教士说："不，不，不。"他说："首先，这没有必要。其次，这样做只是为了让你的婆婆高兴，我们不必这样做。"因此，这件事最后便不了了之了。

**伯奈特**：她的父母来参加婚礼了吗？

**莱特曼**：没有，她的父亲已经去世了，而她的母亲在生她弟弟时不幸母子双亡。她还有一个继母，但她们分开已经有两三年了。婚礼上没有她的家人，而我的亲属也只有我的母亲和阿黛尔姑妈以及她的两个儿子，一个叫查理，喜欢宅在家里，另外一个是我的堂兄阿尔，当时他已经结婚了。在我的婚礼晚宴上，南希的朋友安妮是我们的伴娘，她是本地人。就这样，这一切都奇迹般地朝好的方向发展,而且随着时间的推移,这变得越来越明显。我没想到,在"苏美冷战"和"麦卡锡时代"的不愉快中仍然会有一些令人欣慰的结果,我对此感到惊奇,我真的很久没有考虑过这个问题了。当我再次思考这一切时,突然我意识到这一切都进行得那么顺利。

**伯奈特**:是的,这很不可思议。您和南希依然在一起,这很令人羡慕。

**莱特曼**:我们已经在一起63年了。

**伯奈特**:(笑声)真是让人羡慕的爱情。

**莱特曼**:我认为我们能够相互扶持60余年有两个原因。一个原因是我们的性格很互补,她非常乐观,非常务实。而我是一个不乐观的人,甚至可以说是一个悲观主义者,也许从历史来看,我还是一个可怕的忧虑者。直到今天,她给我的忠告(她知道我不会在意)都是:"不要在你所不能改变的事情上耗费精力,不然这是很愚蠢的行为。"而我最常担心的一件事是,在我们的孩子或孙子孙女遇到困难时,我却无能为力,这是我常常失眠的原因。她认为这很荒谬,确实她的想法肯定是对的。但我还是忍不住去想这些事,这是我的性格问题。我们的相处是一个博弈的过程,从目前的结果看,我们得到了最优解。另一个原因是,从一开始我们就达成了一个协议,我挣钱,她花钱(开玩笑)。还有我们不会试图去改变对方,并且我们还会互相学习,事实也确实如此。例如,在我刚遇到她时,她一般会在凌晨两点钟睡觉,然后早上很晚才起床。过去她常常会睡懒觉,而我却起得很早。在某种程度上,现在我们仍然需要互相学习,因为我得在早上叫她起床,而她依旧喜欢熬夜,凌晨两点钟左右才会睡觉。

**伯奈特**:她一直在努力改变。

**莱特曼**:算是吧。我在婚姻生活和其他许多方面都很幸运,这一点你会在我的经历中慢慢发现。之后,我来到了伯克利,只花费了一年的时间就通过了考试,在1956年秋天我拿到了博士学位,然后又回到中国湖工作了,可以说我是在中国湖完成了我的博士论文。1955—1956年这两年除了到学校登记注册之外,其余都是我自己的时间。我在伯克利获得的是机械工程系的博士学位,没想到,在1957年我被邀请加入了机械工程系。当时机械工程系的系主任是沃尔特·索罗卡教授,他的名字在俄语里的意思是"吵闹的鸟",但他是一个非常好的人。在机械工程系任职的那段日子里,我真的学到了很多,尤其是在与人交际方面的能力提高了不少。在我写论文的过程中,我的研究内容主要是关于机械系统的质量变化。以火箭为例，对于大型火箭来说，火箭推进器的质量占火箭总质量的很大部分。在 V-2 火箭中，90% 是燃料。因此不能说"我们假设质量几乎是恒定的……"，这是行不通的。

最开始在我攻读博士学位的时候，我们的系主任是一位姓梅里亚姆的男士，他的名字我不太记得了。他编写了一本非常有影响的力学本科教材，这本教材的主要内容是关于动力学的，在当时，大多数教材里都没有提供很好的例子，而在他写的书中提供了很经典的例子供我们参考。比如，把一桶水放在秤上，然后加水，再看重量是如何增加的；还有的是把一根链子或一卷线展开或卷起来，再看质量是如何变化的。但是在我写论文的过程中，我发现书中有一些关于变质量力学系统的例子，他求解过程中所使用的方程是错误的，原因是他要描述的力学系统质量是可变的。而我也犯了一个大错误。在我的学生写论文的过程中，我给学生开了一个小时的研讨会。在研讨会上，我仔细地指出了他书中的错误。（笑声）我很快意识到这么做不合适，因此我不是他最喜欢的人，但我不得不承认他很聪明。事实上，他立刻明白了我说的话。我认为，他并不是不理解关于机械系统质量变化的相关理论，事实上，他得到了美国国家科学基金会一笔可观的拨款来研究可变质量系统，但在这个问题上，他犯了和大多数人一样的错误。有两句题外话，一个是当时他正在卡内基理工学院做关于可变质量系统的演讲，那是一所美国东部的理工学院。在问答环节有一个人站起来说："这不是莱特曼论文里的内容吗？"他回答："哦，是的，但他是我的一个学生。"他是我的系主任。另一个题外话是他非常富有，他编著的书销量也很高。另外他在夏威夷买了块地，在茂宜岛还拥有一大块地产。由此可见，在这个领域他确实做得很好。后来他和另一位合著者重新编写了那本书，那个版本他们写得很好，也畅销了好几年。这次公开指出别人错误的事也给我敲响了警钟。自那以后我改变了处理此类问题的方式，当我发现别人的工作有问题时，我会主动和那个人联系，这样的处理方式会比较合适，至少双方在今后的合作过程中会更加愉快，甚至还可能成为朋友。之前我们聊过的劳登的事就是一个很好的例子。

**伯奈特**：是的，没错。

**莱特曼**：因此结果非常好！

**伯奈特**：是的，在探索科学的过程中，也往往会掺杂一些人与人之间交往的社会因素。但在追求科学的过程中。我们也会经常忘记约束自己，不是吗？

**莱特曼**：没错。顺便说一句，这让我想到了一些在未来可能会让部分潜在听众感兴趣的事情。如果他们想要了解到更多技术方面的理论知识，特别是与我一直在做的技术方面有关的内容，我们可以提供两个平台。其中一个当然是我们大学网站，那里有简历内容和参考书目，大约有 315 个条目。此外，还有一个现在叫作 ResearchGate 的科学社交网站，ResearchGate 虽然名字听起来很简单，就一个词，但在那里你会发现，包括我在内的成百上千的人都在用那里的数据。那里面有非常详细的参考书目，这样查找起来更加方便快捷。

**伯奈特**：也就是说只要有互联网，我们便能学习到这些知识。

**莱特曼**：是的，没错。

**伯奈特**：如果没有这样的平台，想要获取这些数据或许便没有像现在这样便捷了。

**莱特曼**：是的，那情况就会有所改变。

**伯奈特**：这些资料获取将会变得更加困难，然后这便像班克罗夫特一样。

**莱特曼**：没错。因此，这是两个非常好的获取知识的平台。

**伯奈特**：当然。

**莱特曼**：这两个平台适用于任何想自我提高的人，尤其是对于从事像我这样职业的人来说，这两个平台非常适合。

**伯奈特**：我能问一下关于您在伯克利待的那段时间吗？您是从中国湖请假去的伯克利吗？

**莱特曼**：不，这也和博士奖励政策有关。也就是说，在攻读博士学位的同时，还可以继续做全职工作，这是一件很好的事情。当然，这在某种程度上也暗示着你会回来继续工作。事实上，这也正是我在 1957 年秋天回到这里的原因之一。这事只算是奖励政策其中之一。这可能是我听过最棒的奖励，它对于攻读博士学位的时间没有限制。但那是由于太空时代才刚开始，周围有投资机构提供充足的资金支持。

**伯奈特**：是的，是海军研究所提供资助吗？

**莱特曼**：没错。实际上，海军研究所是资助应用数学科目的主要机构。当时国家科学基金会几乎一无所有。另一个主要的投资机构是空军科研所，它主要资助的是应用工程学科目。但是直到 70 年代初，海军研究所和空军科研所实际上是两个独立的投资机构。

**伯奈特**：这很有趣，这是两个不同的分支机构，但空军和海军的研究部门都对空中弹道学很感兴趣（最后，两个部门都提供资金来研究空中弹道学的内容）。

**莱特曼**：你知道，在本质上，应用工程学、应用数学这两个学科隶属于不同的数学分支。不久之后，大概是在60年代中期，我发现应用数学和应用工程学有一个有趣的用途，我们下面很快会讲到。

**伯奈特**：对。但它也可以是后勤学、应用数学之类。像您所做的研究，也可以应用于经济学、生态学、渔业等诸如此类的。

**莱特曼**：是的，没错。

**伯奈特**：它在很多不同的领域都有应用。

**莱特曼**：对。这和数学类似，它有点像用模拟计算机设计的电路，你得到的这些电路方程，在任何电路设计的领域中都可以用得到。数学是如此，一切科学基于数学。因此这又突出了数学的重要性，无论是对数学本身感兴趣，还是对其潜在的应用感兴趣，即使你不感兴趣，数学的应用也是不可避免的。显然，数学是科学的语言，甚至在生物学乃至其他学科中也是如此。我一直试图向学生强调，数学是一种通用的语言。我想现在的学生会对这一点深有感触。比如，从三四十年前一直到最近几年，大部分女性一直被灌输这样一种观念："数学是为男人准备的，如果你想嫁个好老公或找个好工作，那你要像一个厨师。"在学习方面，这是一个很好的理念，尽管它仍然不够好，但毫无疑问已经比以前好了很多。

**伯奈特**：美国海军研究所也资助了您很长时间。据我所得到的确切消息，在20世纪60年代，您会定期从他们那里获得资金，以用于召开会议等诸如此类的事情。

**莱特曼**：确实是这样的，我们很高兴他们有非常充足的资金。举个例子，他们资助了我两三周的夏季课程。在那里，学校环境优美，付给工作人员的报酬都堪称奢侈。当然，近几年一个普遍的事实是，由于预算不足这一切都发生了改变。我在欧洲的同事告诉我，他们那边发生了相同的事情，现在的预算限制要比过去严格得多，甚至在德国也是一样。

**伯奈特**：您是否知道这个变化过程经历了几个阶段？或者说，您是否注意到随着政府70年代的财政危机，资金变得更加稀缺？

**莱特曼**：在一定程度上确实是这样，但资金短缺对我个人来说影响并不是很大，一直以来我都非常幸运。这些年，我都没有细数过我的研究生、博士后以及访问学者的人数，有七八十人曾和我在一块儿工作过，我想也许他们只有少数人需要帮助，其他的人都能够依靠自己的能力打出一片天，当然这对我来说是极好的。我是在一个非实验性的研究领域，因此当时没有实验室支持我。当时我只能挣到暑假工资，参加学术会议，或者花钱购买在计算机上进行数值运算的机时及其他类似的事情。因此，相比那些能获得大实验室支持，有几百万美元预算的人来说，在任何时候我都没有充足的预算。

**伯奈特**：是的，但是您也会有着巨大的潜在回报。因此，就研究投资而言，您也许捡了一个大便宜。

**莱特曼**：我想这个评判留给其他人吧。很多时候我都希望得到自己学生的支持，但在那个时候美国海军研究所几乎是支撑我走下去的唯一力量，后来海军库存基金又给了我一些资助。而我的学生能否给我带来资金则取决于他们来自何处。例如我的伊朗学生，只要他们的国王在位，这是完全没有问题的，他们会给我带来大笔资金。

**伯奈特**：因此您已返回或同意返回中国湖工作，但在这时您又收到了加入该学院的邀请，是吗？

**莱特曼**：是的。

**伯奈特**：那您的感觉如何？

**莱特曼**：我很高兴。因为并没有书面文件要求我必须回来或其他类似的话，这有点像君子协议。他们甚至都没有口头提及，但我知道他们非常希望招募有着博士学位的人才。虽然没有真正说明，但有那么一层隐含的意思。同时我也为我所做的这个选择而感到高兴，我在中国湖也待了几年了。而且实际上我只有在伯克利的一年间需要自己支付生活费，当我第二年回到中国湖上班后，我的工资足以支撑我的日常开销了。在中国湖工作期间的晚上，我可以使用这里的任何一台计算机。他们这边有一台计算机，其性能比这里其他任何计算机都要好。我和南希谈到了很多有关彼此的事情。我思考生活各个方面的时间越多，越不敢相信，我们是多么的幸运。在纳粹长达两年半统治之下，我们依旧将自己的家庭生活打理得井井有条，也许是有某位守护天使在我身旁保卫我。

**伯奈特**：（大笑）真有可能。您是否曾经在苏黎世联邦理工学院遇到过或想遇到雷蒙德·桑格？或者您有没有过这种经历？

**莱特曼**：在几个月前我还有一种能与他迎面相遇的感觉。你可以在网上搜，他非常有名。1962 年他与世长辞，那天我在报纸上浏览到关于他的文章，结果是他的讣告，当时我的心里真不是滋味。他确实是一位非常有名的人。这样说吧，没有我，他也会做得很好。

**伯奈特**：在您受邀回到伯克利任职之后，在这个领域中他们现在也终于有了一位著名的专家了。那么您对制定研究计划有何想法？由于您在人造卫星元年从事了教育工作，您是否想过："为了让我的研究内容更加丰富，我将拓展在中国湖所做的工作范围。"

**莱特曼**：是的。如果你看过我发表的论文，你会发现几乎我在中国湖所做的所有报告都受到了限制。虽然我现在可以将其放在我的文献中，但我并不在乎。在我去伯克利之前，我公开发表的第一篇论文的年份是 1956 年。这篇论文讲述的是横风发射，它发表在一本专业的杂志《军械》中，该杂志与我在中国湖的实验工作有关。在那时中国湖的实验已经不再是机密了。例如，《大众科学》杂志的一篇文章中有一张我站在火箭发射器旁边的照片，而 6 个月前出版的一本关于中国湖历史的书中也有一张相同的照片。

**伯奈特**：确实是这样的。

**莱特曼**：两个地方有相同的照片，但我并不知道这是怎么回事。我有原始照片和更多相同的火箭发射器照片，如果这些都已经被视为非机密文件，那这些东西便可以向外公布了。为了完成我的论文，我和钱学森一起讨论了我论文里面的内容，这篇论文是关于我的偶像戈达德的，他是第一次世界大战前的火箭研究领域先驱。我写的第二篇名为"戈达德问题的变分微积分解决方案"的论文，发表在《航天员》杂志上。我前几天向你提到过，杂志总编辑是沃纳·冯·布劳恩。事实上，我发表的论文中前 20 多篇都有介绍我解决相关问题的成果，除此之外在论文中还提出了一些不相关的问题，以及其他一些应用程序。例如，需要借助地球卫星确定高海拔地区的空气密度，在某种程度上这与高空火箭有关。后来我对引入的博弈应用产生了兴趣，因此我写了一篇关于最佳追求问题的论文，研究的是一个物体试图抓住另一个物体，而另一个物体试图逃脱的内容。我曾在《富兰克林学会学报》上发表过相关的论文，这是一本至今都非常普通的期刊。之所以我要刊登在那里，是因为这本期刊几乎在每个领域都有文章发表，现在仍然如此。

**伯奈特**：这本期刊本身并不关注控制系统吗？

**莱特曼**：是的，至今为止，第一批论文中只有一篇论文仍被引用。我搜了一下，最近有几篇罗马尼亚人在会议上发表的论文。另外，它引用了我的一篇名为"关于火箭运动的方程"的文章，在我所有的论文中，这篇论文的模型是最简单的，曾发表在《英国行星际学报》上。英国人在取名方面显得更为保守，至今这本杂志仍然存在并还是叫这个名字。另外还有一个组织出版了一本名为《美国火箭学会杂志》的期刊，后来这个组织发展成为美国航空航天学会。

**伯奈特**：是啊，这些协会正在为太空时代，或者说为美国即将到来的太空时代做出努力。

**莱特曼**：同时更多的也是出于军事目的。发表最多的文章大多涉及太空时代或商业客机相关领域的应用。但是，通常像 ONR、AFOSR 这样的军事组织会主动提供基本的帮助，这肯定有它背后的推动力。他们认为，研究理论是有益处的，它能使其在军事方面的应用得到很好的拓展，并且不会造成任何细节方面的遗漏。

在《富兰克林研究所》杂志上，我又发表了一篇关于最大范围编程的论文，在《美国物理学》上，我也发表了关于多级火箭的最佳有效负载比关系的论文。还有一些比它们更普通的期刊，它们（例如《美国物理学报》）对系统的物理学甚至更感兴趣。还有一本至今仍然存在的杂志，叫作《喷气推进》，在这本杂志上我发表了一篇关于变质量系统振动的论文，后来这篇论文在《英国行星际学报》上被再次引用。我与苏联同事合作的论文是 1959 年发表的，1957—1959 年在我写这篇论文时仍是助理教授，1959 年由于我在《航空科学》杂志上发表了一篇名为"火箭飞行中的变分类问题"的论文而晋升为副教授。

1959 年在伦敦举行的一次国际会议上，我发表了我的第一篇会议论文，关于它有着一些小故事。这篇论文名为"关于核火箭最佳运行的一些评论"，论文表述了火箭是受功率限制而不是受推力限制的观点，在场的专家都非常认可这篇论文。作为一个在现场的新人，我在那儿做了 20 分钟的论文演讲，并在一间大教室里进行了大约半小时的讨论。重要论文演讲（全会论文）在一间最多可容纳数百名听众的大演讲厅里举行，这时突然发生了一件事情，当我准备汇报时，突然有一大群人冲进了房间，他们坐在台阶上，我不知道发生了什么。后来我才知道西奥多·冯·卡门也在论文发表的现场。也许他很感兴趣，因为论文标题里有"核火箭"一词，或者论文中有其他吸引他的地方。当有人向我说明这一情况时，我非常紧张。有许多观众是站在走廊上的，我敢断定当时那个教室里有三四百人。西奥多·冯·卡门非常友善，在问答环节他举起手，说他想提一些问题。我心想："我的麻烦来了。"当时的细节我现在也记不清了，只记得他说："我真的很喜欢您的论文，但我有个建议。"好像是他要我用一个人的名字给某个方程式命名似的，在这之前已经有人这样做过了。我想这是一个有纪念意义的历史时刻，这是我第一次与偶像直接接触。当然，我们刚才谈到的钱学森是 JPL（喷气推进实验室）的中国科学家。而冯·卡门确实是国际标志性人物的第一人。我想这时候我应该再提一下之前和我在一起工作的同事们，也包括和我一直保持联系的那些人，比如劳登。

**伯奈特**：或许这是一个不错的主意。

**莱特曼**：好的，继续吧。

**伯奈特**：我想向您了解一些背景。在您做研究的这个领域中，您也是从一名新人成长起来的，并且从某种意义上来说，这也是一个全新的领域，很多东西都是新的，或者说它新得以至于每个人都在独立工作却没意识到是在做同样的事情。

**莱特曼**：是的。

**伯奈特**：实际上那便是您投入精力最大的事，并超越自己。

**莱特曼**：是的，不过那是后来的事。

**伯奈特**：但这便是您所处的环境。这一切都太新颖了，而您正处于那项新工作的中心。

**莱特曼**：是的。不过还是那句话，一个人再幸运也幸运不到哪儿去，我原本是可以从事梵文工作的。但事实上我对命运的美好感到惊讶。我和安吉洛·米勒因几乎在同一时间发表了类似的文章而彼此相识，并且我们成了很好的朋友。他是意大利人，在罗马大学接受高等教育并获得了学位。战争结束后，他在阿根廷待了四五年，然后来到了美国。他的导师名叫西卡拉，是一位非常出色的应用数学家。50 年代初安吉洛·米勒来到了美国，并开始和我在相同的领域发表论文。尽管我们从未在一起写过论文。但后来我们彼此也有了联系，他是一个很守时的人，每次约他，他都会准时赴约。他是普渡大学的教授，后来在 60 年代初就职于波音公司，然后又回到了学术界，把自己的余生都奉献给了莱斯大学。令人伤心的是在 3 年前安吉洛·米勒离开了人世。

**伯奈特**：我不想打断您的思路。

**莱特曼**：不不不，没关系。

**伯奈特**：它让我想起了我在 50 年代到 60 年代思考科学的那段时间。虽然物理是科学中的女王，但化学也是一门大科学，而大科学意味着其相关的研究计划需要大量的资金支持。在我看来，这个新兴的研究领域正处于国际化的阶段，很快许多著名的国际会议接连召开。这能激发人们参与的欲望，因为您不必拥有昂贵的设备就可以对数学进行思考，并且您还在意大利、苏联等历史底蕴浓厚、成就显著的数学部门待过，这些地方都非常国际化。那么，这些研究团体是如何看待他们的工作方式呢？

**莱特曼**：好吧。这当然是对的，特别是涉及太空飞行的话题，这是每个人都感兴趣的事情。我仍记得 1969 年我在阿根廷的布宜诺斯艾利斯大学教书时的兴奋之情。那年美国宇航员刚刚登上月球，我记得当时人们都围坐在了电视机旁，从神情上看那里的人们比美国本土的人们还要兴奋。现在，即使在那些会议上，也可以进行有关发射之类的实验性内容的探讨。现在从事火箭推进、内部弹道学研究的专家的工作更多地偏向于实验性，当然，理论工作也在进行。因此，即使是外部弹道专家也要进行一些实验工作。例如，在中国湖工作时，我与其他大概 50 个人一起参与了发射火箭的实验。但这很少在会议上被报道。一方面是因为它的信息发布受限制，另一方面是因为研究内容不易于用方程式表示。当然我只参与了其中一部分工作。另外，我刚来到伯克利能担任助理教授，是因为我曾在中国湖工作过。我仍然清楚地记得那时我的工资是一年 7200 美元，大约是刚离开中国湖时工资的一半。唯一难忘的事情是我们在那段日子里吃了很多砂锅菜。（笑声）那时太空时代也正飞速发展，使我有机会在一些科研组织里做汇报并赚取一些外快。我曾被邀请去拉斯维加斯参加过一次会议，我不知道那次会议的组织方是谁，但那不是一个科学组织。当时我记得我必须穿燕尾服，并且我的旅途杂费他们都给我报销了。他们还给我了一个称号，名字我现在不太记得了，好像是洛克希德导弹和航天公司应用力学部门的科学家。从 1958 年到 1964 年，全年的周三以及整个夏天我都在那儿工作，而且这里的薪水基本上和我从大学那里得到的一样多。

**伯奈特**：我的天啊，那相当不错了。

**莱特曼**：是啊，特别是在夏天工作。并且他们还支付了参加会议的费用。我有一位非常受人尊敬的同事保罗·纳格迪,他是我们部门的一名专家,但他是从事连续力学研究的,他也曾在该部门工作过。我们经常周三一起开车去公司。

**伯奈特**:洛克希德的设施在哪里?

**莱特曼**:在帕洛阿尔托,而且他们在斯坦福大学旁边。这确实弥补了薪资上的损失。直到 70 年代初,我们来了一位共和党州长德梅坚,这种情况才被改变。我依稀记得,我们当时的州长,是在德梅坚之前的州长,他认为教授应该减薪,因为他们从工作中获得了心理上的满足。

**伯奈特**:我想您之前还曾给布朗州长投过票,对吗?

**莱特曼**:是的。

**伯奈特**:(大笑)心理上的满足感?

**莱特曼**:从某种意义上说确实是心理上的满足感,这正是我所经历过的。我当然不愿意减薪,但事实上减薪并没有真正影响到我的生活。从 1957 年到 1961 年,是我们住在塞里托的最初 4 年,之后我们在那里定居了下来。那时花费 2.2 万或 2.3 万美元可以买到一套非常漂亮的房子,而且是相当不错的房子。我记得我的母亲借给我大概 3000 美元作为首付。我们最终在 1961 年搬到了这个地方。该怎么形容呢,减薪并没有影响我的生活条件。其实我是非常感激减薪这件事的。另一件好事是我们建造了这所房子,并在 1961 年的感恩节搬家。顺便说一句,建造这所房子只花费了 4 个月。在那旁边我还有我最亲近的两位同事,一位是我的论文指导教授沃纳·戈德史密斯,住在离这儿只有两个街区的地方。另一位是我部门最好的朋友莱因哈特·罗森伯格教授,他的家人也移民到了美国。他不是犹太人,在移民之前,他的家人还是受到了很长时间的迫害。实际上,他的父亲曾是一所非常知名大学的院长。就纳粹而言,他们也算是犹太人。但对我而言,这一切很幸运。现在回想起来,我确实没有意识到这一点,我不能过分强调,但我真的很幸运。我已经到了要感恩的时候了,需要感恩这里的人们,需要感恩这里的环境。

**伯奈特**:对,感恩。

**莱特曼**:是的。

**伯奈特**:您所说的加州大学伯克利分校之上的山丘那时刚刚开始被殖民吗?

**莱特曼**:不,没有。

**伯奈特**:教授们一直在这里生活吗?

**莱特曼**：和其他原本在这里生活的人一样。罗森伯格一家人发现的这块地。除了街上半英亩的土地，人们不会卖任何东西。当我搬到这里时，一切都已经建好了。我们现在在这里看到的每个房子都早已经在这里了。我认为我们现在的房子是最后建造的，但也有可能不是，甚至我们旁边的那间房子早已经在这里了，年纪比我们还大。

**伯奈特**：事情就这样开始走上正轨了。您有洛克希德公司的工作，并在 1959 年加入公司，然后在几年内成为合伙人，这些都给您带来了薪水的上涨。您可以在职业生涯的早期站稳脚跟，此时您还很年轻。这样一来，您可以专注于……

**莱特曼**：细细回想一下，今天对我来说几乎是难以置信的，6 年的时间我从助理教授升任为教授，我认为部分原因直到我进入预算委员会才真正意识到。这是为什么我提及我在 1957 年至 1961 年之间发表论文的原因。我的第一篇合著论文也是发表在 1961 年，我之后会提到的，我的前 25 篇论文是我独著的论文。当我们考虑招聘或晋升人员时，会经常问他们在论文中干了什么，是真正做事情的合著者还是只是为了升职挂名的人。在我的整个职业生涯直至正式成为教授之前，都没有这样的问题被问，我的所有论文都是独著的。我认为这纯属偶然。

**伯奈特**：在完成学位论文之前，您一直在从事飞行弹道学方面的工作。您是飞行弹道学的领头人吗？

**莱特曼**：在那段时间里是的。

**伯奈特**：在那段时间里，您还正在完成您的学位论文。他们是不是压榨了您的时间？因此，您在学术工作上会有一定的投入。

**莱特曼**：确实是的。考虑到这一点，他们本可以任命我为副教授，但他们没有。不过借此机会，我也赶紧攻读了哥伦比亚大学的学士和硕士学位。不算第二年在中国湖的时间，我在校园里的总时间是 5 年。我并不是想表明自己的不足，但这也说明了我的受教育程度确实较低，尤其是在数学方面。其实这也没有什么问题，只是当我有一个想法时，会有比我更懂数学或者向我介绍其他东西的研究生或博士后在推动话题的发展。因此，我写的论文初稿常常是带有想法的便笺，之后他们会推动话题继续发展。大概在四五年前的时候，我提出了一个想法，但一直无法研究下去，之后我的一位朋友，也是我在南加州大学的同事研究了出来。出于礼貌，他以及他的学生和我一起合著了几篇论文。因此，我想说的是，在一门学科上我只能走这么远，而阻碍我前行的通常是必备的数学知识。另外一个是我确实想摆脱计算，在我写论文时，这是一件令人苦恼的事。因此我说我要学习过计算机的学生，或者是博士后，这样科研效果往往会很好。来申请或正打算申请攻读我的研究生和博士生，他们觉得和我一起工作是一件很好的事情。从某种意义上讲，这也许是使我的工作领域比以前更加广阔的原因。

**伯奈特**：您的研究方向被困住了？

**莱特曼**：如果我坚持研究外部导弹学，那我会被困住。

**伯奈特**：您的研究方向经常被研究生扭来扭去？

**莱特曼**：还有博士后也会经常影响你。

**伯奈特**：是的，博士后。

**莱特曼**：我非常感谢他们，我会举一些例子并提到其中几个人。实际上，1961年发表的第26篇论文是我和我的同事洛克斯坦合写的，当时我在洛克希德遇到了他。他紧随我之后在斯坦福大学毕业，并获得博士学位。我猜大概是在我来到这里的同时，他创立了自己的咨询公司。他是非常知名且饱受赞誉的亚瑟·布赖森的学生。我们成为非常亲密的朋友。但是非常遗憾，他在20世纪70年代去世了。有时候一些事情总是突如其来地发生，并且没有任何征兆，只是随机的。这完全是意料之外的，但事情就这样发生了。

**伯奈特**：好吧，让我们暂时梳理一下，您确实受过简单的数学教育。但您可能希望接受更完整的教育，使自己走得更远。后来的学生、研究生、博士后，会帮助您实现或扩展您对事物的思考。您之前对这个领域有所研究，从五六十年代开始您对一个正在形成的领域有所了解。是这样吗？

**莱特曼**：是的。

**伯奈特**：做出这一结论还是为时过早？我们先从1962年说起，好吗？

**莱特曼**：好的。举个例子，对最优控制作出贡献的是苏联人庞特里亚金和他的学生们，他们都是数学家。因此，他们用数学方法得到的结果比我以及作为数学家和物理学家的布拉奎尔所做的更数学化。现在也许是把他带入话题的好时机，因为……

**伯奈特**：庞特里亚金？

**莱特曼**：不是，是布拉奎尔。

**伯奈特**：布拉奎尔！

**莱特曼**：布拉奎尔于 1961 年从巴黎大学毕业。住在下一个街区的罗森伯格教授休假了，于是他们邀请了一位访问教授替代他的工作。也许罗森伯格在以前见过布拉奎尔，因为罗森伯格是一个法兰克人，而且他总是去法国。我认为，罗森伯格应该是希望布拉奎尔继续他的研究方向并努力推进，罗森伯格的主要兴趣是数学里的非线性微分方程。布拉奎尔来到这里之后，我们便开始合作。结果我们只是在寻找非常相关的优化方法，他有点失望。就这样，布拉奎尔开始和我一起工作。

**伯奈特**：在 1961 年？

**莱特曼**：是的，我记忆中是在 1961 年。

**伯奈特**：我看到了您在 1964 年 12 月给奥斯汀·布拉奎尔的一封信，邀请他参加……

**莱特曼**：一次会议。

**伯奈特**：科罗拉多州的一次会议。

**莱特曼**：是的，那时我们已经开始合作。

**伯奈特**：好吧。我不知道这是不是个玩笑，但他是正式的"亲爱的布拉奎尔教授"。

**莱特曼**：是的，这是他大学里用来给他放假之类的称呼。

**伯奈特**：我明白了，我希望这能成为您和他开始交往的引子。

**莱特曼**：不是。我已经在 1961 年认识了布拉奎尔，也许是在 1962 年初。

**伯奈特**：他是以什么身份来的？

**莱特曼**：他是作为访问教授来代替在法国贝桑松大学休假的罗森伯格的。还有另一个原因，这一次也是偶然的，根本没有办法计划这种事情。有趣的是，由于法国的数学水平始终都很高，因此布拉奎尔得到了更好的教育，他拥有核物理学博士学位和数学博士学位。从一开始，我们两个人就相处得非常好。我们关系好有多方面的原因，因此我们成为非常亲密的朋友。多年之后，在 20 世纪 90 年代，我在维也纳主持了一个纪念布拉奎尔 70 岁生日的庆祝会，但后来庆祝会变成了一次追悼会，他在去开会的路上死于心脏病发作。

**伯奈特**：真是难以置信！

**莱特曼**：那些年，我们变得几乎像兄弟一样。我们一直合作到 70 年代后期，然后他开始从事其他工作。实际上，我们在 60 年代已合著了两本书。其中一本是用法语出版的,另外一本是我与他的一个学生合著的学术出版社出版的书。之后我们又共同编辑了四五本书。顺便说一句,在我单独编辑或共同编辑的12本书中,我也是每一本书的合著者。对于我参与过的每一本书我都亲自编辑过,有时编辑一两章,有时半本书。同样,我认为我有5本到6本真正的独著书,而其他书则是编辑或合著的,大概有17本或18本。我很早便介入了国际科研交流。一方面是因为我经常参与国际合作,另一方面是因为我曾在你提到过的领域中工作过,这些领域具有很大的国际影响力。这也适用于我的学生,当然也适用于我的博士后。例如,我在这里的最初两个博士后来自意大利,从某种意义上来说他们也是意大利人,这么形容很合适。

**伯奈特**:您每次都向他们提及吗?意大利人喜欢您吗?

**莱特曼**:是的,我是名誉上的意大利人。

**莱特曼**:南希的研究生课程中便有罗曼语,其中法语和意大利语是主要语言,所以说我和意大利还真是有缘。怎么说呢,这给我的整个个人生活和职业生涯增添了国际气息。我总是对我的旅行次数感到惊讶。那天当我看到我曾经去过的地方的照片时,我说:"我来过这里吗?"直到孩子长大之前,南希和我都从来没有一起旅行过,当然更没有出国旅行。例如,我的阿根廷之行是自己一个人去的。后来我母亲1969年退休后搬到伯克利,她可以帮我们照顾孩子,这样我们便可以一起旅行了。在孩子长大之前我们是分开旅行的。我想我在1961年的第二次国际旅行实际上是去了日本的某个地方。

**伯奈特**:是的,应该是日本。总而言之,我翻阅了您的旅行日志以及您所有的旅行文件夹,发现您从20世纪50年代末到21世纪的旅行经历令人惊讶。您会去参加一些会议,每年还会进行多次的国际旅行。但它们通常是某地的第一次国际年度会议,或者是第二次、第三次国际会议,这些都是全新的会议。我是科学史学家,我习惯了第18届年度……

**莱特曼**:对,是的。

**伯奈特**:是的。(笑声)可以从不同的名字看出这些会议的主题是一个全新的领域。有时它们的名字表达的内容很模糊,有时对一些相同的问题和技术却用不同的名称,但那是您的研究方向。在您与苏联人和庞特里亚金圈子的互动中,您开始意识到人们在研究相同的问题,或在某些方面有相似之处甚至在某些方面也有相同的问题……

**莱特曼**：人们有时甚至没有意识到这些问题早在100年前已经完成了，或许没有那么完美。毕竟以前并没有相应的方程式，那时人们仅使用文字来表达。但还有另外一些方面，我并不想对此持怀疑的态度。例如，在我们完成军事上应用火箭技术工作之后，或者在我们开始与苏联人进行一场太空竞赛之后，我们有了一大笔资金。之所以会举行那些会议，仅仅是因为有了以前不存在的赞助机构。我认为这是另外一个更实际的原因。会议举行不仅仅是为了科学，我认为这只是因为钱更多了。

**伯奈特**：我不想把这话强加于您，但我无法想象——那一定很刺激，我们可以得到新的人际关系。您可以认识很多以前不认识的人，能从他们身上学到很多东西，他们也能从您身上学到一些东西。

**莱特曼**：这是非常令人兴奋的。我再一次觉得我很幸运能在这样的领域里工作。有那么多有趣的人，在某些情况下他们又是非常好的人，我可以和他们成为真正的朋友，比如布拉奎尔。他从来不是我妻子最喜欢的人，他没有幽默感。我肯定告诉过你，我们在巴黎和南希一起开车的那个故事……

**伯奈特**：是关于他抽烟的那个故事吗？

**莱特曼**：是的，他在车里抽烟。南希说："你最好买辆新车，你现在这辆车的烟灰缸都满了。"他说："不，不，在法国汽车很贵。"（笑声）他竟然认真地回答了南希。我很喜欢他有点不同于人们通常的反应方式。例如，他有一条名叫雨果的三条腿的狗。他上床睡觉时总是抱着它上楼，这些都是小事。但另一方面，当我在60年代初第一次见到他时，他住在一个没有电梯的公寓里。在巴黎有很多这样五六层楼高的地方，你得走上去。他们有一个坐垫带裂缝的马桶，你必须非常小心地坐上去，以免被夹到。我是突然想到这些的，哈哈！

**伯奈特**：是的，但他很有头脑。

**莱特曼**：是的，确实是。

**伯奈特**：和他交谈真的很刺激。

**莱特曼**：是的，我们有一种非常好的相处方式。他经常和我们住在一起，当他来这里准备住几个星期的时候，他住在楼下的客房。那本来是约瑟夫的房间，后来改成了客房，他还抽雪茄。另一件事是，在我办公室的桌子上有一瓶非常好的法国白兰地，当我们讨论一些问题时，我们总是会喝上一杯。

**伯奈特**：不错。

**莱特曼**：很多时候我们并没有解决问题，所以……（笑声）

**伯奈特**：希望酒能激发灵感。

**莱特曼**：是的。我的意思是，有些小事情并不是这个领域的一部分，但可能使事情做得更加人性化。

**伯奈特**：我不知道。我认为这是科学实践的一部分，也许不是白兰地本身，而是社会互动，与人多年密切合作的能力。这是一种关系，我认为这对一个人能否与他人合作非常重要。

**莱特曼**：是的。我认为大家必须好好相处。如果大家相处得不好，那便不可能很好地工作，你需要更宽容。我想再强调一下，我们有点互补。他比我懂得更多的数学知识，但我更注重应用。比如，在书中我们写某一章中的一些例子时，常常会受到这种影响。也正是因为我在数学上问的那些愚蠢的问题，才使我们能够经常发现一些错误，直到今天都是如此。直到现在，很多人都乐意和我一起工作，这是因为我很挑剔。在这里，人们真的知道他们在做什么。我经常说："你到底是怎么从这一步到那一步的？"然后他们说："糟了。"这是我多年来作出的贡献之一，但我确实有点太挑剔了，有人喜欢，有人不喜欢。关于合作这个话题我们不会讲得太深，其中一个原因是我编辑了我的第一本书。我想应该是1961年，让我想一想。

**伯奈特**：不是1962年吗？

**莱特曼**：也许是1962年。

**伯奈特**：《优化技术》？

**莱特曼**：是的，是学术出版社出版的《优化技术在航空航天系统中的应用》。那时我遇到了另一个偶像：理查德·贝尔曼，他当时是偶像级别的人物。如果我能查到他的出生和死亡日期，我便能推测出出书的大概时间。首先，他是兰德公司的科学家。兰德是空军的智囊团，当时在那个智囊团里的鲁弗斯·艾萨克斯在某种意义上也是我的偶像，他是第一批从事微分对策的人之一，但我和他并不像和贝尔曼那样成为好朋友。这些书都是20世纪60年代中期出版的。我记得庞特里亚金的书的英文版是在1961年或1962年出版的；鲁弗斯·艾萨克斯是在1964年或1965年写的微分对策。我很感兴趣，看到有这么多事情发生，我想要整理出一本书，这对航空航天研究也算是一种进步。有意思的是，当我列出合适的人员名单来邀请他们写这本书时，我挑选了一些认识的人。泰德·埃德尔鲍姆去世得很早，我想他写的也许是书的第一章。米利写了两章。贝尔曼写了一章。我邀请了每一个我认为我可以找到的人，他们基本上都在航空航天应用领域有所建树。但是，斯坦福大学的亚瑟·布赖森想知道还有谁会出现在这本书中，然后他拒绝了我，他说："我不想和那些人有联系。"这太糟糕了，他是一流的人物。

伯奈特：您知道为什么吗？

莱特曼：不知道，也许他只是觉得他们不怎么样吧。例如，我想他对贝尔曼评价不高。

伯奈特：有趣。

莱特曼：但他从没告诉我"那些人"是谁。他只是说："有一些是我不想与之有联系的人。"这是一个自由的世界，但我结识了很多人。例如，我在苏联结识的第一批人是在 1963 年或 1964 年我的第一次旅行时认识的。在那里召开了一个你之前提到过的学术会议，好像是关于最优控制的？不是。是庞特里亚金 1964 年第一次来美国。

伯奈特：第二届 ××× 理论与应用大会？

莱特曼：是的。那是 1964 年。

伯奈特：是的，2 月初。

莱特曼：对的。卢瑞在圣彼得堡是一位非常著名且受人尊敬的数学家。我在那次去苏联的旅行中遇到了他。我还记得他给了我一桶鱼制成的东西。

伯奈特：鱼子酱？

莱特曼：鱼子酱。

伯奈特：好吃吗？

莱特曼：那不是最好的，但在苏联，这并不容易。他是一个非常好的男人。而且，在那些日子里，苏联已经出现了反犹太人的迹象。那时，卢瑞完全有资格成为苏联科学院的正式成员，但他从来没有被授予正式成员的称号。他有一个儿子和一个当芭蕾舞演员的女儿，还有妻子。他是我遇到的另一个偶像。后来他的儿子康斯坦丁在 70 年代初移民到了国外，贝尔曼和我资助了康斯坦丁，他成为一个主要研究偏微分方程的数学家。再后来，我们找到了他，并帮他找了份工作。我们把他推荐到了伍斯特理工学院，他作为一名高级教授一直在那里工作，我们之间还是很亲密的。后来，他们和他的女儿来看过我们几次，但我想他的妹妹已经去世了。我与卢瑞的联系一部分原因是基于学科领域，另一部分原因是基于我们的共同兴趣，无论是基于什么，我们之间的联系都是国际性的，它对我来说都意义重大。我不知道这一切是怎么发生的，在那个时候，我们之间的联系并不是有意的，当时可能是受到了某种启发，但我肯定我们在国际平台上并没有什么预谋。

伯奈特：您刚才提到了一个关于愚蠢问题的自嘲描述。但我确实想弄清楚，我觉得应该有什么特别的事情才会使您自嘲。您有一个准内幕人士的身份，您的工作涉及不同的领域。从您自己的角度看，您并不是一个完全的数学家。

莱特曼：我还远远称不上是一个数学家。

伯奈特：好吧。但您是一个非常有用的火箭设计师，是理论部门的一员。

莱特曼：是的，在洛克希德。

伯奈特：对。在洛克希德，也是在中国湖航空弹道项目中。

莱特曼：是的。

伯奈特：因此，您处于应用工程和项目最理论化的领域吗？

莱特曼：是的。这可能是心理问题，有人说过我很迂腐。我经常感到困惑，我总是想知道它们是怎么从这一步到那一步的，有时候这会对整体表现产生积极的影响，但这对那些只想做正确事情的人来说是一种折磨，但同时他们也很欣赏我的这种做法。人们经常会忽略一些看起来理所当然、但实际上应该去注意的事情。

伯奈特：好吧。我在考虑其他领域，我想知道当涉及科学或工程时，您是不是具备多语言或多文化。您对不同的领域都有所了解，并和不同类型的人交谈过。对于一个数学家，他在一个特定的领域会用一种特定的语言工作。而您可以和不同的人用不同的语言交谈，您可以走到他们面前说："好吧，如果你用这种方式来看待这件事的话，它会是什么样子的？"

莱特曼：是啊。我认为这可能是正确的，可我不知道这有多重要。但这肯定是我挑剔的其中一个方面。我在其他方面也很迂腐，不仅仅是在科学上。我尽量让自己显得有条理，我不知道这算不算迂腐。

伯奈特：迂腐的人是那些炫耀自己知识的人，是那些总在展示自己知识的人……

莱特曼：嗯，我们应该是挑剔的。

伯奈特：严谨和挑剔的。

**莱特曼**：是的。在某种意义上，我更多的意思是要尽可能严谨，并不是说我在试图炫耀，我只是希望人们对自己严格要求。这也是我经常和亚瑟·布莱森争吵的原因之一，他认为我总是在寻找那些非常特殊的情况。意思是说，我在必要条件足够的情况下，还浪费大量的时间来获得满足感。我并不是说他不知道这些特殊情况是有必要解决的，他是美国国家工程科学院的院士，当然是一个非常聪明的人。他撰写了两本书。他和拉里·何一起在哈佛大学写了一本著名的书，那是一本关于早期最优控制的书，并于1966年出版。他在前言中感谢了五六个人，我正好是其中之一。但有趣的是，他们的名字是亚瑟·E. 布莱森、鲁迪·E. 卡尔曼和其他中间字母是E的人。我是唯一一个姓名中间没有字母E的人，他也给我名字中间加了一个字母E。（笑声）

**伯奈特**：他给了你一个E。

**莱特曼**：乔治·E. 莱特曼。

**伯奈特**：我认为应该是寓意大家都跟工程学（Engineering）有关吧。

**莱特曼**：像我说的，他人很好。他完全没有必要在前言中提到我，我和他的书没有任何关系。我感觉这是一种很有意思的做法。

**伯奈特**：我看了这本书，您写的前言非常吸引人，它提炼了我们前两次访谈所谈论的很多关于优化的内容。

**莱特曼**：是的，《优化技术》。

**伯奈特**：我阅读了这本书的前言，看到了那些被您邀请来撰写书稿的人，我发现他们来自兰德公司和洛斯阿拉莫斯实验室。您在大学从事科研工作，拥有国家实验室，但是您没有轻视他们，也没有想过这必须是一个只能由数学家完成的工作。您在想，我在哪里可以找到有趣的人来把它们整合起来？您是不是类似于经理人？一个能把人们团结在一起的人。很明显，您多次邀请他们参与会议并撰写了书稿。

**莱特曼**：是的。我认为你这个说法是正确的。事实上，在南希和我的个人生活中也是如此。有很多人通过我们的介绍而成为朋友。虽然有很多人已经去世了，但是人们还是经常提到这一点："是你和南希把我们团结在一起的。"南希是一名很亲切也很棒的厨师，所以在70年代我们能吃到非常好吃的食物。除了为我们的生活增添乐趣以外，南希还让很多人聚在了一起，这是一件令人愉快的事情。她可能并不是有计划地让大家聚在一起，但她往往能做到。

**伯奈特**：这正是她的人格魅力，如果只是欢迎别人来做客的话，其他夫妻也能做到。

**莱特曼**：我真的喜欢和别人待在一起，所以我吃得很慢，但有时会使人发狂。（笑声）伯克利的一位退休教授对我说："你知道吗，乔治，你说的太多了。"然后她无缘无故地补充道："关于自己"。曾经是一个德国教授的她是那种尖刻的人。

**伯奈特**：好吧，这可能确实是我的错。我正在引导您更多地谈论自己，这是我的失误。

**莱特曼**：没事的，没事的，南希也注意到我会经常说自己的事情。

**伯奈特**：（笑声）是的。在《优化技术》的前言中，您概述了几个基本问题。当您试图设计某种系统时，必须确定目标并对多个目标进行权衡。这是一个非常恰当的描述。然后还有第二个问题，那就是我们要用什么技术来决定需要做的事情。

**莱特曼**：是的，对于这个问题……

**伯奈特**：对于这个问题需要好好权衡。在书中，您提了有不同名字的优化理论学派。在某种意义上，您说这些学派只是在用不同的语言来描述相似甚至一样的方法。我对此非常感兴趣。在您计划编写这本书之前，您已经知道这一点，正如您之前提到的一样，人们不一定只专注于一个领域，可以涉及多个领域，但是一定要能够清楚地了解它们。这是大家关心的话题吗？这些问题真的是大家都清楚的吗？

**莱特曼**：大家并不清楚，也没有人计划去整理这些问题。这是我策划这本书的一部分原因，可能是因为我想了解这些领域，我觉得我有必要重温这些相关的知识。这也许是为了努力证明研究中有许多方法在早期已经可以用相关方式来确立，例如本来之前利用经典微积分完成的方法，后面又用最大值原理的变化等方法再次完成。后面你会知道，甚至是在会议上都产生了非常有趣的争论。人们的目的是做他们想要做的事情，而不仅仅是研究理论或应用。我一直觉得这个说法很有意思。我想我也正是通过这个说法，越来越明显地意识到我的知识并不充足，这也成为一种强迫我学习更多知识的方式。可能我对这些方法的了解并不深入，但是至少我熟悉了这些方法。这也让我认识了很多有趣的人，对于我来说这是工作中很重要的一个方面。通常大家只是在闲聊，很少能遇见志趣相投的人。在鸡尾酒会上闲聊是很有趣的，但是我们并没有太多的时间，如果仔细考虑它的话，这其实是一件非常浪费时间的事。这么说吧，写这本书并不是完全无私的。

**伯内特**：也许这是必要的，可能有其他更传统的方法来做事情，有不同的方法来分割它。它可以是动态规划法，可以是变分法，也可以是庞特里亚金的最大值法。但您是在见证一个新领域或一系列领域的发展。为了做到这一点，您必须把目光放得广些，您得想得宽泛些。

**莱特曼**：我认为是这样的，尽管我不确定我做这件事的时候是否意识到了这一点。也许事情本来就是这样的。但我不确定我是否有严格的计划。

**伯奈特**：没有，但您感觉到了有一种缺失。有太多的人在做相同或相似的事情，而他们却不互相交谈。

**莱特曼**：是的，那当然也是我的观点，这是我面临的主要问题之一。部分原因是我需要做的工作太多，在邻近或重叠的领域缺乏沟通，而今天每个人都是专家，像医疗会诊，但我认为在学术上也是如此。专业课越来越多，如果你看看课程内容，专业化是很强的。当然，鉴于知识量很大，要想成为文艺复兴时期的人几乎变得不可能。周围的人很少，我认为这几乎是不可能的。另外，从我的经验来看，国际化确实不是一个小的问题。再说一次，如果我们要让世界继续前进，那么最好不要仅仅关注科学。我对体育也有这种感觉。有一种民族主义的努力，我们比你们更好。我认为这很糟糕。这确实让我感到困扰，我们处在如此严峻的困境中，而在我看来情况更是如此，只是因为人们希望成为越来越小的群体。这将出现更多的小国家。正如我对您所提到的，我们交换了电子邮件，我一直在阅读一些历史，也就是巴尔干半岛的近代史，这有点像你始终可以称其为世界巴尔干化。我认为从文化上讲这是很棒的，但是当你真要成为民族自豪的时候，这会困扰我。在我看来这是一个很低的标准。

**伯奈特**：因此，科学外交正在发挥作用，这不是一个人能左右的，但肯定是会发生的。

**莱特曼**：是的。

**伯奈特**：这使人们聚集在一起。国际社会和科学共同体是共产主义的初衷，或者说是共产主义为之努力的目标。

**莱特曼**：是的。当然，这事始于19世纪。亚历山大·冯·洪堡是一个很好的例子。他和杰斐逊一定是很好的朋友。他们一定是通过写信联系，我甚至不知道他们是否见过面，我得考证一下。

**伯奈特**：是啊，不确定。

**莱特曼**：但这确实是我感兴趣的地方，一个人可以超越自己的界限，以获得更多。也许这是我喜欢旅行的原因之一。后来我发现，世界各地的人基本上都是一样的，这也是我们对世界的看法越来越缺乏的内容。我觉得很糟糕，真的很糟糕。

**伯奈特**：正如我们已经多次谈过的那样，这项工作有一个社会的层面，一个个人的层面。

**莱特曼**：是的。

**伯奈特**：绝对是。所以您联系了这些人，我们这里有谁？理查德·贝尔曼？罗伯特·卡拉巴？

**莱特曼**：是的。贝尔曼和卡拉巴曾经在一起工作，但是后来他们吵了一架。再后来，卡拉巴成为我在南加州大学的好朋友费道斯·乌德瓦迪亚的合作者。我与费道斯·乌德瓦迪亚一起写了几篇论文。实际上，我们每周至少互通3次电子邮件。可怜的人，实际上他只有70岁，患有心脏病，可能活不了太久。今天早上我还收到了他的电子邮件。他和卡拉巴合写了一篇关于经典力学新方法的论文，开创了一个全新的领域。有些人不知是怎么想的，搞出了这么一个东西，这很有趣。

**伯奈特**：您能谈谈理查德·贝尔曼吗？

**莱特曼**：好的。他在60年代初，即1961年或1962年创办了《数学分析与应用》杂志。同时，《优化技术》一书正在计划。他也计划为学术出版社编写一个系列。我们第一次见面大概是在1961年，很明显是这样。

**伯奈特**：它应该是这个系列的第一卷？

**莱特曼**：不，不是第一卷。当时这个系列已经是一个很长的系列了。

**伯奈特**：哦，明白了。

**莱特曼**：可能是第28卷。但是它被命名为《科学与工程数学》。我记得这是我第一次与贝尔曼直接接触。然后，当他开始创办期刊时，他邀请我担任副主编。从某种意义上说，他是人们所说的比较另类的人。他后来告诉了我他为什么要这样做。他经常（即使不是侮辱性的）在与人交谈时带有挑战性。他认为这样做确实可以使一段良好的对话持续进行。

**伯奈特**：破冰者。

**莱特曼**：是的。但贝尔曼在很多方面都是一个了不起的人。例如，我想他是在 1972 年被诊断出患有脑癌，10 年或 11 年后去世。他做了脑瘤手术，但没有完全切除。在那段时间，也就是那 10 年或 11 年，他一直在工作，写了 100 多篇论文和 6 本书。

**伯奈特**：了不起。

**莱特曼**：贝尔曼总共写了 650 篇或 660 篇论文和 47 本书。他是一个了不起的人。他总有办法做到这一点，他从不校对任何内容，都是直接提交的。他从不重审一本书或论文，无论论文被接收或不被接收。他很聪明。他的论文导师是一位非常著名的数学家——普林斯顿大学的莱夫斯切茨。他被称为天才。我不知道，不管你叫他什么，很多人都恨他，因为他很尖刻。他后来告诉我，这只会使谈话变得有趣。当他去世后，我记得在 1981 年或 1982 年，杂志没有了主编。他在南加州大学创立了这个杂志。他是数学、电气工程、医学等学科的教授。他有 4 个教授职位。我的朋友费道斯·乌德瓦迪亚也是这样，他有 4 个教授头衔。他的遗孀在他的刊物里发现了一张小纸条，上面写着："我死后，我想让莱特曼当主编。"我大吃一惊，他知道我不是数学家。我考虑了几个月，然后我接受了，但有一个条件，那便是必须有一个真正的数学家当联合主编，我才会这样做。我做了 16 年，我做了 16 年的联合主编，直到 2003 年或 2004 年初，差不多这样。很有趣。为了让你知道他有多反传统，我来举个例子。他和尼娜一起去蓝狐餐厅吃饭，那是当时旧金山最好的餐馆。一定是 70 年代中期，差不多吧。那时候你得穿外套打领带。可他穿着卡其布裤子、运动衫、雨衣来到餐馆，餐馆差点不让他们坐下。我想也许他们给他带了条领带才算罢了。我不确定。我记得他说餐馆只让他们坐在靠近厨房的地方。他总是挠老虎的尾巴。

**伯奈特**：当然。

**莱特曼**：也许他知道自己很快就要死了，这首先是一种动力，或者说是真正的生产力。写这一卷是毫无问题的。他是个很好的网球运动员。当他死于脑瘤时，他们用绞盘把他放在了游泳池里。他个性很强，这毫无疑问。

**伯奈特**：天啊。

**莱特曼**：他不讨人喜欢。

伯奈特：是的。他不太关心那些，他关心的是……

莱特曼：是的，他一点也不在乎。

伯奈特：对，对。他和罗伯特·卡拉巴都是兰德人。我们已经谈过了，还有来自新西兰坎特伯雷大学的德里克·劳登。而罗伯特·W.巴斯德则来自洛斯阿拉莫斯。

莱特曼：是啊，我不太记得他们是从哪里来的。

伯奈特：他来自洛斯阿拉莫斯国家实验室。

莱特曼：是啊。他不是我的朋友，我只是从推荐信中把他挑选出来的。

伯奈特：还有几位来自航天军工的撰稿人，两个来自格鲁曼公司，一个来自洛克希德公司，一个来自波音公司，一个来自通用电气公司。

莱特曼：是啊，凯利，我不知道他的合著者是谁，但他是，让我看看——我不知道那时他是否有自己的公司。他在一家航空公司工作，但我忘了是哪家航空公司。后来，他创办了一家名为 Dynamics Associates 之类的咨询公司。我想泰德·埃德尔鲍姆来自一家公司，他不是学者。

伯奈特：联合航空公司。

莱特曼：是的，我想起来了。我觉得他是一个非常好的人，当然也非常优秀。

伯奈特：是上次访谈您提到的那位吗？

莱特曼：是啊。但我认为，他实际上是在研究那个领域的静态问题，而不是动态问题。他又是一个非常细心的人。然后是米尔，现在他是一名学者，最终他是在波音公司工作，但当时他还不在波音公司。其他工业界人士还有谁？

伯奈特：好吧，我想您唯一想做的是扩大范围。您把他们拉进来，而且他们都是那些善于思考问题的人，还有学者，可以从不同的角度来描述一个最优的系统。国家实验室、大学和私营企业也会这样做。也许在那些地方这样做并不少见，因为……

莱特曼：不，不。因为那些地方是他们工作的地方。

伯奈特：没错，没错。但我认为它表达了一种什么样的形容词——天主教徒，全基督教，不同领域的人来讨论这些问题。然后一年后，您被任命为教授。这肯定是一个很好的证明，您是在正确的道路上。（笑声）

莱特曼：你不知道我有多惊讶。坦白说，也许没有我现在这么惊讶，我接触了更多的学术领域，那时候当然是非常小的。我在这里待了7年左右，而且还没有在学术委员会任职。我真的接触到了学术界。是的。是不是几年后，麦格劳-希尔出版社邀请我写一本关于最优控制的教科书？

**伯奈特**：是的，60年代……

**莱特曼**：这是有原因的。他们接收了阿坦斯和法尔布的一本书稿。最初的书稿有1100页，他们想用200页以下的内容来概括。当然，那时我已经开始和Blaquière讨论最优控制的几何方法，我们已经写了几篇论文。也许我们已经或正在写我们合著的两本书，一本是和他的一个学生合著的。我们在法国见过很多次，除了他在这里的休假，他还经常来这里。不知怎么的，我们总是在没有计划的情况下走到了一起。

**伯奈特**：但从某种意义上说，您脱离了更狭窄的航空弹道领域，因为……

**莱特曼**：哦，是的。

**伯奈特**：对太空飞行的采访那是什么时候？1969年还是更晚？有人引用了您的话："我离开是因为……"您用拉丁语说的，但是……

**莱特曼**：圈子。面包和马戏团。

**伯奈特**：太空飞行世界的面包和马戏团。您说它周围有面包和马戏团的光环。它是流行文化的中心，有很多钱投入其中。显然有军工联合体参与其中。

**莱特曼**：是，绝对有。

**伯奈特**：这是其中的一部分吗？对您来说已经有点难以承受了？

**莱特曼**：我不知道我有没有意识到。我认为，更多的是通过与别人的接触，我拓宽了范围，而不是说我必须摆脱这种状况。

**伯奈特**：是的，不错。

**莱特曼**：我肯定不是那样的。我觉得我很幸运，有学生，有博士后，有同事。这很有趣，我很少和我自己部门的人合作。罗伯托·霍洛维茨曾担任机械工程系主任多年。我、他和他的几个学生，我们大概合作了三四篇论文。我再也想不出别的了。

**伯奈特**：洛菲·扎德呢？

**莱特曼**：不，我从没和他一起工作过。我们谈了很多，但没有一起工作。

**伯奈特**：是啊。他参加了一些会议，同时提交了一些论文。

**莱特曼**：哦，是的。对，对。他还主持了我在洛杉矶的一次会议。顺便提一个轶事，他年纪已经足够大了——尽管我们没有多大的不同。我们只差两三岁，所以这一定是最近才发生的，可能是在20世纪90年代末吧。我想那是在南加州大学的一次会议上，他是会议主席。我在会上发表了一篇论文，那是50分钟的论文。大约10分钟后，他那边发出了嗡嗡声，这意味着我的发言时间到了。结果是他睡着了，所以他想阻止我，但因为没人知道现在几点了。他后来很抱歉，他们让我在第二天的另一次会议上把整篇论文重新讲一遍。（笑声）这些都是些小趣事。

**伯奈特**：嗯，是的，真是好笑。现在我们回到正题上。您被吸引到了最优控制的世界，它已经扩展到所有不同的领域。已经有人在不同的领域应用了它。这便是您开始意识到它的部分原因。因此这成了您要继续发展的领域。我想问最后一个问题：我已经注意到有很多不同的会议，自动控制，最优控制，控制优化，基本上它们都是同一主题。您是否对学科的融合有所了解？有《控制优化》期刊，不是吗？还有一个《最优控制》期刊。

**莱特曼**：有无数的期刊。刚开始的时候有三四个，现在差不多有二三十个，也许还有更多的杂志。而且你现在要去印度写你自己的文章，诸如此类。只要告诉你整个出版过程是怎样的，从某种意义上，你会知道这太过分了。当贝尔曼经营这家杂志时，他只和一个秘书一起经营。他在南加州大学没有员工，他亲自接收文件。他有助理编辑，但总的来说他有最后决定权。一年有12期，每一期大概有150页。贝尔曼去世一年后，我接任联合主编，当时有一位数学家叫博阿斯，他是我的合作主编，只干了3年就去世了，后来我的合作主编是佐治亚理工大学数学系主任比尔·艾姆斯。我们一起干了16年。我辞职后，他又干了两三年。那本杂志起初是一年12期，每期150页，在我接手后的一年内，我们出版了24期，但仍然只有大约150页。今天是24期，每期300~400页，每月两期。它有3位主编、12位编辑和100多位副主编。

**伯奈特**：天哪。

**莱特曼**：是啊，每月有两本电话簿那么厚。

**伯奈特**：因此，期刊激增，从事这些领域的学者也激增。它指数增长……

**莱特曼**：是啊。看看中国，20年前几乎没有文章来自中国，而现在一半的论文来自中国。而且文章内容足够好，因此悉数被接收。

**伯奈特**：是的，当然。

**莱特曼**：非常有趣。由于越来越专业化，整个工程和数学领域，即应用数学得到了极大的发展。与之相伴的是现在正在写论文的可怜的家伙们，他们没有时间去研究这个领域的历史，如果他那样做的话，那需要5年的准备。而这种损失又是巨大的，有时事情不仅会重来一遍，而且当你真正深入研究它时，情况已经不如100年前那样好了。

**伯奈特**：随着计算机、数据存储和通信的发展，我们正在建立一个更加坦诚的社会，在那里我们交谈和交流比我们听和读要多得多，我们产出了太多的知识。

**莱特曼**：是的，没错，这是正确的。当然，这会增加许多问题，因为它是指数型的，是相当陡峭的指数。如果我只是想教学，我们还没有谈到我的教学，也没有进入教学的尾声，我开始讲授基本的静力学和动力学课程。同时，我开设了最优控制的研究生课程。这里没有这种课程，甚至在电气工程领域也没有。即使在数学系里，变分法也没有什么特别的课程，那只是另一个领域。

**伯奈特**：您这么做了吗？您确实教过吗？

**莱特曼**：我没有教这个方法，但教得很好，我教的课程是变分微积分和最优控制。因此我写的第一本小书，与那1000页的书相对应，我拿到了不到200页的篇幅。

**伯奈特**：哦，与阿坦斯和法尔布的书相对应。

**莱特曼**：是啊。但是我很幸运，我可以使用Blaquière开始开发这种几何方法，它反过来非常接近于动态规划，只是它更具几何特性。要让我自己去做，这要花费更长的时间，因此我便先看庞特里亚金做了什么。它真的很有趣，因为这是一本书，60年代中期，我经常想起它，人们联系我时便会提到它。最近我认识了一位叫Dilmurat Azimov的人，一位工程师、数学家，在夏威夷大学任教的应用数学家。原籍乌兹别克斯坦，在俄罗斯接受教育，那时是苏联。他40多岁。几年前，他联系我并来看我。从夏威夷专程旅行到这里，只待了3天。他来自一所很好的大学，不在莫斯科，但我认为是一所重要的大学。他的老师向他推荐那本书，那本200页的短书。他说他是通过那本书才真正理解了最优控制。

**伯奈特**：我认为，这更多的是证据或建议。不管怎样，您像一个局内人或局外人，您在考虑要打破这些禁锢，比如您怎么能把1100页的最优控制理论改写成200页。您认为，可根据真实的例子来说明发生了什么事情？

**莱特曼**：不，这本书主要是理论。

**伯奈特**：哦，好吧。

**莱特曼**：我的书与阿坦斯和法尔布的书都很注重理论，但主要是针对线性系统的。有趣的是当他们出版时，这本书最终被删减到750页左右。这是唯一一本销量很多的书，当时那个领域的书很少。现在很多了。今天，因为所有的内容都非常专业，如果你在这个领域出一本书，卖出300本那就算很好了。因此那很好。当时我还能用更多的钱。它有3个或4个版本。有趣的是，正如我所说的，仍然有人，通常是来自陌生的地方或不发达的地方的人，以某种方式找到了那本书，要么是老师推荐给他们的，要么是他们在图书馆里找到的。

**伯奈特**：是不是因为进入的门槛很低？您提到了乌兹别克斯坦的那个作者，他的书在苏联被翻译成了俄语。或者不是它，而是《优化技术》，您的第一卷。

**莱特曼**：不，是那本短书被翻译成了俄语。

**伯奈特**：好吧。但是在1965年，《优化技术》也被翻译成了俄语。

**莱特曼**：是的，但只被翻译成了俄语，没有翻译成其他语言。

**伯奈特**：好的，很有趣。

**莱特曼**：那时几乎每个人都接受英语作为通用语言。

**伯奈特**：是的，在工程和科学领域确实是如此。

**莱特曼**：而在苏联，他们当时觉得自己有点孤立无援。

**伯奈特**：是的，很有趣。

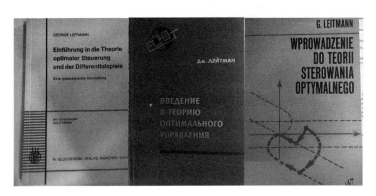

图6.1 莱特曼的出版作品，分别用德语、俄语、波兰语与日语发表

**莱特曼**：那本短书被翻译成了俄语和日语，漂亮的日文版。在波兰语和德语版中，我帮助翻译增加了两人博弈论的一章，因此这有一个额外的章节。是的，我想共有4种或5种语言。但这也是事实，因为这是60年代的事，这方面的书很

少，令人惊讶。有一些杰出的作品，比如庞特里亚金的书。但因为他们把他的书随意地放在了一边，庞特里亚金不高兴。

**伯奈特**：我只是猜测。有一所新的尼日利亚技术大学开学了，他们问您是否可以来，能不能来教一门短课。但考虑到入门的壁垒，这是对非常复杂的系统进行的非常复杂的分析，但是您可以在没有大量研究预算的情况下完成。您可以在教室里和大家一起做，特别是您在一个贫穷的国家……

**莱特曼**：是啊，这很吸引人。

**伯奈特**：因为有项目要开发，他们需要一个受过教育的、数学上成熟的精英。他们必须能够处理大型项目。因此，它对所谓的发展中国家具有这种吸引力是有道理的。我不知道您说的是不是这个意思。

**莱特曼**：是啊。例如，在60年代末，当我被邀请去阿根廷教冬季学期时，我想可能是那本书，也许是《优化技术》真正吸引了我。那是一个操作系统的讲授，因此非常好。而且，阿根廷科学技术部副部长曾是米尔的学生，但没有和米尔一起合作过，他们打了一场大仗。他还有六七个孩子。卡洛斯·卡沃蒂，他是一个好人。有时候，我并不想贬低自己，我认为自己是一个很普通的好人，因为我热爱别人。我想知道，我是不是因为自己是一个好人而获得了很多奖项。我是认真的。我不知道。

**伯奈特**：如果想做一个好人还需要把人们聚集在一起研究新问题，帮助人们，帮助人们编辑期刊，帮助人们完成他们的工作，是的，您可以看到这是怎么回事了……

**莱特曼**：没坏处。

**伯奈特**：确实没坏处。

**莱特曼**：好吧。我给你举一个例子，我认为这可能是一个特别恶劣的例子。我的前两个博士后都是意大利人，朱塞佩·巴兹尔和乔凡尼·马里罗。他们和我一起工作了一年。他们在研究线性系统，因此我们从来没有一起写论文。几年后，因为我是副主编接收了《优化理论与应用》杂志的一篇论文，内容是他们和我在一起时一直在做的研究。因此那是我们唯一的一次交道。但这些年来，巴兹尔实际上成了我的干儿子。他的父亲是博洛尼亚大学的工程系主任，这与我被提名和入聘博洛尼亚科学院有很大关系。博洛尼亚科学院是世界上最古老的科学院之一，如果他是提名者，我不会感到惊讶。我们这样说吧，我从来没有感到过惊讶。他出生于一个非常显赫的家庭，有四个兄弟，唯一一个直到 40 多岁才结婚的是贝佩。但我们走得太近了，我有一把他家的钥匙。他的父母拥有一栋大公寓。我知道地址：博洛尼亚的 Viale Pepoli。如果我们去博洛尼亚，我们可以住在公寓里，他们有一个空的房间，或者钥匙就放在房间里。然而，这是一个糟糕的结局。我看到了马里奥和巴兹尔，我们正在向前看，但这对我在斯图加特附近的 80 岁生日庆祝没什么大不了的。它是戴姆勒——克莱斯勒执行中心。是的，在 2005 年，那是最后一次了。巴兹尔是我见过的为数不多的真正的工程师之一。例如，他为船只和飞机设计了一个非常复杂的自动驾驶仪。他自己也是个出色的飞行员。曾经我和他一起从博洛尼亚飞到科西嘉的阿雅克肖，当时他正在给自动驾驶仪做认证。自动驾驶仪是美国亚利桑那州一家小公司为飞机生产的。但他也经常待在鲁迪·卡曼的家里。卡曼是我遇到的另一位大人物，是一位非常有名的人。他在 3 年前去世了。卡曼滤波器是一个非常复杂的电子器件，用来处理不确定的系统控制。他是另一个像贝尔曼一样的人物，因为他言辞非常犀利，所以不太受欢迎。我在哪里见过他？我想他邀请了我。他在苏黎世主持了一个会议，第一届国际控制论会议。他是第一位大会发言人。大会有两位大会发言人，一位在上午，一位在下午。他上午以大会发言人身份发言，立刻开始侮辱一半的观众。我们有很多人对卡曼过滤器很感兴趣，特别是来自非洲的，这是一个非常棒的东西。他是想用先进方法训练年轻人，但大多数的研究，包括运营、研究和经济，这些都是更实际的事物，他们不是在制造火箭。他首先说的是"经济学家是白痴"，然后开始试图证明。他还说："他们甚至不知道什么是因变量和自变量。"诸如此类的事情。这为会议定下了基调。然后在下午，当我报告时，在提问环节，他举起了手。大家都知道他会让我很难受。但他反而说："我看问题不多了。"他当时主持了那次会议，今天早上我还没说完我想说的话。我会用剩下的 5 分钟告诉你更多。（笑声）这就是鲁迪·卡曼。

再有，例如，1988 年是博洛尼亚大学 800 周年校庆，他们度过了特殊的一年。在 1988 年，每个月都有一个人获得荣誉博士学位，特蕾莎修女是在那次会面后的第一个月拿到的。我想鲁迪·卡曼是第 10 个月或者是第 9 个月拿到的。午饭后我和他一起散步，他刚刚获得了东京奖，那是一大笔钱。他非常自豪地告诉我："我接受了，但有一个条件，他们要把钱换成美元付给我。"他是那种人。哈佛大学的情况很糟，但他成了斯坦福大学的教授。当然，好多人想去演讲厅听鲁迪·卡曼的课，但因为他侮辱了学生，第二学期还剩下 30 个人。学生们会举手说："对不起，卡曼教授，但是……"然后再问一个问题。他的标准答案是："如果你懂一些数学，你就不会问这么愚蠢的问题了。"这通常是他的答案，这就是鲁迪·卡曼。这有点像贝尔曼，但贝尔曼没那么粗鲁。

**伯奈特**：对。这是一个对比鲜明的案例。我是说，待人友善是对有成就的事业的一种补充。您向人们敞开大门，把人们聚集在一起，提出新的问题，促进和建设。当然，这些有成就的人当中有些人可能是混蛋，这是另一个问题。（笑声）

**莱特曼**：哦，当然，我并不惊讶。这是两个典型的例子，这很有趣，你能了解所有人。当然，我相信每个领域都是这样的，尤其是在技术领域。对于那些想全身心投入解决实际问题的人，肯定遇到过这两种情况。然后是"谁先做了什么"。我们以前谈过这个。我不确定我们能不能……

**伯奈特**：优先权争议？

**莱特曼**：嗯，是的。谁先做了什么。

**伯奈特**：是的。我们没有。它符合我们的时间表吗？

**莱特曼**：是啊，我认为……

**伯奈特**：是的，您基本都说了。

**莱特曼**：是啊，我知道，但这只是关于时间轴的问题，艾萨克斯的书大约是在 20 世纪 60 年代中期出版的，是关于微分博弈的。我想这叫作微分博弈。正如我之前提到的，艾萨克斯和贝尔曼在 20 世纪 40 年代曾在兰德公司工作。艾萨克斯确信，最优化原则也就是动态规划所依据的简短陈述，只是过渡原则的一个特例。我相信他在兰德的 3 份报告中，在 20 世纪 40 年代末，他第一次提出微分博弈，这成了他后续书的基础。他确信贝尔曼从他的报告里偷了这个。在那之后，他花费了很多年的时间试图证明这一点。事实上，在 1966 年，这是莫斯科数学家大会上的主要娱乐活动之一，这两位美国数学家进行了一场大战。对于后来成为约翰霍普金斯大学教授的艾萨克斯来说，真是难以置信。我是他退休典礼的主持人。这可能是 70 年代末的事了。是的。他和贝尔曼都是在 20 世纪 80 年代初去世的。当时我用了一句话："艾萨克斯是他那个时代的传奇人物。"他喜欢我是因为我说的这句话。突然间我成了他最好的朋友。另外，艾萨克斯的遗孀罗丝·艾萨克斯，在他 1981 年或 1982 年去世后，经常乘船出海。她乘坐太平洋邮轮经过这里，在伯克利和我们一起住了3天。也许是第2天或第3天我在早餐时提到了贝尔曼的死,他在那之前几个月去世。她说:"很好",就像那样。(笑声)因此它透射了整件事。人真奇怪。

**伯奈特**:是啊。好吧,让我们下次把它作为一个主题。我们已经谈到20世纪60年代中期了,然后我们可以开始谈论莫斯科会议了。我想那一定很好。

**莱特曼**:是啊,我们还可以引入一些其他的事情。

**伯奈特**:当然。

**莱特曼**:我提到过我早期的两个博士后。是的,在1965年,几何方法与Blacquière的方法几乎同时问世,还有他们的书和类似的东西。例如,我的一本短书,是由简·斯科罗恩斯基的妻子翻译成波兰语,之后斯科罗恩斯基成了我的一个非常亲密的朋友和同事,后来他在澳大利亚昆士兰大学任教,同时他也是南加州大学的客座教授或副教授之类的。我们每年都会召开一系列的会议,优化和控制会议,一直在南加州大学举行,直到斯科罗恩斯基去世,后来会议由我自己主持。然后我开始在欧洲开会,多数是国际性的。

**伯奈特**:当然。

**莱特曼**:是的。

# 第 7 章

# 魂铸控制论大师

**采访时间**：2018 年 9 月 26 日

**伯奈特**：这里是保罗·伯奈特采访乔治·莱特曼的现场。今天是 2018 年 9 月 26 日，这也是我们的第七次采访，地点是伯克利山庄。上次谈话中，我们提到了一个或几个新领域的诞生。这些领域在发展初期具有一定的相似性。早期从事这几个领域研究的人来自不同的专业，但像您一开始强调的那样，尽管这些人运用不同的技巧，但是他们研究的是同一类问题。而您一直想把这些人凝聚起来，这便促成了 1962 年《优化技术》专著的出版。在我们深入了解 60 年代的故事之前，我想先和您谈谈家庭生活，您能为我们介绍一下那时您的家庭情况吗？

**莱特曼**：我们之前谈到过我没去成苏黎世的事情，这件事既幸运又偶然。在那之后，我很快再次见到了南希，见面前她基本已经放弃了我。直到 1955 年的 1 月，我们才准备要结婚了。这是我人生中第一个非常快乐的 10 年，这期间不仅我的私人生活，而且我的学术生涯也发生了很多重要的事情，我和这期间认识的很多人都成为亲密的朋友。这些事情以某种方式紧密地联系在了一起，很难将它们分开表达。第一年后，我从伯克利回来完成我的论文，正如我之前所谈过的，回到了中国湖的工作岗位上。我是在伯克利第一年时结婚的，1957 年我们的第一个孩子约瑟夫出生，当时我已经回到了中国湖。但晚些时候我又回到了伯克利（约瑟夫生于 1957 年 4 月，我们于 1957 年 8 月回到伯克利，同时我成为这里的教工）。然后，我们的女儿伊莱恩于 1959 年在伯克利出生了。因此，我的孩子一个出生在沙漠地区，另一个出生在奥克兰地区。

在很多方面，无论是从个人角度还是从职业角度来看，那是我所能想到的最重要的 10 年。就个人而言，我们刚刚已经提到了原因。就职业而言，是因为那段时间我有幸遇到或接触到的人很大程度上同我在职业与个人方面都变得非常亲近。当然，职业方面对我来说最重要的一位是来自巴黎大学的奥斯汀·布拉奎尔。他以客座教授的身份来到这里，接替了伯克利一位休假教授的职位。随后我们立即展开了合作，那是 1964 年。简·斯科罗恩斯基对我来说也很重要，他来自波兰，和我合作有两个原因：第一，他对控制问题非常感兴趣，因此我们时常进行联络；第二，他在 20 世纪 60 年代末移民到了澳大利亚，1968 年他妻子把我的《最优控制导论》译为波兰语，那真是件特别棒的事情。现在我们还时常联系，他也在南加州大学担任兼职教授（他在昆士兰大学任职，只在夏季担任南加州大学的兼职教授）。那段时期，他在南加州大学召开了一系列的会议，即前 5 届的优化和控制会议。会议每年都会举行，从那时起我都会组织和参与会议。同行们在一次会议中，为我举行过 65 岁生日宴会。回想起来，斯科罗恩斯基可能没有布拉奎尔对我影响大。布拉奎尔对我来说不仅是一个朋友，还是一位老师，他教授给我很多数学方面的知识。我与他的妻子波莱特也成为非常要好的朋友，直到他 70 岁生日那天，我在维也纳为他组织了一场聚会，而他在与会途中不幸离世。那是很久之后的事了。

回想起来，很多与我亲近的人有着悲惨的结局。其中一个是我最初指导的两个博士后之一。这两名博士后分别是马里罗与巴兹尔，他们都刚刚拿到博洛尼亚大学的博士学位。大约是 1962 年，我与他们一起工作，起初彼此不是很熟悉，因为他们感兴趣与研究的领域属于线性系统，而那不是我的主要研究领域。我与他们共事的时候，就工作方面和他们进行过交流。大概在 1967 年或 1968 年，他们花费了相当长的时间撰写了一篇论文，我帮助他们将论文发表，当时我是《优化理论与应用》期刊的副主编。正如我们上次谈话时提到的，巴兹尔可能是我见过为数不多的真正的工程师之一。他在数学以及建模理论方面表现得相当出色，他仅凭自己的双手便可以发明或改进一个系统，还可以在实验室中制造相关设备，再进行实验验证。他发明过一种非常好的自动驾驶仪，既适用于飞机又适用于轮船。事实上，我不记得是否提到过，当准备进行验证时，我们乘坐搭载着该自动驾驶仪的飞机，一起从博洛尼亚飞往科西嘉省的省会阿雅克肖，他可真是个伟大的飞行员。后来，亚利桑那州的一家小公司开始为美国飞机（而不是轮船）

批量生产该自动驾驶仪。他经常利用夏季的一部分时间在佛罗里达大学做访问学者，常住在鲁迪·卡曼的家中，那时卡曼已经拥有了自己的游艇，经常在加勒比海或其他地方巡游。

在他其中一次的访问中，可能是2011年或2012年，他带着他的一个学生，以及那个学生的十几岁儿子一起乘他的飞机旅行。他们需要先飞去一个邻近的机场，那里的燃油更便宜一些，但起飞时发动机突然熄火了，任何人对失控状态下的飞机都无能为力。因为没有足够的滑翔距离，飞机撞进机库然后发生了爆炸。

**伯奈特**：天哪！

**莱特曼**：这个几乎被我视为干儿子的人，生命就这样结束了。

**伯奈特**：我能问您几个问题吗？第一个是，您提到了巴兹尔是一名真正的工程师，而布拉奎尔，您好像更愿意把他描述成一位真正的数学家。

**莱特曼**：抛开布拉奎尔拥有的物理学博士学位不说，是这样的。实际上他也写过一本关于核物理的书，但大部分内容是从抽象的角度出发的，同时他也有物理方面的博士生。

**伯奈特**：请问一下，您的身份是什么？您认为自己是科学家或是研究人员？

**莱特曼**：我对自己一点也不客气，我想我是一个"业余家"，这是最好的表述了。这个"D"字母开头的词语不是"Dr"（博士），而是"Dil"（外行）。正如我经常强调并且相信的那样，我只是偶然会有一个不错的想法，它是否真的很棒，我一开始还判断不了。之后我不得不暂时停下来，未能对其进行深入研究，我可能还缺少着某些方面的工具。后来我有幸遇到了一些人，无论是学生、博士后还是同事，他们会说："我认为我们可以根据这个想法做更多的事情。"然后我们成功做到了。基本想法有了之后，我可以暂时停下来，而后又将它完成了，有时甚至在40年后才回来继续将其完成。我不觉得除了"业余家"以外还有其他身份更适合自己。

**伯奈特**：我们知道您参与过很多项目，从开始直到结束。或者我这样说，会不会有这样的一种方式，您通过阅读文献，或者与不同专业领域的人进行交流，进而有一些想法产生？那个想法从何而来呢？

**莱特曼**：你是说最开始的基本想法吗？

**伯奈特**：是的，最开始的基本想法。

**莱特曼**：在研究后来被称之为基于系统的等效优化问题时，有些想法来源很质朴，我遇到了一个或一类问题，比如最小化或最大化一个积分。我可以运用零数学的知识，或者仅通过观察去处理问题，但这样总会缺少一些东西。让我们举一个具体的例子。比如，我想使一个积分的值最大化，然后我注意到，在许多情况下，如即使是在火箭问题中，被积函数也基本上是非负的。它们通常是二次型的，如能量之类的，例如动能是速度的二次型的。我可以看着它，然后，我知道这个积分的最小值是零。假如它是二次型的话，我明确地知道，对于变量的所有取值，我可以使它的被积函数为零。但后来发现，这不能满足所有积分区间条件，这种方法仅适用于系统从给定状态返回到相同的状态。同样，在实际问题中，想让火箭从零速度开始，然后到达某个位置，但它并不总是零。然后，我想通过一个变量转换做到这一点，最终确实是这样实现的。

**伯奈特**：您在用理论、数学以及语言来表达世界上真实的事物时，您会意识到您正在研究的应用对象与您想要描述的过程，以及您所使用的语言之间存在着某种差距，这其中存在着一个语法的问题。

**莱特曼**：是的。我认为在对这类事某个重要部分的处理上，最简单的方法是存在的，也是我唯一可以使用的方法。后来我却发现，这个方法根本行不通，除非我再做一些其他的事情。然后，令人高兴的是，我想到了可能需要对变量做一些转换。而后又研究出，必须是对某些特定的变量进行转换，使得转换后的新变量能保持相应的积分值最小。你一定需要系统输出从一个值返回另一个值，这一变换将允许你在系统给定的边界条件下这样做，然后再将其逆变换后应用到初始问题上。也就是说，在现实生活中，你所说的"动机"，在某种意义上我更愿意将其称为一个好主意，这样说才是最贴切的。在我们把优化方法推广到更一般的系统之前，我还不能保证我想要的所有积分结果都为零（在我设计出变量转换之前），直到我开始与一位数学家合作，我们把二次被积函数扩展为凹函数才解决了这一问题（二次函数是一种最简单的凹函数）。基于这点，虽然数学在证明上有些令人抵触，但就其作用而言是显著的。甚至与我合作的数学家迪恩·卡尔森也表示，我已经证明了它适用于二次系统。但下一步需要证明它具有凹性。这就是我们所做的工作。我们在工作过程中会相互启发，但对于那些繁重的工作，繁重的数学工作，往往是由我以外的其他人在做。

**伯奈特**：我们在镜头外讨论过这个问题，但我们现在谈论的事情所处的时间段有些混乱。从某种意义上说，您大致有多个研究是同时进行的，它们在某种程度上相互影响，您会很忙，需要很活跃。若是一个好想法出现了，您也可能没有时间去探寻它。您有没有一本关于自己想法的"黑皮书"？有没有针对这些问题对自己进行规划？

**莱特曼**：你是指所谓"未解决的问题"之类的书吗？

**伯奈特**：是的，差不多。

**莱特曼**：没有。事实上，我没有那样做。我没那样做，是因为我会专心地投入到下一件事情当中。我是说，我知道10年、20年前自己做了一些事情。而后，我很幸运，一些人出现在了我的生命中，他们要么敦促我做更多的事，要么说"你在这方面可以做得更好"，或者有人站出来使我可以说"有一位数学家愿意与我合作了"。这都是幸运而又偶然的事件。我再强调我只是很幸运也不为过，只有这样，我才有可能做成那些事。

**伯奈特**：有些人来到了加利福尼亚的伯克利，他们走进了您的生活。简·斯科罗恩斯基在夏天来到南加州大学。显然，来自昆士兰州的他希望来到美国，从事一些优化方面或与优化相关的工作。但你们也要出去参加一些会议，正如我们上次谈到的，这都是些具有开创性的会议，有些是第一届，有些是第二届。

**莱特曼**：有些人精疲力竭，有些人砥砺前行。

**伯奈特**：其中一些会议是极其重要的，它们有些理论性很强，有些更侧重于具体问题。您还参与了会议的组织策划，我想我们已经谈论过一些了，在美国空军研究所的那次会议上，以及您挑选人才的方式，无论他们是在工业界、政府研究实验室还是学术界工作，您的做法很常规，也很热情。有些人您甚至都不认识他们，您说您只是读了一些有关他们的推荐信，就激发了您去邀请他们参加会议的热情。

**莱特曼**：没错，真的是这样。例如，在编写《优化技术》第一卷时，大多数人都是我认识的，但确实也有一些人我从来没有见过，也许是直到会议上才第一次见到，他们说自己对某些问题有其他看法。这样会产生非常有趣的"副产品"。这成为一种流行趋势，某种特别的方法会被人们疯狂追捧，甚至在开会时竟然把这种特别方法的名称印在T恤衫上（我并不想具体提及这些方法）。

**伯奈特**：这大概发生在什么时候？是70年代吗？

**莱特曼**：不，甚至更晚一些。是的，很久以后。

**伯奈特**：这像是一个团队。

**莱特曼**：有点像"学派"之类的群体。之后，也许已经是在60年代末，我给你举几个例子，让你感受一下那会儿有多么令人不安。我去西伯利亚参加会议，那是一个美苏共同举办的会议，工作语言为俄语和英语。那里有两个人，都是学派的领导人（从这个意义上说是学派）。他们都无法忍受对方，真的开始在公共场合互相侮辱，尤其是其中一个，说得比较过分，以至于翻译人员突然意识到，自己不知道该怎么翻译了，然后说："现在他们说得太快了。""我听不懂他们在说什么。"那是个将俄语译为英语的翻译人员，他不想让我们知道具体的内容。有这样事情的发生，让我感觉学术并非没有国界。

**伯奈特**：嗯，在这种特殊情况下，那还代表了另一层含义，不是吗？苏联科学家与美国科学家之间的一些会议需要面对"冷战"问题，这多少为关系缓和有些贡献，对吧？但当时局势并没有缓和，那时正是"冷战"的高峰时期。

**莱特曼**：那当然是真的。我认为当时的苏联人真的会觉得自己在很多方面都很优秀，甚至可能比其他人更好，但这并未得到真正的认可。在某种程度上，这确实是事实。因为大多数的主要出版物都是英文的，所以他们有段时间也很难获取信息。不过，说句题外话，我的第一批用俄语发表的文章之一——我得好好想想，那是很早以前的事了，我想它可能是1961年或1962年发表的，没错，是《最优火箭轨道》，发表在1961年，是在纽约召开的一个名为"国际空间站飞行器系统优化专题讨论会"的会议上。它出现在同年的苏联科学院《数学与力学会议集》中。那次会议的英文会议集直到第二年才发布，因此那篇文章的俄文版发表在英文原版之前。这也意味着，苏联人对这一领域非常感兴趣，这当然很好。但每当我看到它的时候，总遗憾这篇会议论文的俄文版比英文版早了一年。

**伯奈特**：会有什么补救措施吗？庞特里亚金要去参加会议，但我想他们不必担心他会叛逃。

**莱特曼**：不可能。首先，庞特里亚金是个盲人，他总和随身带着录音机的两个研究生学生一起游历（那时还是有线录音机）。学生们会用录音机把他说的话录下来，那代表着他们对偶像的崇拜。1966年我们在莫斯科参加数学大会时，所有人都在关注两个美国人：理查德·贝尔曼和鲁弗斯·艾萨克斯，他们将展开一场激烈的辩论。那次会议当中还有很多内容，并且还有另一个方面的内容你可能会很感兴趣。

**伯奈特**：其实，只要与这次会议相关的事我都很乐意了解，除非它不适合放在采访中。

**莱特曼**：那倒没有。但有三个非常有趣的故事。我不是数学家，也从未自称数学家。开始我没打算去参加那次会议，但这是国际数学学会最重要的会议，菲尔兹奖便是在那次会议上颁发的。在1965年，我突然接到一位女数学家的电话——我希望我能记得她的名字——但只记得她是美国海军研究所数学部门的负责人。

**伯奈特**：我想您已经告诉过我们，她需要一位陪同的人。

**莱特曼**：是的，我们谈过了。好吧，这是其中一个原因。因此我去参加了那次会议，并且还去了欧洲其他一些地方，是她必须去，于是带上了我。我想这是我第一次当"吃软饭的人"。（笑声）

**伯奈特**：参加国际数学家大会，这是1966年8月16日至26日您的苏联之行。

**莱特曼**：对，那是第三次。

**伯奈特**：其中有一件事在您看起来可能并不重要，但对我来说却印象深刻，那就是在克里姆林宫举行的大型招待会。

**莱特曼**：对，那是件大事。来自世界各地的2500名数学家都来到了莫斯科。这表明只要苏联人想，便可以把事情做得很好，不仅是在社交方面，甚至在那个宏伟的大厅里所有的自动扶梯都运转得很好。有一天晚上，他们在那个地方吃了一顿有趣的站立式晚餐，所有的东西都摆在周围，有伏特加、白兰地，每个人都是自助用餐。但后来有一些奇怪的人穿着大衣四处走动，把桌上摆的东西装进了自己的口袋里。他们穿过大街小巷进入克里姆林宫，来参加会议，但实际上是在偷食物。这当然很有趣，在后来访问苏联时，我突然意识到，这正好可以用来作为我对苏联体系如何运作的了解。

**伯奈特**：后来有人告诉过您那些自动扶梯不常开吗？

**莱特曼**：没有，但这是众所周知的。我一定提到过来自伯克利、名字叫威特金的年轻工程师的一本自传（实际上是后来出版成自传的一本日记），里面提到他想去苏联的两个原因：一是他爱上了那里最受欢迎的一位女演员；二是他是一个社会主义者，他觉得自己在苏联可以起到一些作用。你若读到了他的日记，便出乎了他的意愿，因为他把所有的笔记都烧掉了，但忘记自己还给朋友留了一本，后来伯克利出版社大约在 10 年或 12 年前出版了那本自传。在苏联如果他们想做一些事情，无论是物理方面的还是工程方面的，他们都可以花费大量金钱去达到目的。当然，如果在克里姆林宫举办活动，则需要投入更多。

**伯奈特**：这毫无疑问，这暗示着他们要做关于火箭技术之类的事情。

**莱特曼**：是的。虽然那是个数学会议，但我不认为是那样的，那只是在炫耀而已。这有点像在本国成功举行奥运会一样，这次会议像"数学奥运会"。从声望的角度来看，他们过多地想要向全世界展现最好的一面，显示他们完全可以做到，并且他们真的这么做了。但是鲁弗斯·艾萨克斯和理查德·贝尔曼之间的冲突很有意思，庞特里亚金和他的两个研究生坐在第一排，坐等着冲突的爆发。我们都知道这里将会发生一场冲突，因为鲁弗斯·艾萨克斯在大多数会议上都只是陈述一篇 20 分钟或者半小时的文章，而贝尔曼每次都是会议的主题发言人。就名望而言，他们并不在同一层次上。当然，大家立马注意到有些事情可能要发生，艾萨克斯的论文题目是"动态规划与微分博弈（艾萨克斯的专长）以及前者从后者那里到底学到了什么"。于是大家都说："啊哈，好戏要来了。"他们都饶有兴趣。艾萨克斯站起身来说："当然，每个人都了解那些数学知识。"（在那时，他的书也已经出版了）"我不会将你们的时间浪费在听我解释这篇论文上，我只想向大家阐明这个研究的历史归属问题。"然后他离开了。虽然他与贝尔曼都在兰德公司，贝尔曼还是他的主管，这一切怎么可能是盗用呢？贝尔曼在兰德公司写的 3 份内部论文都是机密文件，无法公开。直到艾萨克斯以这些论文为基础编写了一本书，才表示"所谓的最优性原理其实是我论文中过渡原则的一个子集"。但结局是，那天我同贝尔曼一起吃午饭时，他感到十分崩溃并且哭了出来，尽管他原本是个很坚强的人。我觉得他一定很受伤，在全球最重要的数学会议上，他基本上被定义成了一个剽窃者。贝尔曼不是个容易被打倒的人，他是个厉害人物，但那次他确实崩溃了。

**伯奈特**：您觉得这不是故意的吗？

**莱特曼**：我不知道，这没有办法证明。艾萨克斯当然可以证明微分博弈诞生于兰德公司。但现在，到底谁从谁那里拿走了什么，谁知道呢？我不认为贝尔曼需要那个，他从不认为动态规划是他对数学界的主要贡献。但从那时的学术风向来看，却刚刚变得众所周知了，这也与后来在阿卡杰姆戈罗多克召开的那次会议有关，当时那两组苏联人都参与其中。嗯，我可以提一下那次会议，我已经提到过那位翻译人员……

**伯奈特**：是在 1968 年？

**莱特曼**：是 1968 年，在西伯利亚的阿卡杰姆戈罗多克，庞特里亚金学校的某个人在汇报为时一小时的论文，其中 50 分钟作报告，10 分钟用来进行问答。在问答环节，苏联科学院计算机部门的负责人尼基塔·莫西耶夫站起身来开始发言（他们同时在翻译，我一字不差地记下了那些语句）。当翻译听到他说："如果我再听到'庞特里亚金极大值原理'一次，就要吐出来了。"便停止了翻译。这时翻译说："现在他们说话很快，我不能……"（大笑）类似这种事情的发生，表现出两个群体间真正地互相憎恨。在苏联，接触一个人可能需要考虑他的财力与声望，也许与数学家相比，计算机技术人员获得的资源要多得多，仅仅是因为他们是致力于研究大家感兴趣的问题的，而不只是提出一个可行的、完美的理论。尼基塔·莫西耶夫是一位很重要的人物。我们中午会一起去餐馆，我和他即使算不上朋友，也算是熟人。我正在叙述的事情时间点可能是 1965 年或 1966 年，当他走过长长的队伍时，队伍前方的门会立刻打开，之后他便会直接走进去，真是令人震惊。

**伯奈特**：一个不同的体系。

**莱特曼**：是的，一个不同的体系，这是其中的一个方面。我想我可能有点跑题了。

**伯奈特**：您刚刚说到了这次会议的重要性。

**莱特曼**：对。在那次会议上还发生了其他事情。顺便一提，在 1966 年的那次会议上，我们数学系的史蒂夫·斯玛尔获得了菲尔兹奖章，在快要进行颁奖的时候，发生了两件事。第一件事是他因为和国家科学基金会签了大合同而惹上了麻烦。史蒂夫之前去过夏威夷并在那里工作过，有人报道过他。当然这是好事，他是位理论数学家，而且在夏威夷，他完成了他最好的工作。在那之后他去了莫斯科，伯利克报纸，我不清楚当时叫什么名字，是那时伯利克自办发行的报纸，那报纸的头条上写道："加州大学的数学家投靠苏联。"因为史蒂夫离开得非常匆忙，他们知道他之前和国家科学基金会有关的争议，毕竟这件事广为人知。在会议的另一天，我和史蒂夫正准备去吃午饭，要知道莫斯科大学的台阶很长，有 300 英尺左右，我们沿着台阶下山。当然我现在是不会那样做了。史蒂夫和我正走着，突然被一大群从周围冲出来的苏联记者包围了，当时肯定有三四十人，都拿着笔记本想要就一些问题采访史蒂夫。要知道，史蒂夫是著名的反越战者，而且新闻里报道他也全是关于他反对越战的。因此，这些记者希望了解他对于美国参与越战的看法。对于提问，史蒂夫笑着说："我会很高兴回答你们的问题，关于我的对于越南战争的看法，我们可以在别处聊，这里不太合适。"当时所有人都沉默了几秒钟，很显然记者们并不想听到这样的回答，也没有人将他的回答记下来或者怎么样。你知道的，这些都是发生在一次会议上。

**伯奈特**：当时是在阿卡杰姆戈罗多克吗？

**莱特曼**：不，不是，当时是在数学大会上，是在……

**伯奈特**：哦，那他回到美国之后因为这件事情受到了什么影响？

**莱特曼**：没有。首先，他获得了菲尔兹奖章，这是比诺贝尔奖更重要的奖项。要知道伯克利校区的菲尔兹奖得主都有专门的停车位铭牌，上面会写"某某教授"，而不是"NL（诺贝尔奖得主）"，诺贝尔得主太多了。菲尔兹奖 4 年评一次，只在两三个人之间进行评选，没有奖金，只有荣誉。我认为这实际上比获得诺贝尔奖更加荣幸。史蒂夫之后成为新加坡大学的校长或者是名誉校长之类的。我上一次见他大概在四五年前，当时是在校园里，我与他交谈时回忆起了那天。

**伯奈特**：我明白，这些都是 25 年前的记忆了。但是基于我的了解，在菲尔兹奖章的评选中，苏联人是非常出色的竞争者，也许不是当时而是后来。

**莱特曼**：哦，那大概是之后。嗯，可能是后来发生的事情。

**伯奈特**：他们的能力得到了认可。

**莱特曼**：哦，是的，确实是这样。苏联人在数学上一直很棒，这毫无疑问，从彼得大帝时期开始便一直是这样，是一种传统。这并不奇怪。我自己经历过这个，是因为我在 1974 年之后便没去过苏联了，这是另外一件事。但我一直与一些胆大的人保持着密切的联系，然后突然有一天其他人消失了，直到后来进行了改革。这非常有趣。

**伯奈特**：就您个人而言，对那次会议是正面的看法吗？那是些激动人心的岁月。或许我们也可以转回您正在进行的研究上。上一次，我们讨论了最优控制的变分法，但是您所追求的略有不同，那是受到了一些影响，我认为对于……

**莱特曼**：大概是布拉基耶。

**伯奈特**：对的，布拉基耶。我发现您在关注最优控制的几何性，我看了您的一篇以此为名的论文，那篇论文是在 1964 年 10 月份密歇根大学的最优控制研讨会上发表的。

**莱特曼**：那次会议好像艾萨克斯和庞特里亚金也在。

**伯奈特**：他们俩是发生过争吵吗？因为我认为那是……

**莱特曼**：不，不。你说的是贝尔曼，我记不清他到底有没有参加。但我记得那是 1964 年的会议，对吗？

**伯奈特**：是的。

**莱特曼**：在那次会议上，艾萨克斯带来了他的书稿。我记得，当时是我第一次亲眼见到他。

**伯奈特**：您说，在那次 1966 年的会议上，人们都期待着艾萨克斯和贝尔曼会来参加会议。

**莱特曼**：大家都明白，这或许潜藏着恶意。那篇论文一出现在会议上，就是我之前告诉了你名字的那篇，很明显感觉到气氛有些不一样了。

**伯奈特**：这个赌注很大啊，不仅是声望，还有各种资源，是作为科学家的声誉，是一切。其中一些人做得很好，对吧？虽然他们中的许多人没能得到他们能在其他地方拿到的报酬。

**莱特曼**：在那个时候，艾萨克斯已经是"差动博弈之父"了，他的书好评如潮。首先，他是一位非常出色的数学家，并且正好进入了一个他能够解决问题的领域。而且他的书本质上是一系列问题的合集，这很对人们的口味。我有一位德国朋友叫沃尔特·布雷尔，他在 2000 年初发表了一篇论文，指出了艾萨克斯对动态博弈论、差分博弈的巨大贡献。直到今天，基于充分的事实，艾萨克斯被公认为是该领域的开创者，就如同贝尔曼在动态规划上的成就被广为人知一样。但是艾萨克斯本人并不认为这是他的主要成就。贝尔曼一生写了 650 篇论文、47 本书。这让我想起他生命的最后 10 年，当时他患有脑瘤并接受了手术，导致身体部分机能丧失。但艾萨克斯却只完成了 100 篇论文以及 5 本书。确实，贝尔曼像是被驱赶着，他知道自己没有太多时间了。我常常回想起这些，当你像这样生活的时候，你根本不会去顾及当时的情况，我也没有去探究当时莫斯科到底发生了什么。有很多事情都在发生，只是到后来，当有时间去反思的时候，你会发现，啊哈，原来它们之间的关系是这样的。但我确实没有在事情发生的当下去分析它。

**伯奈特**：这是在"最优控制研讨会"上，您发表的关于几何的最优控制的论文。从几何角度看……

**莱特曼**：是 1964 年的会议？

**伯奈特**：是的，我想是这样的。这是您给的在那次会议上的论文。庞特里亚金也发表了有关差分博弈的论文。这是很多……

**莱特曼**：我再次重申，不管怎么样，这不是他们一开始的目的。我认为他是他们所说的那个，啊哈，1964 年对吧？

**伯奈特**：我不确定它实际上是否发表了，但是它是……

**莱特曼**：哦，不，确实有过这样一篇论文。

**伯奈特**：可能它在 1965 年发表的，又或许更晚。

**莱特曼**：不，有一篇更早的。有一篇论文名为"优化过程的几何方面"。

**伯奈特**：对，在 1965 年。

**莱特曼**：在 1965 年。

**伯奈特**：是布拉基耶和肯尼斯·桑德斯的文章。

**莱特曼**：对的。

**伯奈特**：肯尼斯·桑德斯是您的……

**莱特曼**：他是我的博士生。我记得有，哦，找到了。在 1963 年，我在工业应用数学学会杂志上发表了一篇论文，名为"优化过程的一些几何性质"，在列表上的第 38 项。

**伯奈特**：您能谈谈这些解决步骤是如何思考得到的吗？我想我们已经基本确定了它的用处。

**莱特曼**：首先，相比于变分法和最优控制，它与动态规划的联系更加紧密。通过仔细地分析，我认为不同之处在于动态规划能得到最优的必要条件。但基本思想是首先考虑全局最优，你可以通过寻找所涉及的所有空间中的最小值来找到它。因此，对于所有初始条件，需要知道的一个问题是这个整体的最小值是多少。我们的出发点是一样的，但根据变分法和最大值原理，需要先假设有一条最优轨迹，然后根据新轨迹的初值来调整控制。可以从这个局部得到什么结论？换句话说，当这样做的时候会出现什么情况？不是在全局范围内比较最优，而是在局部比较相邻的轨迹与最优轨迹。因为那些系统的解具有唯一性，这些相邻的轨迹通常都不是最优的。然后，你知道的，要在最终点比较非最优和最优来确保你在完成轨迹时会得到正确的结果。由此，你便可以得到必要条件了。正如我们说的，最优条件可能存在于你感兴趣的空间中的任何地方，让我们接下来看看在给定点会发生什么。你得到局部条件，也确实是从初值开始的，从某种意义上说，也可以通过动态规划来得到。你会看到，现在如果我有一个给定点，就给定点的值而言，是该点的最小值，如果我现在继续对其求偏微分，也就是汉密尔顿 – 雅克比 – 贝尔曼方程，这会发生什么？汉密尔顿 – 雅克比理论已经是19世纪的东西了，我们并不会就此止步。目前我们仅仅是通过切线平面探讨了这一点的几何性质。

**伯奈特**：您正在将问题空间化。

**莱特曼**：是的，没错。在博弈方面，在《定性与定量博弈》一书中我们与弗朗西斯·杰拉德合作研究了几何问题。根据这些轨迹所在的面，我们得到了一些几何上的结论。之后，我和另一位博士生戈登·蒙一起写了一篇论文，让我想想，大概是同一时期。不，也许晚一点。总之，蒙在写这方面的论文，但他其实已经用博弈做过了。再次强调，对于这种几何方法，只要从单个控制器转到多个控制器（在博弈中，我们称之为"玩家"），便可以使用同样的方法。我敢肯定的是，苏联人也是基于庞特里亚金的理论来研究博弈的，这通常被称为庞还是蓬特里亚金博弈，这是一种从两方面考虑的方法，并不神秘。值得高兴的是，我和布拉奎尔当时碰过面，这之前他已经在某种程度上考虑过这个问题了，但是还没有将其解决，而在我们交谈时，他已经解决了这个问题。我想那是在1961年或1962年（1964年），当时正值他第一次来到这里代替罗森伯格。

**伯奈特**：当时他正在寻找最优的几何方法？

**莱特曼**：哦，是的。

**伯奈特**：在我们进一步交流之前，为了确保我能够理解，我阅读了一些您写的内容，是关于帕累托最优的几何表达，一种空间上的描述。它实际上是有 $x$ 轴、$y$ 轴以及两个同心圆，这看起来很像维恩图。它们在某个点相交，$x$ 轴向右移动表示差值。这个不会产生任何差值的点位于……

**莱特曼**：嗯，是在差值固定的面上。

**伯奈特**：对。这是一种将问题空间化的方式，非常简洁明了，也非常清晰，但这显然适用于非常复杂的事物。

**莱特曼**：我不认为这是我或布拉奎尔的贡献。如果其他人看到这个，很快会明白要去证明帕累托最优的意义。

现在我们可能很容易会开始使用博弈。两种主要的博弈类型都与约翰·纳什的均衡博弈和帕累托最优或者有效控制有关，而第三种被称为斯塔克尔伯格博弈，即领导者/跟随者计划。约翰·纳什是该领域的先驱之一。而帕累托最优是由维弗雷多·帕累托提出的，他最初是一名铁路工程师，后来成为数学经济学家。均衡博弈的核心思想是，如果有很多控制者（称其为"参与者"），每个人都有控制权或者策略。他们便是一系列策略的成员，而整体则是一个均衡集合。整体策略是一种均衡策略，这是因为如果任何参与者偏离了这种策略都不会获得任何好处。但这也并不意味着这个策略是最好的，实际上，它也并不是唯一的。通过改变，也就是其他所有人都保持原有策略而你进行改变，你是无法改善自己的处境的。这是因为你假设了其他人都是该策略的成员，这便是非合作博弈。

现在，在帕累托最优中，情况则恰恰相反。这里同样假设有多位参与者。所谓帕累托最优，即假设有一个帕累托组合，如果有人改变而其他所有人都坚持原有策略，便会有人受到损失。因此，这更像是一种合作博弈。你是否愿意放弃一些东西，以免伤害他人。这是非常简单的思想。令人高兴的是，在数学上，这些定义可以仅仅根据差值的多少来表达，而不需要更改策略。这样，所有这些便都仅仅是和差值有关。

**伯奈特**：听起来，这一切都要追溯到约翰·冯·诺依曼，不是吗？

**莱特曼**：这当然可以追溯到冯·诺依曼，但是他的博弈不是动态的，这是区别所在。当然，博弈概念的出现要早得多——10年。是的，绝对。因此，这些定义和思想已经存在。

**伯奈特**：如果您想继续解释，我不想打断您。

**莱特曼**：不，不。在我们谈论微分博弈时，我们大概知道了它们的定义。

**伯奈特**：这是在一个如此之多的信息被过滤到其他领域的时期。其他的科学，甚至是社会科学，比如经济学，都在研究这个问题，我们将讨论这个问题。

**莱特曼**：可能如此。

**伯奈特**：事实上，我认识另一个我采访过的人，莱斯特·泰尔瑟，他关于微分博弈和经济学的书是在1972年出版的，那个时候，这项工作是相当令人震惊的。正是在那个时候，其他科学也正在关注这个领域。经济学从19世纪的一种静态发展到了一种相当动态的学科。您知道这些应用吗？您的目标是——我想在1966年或1967年出版的一本书的序言中，有一种说法认为这不仅适用于数学和工程，而且适用范围更广，甚至适用于行为科学。

**莱特曼**：我想这件事在当时已经不可收拾。有趣的是，人们甚至对此大做文章，以为时机已经成熟，比如，从最小化一个积分到在附带条件的情况下使其最小化，然后说，对于不同的、独立的控制器，或者对"玩家"来说，积分会怎么样？人们说："好吧，我可以让它更一般化。"因此更适用。但我认为这不一定。有些人认为数学是纯粹的，然后说："我可以把它做得更好。"是的，通常，这会形成应用。当谈到最优性时，这很简单，有一个控制器就可以了，当我在中国湖的时候，这已经有了，我那时正在研究轨迹的优化问题。人们肯定是有其他动机的。在那些日子里，人们没有进行系统性的研究。

完全改变主题也会产生其他影响。曾经有一段时间，科学家之间的合作很少，大家都想独自具有竞争优势。这是在理论科学中，但在某种程度上甚至是在应用科学中。甚至在实验室里做实验，通常也只有一两个人。如果现在去CERN，一个实验需要成千上万的人。

我想，我之前在谈到我的学业进展如此迅速的时候一定提到过这一点，我做了一件非常聪明的事。也就是说，在最初的10年到25年里，无论如何我都不合著论文，这使得评价更容易。但是当你有1000人的时候，你会说："谁做了什么？"但今天，这已经不是一件重要的事了。基本上，他们的团队研究已经非常成功。我们的想法是："我们以后再解决。"如果有人说了一些聪明的话，我们会知道他是第一个说这话的人，这会导致争吵。即使是评选诺贝尔奖，也有人打架。圣迭戈说："我是第一个做到的。"我只是很幸运，我早于那个时期，当时我根本没有想到过这一点。

**伯奈特**：有趣的是，我们在某种程度上挑战了合作和非合作博弈。科学上有竞争，有合作和协作。您似乎对合作想法的发挥更感兴趣。

**莱特曼**：这在一定程度上又回到了这样一个事实：我试图填补我知识上的空白，因此找到了合作者，虽然是偶然的，可能比指定的人更有效率，因为有大量的学生愿意这样做，而且在数学方面他们受过更好的训练。当这种情况发生时，这是一件快乐的事情。就像我说的，我很幸运。我不是开玩笑。

**伯奈特**：有一位思想家谈论科学中的种植者和除草者。种植者可能是一个业余爱好者，一个可以出去思考，哦，这些联系呢？他们最终建立了一条新的小径，或者一排新的锄头，而其他人会前来照料，并且……

**莱特曼**：加以改进。

**伯奈特**：改进它，优化它。我想这肯定是故事的一部分。但您似乎是真正的科学家，认为应该朝着一个方向出发，看看能从中产生什么样的协同效应。

**莱特曼**：是的。但我不知道我是不是有意识地这么做过。这是一个双向的问题，学生经常会找到一个教授，在那里他们可以做事。这不是单方面的，这是多种因素的结合。

**伯奈特**：也许在您的职业生涯中，当您成为一名学术科学家时，也会有一个选择的过程。当您做研究生时，没有人可以和您一起工作，但您确实想和别人一起工作。您想去苏黎世，他们不允许。您来到伯克利，就明白了。您有这种主动性和思维可塑性，且投入到这种环境中去适应，并有可能出现这样的结果：A. 他们看到了；B. 他们认可了您以前在航空弹道学的一个非常实际、非常重要的领域的工作。和军方合作，他们看到了您在伯克利的工作方式、专业知识、人脉，以及您在这个领域的背景。

**莱特曼**：可能是。当然，我不知道。

**伯奈特**：是的，这是我的意思，是那种……

**莱特曼**：回想起来，你可以对事物进行分类。

**伯奈特**：这是我们现在的特权。

**莱特曼**：对。但这并不是说："现在，我到底和谁一起工作？""我能和谁一起工作，但可能不成功。"我的加拿大同事在我写下最初想法 40 年后，敦促我以后可以进入这个同样的问题领域。我们可能会回到这个问题上来，那是我进入的时候。顺便说一句，我只是从优化到博弈。还有一个故事，内容涉及我的人格理念，我们以前谈过这个。1962 年，在那之前不久，一个名叫 S. 弗雷德·辛格的人给我写信。当时没有电子邮件。他说他要编辑一本名为《宇航科学进步》的书，最终在荷兰出版。他说："我想邀请您写一篇关于轨迹优化的文章。"这是我的一章，一本小小的专著，题目是"火箭轨迹优化：综述"，是第四章。那个人，有一段非常有趣的经历。他比我大一岁，他出生在维也纳。当然，那时我对此一无所知。我想，那时他已经工作了。他就是你所说的地球科学家。他对地球物理学感兴趣，特别是对大气层感兴趣。因此，他从事范艾伦带的研究。但他对火箭更感兴趣，它们会被送到那里。那时候，在 1961 年，我们在做这个。事实证明，他是研究全球变暖的专家。他是一位科学家，但是怀疑论者。为此，他有自己的研究所，非常有名。当然，在另一方面，因为个性很强，他也受到了谴责。很明显，我不知道自己正在做什么。这正是我所知道的一个领域，所以我很高兴地写了一章。虽然，这又一次是完全偶然的，又一次与维也纳有关。此后又发生了很多次，那些完全是无计划的。

**伯奈特**：我认为他在纳奥米·奥雷斯克斯的著作《怀疑的商人》出版中扮演着重要角色，那是关于气候变化的有趣内容，不是否定的，而是至关重要的气候变化科学，在某种程度上符合特定的利益。

**莱特曼**：特别是，他反对人为污染，但他并不否认这种污染正在发生。一切都在变暖，并且没人站出来反对，他怀疑导致这一结果的主要因素是人类。当然，这使他在某些圈子中非常受欢迎。在 70 年代，当我们出现石油短缺的时候，人们用悲惨的眼光看待未来。然后，几年后一切问题都消散了，周围到处都是石油。对于所有这些，他是最早说："不，不，这都是胡说八道，这有问题"的人之一。因此，他再次以"更加保守的世界观"而闻名。他现在还在，他还活着。我只是在维基百科上看到了关于他的内容，甚至还有他的照片。显然，我们都变老了，但我认出了他。

**伯奈特**：您只是因为那篇论文和他联系过？

**莱特曼**：我们在那之后有些联系。事实上，我想我并没有责备他，但大约在五六年前，我问他，他是否还相信这一点，然后他给了我很多参考。

**伯奈特**：他改变主意了吗？

**莱特曼**：没有。但他也没有改变我的想法。但你知道，他没有改变主意的原因是我后来成为最坏情况的研究员，我要规避风险，而且我总是投保过多。这是保证将来免受损害的一种策略。因此，我宁愿采取一种较为保守的做法。如果可能的话，我们最好是提防。那些不愿意冒险的人也会说："嗯，一切都有风险，而你却过分强调了风险。"

**伯奈特**：这取决于风险的定义和威胁的性质。我不一定鼓励您去推测，但我想知道您的生活经历，我对此并不十分熟悉。但是鉴于他比您大一岁，并且也来自维也纳，我可以将你们两个人一样看待，并说他可能也遇到了困难。

**莱特曼**：但是他得出了不同的结论。

**伯奈特**：他得出了不同的结论。您觉得这对他来说意味着什么？

**莱特曼**：我们从未讨论过。我们不是密友，是朋友，我们只通信了一段时间。然后再说几年前，整件事情浮出了水面，而他的名字又以某种方式出现在了报纸上。谁知道呢？

**伯奈特**：对于某些人，至少对于某些气候变化评论家来说，威胁在于，首先将崩溃的是一个自由社会，因此他们相信……

**莱特曼**：太多的法律法规。

**伯奈特**：对。就是这样。您可以走出法西斯主义的阴影，并将其视为威胁。

**莱特曼**：我们根本没有谈论过这些。但是有趣的是，这些人突然出现了。另一个突然出现的人——我们刚刚谈过，但我不想在这里分歧——是贝尔曼的主要学生之一约翰·卡斯蒂，我也许是在 60 年代后期遇到了他，他比我小 13 岁。关于这些采访，我上周给他写了一封便条。大约在五六年前，我们彼此失去了联系。因为我停止去维也纳了，但他住在维也纳。那时，他不会说德语，但他是技术大学的名誉教授，拥有自己的办公室。我很可能是通过这个途径认识了他。他是一个非常有趣的人。"有趣"的含义有很多种，对此我毫无疑问。他撰写了大约 20 本至 25 本书，其中一半比较流行，但是关于社会学问题。科学以及其他方面的著作也写得很好。非常多产，有不少论文。当然，与他的导师不同，他的导师贝尔曼撰写了 650 篇论文。贝尔曼在维也纳的国际应用系统分析研究所工作过。现在已经完全国际化了，他在那里工作了一段时间，他曾在一个大型智囊团圣塔菲研究所任教。他是一个非常聪明的人，并且是一个勤奋的人。当然，他从来没有家庭的负担。正如他很高兴承认的那样，他有很多女性朋友，但从未真正为家庭操心。当我第一次见到他时，事实上，他有一个全新的妻子，一位美籍华人，在美国出生，比他年轻得多。我猜想，也许他的岳父不喜欢他。她是他的研究生。这些人只是不知从哪里冒出来的，然后他们只是……有些人在附近，有些人已经没了。我们的论题会回到那些人身上。

**伯奈特**：我想问您，从长远看，几何优化方法的研究似乎会引入到博弈中，是真的吗？您能解释一下这是怎么回事吗？

**莱特曼**：我不认为这是几何问题。我认为博弈之路只是从单个玩家、单个控制器到多个的延伸。在我的第一本书中，我说的不是这个主题，而是另一个主题。在那本书的开头，有一句话："一个人的最优是另一个人的最劣。"这种想法是以这种方式思考开始的。

**伯奈特**：您从 60 年代中后期开始对此发表文章，并且您与几个人合作过，其中之一是戈登·蒙。

**莱特曼**：是的，他是研究生。有一段时间，他成为了一名传教士，但后来在喷气推进实验室工作。

**伯奈特**：这是一种微分博弈，两个玩家的零和博弈？

**莱特曼**：对。桑德斯是一名学生，他的研究可能早于蒙。

**伯奈特**：这讨论了策略不连续面附近的行为，表面的含义是相当具体的。

**莱特曼**：记得吗？我讲过曲面，几何曲面。在三维空间中，你可以想象它，但对于大于三维的维度则不那么容易。它们出现在几何方法中。通常，如果曲面是"平滑"且连续地渐变，则可以很快获得结果。换句话说，该表面切线平面的法线向量是多维空间中的一个表面。如果表面是光滑的，那么可以做很多事情。我和布拉奎尔并没有做出这种假设。我们讨论了切平面的存在性。这些切平面，首先它们可以是垂直的。可以说，在成本/状态下，梯度是不可能出现的，它会变得无限大，这是第一。第二，如果这些曲面不是光滑的。换句话说，它们的成本曲面的梯度是不连续的，那么必须沿着具有不连续导数（梯度）的曲面之间的边界走。那么能说什么，会出现什么样的情况，要么把你带到那里，让你穿过一个有自己切面的相邻区域？或者沿着其中两个边界能走到哪里，或者你被赶回到……因此，这实际上是对所有可能发生的不同可能性的分析。这是戈登·蒙那篇论文的内容，是他的毕业论文。

**伯奈特**：那是一个定量的博弈，对吗？从某种意义上……

**莱特曼**：它也可能是定性的。我们只是在谈论——当我说一条轨迹时，我并不是指物理轨迹。我的意思是指解曲线。在这里，我们位于不连续的位置，而不是沿着给定的轨迹，例如，控制会经常跳跃。控制取决于时间。突然，它跳转到另一个功能，那是另一种不连续性。在这里，我们只是在说，我们将空间细分为多个区域。实际上这是我从伦纳德·大卫·伯克维茨那里学到的一个方法。我认为普渡大学是一个数学家的摇篮。然后我说，如果我们这样做，只允许在这些子集上定义这些表面，当遇到这些表面之间的边界时会发生什么事情？这在定性博弈中也会发生。

**伯奈特**：好的，那有帮助。我最早看到这种研究，是1965年在法国萨克雷召开的自动化会议上，会上您展示了您在控制优化几何学上的工作成果。

**莱特曼**：有论文吗？

**伯奈特**：是的，有，在我的参考书目中。

**莱特曼**：我不记得那个会议了。由于我和布拉奎尔的密切联系，我可能去过法国有五六十次，甚至更多。

**伯奈特**：您去过意大利多少次？

**莱特曼**：大约一样，后来我还去了维也纳，有三四十次。

**伯奈特**：这些说明您与合作过的人的关系非常紧密，他们是您的朋友。

**莱特曼**：时至今日，结果是惊人的。我一直和所有迄今为止幸存的人保持着联系。有的已经过世了，斯科罗恩斯基是63岁去世的。在布拉奎尔去世前一个月我们还在一起，这真的是一件值得回忆的事情。对于斯科罗恩斯基，南希喜爱他是因为他是一个充满活力和善良的人，热爱美食和美酒。他和我们待过几天，在返回澳大利亚的航班上，飞机在悉尼降落时，他中风了。

**伯奈特**：天啊，但这说明了您和这些人之间的接触频率。

**莱特曼**：是的。我们很亲密。

**伯奈特**：那太普遍了，涉及多个研究方向。您看到的是优化过程的几何结构，您也开始从事博弈方面的研究。博弈方面的研究是在20世纪60年代后期才开始的吗？

**莱特曼**：是的。因为从现在开始，你想要的任何旧式最优解都只是基于一个玩家的特殊情况。事实上，后来当我对扩展该理论感兴趣时，我只是说："现在我们不必担心一个积分问题，那是特例。"微分博弈当然要困难得多，但是一旦具备条件，它们也将适用于单人博弈。单人博弈要简单得多，因此可以拥有允许的其他事情，而这可能是不允许的。在这两种情况下，用什么信息来做决策——在经典的变分计算中，只有时间。自变量不一定是时间，但我们还是称之为时间变量。一旦进入博弈，它会变得有趣得多，但这也很难。因此，我们经常回到所谓的"开环控制"或"策略"，事实是你可以获得更多的信息。不仅可以说现在是几点，而且还可以说我在哪里。我在状态空间中吗？我有地理位置、速度，还有其他的东西。如果这样说，那将立即带来一个更加丰富的问题。

我记得我访问过国际应用系统分析研究所。它在维也纳外面的一座城堡里。那是皇帝狩猎的地方，离维也纳仅半小时车程，在一个叫拉克森堡的小镇上，是一个小村庄。我曾和亚历山大·莱托夫一起散步。他很有名。我们是在皇家公园里散步。他举了一个例子。他说："现在，在我们的5年计划中，我们不在乎自己在哪里，我们只是测量时间。现在是时候了，我们做到了。或者我们可以说：'我们到底对经济做了什么？让我们看看自己的位置。'"当然，这种事情更多地出现在博弈中。整体想法是，要么有愿意放弃的好人，要么有其他人说："我不在乎。我不会和你合作。"这很有趣，当然从那以后我做了很多事情。

当涉及人类时，这些原始的博弈在描述的方式上并不是非常有用，人们不是理性的。很多博弈论都是基于理性的预期，但并没有实现理想和结果。莱茵哈德·泽尔滕是波恩大学的诺贝尔奖获得者，他确实是最早在将心理学引入博弈方面做了大量工作的人之一。在某种程度上，纳什已经取得了一点点进展。如果你处于独裁统治之下，那么那些均衡博弈会变得很有趣，那是做到这一点的最佳方法。我可以告诉你，你会这样做的。但在一个所谓的自由社会里，它们并不是描述性的。当然，由于人类玩家的不可预测性，越能根据不确定性构建起模型，博弈越具有描述性。

**伯奈特**：您曾说过，您的论文内容需要计算机的帮助，而且很难，是用穿孔卡片完成的，而且很乏味，您想尽量远离它。如果博弈变得越来越复杂，有更多的变量、维度或空间，并且它们之间的关系在动态意义上发生了变化，那么，增加计算能力是否可以出现奇迹，您可以沉迷于更复杂的博弈，您可以输入数字，由计算机来解决问题。

**莱特曼**：当然，你可以从例子中得出结论，或者可以通过这种方式测试其敏感性。比如，在决策过程中，什么是重要的，什么是更重要的。是的，这是绝对正确的，你无法进行足够的分析证明而做了大量工作，然后通过说我们所检查的每个例子都为你提供了这种结果，从而增加了证明的定义。机会越多犯严重错误的可能性更大。必须谨慎地做这些事情，计算能力确实可以帮助你多分析更多的信息，这的确是正确的。

**伯奈特**：是的。这时您开始参加一系列会议。这次国际信息处理联合会会议便是关于优化技术的。联合会成立于 1968 年，那时您正在您的母校加州理工学院计算机科学和电气工程系学习。

**莱特曼**：我对该领域一无所知。

**伯奈特**：但这是一项综合技术。

**莱特曼**：是的，它完全改变了研究领域和教学领域。

**伯奈特**：您能告诉我更多关于布拉奎尔在博弈方面的工作吗？你们合作的专著是如何形成的？显然是通过一些紧密的合作。

**莱特曼**：是的。尽管两者对他来说，也许比对我更重要，但实际上理论更重要，他认为你应该能够证明事情。如果用数字计算，通常无法证明什么事情，除非确信这是正确的答案。因此，这是一个不同的世界观，我认为两者都需要，只要知道以下事实：当用数字方式计算的话，会发生未曾预料的事情。例如，我在想切尔诺贝利，我们之前讨论过这个。你漏掉了一些东西。考虑所有可能性则需要很大的想象力，因此必须要意识到。必须有一个警告语，这是到目前为止我们所知道的，并且我们可以肯定地说，这非常接近最优。从数值上讲，这个解没有太大变化。然后有人会说，你没有预见到某些灾难会发生，然后人们会说那是罕见的。但是必须将发生的结果乘以稀有度，这可能是一个很大的数字，并显示结果是灾难性的。那是另一种看待问题的方式——让我这么说吧，我只是发现摆弄方程和类似的东西更有趣。

**伯奈特**：关于 $X$ 事件，与卡斯蒂有关吗？是他吗？他是 $X$ 事件的当事人吗？

**莱特曼**：是的，他是重要的当事人之一。实际上，他们只是为他在维也纳的一家大型研究所提供了资金，然后他在德国的一些机构工作，担任顾问。曾经有一位数学经济学家——黎巴嫩裔美国人纳斯西姆·尼古拉斯·塔勒布，撰写了《黑天鹅》这本书，内容非常尖刻。例如，他说使用统计方法的人是白痴，这是他书中的口号。这是因为统计方法并未考虑异常值的重要性。他还称它们为"正常曲线白痴"之类的。这是一本有趣的书，但它与卡斯蒂的书大不相同，它是在一年或两年后出版的。这本书不是给专家看的，而仅仅是给想知道 $X$ 事件的人看的。他提供了许多实际的例子，那些已经发生的或可能发生的例子。并且他还提供了一个很好的概念，即什么是 $X$ 事件。当然，我们很难想象这些，它们是非常罕见的。但是在这些方面还有很多事情要做，比如股市崩盘，像恐怖袭击后双子塔那样的崩塌，诸如此类的事情。是罕见的事件，又是灾难性的，因此这是一个很吸引人的话题。本质上，这与情况的复杂程度有关，以至于没有一个正常的人可以想象出所有的联系。随着事物之间的联系越来越多，这种情况便会发生。这和混沌理论有点关系，西伯利亚的蝴蝶改变了那里的天气。显然，实际的例子真是令人惊叹，这是一个迷人的主题。

**伯奈特**：灾难就是这样，其中一些是文明的终结者。

**莱特曼**：同样，这与随机性无关。换言之，发生灾难是因为在这些系统中，非常小的变化会产生巨大的影响（比如所谓的混乱）。我认为文献中的第一个例子实际上是针对气象系统的。系统方程必须至少是三阶的。从这个意义上讲，一阶和二阶方程不可能推算出灾难性的结果。南希在麻省理工学院的一位老朋友列举了第一个例子，他叫爱德华·洛伦兹。他有一个气象预报系统的三阶方程，它表明得到的结果看起来是随机的，但实际上不是。局部变化虽然很小，但它却带来了巨大的结果，看起来好像发生了疯狂的事情，一个参数发生了微小的变化，或者是一个初始条件导致的。这令人着迷。随之而来的问题是，会更好地从统计学角度对此类系统进行建模，然后再使用统计方法进行分析吗？关于这一点，同样存在两个学派。真的，有很多有趣的科目我都不懂，我真希望我有更多的时间。

**伯奈特**：哦，当然了。谈到《黑天鹅》一书的作者，他在抱怨统计学家，或者是那些统计的奴隶们。在学科内部，有人抱怨他们对统计分析过分崇拜，而对数学逻辑关注不够。您怎么看待这个问题？

**莱特曼**：我就以我居住的地方给你举例。我住在一个非常高档的老年公寓区，它有一个警报系统，所有房间里都有这些小盒子，上面写着："如果有问题，请问。"现在，你的问题可能是你穿袜子有困难，或者你正处于心脏病发作期。在那个地方，不管你有多严重的问题，通过小盒子一切困难都变成了一个微不足道的小问题。如果你15分钟都穿不上袜子，没问题！小盒子那边的人会来帮助你。我们中的某些人与政府正在进行讨论，他们说："无论什么问题，我们的平均响应时间都很短，12分钟，15分钟。"我向他们指出，对于那些心脏病发作的人来说，平均15分钟事实上可能意味着一个小时。这是一个毫无意义的声明。当决定采用哪种系统时，要分析的是最坏情况，而不是一般情况。我不能说服他们，我们现在正在辩论中，因此……

**伯奈特**：还没结束。

**莱特曼**：没有。但有趣的是，在这里，那些对统计学一无所知的人，却用平均值来说这是一个好的系统，这不切实际。如果你是生产产品的，这没问题。平均每10颗钉子便有坏的，这没问题，对吧？对于这种系统，他们的平均值是非常好的。如果你是风险厌恶者，你会说平均值太高，我们必须采取措施。虽然，当涉及人类，尤其关乎他们的生命时，这是一个完全荒谬的说法，你明白了这一点。对我而言,这确实是再明白不过的了,因为我是一个风险厌恶者,而且我真正着眼于稳定系统。我们稍后会在最坏的允许条件下讨论这个问题。在现实生活中遇到这种情况真的很有趣。

**伯奈特**:我们一直在讨论的这些会议似乎很抽象,如果浏览专著和论文会发现,它涉及大量数学,而且看起来相当抽象。但这确实指向您已经深入参与的非常关键的应用程序。火箭是爆炸了,还是到达目的地?一个系统如果失败了,整体会失败吗?这类……

**莱特曼**:是啊,而且是灾难性的。切尔诺贝利事件便是例子。

**伯奈特**:是的,完全正确。1968年布拉奎尔和您出版了《定量博弈》,它被翻译成了英文,然后您以此为基础,开展了合作。您能谈谈和布拉奎尔合作的事吗?那段时间是连续的吗?

**莱特曼**:是连续的。我们已经谈论过,当我们认为我们已经证明了某些东西时,我们总会喝一杯白兰地。就是这样,我们喝了很多酒。(笑声)

**伯奈特**:太好了。这是对学术成功的极好描述。

**莱特曼**:或者其他事情。

**伯奈特**:是的,或者其他值得庆祝的事情。正如您之前提到的,您的旅行非常多。我的意思是,这很了不起。您几乎每年都要去夏威夷,那里有一个年度会议,是系统科学会议。

**莱特曼**:是的,是在每年1月份。当然,我私下确实去了很多次,现在差不多有80次了。我喜欢去夏威夷是因为,在1961年我从东京回来的飞机停下来加油,当我看到夏威夷后说,天哪,这是个好地方,我要待几天。它给我带来了几十年的幸福。

**伯奈特**:再加上,如果您要参加一个会议,您在那个国家有朋友,通常还包括很多邻国。从您的旅行计划中我可以看出您特会安排,有时南希会全程陪您,有时只是部分时间。您能谈谈您经历过的一些最难忘的旅行,以及这些旅行是如何融入您的研究工作中的吗?

**莱特曼**:有时几个会议在不同地点同时召开,如果其中两个在夏威夷,每个我都想去。那个会议最初只是一个小型会议,当我开始去那里时得到确认了的,现在可能有大约100人了。我记得数学系的一位同事走近我说:"我在程序委员会看到您了。如果您邀请我发表论文,我将不胜感激。我真的很想去。"作为一个好人——他是一个很好的数学家——我就他的领域安排了一次会议。你知道有些人只是来参加自己论文所在的会议，有些人只是去发表论文，然后便离开了。他们只是为自己的论文而来。

**伯奈特**：这就是危险。

**莱特曼**：那只持续了几年，空军发现了这一点，现在又回到了小型会议。人们把自己搞砸了。那些大型会议也存在这种现象。许多专业会议，例如美国医学会会议，通常是在游船上举行，诸如此类。最好的情况是你足够出名，以至于你成为其中一个会议的全体大会发言人，而且一切都能得到支持。

**伯奈特**：我认为您的观点是，小型会议会更专业一点。它为学者之间的接触，而且是真正的接触提供了机会。

**莱特曼**：是的，维也纳有会议，而且还在继续。我的好朋友古斯塔夫·费希丁格，是我开始返回维也纳时遇到的第一批人之一。那是60年代初，我想他可能把我介绍给了约翰·卡斯蒂，他已经决定住在维也纳了。他们每年召开一次会议，名为"经济学和运筹学的优化"，我参加了不少次。那些会议很小，有三四十人。他们没有平行会议。对于那些希望尽可能多地建立联系的年轻人来说，有许多平行会议的大会总是很有趣。但是如果你真的想知道你关心的领域发生了什么，首先你得弄清楚我现在应该跳到哪个会议，在一些大型会议中可能有三四十个平行会议。我对此持怀疑态度。

**伯奈特**：听起来这是一段激动人心的时光，不同群体之间的一种奇妙的文化交流。

**莱特曼**：首先，它促进了友谊。如果有很多平行会议，那么你去找的大多数人都不会碰面。只是看起来他们想谈论的内容对你来说很有趣。那是第一点。第二是它变成了马戏团。例如，我去过意大利的葡萄园会议。最近的一次也许是10年前。那是在一个古老的修道院里举行的。他们有自己的葡萄园。午餐从12点到2点，并佐以很多酒。3点钟，再次开会直到5点50分。然后，你有大量时间：A.有一段非常美好的时光；B.有更多的时间与人们更紧密地交谈。不一定是在会议上，而是在之后，或者说："保持联系。"

**伯奈特**：听起来这是一个令人非常兴奋的时刻。我想，本次会话暂停一下，下次我们可以继续谈论20世纪70年代您在鲁棒控制方面的另一个进展，同时也会涉及一些服务工作，因为您仍然，当然……

**莱特曼**：我以为我们要分开做，作为一个跟踪。

**伯奈特**：是的，我们可以。我想 10 年一次，稍微跟踪一下可能会有帮助，但我们可以自由决定。

**莱特曼**：我们可以稍微结合一下，不要全部整理出来。我和南希半夜醒来，我们会说："我们真的去过那些地方吗？"

**伯奈特**：真是令人惊讶。

**莱特曼**：不，确实如此。我仍然不敢相信。

**伯奈特**：好吧，我们下次再谈。

**莱特曼**：好的，谢谢。

# 第 8 章

# 优化与稳定性理论

**采访时间**：2018 年 11 月 30 日

**伯奈特**：2018 年 11 月 30 日，这里是保罗·伯奈特采访乔治·莱特曼的现场。这是我们第八次会谈。我们现在位于伯克利山庄。在上一次，我们谈论到您 20 世纪 60 年代的研究以及您在"冷战"背景下参加的许多会议，其中一些会议首次涉及了您所在领域的新问题和新学科。之后我们谈到了一些在苏联和庞特里亚金举行的会议，鲁弗斯·艾萨克斯与理查德·贝尔曼之间的争议，关于风险与风险评估的内容，还谈到了您与奥斯汀·布拉奎尔的合作。我认为关于 60 年代的讨论还未结束，对您来说，这 10 年是广泛开展多个研究的关键时期。因此，我们能否继续谈论 60 年代的研究，从不同领域多谈论一些关于最优控制的话题。我知道您对力学的最优控制问题有浓厚的兴趣。您能谈谈您在这个领域中的一些工作情况吗？

**莱特曼**：我现在不太确定，你是在谈论力学的应用，还是……

**伯奈特**：我实际上……

**莱特曼**：也许你已经准备好讨论某篇论文了。

**伯奈特**：1963 年您在《应用力学》杂志上发表了一篇名为"关于哈密尔顿原理的评注"的论文，它对于您后续的研究非常重要。您能否谈论一下这篇论文，以及它为何如此重要？

**莱特曼**：这是一篇只有五六页的短文，这篇论文是我非常重视的两篇论文之一。这篇论文包含了我认可的思想，以至于我不会考虑其他事情，而搁置这篇论文的编写，或想有更好的想法或以合作的形式将工作继续下去，而是坚持完成这篇论文。另外一篇是基于变换思想获得等效系统的论文。根据论文的方法可以使极小值或极大值基本上由检验获得，再通过重新变换系统将其应用于实际问题，使其满足边界条件，从而解决在未变换问题中因为解是常数存在的问题。

哈密尔顿原理适用于许多科学领域，如物理学和力学。我对牛顿力学更感兴趣，当然莱布尼茨力学也很重要。我认为哈密尔顿是 19 世纪中期一位想用单一原理展现所有基本问题全部特点的学者。这些原理可以追溯到 18 世纪，人们认为上帝是一个强大的、全知的优化器，因而人们开始依据最小化或最大化某些问题提出最小值原理或最大值原理。事实证明，这些原理有很多，特别是古典力学定理，即在特定环境下的极小值原理，但总的来说这些都不适用。这些原理仅仅是求解最大值或最小值问题的必要条件，因此可能无法导出最大值或最小值，它们被称作平稳性原理。

**伯奈特**：抱歉，我不明白。

**莱特曼**：平稳性原理。

**伯奈特**：平稳性。

**莱特曼**：参考《关于哈密尔顿原理的评注》的简短注释，我提出了以下前提：假设有某一力学系统的运动方程和这些方程的解；可得到一个满足积分平稳性的力作为解。特殊情况下，这意味着确定该积分的积分函数。这里考虑的是一个逆问题，根据哈密尔顿原理得到的积分方程作为平稳性方程，便获得了系统的运动方程。由该运动方程可求解出相应的力。

19 世纪伟大的数学家奥斯卡·博尔扎考虑了对于单变量线性系统的该问题，并建立了一类偏微分方程，用于求解这类逆问题。我使用博尔扎的方法对一类积分函数建立了博尔扎偏微分方程并进行求解。然后，我证明了求得的力是耗散的且具有非线性，这两点并不包含在哈密尔顿原理中，而博尔扎早已发现了耗散力。

除了在种群方程的极小值原理（被称为 Volterra-Verhulst 种群方程）中有所体现外，这个观点已经沉寂长达 40 年以上。

大约 10 年前，菲尔多西·伍德瓦迪亚与他的一名学生，以及最近在我部门的同事马辉和学生们，重新解决了仅适用于线性系统的向量状态变量的逆问题。

**伯奈特**：前几天我们在镜头外谈论过这类转变。这类变化依据学科的不同发生在不同时期，比如在 60 年代，您在经济学方面从相对稳态的分析转变为使用偏微分方程进行动态分析，这对您研究随时间变化的问题，诸如与市场相关的问题时会有帮助,对吗?

**莱特曼**:嗯,确实如此。对于我们来说,使用等效系统法,再利用常微分方程组便可以解决问题。这个方法于 1935 年由伟大的德国希腊裔数学家康斯坦丁·卡拉索多里首次提出。

**莱特曼**:他很有名,但他的作品于 30 年代用德语书写,直到我研究等效问题时,我才接触到他的翻译版。他的确是"等效理论之父",只是止步于偏微分方程组。基于我的变换方法,我最终得到了常微分方程组,我对此感到很欣慰。

**伯奈特**:那么,在 60 年代,您正在环游世界并举办研讨会或短期课程,其间您还发表了论文,参加了一些会议,我们对这些都进行了一些讨论,其间还聊到了"冷战"时期的那些慷慨援助,您的工作得到了很多支持。这让我想起了您谈论的一个例子,在科罗拉多斯普林斯空军学院的一门课程中,您说他们能让人飞出去,您能关于这个说点什么吗?

**莱特曼**:其实那不是在空军学院,那是在科罗拉多斯普林斯。空军学院邀请我在那里开设一门课程,空军研究所是它的上级,因此这得到了空军的支持。哦,我很容易跑题,我应该在你的帮助下写下 60 年代我能想起的会议清单,你也可以帮我想想,那些不是很重要的,我便不会多说什么了。

先是在 1959 年伦敦会议上,我和一位名人发生了争执,我原以为他会问我一些令人讨厌的问题,但他没有。接着是在斯德哥尔摩举行的会议,那是第 11 届国际航天会议。太空时代的会议召开得更早些,但这个航天会议是最早召开的会议之一。然后 1961 年在东京召开了一次关于空间技术与科学的会议。那时我已经是洛克希德的顾问了,因此他们替我付了全部费用,还很好地招待了我,他们正在努力争取获得合同(奥运会将在东京举办)。他们有一家 PR 公司专门建造单轨火车,这家公司也非常照顾我。我一下飞机,他们就派轿车接上了我。我不是素食主义者,因此他们请我吃了很多神户牛肉,还带我去了艺伎屋。那很有意思,真的很具东京特色。

之后,我于 1964 年参加了在莫斯科举行的第二届力学理论与应用全联盟会议,其间去了列宁格勒,在那里我遇到了一位非常著名的苏联数学家,这我稍后会谈。我还遇到了维亚切斯拉夫·斯拉瓦·伊萨夫,我们早已有过联系,他在 1957 年发表了一篇和我使用经典变分法解决的相同主题的论文,他在不知道我论文的情况下,使用极大值原理很好地解决了同样的问题。我们开始通信,在某种意义上他是我真正的引领者。还有一个有趣的故事：我们都是从机场坐车来的，那年莫斯科周围发生了可怕的泥塘大火。它被记录在史密斯的书《高尔基公园》中。就是那个夏天，我在那儿见证了高尔基公园发生的重大事件。

**伯奈特**：那有篝火，或者……

**莱特曼**：不，不，不，泥塘，泥塘大火。

**伯奈特**：好吧，我明白了。

**莱特曼**：他们每年都要烧起泥塘大火。因为整个城市周围都是田地，一旦它们烧起来就真的太糟糕了，不过它们最终都是被当作燃料。我和他说："啊，这像在洛杉矶一样到处都是烟雾。"他回应我说："哦，不，那不是烟雾，这是这儿的氛围。"（笑声）我永远忘不了这句话。

我稍微吐槽一下：那些泥塘大火，真是太热了，那是一个炎热的夏天。他还说："我们一起去莫斯科城外的森林野餐吧，再喝点啤酒。"我们逛了五六家美食店（苏联的食品商店），却没有买到啤酒，可能都被当地人买完了。到了野餐的地方，我们已经放弃了喝啤酒的念头，但在那儿我们遇到了一位戴头巾的老婆婆，她坐在公路旁，身边有一大桶温啤酒，我们马上买了它。（笑声）

下一个会议也是在 1964 年，但地点在密歇根大学。那次会议十分重要，那是庞特里亚金和他的研究生瑞威尔·加姆克列利泽的第一次访问，我和他们相处得很友好。鲁弗斯·艾萨克斯也参会了，他向大家展示了他的《微分博弈》的手稿，并向大家说明这是一门历史久远的学问，动态规划便是其中的内容。随后一年，也就是 1965 年，这本书出版了。这次重要的会议见证了这些。然后庞特里亚金和我同行去了伯克利，我不知道我有没有和你提过这事。

**伯奈特**：是的，我们谈过。

**莱特曼**：因为他是一位盲人，他总需要有一些研究生和他待在一起。在一次鸡尾酒会上，南希看他独自一人便去搭话，他的英文很好，他们用英文开始交流，大概才过了 3 分钟，他对南希说："我累了，您可以离开了。"（笑声）

**伯奈特**：非常直接。

**莱特曼**：这么说吧，他的英文还是没那么好。在密歇根大学召开会议还有一个很重要的原因是，会议上聚集了研究变分法和极大值原理的代表人物。之后的会议是在科罗拉多斯普林斯举行的。这次会议得到了 AFOSR（也可能是 ONR）的大力支持。这次会议是关于最优控制的一个会议。密歇根大学邀请了很多人并对被邀请者说:"如果还有其他想参加会议的人员,请告诉我们。"密歇根大学真的是一所博士后学校。每个被邀请者都做了两次演讲,且密歇根大学都给了报酬。这次为期 10 天的会议非常豪华,每个人都坐的头等舱。我邀请了布拉奎尔,他和他的妻子还有一位研究生一同前来。密歇根大学为每堂课支付了 2000 美元。

**伯奈特**:以 1965 年的美元价值来说,这报酬十分丰厚了。

**莱特曼**:是这样,而且他们的安排井然有序。他们还特意为孩子安排了活动,很多人都带了孩子,他们花费了不少钱。你可能一整天都见不到孩子,他们为孩子准备了丰富的节目,比如冰淇淋车,孩子们非常喜欢。这个传统大概持续了 10 年。

**伯奈特**:这是为了太空竞赛,但这项研究对技术进步的推进效果也是显著的。

**莱特曼**:是的,这是属于太空时代,也是火箭时代。从某种意义上讲,这些项目让我们拥有了比苏联人更多、更好的火箭。这不是一次国际性会议,但却邀请了部分外国学者,比如布拉奎尔是法国人,但我确定不会邀请苏联人。(笑声)

**伯奈特**:现在您是不是可以组织这个会议了?

**莱特曼**:不。我是组委会的一员,我没有以个人名义组织过这个会议。

**伯奈特**:啊,我想起您发表了大量的论文,您做了很多的工作。您需要发送邮件来邀请相关人员,去开展出版物的编写工作。有些论文出自其中吗?我不确定这些论文是不是在这过程中诞生的,这些在我的笔记中没有写明。但无论如何,您出色地完成了很多工作,这些工作都得到了美国一些组织的积极参与和大力支持。这些组织提供了大量的资金,这不仅仅来自空军,还有当时空军的主要研究机构 RAND,尽管它当时已经脱离了空军体系。

**莱特曼**:实际上是空军和海军,NSF 参与得晚一些,可能是在 1970 年。

**伯奈特**:那么,海军研究办公室进行大力支持是在⋯⋯

**莱特曼**:他们在数学方面给予的支持很大。哦,他们有一个梦幻般的数学部,有一位女数学家邀我作为男伴去了莫斯科。但愿我能一直记着她的名字,她是一个了不起的女人。

**伯奈特**:您在前面提到过她的名字⋯⋯

**莱特曼**:我可能提到过了。

**伯奈特**:还有些由 ONR 资助的会议,您至少参加了 70 年代的一些会议,其中一些会议是前往苏联参加的。您能回忆一下当时在"冷战"期间前往敌对国苏联参会的目的吗？您的研究领域与终极武器密切相关，两个大国之间在军备竞赛中处于僵持状态，您可以回忆一下与苏联的考虑……

**莱特曼**：我觉得……

**伯奈特**：您能谈论一下苏联与美国科学家交流的目的吗？

**莱特曼**：可以。我想两国科学家认为，如果可以互相交流的话，他们能彼此学到一些东西。事实上，尼克松担任总统时，1972年有两件由国际关系缓和措施促成的事件，一个是联合航天，你应该记得我们曾进行过联合航天；另一个事件是在奥地利建立了苏联和美国科学家的联合研究所。地处维也纳附近一个名为莱森堡的小村庄，这座是奥地利人向研究所提供的城堡，这便是国际应用系统分析研究所IIASA。这个研究所可能只存在了10年，后来它完全成为一个国际化的组织，目前它的总部仍然设在那座城堡中。我在那里遇到很多非常有趣的人，其中许多人仍然对我很友好。

**伯奈特**：是的，这是一种科学外交，一种进行交流的方式……

**莱特曼**：这件事的利弊难以评判。当然，国际关系的缓和属于外交范畴，但科学家仅仅是希望双方能从彼此间学到东西，这并不牵扯到个人的喜好。IIASA的初建宗旨规定，研究所的所长必须是美国人，技术主管必须是苏联人。举个例子，我一周前刚和我至今的好友及其家人共进晚餐。他是亚历山大·库尔兹汉斯基，已经79岁了，直到今天他还往返于他的住址伯克利和莫斯科之间。他在莫斯科教书，因为莫斯科那儿找不到优秀的老师教授基础数学，还因为当地所有人都想上商学院。更有意思的是，他的小儿子，尽管在伯克利长大并获得了博士学位，但还是十分崇拜普京，普京使俄罗斯再次变得伟大。而他成为资本家的大儿子后来变成了一位社会主义者。

你看，正因为美国科学家与苏联科学家的交流才带来了这些有趣的互动，我们才可能在这儿进行精彩的讨论。他一周前来我这儿吃晚餐，在这儿聊了几个小时，你知道的……

**伯奈特**：有太多事情可说。

**莱特曼**：是，这很有意思。因而，我与IIASA的联系倒成了次要的了，我去那儿做演讲时遇到的人成为主要的了。当然，我还去了很多次维也纳，每次去维也纳我都会到附近转转。从维也纳市中心到拉克森堡大约需要半小时的车程。那是一个小村庄，有别具一格的房屋、奇妙的花园、皇家庭园，也有一个不错的美容院，南希喜欢去那儿做发型。

**伯奈特**：这么看来，您在 60 年代参加了许多会议，这实在是让人感叹不已。那么，到 60 年代末，您的思想或方法是否发生了变化？我们谈过一些您在优化控制方面的研究，也谈到了博弈论，其中有关于您和布拉奎尔的合作。请问，在研究中您是如何决定进入一个领域的？是通过和您交流的学者……

**莱特曼**：其中一部分是这样的。我觉得与他们合作使很多研究得以进行，比如布拉奎尔，我愿意直接与他合作重点并不在于我们能互相启发，更准确地说我们在合作中可以互相督促。到 20 世纪 60 年代中期，大概是 1965 年或 1966 年，我的研究重点已经从最优控制转向博弈论，当时学者们才刚刚开始谈论微分博弈。我们有一个观点（可能并没有被广泛认可），最优控制较为容易得到结果，它可以被看作一个人的博弈。如果开始研究博弈论，你会发现它已经包含最好的控制机理。尽管我们只是对博弈论进行了归纳，但它还是开辟了很多的应用领域，例如经济学等。

因此，博弈论引起了我的研究兴趣，我也受到一些人的影响，其中一个是我非常好的朋友——加拿大的阿兰·奥里。最近他在日内瓦大学教书，正处于退休或半退休状态。和他一样，有很多人加入了博弈论的研究中。大部分参与博弈论研究的人，到最后都成为我的朋友或合作者，抑或两者都是。他们都深入到了博弈论的某些方向，或至少对其中一部分很感兴趣。比如比尔·施密滕多夫，我是在 60 年代后期到埃文斯顿的西北大学讲课时遇见了他，他最后到加州大学欧文分校做了教授，几年前退休了。那时，在我联系的被意大利人称为"国际力学科学中心（CISM）"的机构中，我和他开始研究合作与非合作博弈，这是个有趣的课题，这是早几年的事了。

**莱特曼**：实际上，CISM 是联合国教科文组织在意大利北部靠近奥地利边境的小镇乌迪内发起筹办的机构。我和意大利人有交流，而且我在那儿生活过，对这个机构比较熟悉。在 20 世纪 60 年代后期，我对 CISM 十分感兴趣，我有幸被任命为 CISM 理事会理事。因为美国一直不支持这个理事会，我是那个理事会中唯一的无表决权的成员，理由我不清楚。不过在我任职的 12 年或 15 年时间里，我每年都会去乌迪内，这段经历也很美好。在 1973 年，我在那里教授了一门短期课程，那时我们的研究已经从双人博弈发展到多人博弈。现在你必须放弃零和的概念，在多人博弈中没有零和，这是一个更复杂的问题，随后在 1974 年我的课程讲义由出版商斯普林格（维也纳分部）出版。他们将我整理好的讲义印刷成书，做成一本只有 75 页的专著进行出版。

**伯奈特**：好吧。我在想，博弈论是怎么应用到经济学领域的，我不太了解微分博弈，直到 70 年代初……

**莱特曼**：嗯……

**伯奈特**：我认为，是您和您同事的工作让微分博弈和经济学联系到了一起。我们在私下也谈到过，您的研究工作尤其是优化控制方面得到了军方和 NSF 的大力支持，包括一系列的相关会议。在 60 年代末，您的这些工作促进了很多事件，如人类的登月，标志着月球火箭发射成功。同时全球也发生了巨大的经济动荡，美国正面临布雷顿森林体系的危机，在越南的成本在上升，全球一体化计划的成本在上升，这出现了值得关注的经济领域问题。在这个背景下，是否存在……

**莱特曼**：在这方面我并不权威，我不能明确回答你，但我可以谈谈我的看法。我不清楚政府方面是不是对理论经济学及其思想有浓厚的兴趣，但有一些想法已经渗透到政治系统中了，就是那些诺贝尔奖获得者一直在反复强调的思想。但我的直觉告诉我，他们说得不对。我在前几天听说，总统也这么认为。因此我觉得，从根本上讲，理论经济学家与政府部门人员之间是一种对抗的状态。在我看来，他们中很多人并不是理论经济学家。在里根总统的领导下，整个涓滴思想都没有一个很好的数学理论支撑。

在我看来，直至今日，在理论经济学家与实践经济学家之间仍存在着分裂倾向。而各个政府部门自上而下基本是实践经济学家在开展工作。在政府部门担任高级职位的大多数人都不是理论经济学家，但可能存在一些例外。在肯尼迪执政期间，对理论经济学研究的支持可能会更多些，这仅仅是因为他更加倚重哈佛，哈佛拥有很强的经济学院。但总体来说，我认为大多数总统过去根本不愿意支持谁，现在也同样如此。在这项研究工作上，政府的支持肯定会小很多。

**伯奈特**：我很认同您的看法。我想说，您和世界各国的学者都在进行着国家资助的研究项目，其中不止美国，还有其他国家和地区政府对研究进行资助。在 70 年代初，情况有一些改变，出现了一些与公众利益相关的问题。经济问题、生态问题，这些问题对于利益相关者来说越来越重要。我并不是在建议国家有必要将资金从火箭研究转移到经济学研究上，只是已经有学者在这些问题上开展了研究，如果他们得不到国家的资助，也就没有经费开展下去，好在他们在大学中，有薪水且生活得很好。到 60 年代末，开始在您参加的会议列表中看到诸如关于微分博弈和经济学第一次会议那样的主题。并且，在您的出版物列表中会出现生态学方面的学生、博士后和同事参与的说法。这些例子都表明，这类与公众利益相关的问题逐渐被重视。对此，我想知道您有什么看法，或者对于您来说这是一件很自然的事情吗？

**莱特曼**：我认为这再正常不过了。没有足够的利益驱动便没有相应的产出。我当时不再重视实验室支持的那些研究领域。但是那些理论研究以及所有的论文发表，都需要我用金钱来支持我的学生继续做下去，偶尔还要承担计算机中心的开支。因此，很多时候我得到的资助往往不能满足我的需求，在需要非常昂贵设备的领域，这个现象更为明显。像粒子物理学，政客们投入了惊人的经费，这对他们有利可图，至少不是没有。我一直很幸运，自己不必为是否会得到支持而担心。我的大多数博士后在经费方面可以自给自足，而需要我投入的资金很少。提到博士后，我想聊聊我的一个博士后。1969 年他从德国来我这里读博士后，他叫沃尔弗拉姆·施塔德勒，我爱叫他"狼"，他是我一个非常亲密的朋友。他和我母亲相处得很融洽，他对欧洲很了解，而且他是一个有趣的家伙。在 50 年代末他以德国人的身份加入美国空军，在 60 年代初按《退伍军人法案》的相关规定取得了上学资格，可他是一个德国公民。（笑声）

**伯奈特**：这么做可以吗？为什么？

**莱特曼**：这在当时是有可能的。他最后成为美国公民，他作为博士后和我相处 3 年后获得了职位，最终成为旧金山州立大学的教授。我可能无法说清，为什么学者们会进入特定的领域。他们可能只是机缘巧合地进入了这些领域，而在研究一段时间后发现这个领域适合他们，且遇到了想要一起共事的人，这样他们就不会在意自己的工作对别的有什么影响，而我……

**伯奈特**：有没有这样的情况，学生们提出了有趣的研究问题，您对这些有趣的方向也产生了兴趣？

**莱特曼**：从某种意义上讲，确实存在。我很幸运自己有这些学生，他们希望研究一些看起来有趣且能为之贡献的研究问题。一些学生可能不会发掘新的领域，但他们在充分性理论或鲁棒控制的研究中行动迅速，并十分杰出。这些学生已经接受过许多专业训练，他们在这些领域的作用变得非常重要，但可能缺乏一些思想，这是可遇不可求的。无论如何，我仍想再次重申一下，我认为我非常幸运。

**伯奈特**：我们刚好可以谈谈充分性理论，在我们之前的采访中，好像是第二场，也谈到了充分性和最优性。这是 60 年代末您进行的研究，也许是一种方法。我想了解一下充分条件的概念，以及在最优性中充分条件和必要条件之间的区别。

**莱特曼**：这些都是定义出来的术语。我们来谈谈最优控制理论。关于"最优"，这是一个误称，很多人到今天可能还存在误区。我很快意识到，不能将满足必要条件的控制称为"最优"。在我的书中，我称这种状态为"极值"。我对满足约束条件、满足边界条件与满足极值条件三者做了区分。因此，一些人所谓的一阶条件实际上不是最优的。除非能证明其最优，才真的是最优，这很难做到，除非做了足够的假设。而如果做了足够多的假设，也可能意味着不能将其应用到很多地方。这是个问题。

出于各种原因，我对这个问题很感兴趣。首先，我非常谨慎地区分了"极值"和"最优"。在我的第一本书中，有一小部分是关于何时可以将它称为"最优"的有趣描述。如果满足"最优"的必要条件并能够证明问题只有唯一解，此时问题便解决了。因为如果满足最优条件也就是没有其他解，这是偶然的情况。这种情况不常出现，在数学上证明唯一性是非常困难的。之后我开始思考充分性。我有一个同事，也是一个给我惹过麻烦的朋友，我并不太想提他名字。他觉得如果满足必要条件但不是"最优"的，那是个奇怪的情况，是一个特例。而这个结果并不让我高兴，我想我应该更全面地研究这个问题。有很多优秀的数学家已经研究过充分条件，这并不是我的发明。如果去查阅关于充分条件的文献资料，会发现大量的相关论文。

**伯奈特**：都是在 60 年代后期发表的论文吗？

**莱特曼**：是的，很多是 60 年代的论文。即使在经典变分法研究中，充分条件也很重要，通常具有有限充分性，意味着它可以在最优解的某个领域内求得最小值，但对于所有可能的情况来说，不属于我称作"全局"的概念。这点确实没有受到过太多关注，大概在 60 年代中期左右……

**伯奈特**：从我的角度看，那些质疑您观点的人认为："如果满足问题的设定条件，我们可以称之为'最优'，这个符合定义。那些超出这个范围的情况十分少见，是特殊情况，因此不必考虑。"

**莱特曼**：他们觉得，可以将时间放在更值得做的研究方向上，这有点让我不太高兴，我在 60 年代的第一本书中提出了这个问题。当我撰写第二本教科书的时候，大概是在 1980 年或 1981 年，我尽可能地做到了两点：一是对所有可能的解进行区分；二是当它可能不是最优解时不称它为"最优"。有一些情况，我可以证明其解是"最优"的，但在其他情况下，我会说："我们只能找到一个'极值'。"这很重要，当它们不满足必要条件时，可以排除很多候选解。从这个角度看，它基本算是候选解的排除器。总而言之，必要条件和充分条件之间的不同在于：①必要条件是定义最优解时所必须具备的；②充分条件是保证"最优"的条件，显然它们必须满足必要条件。现在的问题是如何提出合理的充分条件。在这个问题上，我很幸运地认识了哈罗德·斯塔福德，我可能已经提过他。同时在 60 年代末，有三四个研究生也参与了这个问题的研究。

**伯奈特**：是斯塔福德，哈罗德·斯塔福德……

**莱特曼**：是他，斯塔福德，他联系了我。他是一个很友善的人，住在俄克拉荷马州。我们虽然相距较远，但现在我们仍然往来甚密。我还有一位中国学生他姓王，他和我一起研究充分条件，我们大概写了一两篇论文。另外一位学生来自比利时，他叫弗朗索瓦·利特，我们已经是老朋友了。他从比利时列日大学毕业，是在……

**伯奈特**：比利时。

**莱特曼**：没错，在比利时。他对约束问题很感兴趣，特别在那时，大部分时间只能重点研究控制量的约束问题，有时候实际系统的状态也会受到约束。例如，你想避开某个区域，那对于你来说类似于"禁区"，或者需要让系统运行在某个目标的附近，因而要对某些状态施加限制。他在这方面做了很多工作，撰写了一篇以状态约束为主题的学位论文。

**伯奈特**：还有威廉·施密滕多夫，对吗？

**莱特曼**：对，但他不是学生，他是一名教授，后来去了尔湾。直到 60 年代，我开始有更多的学生，他们对申请读我的研究生很有热情。有一位学生从事合作与非合作博弈的研究，叫索尔·罗克林。另一位印度裔的学生叫阿加瓦尔，我们合作进行了规避控制的研究，是个关于如何回避冲撞的问题，他一直努力在这方面开展研究。同时，我接收了第一位以色列裔的学生沙乌勒·古特曼。他大约在 1970 年加入了我的团队，他求学的目的是想要保护以色列人免受敌人的攻击。出于这个原因，他对控制问题，尤其是追逃博弈问题有研究兴趣，我们也就此展开了合作，他做得很出色。这些学生和我都联系紧密，实际上，我和古特曼，还有利特每年都会见面，其他几位也会来拜访我。这也……

**伯奈特**：这更像一个家庭。

**莱特曼**：对于我个人而言，这也是值得骄傲的地方。

**伯奈特**：他们现在……我们讨论到哪儿了？我想想。

**莱特曼**：我们在讨论充分条件。

**伯奈特**：是的，我们还在讨论充分条件。它们的目的是增加对系统的约束条件个数。在旧的理论模型中，状态是不受约束的，是这样吗？

**莱特曼**：那么，它现在是动态的，它是时间的函数。我们总是在讲"时间"，但也可能是别的什么，可能是距离。约束条件表示你所感兴趣的研究对象受到某方面的限制，通常是大小，或者是某种限制，比如不能进入某个特定区域。你知道，如果你想规避这一区域，需要施加状态约束："它们必须。"比如，大小，或遵循一些规则，这些事情是很有趣的。它们比控制约束更加困难，困难得多。即使在理论上，该领域仍存在许多未解决的问题，因为控制约束是可以控制的，而状态约束是不可控的。它们是一些不能强加的约束，除非你创造了它们。但是对控制而言，可以简单地说："我将用控制去控制一些东西。""我将从那一组中挑选出来，这取决于我。"

**伯奈特**：等等。

**莱特曼**：状态约束通常不是由你决定的。

**伯奈特**：在博弈论中，某些是用来处理不确定性条件的。他们想要理解……

**莱特曼**：可能是的。事实上，当我和古特曼开始研究不确定性时（不确定性的研究也是从那个时候开始），一般来讲，有时候也会有两三个其他人关注这个问题。但是，想要把用来处理不确定性的数学应用到不同领域，你将会探讨确定性或随机不确定性吗？你将会处理统计数据吗？当然，这意味着不确定性的分布是正态的。

人们常说："好吧，这是一条钟形曲线，存在异常值。"我不是统计学家，我可以通过你说的"在最坏的情况下我能够承受多少不确定性"来界定不确定性，进而来处理这样的情况。所以我说，在地震中，我不会让自己处于一种能够应对每一场地震的状态，我没有兴趣考虑应对超过里氏9级或10级的地震。然后你会说："我可以向你保证，如果我有一个你相信的理论，我保证我们可以处理它，将它控制在某一点。"但世事难料。因此我们提到的这些未知事件根本不属于可以用界限刻画的一类。你可以从另一个角度来思考。你可以用统计的眼光来看待它。如果仅仅有大小约束,你可以用矩形分布的统计方法来处理。

**伯奈特**:您正在这样做吗?

**莱特曼**:即使你真想处理它,并认定它服从分布。但这是你强加的,通常也是非常保守的。因此,如果你厌恶风险,你更倾向于这样做,但如何处理最坏的情况,这取决于你能承担的风险。

**伯奈特**:这是高度抽象和数学化的。但是,如果我们讨论工程领域,比如民用工程,我们需要考虑采用阈值设计。因此,一些东西是为特定目的而建造的。可以设想:结构上也许可能发生事先可以预料的事情,因此会有一些保护措施。桥是用来延伸的……

**莱特曼**:是的,它会随着时间改变,比如,建筑规则便是如此。随着我们对周边事物的了解越来越多,人们希望它们也越来越严格。我想我提到过切尔诺贝利灾难,诸如此类。处理数据时,你不会想到一些可能发生的事情,因此它不包括在分布中。但是,如果你说:"那是极限。我知道我能控制到那个极限,如果超过那个限度,我将不去控制。"我不能给你一个保证,但至少你知道,假定你描述系统的理论足够好,你已经保证一切可行,你为此付出了代价,显然这个代价更昂贵,更受限制。因此,就我自己的情况而言,我现在已经更多地思考这个问题了,而且我们已经提出了全部问题。我通常更倾向于最坏情况设计,我正在尝试,就像之前我提到的,我总是过度投保。

**伯奈特**:我想我们之前聊过,在某种程度上,您经历过最坏的情况,对吧?

**莱特曼**:当然,我从历史中学习,从性格中学习。我不知道是为什么,很多事情会影响你的行为,但是你想要避免某些情况,那仅仅是因为后果是灾难性的。

**伯奈特**:以您的具体经历,甚至在您还是个有尊严的孩子时,在您自己家里,在社区,这一切都过去了。我们以前遇到过这种情况,它不正常。但在我们所能理解的范围之内,它的意义远不止于此,我不禁认为它塑造了您对事物的看法。

**莱特曼**:是的,这让你很警觉。

**伯奈特**:绝对的。

**莱特曼**:是的,毫无疑问。因此,这些东西并不是凭空产生的,同时我也没有考虑太多。其实,在过去的岁月里,我也曾经思考过,但是并没有真正地思考明白，我不想把时间浪费在这种事情上。但是，现在我有一点时间去思考了。我敢肯定，不确定性是我所看到的这类事情中最重要的部分。

**伯奈特**：在这些研究领域中，人们都需要努力去解释不确定性或者把不确定性代入等式中。我希望能够用那种方法描述它，是因为我讨厌振动。我们之前讨论过充分性，但是当我们讨论博弈时，正如您刚才在镜头外所说的，扎德已经帮您思考博弈中的模糊性，用隶属度函数代替理性。另外，如果我们讨论最优化或博弈论中的分布决策，那会更难以捉摸、更复杂。

**莱特曼**：是的。我想我已经涉及模糊性了，它确实是处理不确定性的一种思路和方法。如果人们的想法是错的，他们会说："它仅仅依靠统计。"分布函数和隶属度函数看起来很像。但是，通常我会从两方面进行思考。关于实用性，扎德和我谈了很多。它是一种非常好、非常重要和美丽的理论。例如从语言方面，你问："美丽该如何分类？"当你看到一个人，然后说："你是二号美丽。"也就是说，她不是很美丽。扎德和我的看法一样，对于语言的不确定性，两种理论都是很完美的。但是谁来确定隶属度函数，或者是随机情形下的分布函数？现在仅仅以美女举例，他感觉你可以通过调查来做这件事，你可以问人们："这里有一张美女照片、一张不怎么美丽的女子照片、一张丑女照片，怎么给她们排序？"但是，这样给人感觉有点像医学调查。它并不是……

**伯奈特**：并不是行为经济。

**莱特曼**：是的，这取决于问的是谁。统计学家总是感觉他们是在确定性基础上加加减减。但我不这样认为，因为他们的样本也是选取的，有时候样本数量并不大，或者样本不具有代表性。这也是为什么我们不能很好地预测大选结果的原因。于是，扎德在全世界变得很出名，日本人特别喜欢他的理论。今天还会看到这样的广告，这个吸尘器是根据模糊集理论制造出来的。

**伯奈特**：是的，确实是这样。

**莱特曼**：然后有人问设计恒温器的问题。如果想降温，不要那么冷，会想解决舒适、温暖、热、更热、炎热等诸如此类的问题，你应该用恒温器设定温度。作为恒温器的设计者，你可以随意地用隶属度函数去处理这个问题，然后你便可以设计恒温器了。

**伯奈特**：那就涉及模糊逻辑了。

**莱特曼**：这是一种模糊逻辑，因为人们将看到：当他们设置一个给定数时，可以控制温度使其变得暖、冷或其他。但我认为那和实际情况没什么关系，它本质是一个语言数字化的问题。

**伯奈特**：那是规范的。

**莱特曼**：是的，它并不是描述性的。换言之，因为你还没有确定什么是暖、什么是冷，没法讲房间里是否温暖或寒冷。在博弈论中分歧是确实存在的，理性在现实世界中却并不存在。我认为，在博弈论中，对现实世界的假设存在着诸多不确定性。如果你是一个官员，我不会和你谈分歧。官员会认为：我们如何拨款去做一些事情，首先要认定这是件好事，或那是件坏事。本质上，你已经在脑海中确定了隶属度函数，实际上，你已经做了决定。这种基于理性的经典博弈论已经变得约定俗成。它意味着，如果人们是理性的，这将是最好的办法。但是，当处理实际情况时，你不会讲："我正在描述所发生的事情。"理论是描述性的抑或是规定性的存在分歧，或者该做些什么可以使理论具有描述性。当然，人们已经做了一些工作。现在，泽尔腾和他的后继者们，比如理查德·泰勒已经将哲学思想纳入其中，使得博弈论作为一种描述性工具更加实用。直到那一刻，我们会说："如果……，我们便能得到一个纳什均衡点，它是最优的……"但我并不确定人们是如何想的，特别是在政治领域或政府运行机构中。那便是为什么我认为，在制定决策时真正吸引人的是要画一条直观的曲线。但是，它是……

**伯奈特**：但那似乎是功利的。

**莱特曼**：是的，那是危险的。经济学的涓滴理论便是基于此的。在你做出决策的过程中，如果考虑了你将得到什么，那么你会陷入麻烦中。我觉得每天都能看得到这种事情，这说明词语的含义很重要，比如它们如何被曲解和误用，人们是否具有目的性，以及人们为何不考虑非理性。他们认为，这些人明白他们正在做的。

**伯奈特**：当您在 20 世纪 60 年代开始研究时，您为解决问题研发了抽象的数学模型，而这要求存在最优解。我们已经讨论过我们该如何谨慎地定义"最优"。您和其他人正在努力引入更加准确、慎重的定义，它能否涵盖与外界事物的关系。如果您想及时展开研究，那您需要用不同的技巧去揭示变量之间的相互关系，这样便可以从一个极其复杂的系统中脱离出来。比如，在火箭系统中，您已经看到，燃料消耗质量的消减是一个极其复杂的数学问题。后来您开始研究经济学、生态学，在这些领域您可以获得各变量之间的相互依赖关系。这是正在发生的事情，你们正在开发新的工具、并结合旧的工具去重构它们。

**莱特曼**：我认为这很大程度与我的同事有关，比如在经济学方面，我很幸运地与亨利·万共事并成为朋友，他当时是加州大学戴维斯分校的一名教授。亨利·万的妻子西蒙·克莱姆霍特也是一位经济学家，最终成为康奈尔大学的一名教授。他现在还在那里，他名誉退休了。不能说他教会了我经济学，但至少他让我喜欢上了经济学。他主要关注与经济学相关的部分，我做控制部分。他做得很快，很好。我们很早开始学经济学了，我把亨利·万的论文命名为"双寡头的微分对策论""寡头垄断的微分模型"。

**伯奈特**：我们谈论过您与西蒙·克莱姆霍特和亨利·万的合作，也谈论过您发表于70年代初的一些文章，比如"微分博弈：双寡头垄断的模型""寡头垄断的微分模型""罢工下讨价还价的均衡模型：一个微分博弈模型"。我们在镜头下讨论您的方法，即从优化到稳定性的转变。您能够谈一下优化和稳定性的区别吗？

**莱特曼**：好的。我认为我们讨论的优化主要是针对控制问题，较少涉及博弈论，即受约束系统的某个指标需要进行最大化或最小化。而稳定性是针对控制系统，可以是博弈论意义下的，也可以是控制意义下的，是针对系统轨迹做一些事情，比如……

**伯奈特**：种点东西？

**莱特曼**：不论变量是什么，要使它接近某个特定的点或保持在某个特定区域。也许，你想将失业率控制在一定的水平之下，如果用博弈论，可能会出现问题。你想这样控制，但又会和其他变量发生冲突，然后你会想到博弈论，你会说："我考虑"或"我不考虑"。博弈论中有许多变量，如果应用斯塔克尔伯格博弈论，将会有领导者和随从变量的出现。因此，若谈到重要性，我觉得稳定性更重要。如果缺少稳定性，特别是对于一些物理系统，比如经济系统，将导致灾难发生。在一些问题中，只要有多于一个的要求，会立刻想到博弈论，然后可以考虑多向量值成本函数——利润最大化、污染最小等。这些事情不可能同时发生。因此，在博弈论和控制论中，当不同的控制者或不同的利益不兼容时，会出现多目标优化问题，或者是多目标控制问题，这需要进行一些折中，这便用到了博弈论。

不一定是存在冲突的参与者，也可能是冲突的目标。在数学上，这样的问题是可以用同样的方法进行处理的，尽管它们不能处理相同的情况。它因此变得更加有趣了。我们回到"为什么我要用另外一种方式"。当我们第一次看它的时候，我把系统中的不确定性看作是一场与自然的博弈，即允许你的对手对你做最坏的事情。当最坏情况出现时，你把你当成它的对手。撇开统计学，如果想处理这种最坏情形的问题，理论上是很简单的，只要确定你所能容忍的界，比如：里氏10级地震等。有的界不仅仅是我能否接受，更是客观存在的。

所有这些都不是计划好的事情，这是我想说的。它就是这样发生了，但会有合适的人一起去解决它。我想说，当开始研究稳定性时，主要参与研究的学生是马丁·科勒斯，他很聪明，现在是普渡大学的教授，和斯塔福德一起，他也是很聪明的。撰写论文的时候，弄清楚第一作者是很重要的，对吧？我的名字在字母表里应该排在第一位，但他的名字出现在论文第一位时，我希望人们能够理解其中的原因。至于为什么科勒斯排在后面我就不清楚了，也可能他级别比较低。我想澄清的是，很少有论文把我的名字排在第一位。在所有其他论文中，当他的名字排在第一位的时候，这是有原因的，我真的感觉到了……

**伯奈特**：第一作者？

**莱特曼**：是的，差异有多大是一个衡量问题，但我想确保人们明白，他的名字排第一是因为我认为他是主要作者，我们一起撰写的大部分论文都是这样处理的。我认为在写作方面说清楚这个问题是很重要的。

**伯奈特**：绝对的，您的一生都在为您的学生付出。似乎是大多数人，只要他们身体健康，还活着，就会和您保持联系，您还会经常见到他们。有这么多学生，这是很少见的。

**莱特曼**：好吧，感谢上天赐予我们电子邮件。

**伯奈特**：是的，通信技术在这方面有所进步并给予帮助。但我认为，这也是您对他们的承诺和他们对您的喜爱的证明。我在想，在经济学领域，稳定性问题是划分为控制问题还是优化问题，我认为您已经讲得非常清楚了。也就是说，如果对系统设定一个目标，稳定性理论解决保持失业率低于一定水平，其他问题围绕它展开；而优化问题是针对不同约束，求解最大值或最小值问题。接下来，请您再阐述一下这个问题。

**莱特曼**：在优化中，你要做的是，在头脑中有一个目标，它可能是数字形式的，也可能是其他形式的。比如在追逐博弈中，一个人想逃跑，另一个人想抓住他，他们的目的对立。在这种情况下，需要考虑零和博弈，当然这会形成一方损失，而另一方得利。一方想离开最远距离，而另一方想最小化它。这与稳定性问题不同。稳定性问题是，我想控制，让系统保持在一定范围内，或者达到某个点，并要求在不确定的情况下做到。这是为什么人们认为，在一段时间内，这种不确定性是来自对方，如果想规避风险比较困难，这些事情并不完全分离。当然，也有一些人正做优化系统的稳定性研究。举个例子，之前我们没有聊过，是关于信息的，这不是我的强项，但是它可以提供关于控制信息时所依赖的变量，比如，经典的微积分变分。它只是与时间有关，或者说是自变量。我叫它时间，可以吗？

然后，人们变得更加老练，说："为什么不基于更多信息，而不仅仅是时间呢？"我想讲一个关于莱托夫教授的小轶事。他是一位非常著名的数学家，苏联数学家。我和他在拉克森堡皇家花园中的国际应用系统分析研究所'IIASA'，讨论了所谓的闭环控制和开环控制。开环控制只要你说："现在是3点钟，我这样做；在5点钟，我那样做。"在闭环控制系统中，要观察来自系统的东西，比如系统的状态，把它当作信息变量，所以可以说："控制所依赖的变量是时间和状态。"进而还可以说："只能测量状态的一部分，不能测量全部，或者说状态是不确定的，这些都需要改进。"他说："你知道，作为开环控制的例子，我们只看时间。以我们的五年计划为例，在苏联，真正发生了什么并不重要。每个人都说，好吧，这是5点钟，我这样做，明天周六，我那样做。"

**伯奈特**：是的，明年给我100万个钉子。

**莱特曼**：这当然是一个重要方面，但是我要说明的是，人们通常认为拥有的信息越多越好。关于系统的数学建模，可以把时间作为输入，也可以把系统的当前状态作为输入。更多的信息会给你一个更好的事物，我见过别人的例子，并将其撰写在了我的第二本书中。假如说："好的，我将使用更多的信息，比如时间和系统的状态。然后，利用这些信息，我想优化这个系统。"例如，在那个例子中，我想在最短时间内使状态变为零。在某种意义上，你已引入了稳定性，而这也是你的目标。有趣的是，你会有无数个解。然后他们说："先做这个，然后再做那个，从最大值直到最小值。"大家知道，这些结果可都是不连续的。像在火箭里一样，把推力搞到最大，然后让火箭滑行一段时间，诸如此类。

假设系统存在一个不确定性问题，比如，有一个延迟，那你会无法准确测量时间或状态。实际上，我想我在这个切换面，但事实上我已滑到了另一面，因为系统中存在一个小扰动，突然从最小化时间的方向切换到你想去的情形，让它无限大，最大化它。为什么？因为系统会穿过它，然后突然意识到它离得太远了，然后它会再次返回。反反复复。

**伯奈特**：它是一种反馈系统。

**莱特曼**：是的，这是正确的。如果发现不是很好，然后再切换，切换到零，最终只待在那个点。也就是说，从一种控制切换到另一种，从最大化到最小化。但是，你会发现误差，实际上它已陷入误差区域，现在需要反复调整。这意味着你永远无法摆脱这个点。事实上，你已经最大化了时间。而实际上，你已经让它变得无限了，你从未到达你想去的位置。你必须认识到这一点。这是一个稳定性问题，你知道的，它是某种泛函不稳定性。允许存在不确定性的系统，这样可以分辨出是否为好系统，或者是不稳定的系统。稳定的系统意味着，如果存在一些干扰，可以处理它。在具体例子里，无论扰动有多小，只要是有限的，便会遇到这个麻烦，振动总是存在。

**伯奈特**：因此，它本质上是不稳定的。

**莱特曼**：它本质上是一个不稳定系统。或者说，如果它足够简单，也可以断定什么时候它不稳定。不是所有的解都会面临这样的困难，但是当考虑特解时，需要意识到这种可能性。实际上，令人惊讶的是：如果系统是完美的，这便不可能发生。

**伯奈特**：一个设计良好的系统，比如核反应堆，会有一个类似于负反馈系统的事物。如果系统过热，并达到一定的热阈值，它会以一种安全的方式关闭反应堆。但是在切尔诺贝利1号核反应堆中，这个系统被设计成自动工作，他们还去除了自动控制器，引入一个人工控制器……

**莱特曼**：是啊，就是这个小小的延迟。你明白的，我们正在讨论的是……

**伯奈特**：是的，这很清楚。但是在经济学领域，您可能会遇到优化问题和稳定性问题。假设您的稳定性问题是希望每年产生2%的经济增长率，需要控制该系统使其稳定，并使用最大值和最小值进行约束。您需要为失业设定一个最大阈值，为通货膨胀设定一个最大阈值，而且记住它们之间是存在关联的。而且还要考虑其他变量，是吧？这是一个非常复杂的优化问题。

**莱特曼**：是的，这确实是一个非常复杂的系统。

**伯奈特**：是的，非常复杂。

**莱特曼**：此外，由于是在和人打交道，系统中一定存在更多的不确定性，那是一个永远无法达到完美的系统。因此，任何基于完整信息的理论都是可疑的，必须小心。我认为这是教训，还得依靠直觉。

**伯奈特**：我们似乎面对一个混合系统，我们面对一个市场经济社会，我们把市场当作信息处理器。另外，我们还有粗糙的管理机制，如货币供应、利率和通胀率，这些都是中央银行、美联储或者其他机构的管理手段。

**莱特曼**：但你看，在这样的系统中，由于不确定性的存在你很难确定能走多远。还存在人的不确定性，然后是历史事件发生的不确定性，这些都无法控制。无论是恐怖袭击还是全球性……

**伯奈特**：石油供应。

**莱特曼**：或者是全球变暖。我们真的不知道将来会发生什么——因为我们也不能确切地描述它会有多糟糕。作为一个考虑到最糟糕情形的设计师，即使考虑到了，你应该做点实际工作，而不是说："也许这不会发生。"这是一种后果严重而不能冒险的事情，我们必须规避风险。这便是我要说的。当然，反对的人会说："重要的是失业率。"你知道……

**伯奈特**：是的，这毫不夸张。

**莱特曼**：无论如何，总有些人是活在现在而不放眼未来。他们说："100年以后，谁知道呢？"他们还会说："技术会解决它。"这也许会吧。这当然是可能的，但问题是能够冒险吗？

**伯奈特**：是啊，要及时解决问题。

**莱特曼**：对的，这是正确的。

**伯奈特**：是的。现在我们谈的是70年代早期的事情，在我们完全谈完之前，我想谈一下您在60年代的旅行经历。您每年都要进行多次环球旅行，参加会议，和人们见面，解决问题。我认为这部分说明了您的兴趣在迅速转移，比如在研究方面，从一套技术转到另一套技术，从一个领域转到另一领域。但是，您也有一些私人旅行时间，我想您是否可以谈谈您的一些私人旅行，或一些业余旅行。

**莱特曼**：我可以举几个特别有趣的例子，比如，在阿卡德姆戈罗多克有一个会议，我记得那是1968年。

**伯奈特**：是的，我们确实谈过这个。后来您顺道去了哪里？

**莱特曼**：嗯，是的。布拉奎尔和我发表了会议论文后，我们决定开车去乌兹别克斯坦旅行，因为是自驾，旅行很有趣。这个地方当时是受苏联的控制，任何旅行都必须通过苏联旅行社为你预订酒店，他们会确保你有航班等。这样，他们便可以知道你的确切位置，这令人惊讶。我们首先决定去乌兹别克斯坦，那是一个非常偏远的地区，我们做了充分的准备。那时，没有电子邮件，布拉奎尔花费了很多时间，与我们的旅行社——苏联旅行社电话联系。我们计划先去新西伯利亚，它靠近阿卡德姆戈罗多克，大约10天行程，这是一个完美的长途旅行计划。我们在塔什干碰面，塔什干是乌兹别克斯坦的首府。他从巴黎过来，就在这一年，巴黎发生了大规模学生骚乱。

**伯奈特**：1968年。

**莱特曼**：是的，1968年。他怀疑旅行计划是否还能进行，但是我们已经安排好了一切。我们在塔什干碰面了，到了同一家旅店，事实上是同一间房子，然后他立即尝试打电话给巴黎，以确保一切安好。但我们房间里没有电话，我注意到有一个电话插座，我们与管理员取得了联系。他们说可以为我们安装电话。但来的是一个女装线员，她还没带螺丝刀。当她接上电话线时，发现那并不是电话插座，而是两只空眼，她用指甲拧紧了螺丝。很好，不管怎么说，线路完全被堵住了，我们没有办法给巴黎打电话了，这是整个旅行中的败笔。然后我们从塔什干去了撒马尔罕，又去了布哈拉，然后又回到塔什干。我们在每个城市都待了三四天，这真的很棒！

**伯奈特**：对您来说，最明显的不同是什么？

**莱特曼**：你是说……

**伯奈特**：城市，街道。

**莱特曼**：首先，那里的文化并不是真正的欧洲文化。其次，宗教是伊斯兰教，有绝对精美的建筑，属于伊斯兰风格。当然，几何形状的瓷砖，美丽的事物。我们可以参观帖木儿的坟墓。有一个来自乌兹别克斯坦却是夏威夷大学的教授，那又是另一个令人着迷的故事了。

我记得布哈拉有很多蒙古人。那里有油田和气田，大部分工人都来自这些油田。一天晚上，当我们去餐厅，房间里满是这些油田和气田的工人。我们发现一张桌子，有两个工人，还有四个空位，我们坐在他们对面，就我和布拉奎尔。他们正在喝酒，不是伏特加，是白兰地。瓶子里只剩下那么多了，他们只是每隔几分钟喝一大口。然后突然，其中一个举起他的拳头，正好打在另一个人的鼻子上，这引起了一场骚乱。我们是唯一的西方人。但是女服务员很棒，她们是真正强大的苏联女性，不到10分钟，她们便把那些人赶了出去，这真是一场激烈的战斗。人们东倒西歪，所有人都醉了。

**伯奈特**：这看起来像一部电影。

**莱特曼**：有点儿。在撒马尔罕，我们在街上闲逛，太棒了。我们没有导游，绝对的，我必须告诉你。也没有人跟踪我们，我们完全自由了，可以做我们想做的任何事。那次我们到达酒店大概是中午，我们直接去了餐厅，它非常漂亮。所有的桌子都摆放好了，放着面包和矿泉水，于是我们坐下来，开始啃面包，喝矿泉水，等待服务员过来。这在苏联是另外一件大事。突然，一辆大巴车停在了酒店门口，我看是一辆来自东德的旅游巴士。

他们是游客，东德的游客，我们没有见过其他游客。他们看我们是美国人，领队走向我们的桌子，那时我们正在啃面包。他脚后跟发出咔嚓声，鞋一定是德国造的。他低下头，只是用英语说："这是德国人的位子。"你知道，我之前有过这样奇妙的体验，在法国厄比纳尔。我抬头看着他，用德语对他说："我很害怕，你说的话我一句也听不懂。"他只好让我们单独待在那里，我们独享了我们的餐桌，并喝了他们的矿泉水。这是一次很棒的旅行。

这真是太棒了。在那之后，我们从塔什干坐飞机去了新西伯利亚，在飞机上我们又碰到了那个旅游团。我们坐在他们的对面，那有一张小桌子，上面还有一盏灯，太美妙了。坐在我对面的是一位来自西伯利亚的女士，她带着一个孩子，起飞前这个孩子一直在哭，我对着孩子做了一个鬼脸，她便把孩子递给了我，在接下来4个小时的飞行中，我一直抱着这个孩子。

**伯奈特**：您的罪过，呵呵。

**莱特曼**：还有一次，在佐治亚州。

**伯奈特**：佐治亚的第比利斯。

**莱特曼**：是的，第比利斯，这是另一次旅行，我们从第比利斯飞往莫斯科，那时候，苏联国内航班的票价非常便宜，但食物非常糟糕。那时，当地市场落后，农民们觉得用飞机把农产品运到莫斯科更能获利。我坐在一个佐治亚农场主旁。在那些飞机上，食物很少，仅有黑麦面包，还有腌黄瓜，就这些了。但是……

**伯奈特**：要飞4个小时。

**莱特曼**：是啊。黄瓜很小。你懂的，我得到了一根不错的小黄瓜，我把它给了他。此外，这些农民挤着上飞机，是带他们的农产品去莫斯科的。然后，飞机满员了，他们把门关上，但还有些家伙从外面敲门想进去。

**伯奈特**：哇。

**莱特曼**：还有另外一件事情。我乘坐国内航班从莫斯科飞往列宁格勒，结果超员。他们不是把多余的人挡在外面，而是把座位分隔器拿出来，把他们塞到两个人之间。不管怎么说，有点不舒服。

**伯奈特**：不可思议的冒险。

**莱特曼**：别的事以后再说。

**伯奈特**：是的。好吧，我们现在应该停下来，但一定要再给我们讲最后一个故事，还是旅行主题。

**莱特曼**：有。

**伯奈特**：这些都是有趣的故事。

**莱特曼**：是啊，最美妙的事情之一是很多次的顺带旅行。那之后过了一段时间，我母亲在1969年退休了，之后我们一起待在伯克利25年。这是美妙的。当我外出旅行时南希不再想自己待在家里。从那以后，大多数旅行她都和我在一起。

**伯奈特**：太棒了！

**莱特曼**：有时是考察旅行，她也会来，但她从来没有去过苏联。每当南希和我谈论这些时，我们都会说，真是太棒了！每次我们在电影里或电视上看到一些地方，我们还会说："哦，我们去过那儿。"真是太棒了！

**伯奈特**：是的，真的很奇妙。我们下次继续。

# 第 9 章

# 探索不同领域的控制论

**采访时间**：2018 年 12 月 13 日

**伯奈特**：这里是保罗·伯奈特采访乔治·莱特曼的现场。这是我们的第九次访谈。今天是 2018 年 12 月 13 日，我们再次来到伯克利山庄。我们将讨论稳定性理论，从最优性转向不确定条件下的稳定性。当我们在镜头外谈话时，您谈到了这一领域的研究主要侧重于不确定系统的控制。我想请您通过介绍相关背景，谈论一下它与其他领域的对比，以及收集和制定知识的方式。这是一种什么样的知识？它与其他形式的探究有何区别？

**莱特曼**：嗯。我想我们已经开始讨论这方面了。本质上有两种方式，并存在 3 个主要途径去建模，然后处理信息。在这种情况下，用控制来解决系统中的不确定性。不确定性可以是因为不知道所有的细节。事实上，任何数学模型，它都是不确定的。因为你不能快速建模所有事物，而且还会认为不可能所有的事情都发生在你的系统中，其次，数学在处理不确定性时显得有些笨拙。事实上，对于许多系统，没有办法获取足够的信息。现在对于具有很多信息的系统，例如，在制造业中——在制造钉子或汽车，而且已经做了很长时间了——统计方法是一种处理不确定性的好方法。在我的研究中，显然使用统计方法已经很棒了。相当简单的系统通常服从某种形式的正态分布，这是衡量事件中某个给定自变量发生概率的基础。不管它是什么，它们可能是非常有用的，通常是正常的，因此，数学变得相当容易。这便是基于概率论的方法。

另一种用来处理系统中的不确定性或未知元素的方法，是模糊逻辑。至少在表面上，它与统计学有某种相似之处。它不依赖于分布函数，而是依赖于隶属度函数。这两者基本上是不同的概念。然后用确定性的方法来处理不确定性。我想我之前提到过，你也可以从统计学角度来看。你说你有一定程度的不确定性，比如在参数上，从工程的角度说："我可以简单地把这个系统设计成考虑最大不确定性的情况。"在建筑业，在处理抗震工程时，我们说："我们可以承受里氏10级的地震。"这并不意味着永远不会承受12级地震，而是这种情况的概率非常小。

这直接引出了这样一个想法，简单地说，在处理不同变量的不确定性时，只需为这些变量设定一个上限和下限。在控制论中，我们从限制控制变量的最小值和最大值出发。比如，在火箭中，打开或关掉推力。这些约束是由你施加的。这是用模糊逻辑解决说明性问题时所发生的情况。如果想描述实际发生的事情，它则不那么管用了。当然，那是用统计学来描述的，过去发生的事情并不能用来预测未来，尤其是在今天的世界里。

对我来说，这似乎是一种安全的做法，我不是统计学家，没想尝试用统计学的方法来处理不确定性。

**伯奈特**：那么我们来谈谈李雅普诺夫理论，看它解决了什么，或者它为您提供了之前没有的思路？

**莱特曼**：我们在考虑系统稳定时，如果其状态 $x(t)$ 达到一个平衡态，即在有限时间内任意给定邻域。对我们来说，$x(t)$ 是状态方程的一个解：

$$\frac{dx(t)}{dt} = f(x(t))$$

为了讨论稳定与否的问题，我们选择采用李雅普诺夫方法。基于李雅普诺夫函数，我们有 $v(x)$。在一定条件下，可以证明：

$$\frac{dv(x(t))}{dt} < 0$$

并使所有解达到稳定。例如，考虑一个简单的系统：

$$\frac{dx(t)}{dt} = -x(t)$$

$$V(x(t)) = x(t)^2$$

现在让我们考虑一个不确定系统，它包含前面提到的不确定元素。这个问题在于要找到控制参数，并允许系统在最坏的情况下（最大不确定性情况下），达到李雅普诺夫意义上的稳定。对于具有不确定性的受控系统，可以得到：

$$\frac{dv(x(t))}{dt} = f(x(t) | u | v)$$

其中 $u$ 是控制，$v$ 是不确定性。我们寻求在最坏的不确定性下保证系统稳定的 $u$。这是通过选择一个控制 $u$ 来极小化：

$$\frac{dv(x(t))}{dt}$$

此时不确定性 $v$ 极大化。

这是在 1974 年，我与沙乌勒·古特曼合著的论文"一类有界状态不确定性线性系统的稳定问题"以及 1976 年合著的论文"参数有界和输入不确定性线性系统的稳定控制"中的内容。该理论在马丁·科勒斯的论文中得到了极大的发展，并在许多合著的出版物中得到了体现，如 1981 年的"保证不确定动态系统一致最终有界性的连续状态反馈"。接下来的几年里发表了大量论文，其中许多是与科勒斯、巴米什、瑞安、陈、迦洛法洛、翔等人合作撰写的。也许对这个基本论点的最好理解，可以在《不确定系统的确定性控制》一书中找到。

**伯奈特**：我读过一本教材，讲的是 20 世纪后期李雅普诺夫函数的演化。我想向年轻学生说明的是，要多考虑那些无法进行实验，以及无法收集信息的情况。在没有相关信息的情况下，必须建立一个完整的模型，然后把它倒过来建模。因此，需要能够在没有信息的情况下进行设计，这便是不确定系统下确定性控制的含义。因此在没有信息的情况下，您能推理出一个可行的方案吗？

**莱特曼**：这里有个警告，这显然是一种处理不确定性的保守方法。事实上，这是主要的评判方法，但还取决于它是否合理。它可能是完全合理的，或者事实上它可能是在这种情况下唯一能做的事情。例如，如果你知道过去的信息，而且很多，但是你可以——比如在地震中，真的很少有统计信息，除了历史上已经发生一定规模的地震，且在此方法中，不需要知道任何更多的从未超过 10 级的地震等，这是额外的优势，在设计一个系统时，你可以说："我愿意冒任何风险直至达到目标。"这绝不表示，"这不可能发生"，我们称之为 $X$ 事件，这是离群值的分布，只能说："我怎么准备我知之甚少的事情？"你知道，例如，全球变暖或气候变化就是这些学科之一。

**伯奈特**：是的，气候科学。

**莱特曼**：是的。它说的是"我们不是说某些事情一定会发生，而是从我们的观察来推测的，某些事情可能会发生"。我们再看过去的气候变化。当工业革命开始时，它是如何变化的，人类的行为是如何的。还有自然灾害、彗星撞击地球。还有就是冰河时代产生的原因。还有其他一些事件，动物灭绝、整个种群的灭绝。

对于像我这样的人来说，这是为了避免可能发生的最坏情况，那可能会花费更多，这取决于你有多厌恶风险，这可能是一个主要因素。需要考虑更多或更少的风险，这是一件事。另一件事是如何考虑程度。如果能做到这一点，改变系统保持李雅普诺夫稳定，那需要付出较大的代价。例如，对于火箭来说，可能需要更频繁地使用全推力。当然，这种事情是可能发生的，随后必须做出决定。

现在，我们有时会置于几乎没有信息的情况下，例如，登陆火星或其他行星，几乎没有信息。我们现在有更多的关于火星的信息。在试图登陆某个星球之前，我们还将得到更多信息，随后你会说："关于我们看到的太阳和风，不管会发生什么，什么是最糟糕的事情？我们有一个设备，成本是10亿美元，我可以失去它吗？"这又是一种赌博。

**伯奈特**：是的，您试图提前评估风险，在不知道所有参数的情况下，试图为此设计。

**莱特曼**：是的。实际上，你不可能知道所有的参数，这是一个你认为你对所有可能发生的事情有多了解的问题。我们以"切尔诺贝利"事故为例，在那里发生了一些没有人能想得到的事情，是人类的愚蠢导致的事情。

**伯奈特**：控制器工作得很好，但是……

**莱特曼**：是的，所以……

**伯奈特**：就是他们把它取下来的时候……

**莱特曼**：它只是速度不够快，无法交到人类手中，观察能力也不够强；此外，你所感受到的可能比设备感受到的要少得多。这只是一个你可以做出的决定，这对我很有吸引力。我想我提到过，我基本上是非常厌恶风险的，过度保守，有时候，这很好；有时会花费更多的钱和精力，当然，反过来，对其他事情也有影响。例如，在当前形势下，总统认为通过制定规章制度来影响行业比冒险更糟糕，他根本不相信什么，一个事件或多个事件。因此它是一件需要平衡的事情。毫无疑问，我想要的，甚至是潜意识里，都是受到了影响的。直至最近我们开始谈论它的时候，我才记起了这些术语。我并没有把自己当成风险厌恶者，仅仅是它吸引了我。

**伯奈特**：是的……

**莱特曼**：这是我可以解决的，并且最终在我的学生、同事、合作者的帮助下处理得更好。我们所采用的特殊方法不同于其他人所采用的确定性控制。有一种方法叫 H 无穷控制，还有很多其他的方法。它们其实没有太大变化。

**伯奈特**：我认为有两件发生在文化和经济中的大事值得一提，一个是不断努力解决风险，风险的分布，找寻如何最小化风险，很多这样的事情都是基于概率的。另一个是增加自动化。在不同的事物中有越来越多的文字控制器。大楼里有自动控制装置……

**莱特曼**：对，特别是传感器可以告知系统的状态，这是使用这些控制器所必需的。在一个理想的系统中，你完全了解系统的状态。在对这个州了解较少的方面，你已经做了或者正在做很多工作。例如，仅仅只有部分事件，可以通过测量达到越来越高的精度，这整个想法考虑系统的一切可能性，依赖于系统，系统变得越来越复杂。而且，据推测，因为无法处理它，工作在 $X$ 事件中的人认为 $X$ 事件的到来与系统复杂性十分相关。你知道，"文艺复兴"时期那样的男人现在已经很少了。曾几何时，世界上只有 5 个数学家，诸如此类。这一切都在改变。当然没有办法预测 10 年后的情况。

**伯奈特**：但这只是说，你们可以看到对这类问题进行数学探索的需求，所以你们也参加会议。我记不清会议名称了，例如可能是信息处理协会。

**莱特曼**：是的，国际信息处理联合会。

**伯奈特**：有些组织机构如美国军方、政府、院校和工程学校，都试图推测您感兴趣的维度或领域控制、技术控制、自动化或准自动化技术，这是您研究的领域。虽然您从火箭开始，但是您正在向其他领域发展。人们认为生态系统是一种控制系统，易于控制或管理的系统。

**莱特曼**：是的，我认为这种情况下的管理是不需要做某些事情的，不是一种主动的控制，或者说主动控制处理不好的事情：排放、污染等。

**伯奈特**：对，恐怖主义。

**莱特曼**：是啊，当然，除了其他事情。

**伯奈特**：您为什么不谈谈您的一些学生和同事，他们都参与了不确定系统的确定性控制研究？

**莱特曼**：好吧。目前为止我们已经讨论了几个学生，我认为肯·桑德斯和戈登·蒙只是刚涉及控制理论和博弈论。概括来说，控制理论是在最优控制和微分博弈中做什么，但不是替代优化。在涉及它之前，我思考了很长一段时间：可以这么说，也许安全比最优更重要。在20世纪60年代末，我接收了两三个非常优秀的学生：一位是来自俄克拉荷马州的学生哈罗德·斯塔福德，我们至今仍保持着密切的联系；另一位是来自比利时列日的学生弗朗索瓦·利特，我每周都和他联系；还有索尔·罗克林，我不太确定他来自哪里，但他是一个很好的学生。不幸的是，他英年早逝。有一个叫阿加沃尔的印度学生，他在70年代初来到美国；还有一个以色列学生，我想是1968年来的，叫沙吾尔·古特曼，我现在还和他联系，他时常来看我；然后在70年代中期，也许是70年代后期，我非常幸运地接收了一位非常优秀的学生，来自爱尔兰的马丁·科勒斯。

这些人后来都做得很好。例如，弗朗索瓦·利特自几年前便已经是利格大学的名誉教授，我想他是七八年前荣誉退休的。他比我小20岁，但是（笑声）——沙吾尔·古特曼当了以色列理工学院的教授，并且做了5年以色列议会议员。正如我说的，哈罗德·斯塔福德是俄克拉荷马大学的教授。他还有其他几份工作。我记得他在佐治亚理工学院待过一段时间，也在俄克拉荷马大学待过很长时间，我们一直保持联系。我不知道戈登·王怎么样了，我和他失去了联系。

他们是我在20世纪60年代末的主要学生。涉猎李雅普诺夫控制的主要有沙吾尔·古特曼和马丁·科勒斯。当然后来还有其他学生，但他们已经涉足这个领域，也许我们可以很快提到哪些学生不是主要研究确定性控制的。其中一位是比利时学生弗朗索瓦·利特。他的论文是关于状态约束下的控制。前几天我们稍微讨论过这个问题，我在1969年的短书中已经用了一章内容来讨论这个话题，当他来的时候，我已经想过这个话题了。当然，很多人也都想过了。

**伯奈特**：它是《最优控制导论》吗？

**莱特曼**：是的，但是我突然想到，在那个时候，关于这方面研究的书很少。我不知道是什么组织出版了一本书——我给你看一下那本书中对系统和控制进行评级的那一页文本，一直到现在，可能是21世纪初。这是我获得贝尔曼奖时自动控制委员会赠送给我的礼物。令我惊讶的是，在最优控制中，只有4本经典书籍。一本是麻省理工学院的两位教授——阿赞和费波撰写的。他们非常详细地研究了线性系统，并为此撰写了一本900多页的书。当他们第一次提交的时候，它有 1000 多页。我的同事，来自斯坦福大学的亚瑟布·E.莱森和他的合作者，来自哈佛大学的何毓琦，撰写的名为《最佳过程》的书。然后他们提到了我的短书，1969 年的书，作为该领域的经典书籍之一。如果现在读它，它绝不是经典。它在某种程度上很简单，没有使用奇妙的数学，非常奇妙的数学，但是，它显示了这个领域的爆发。真的，这便是我想说的。

**伯奈特**：不，正是如此。您可以在工程学院的书架上看到。

**莱特曼**：是的，或者去亚马逊网上书店。

**伯奈特**：鲁棒控制的书。

**莱特曼**：好的，然后……

**伯奈特**：在八九十年代。

**莱特曼**：你去亚马逊网上书店，看看还有多少书，还是有一些，1969 年的那本书还在。

**伯奈特**：我在想，是不是 1966 年。

**莱特曼**：也许是 1966 年。

**伯奈特**：因为？

**莱特曼**：很晚了。

**伯奈特**：我认为《最优控制导论》是在 1966 年出版的。1969 年的可能是第二版，或者是修订版，我不确定。

**莱特曼**：我不知道。我可以查一下。我有书单。

**伯奈特**：好的，很好。

**莱特曼**：总之，那是 60 年代后半期。

**伯奈特**：好吧，是的。有趣的是，许多这些编辑过的书都是由协会出版的，但它们只是稍微地编辑过，而且……

**莱特曼**：是的，很多书都来自会议。

**伯奈特**：基本上来自会议。

**莱特曼**：没错。

**伯奈特**：是的，在那一刻您可以感受到，这是一个非常原始的、新的研究领域，而且在世界范围内，这个圈子一定很小。我想大部分您都认识。

**莱特曼**：嗯，随着太空时代的到来，越来越多人投身于这件事，会议也越来越大型。除此之外，有趣的是，真正的风险——例如，庞特里亚金的主要合著者瑞瓦兹·加姆克里列兹，在 1962 年以俄语出版的《流程优化》一书或类似的书以及 1965 年左右发行的英文版中，告诉我他们很不高兴，其中也包括庞特里亚金。回想起来，他们觉得自己在撰写这本书时并没有用心去做。庞特里亚金本来已经是数学领域中非常重要的人物，他曾被告知如果能在一年内出版这本书，他们将获得列宁奖。因此，他们拿着自己写的论文并试着整理出版，由此这本书诞生了。

**伯奈特**：是的，当时撰写得非常匆忙。我的意思是，这是一场太空竞赛，但也是一场科学竞赛，科学家们在相互竞争。

**莱特曼**：是的，在某些情况下，政府对此表示支持。在苏联，当时是政府管理一切，但有意思的是，庞特里亚金告诉我他不接受任何版税，因为他对这本书不满意，他的 3 位合著者获得了版税。我不知道那是不是真的，但他是这么说的。

**伯奈特**：那太有趣了。

**莱特曼**：这是一个有趣的副业。没错……

**伯奈特**：因此，这些数字——我是说，你们的学生陆续发表论文。马丁·科勒斯发表了"不确定系统的确定性控制"。您在 20 世纪 80 年代和 1990 年与他合作发表过论文。

**莱特曼**：嗯，我曾在 2000 年看过一篇他的关于地方病控制的论文。我想那是在 2000 年，是的，正如我所述，他真的很出色。如果他的名字在论文中排在第一位，那么他确实值得这份荣誉。我的意思是，虽然总是有占比的问题，但我肯定他尽到这份力，我记得总共——我没有把它们加起来——我觉得我们在那段时间里共同发表了大约 20 篇论文。

**伯奈特**：是啊，很好的合作。

**伯奈特**：那么，我们能谈谈理论上的进展吗，例如李雅普诺夫控制，然后介绍一下它是如何应用的？正如您所说，有一整篇都围绕这个主题展开的应用论文。在某种程度上，它成了鲁棒控制。大约在 80 年代中期，人们开始使用这个词。

**莱特曼**：是的，差不多。在某种意义上，从你所关心的角度来看，它确实是具有鲁棒性的。虽然没有采取统计方法，但足以肯定的是你已经处理了最坏的情况，或者至少接近它。你有许多关于不确定性的信息，因此可以感觉到它是相当安全的，但必须小心的是，这个名字有时意味着更多的含义。顺便提一下，比如谈混沌理论，但混沌理论中它并非指混乱的，事实上这是一种完全确定性的方法。简单来说，在这个意义上，被称为混沌的系统是非常敏感的。如果参数或初始条件发生很小的变化或者扰动，那么它们会产生相当大的影响，当描述出这些时，它看起来像是随机响应，我想看起来像随机响应，它得到了混沌理论的名字，但你知道的，它与混沌无关。这些东西不过是别名而已⋯⋯

**伯奈特**：鲁棒控制并不是弱控制的对立面，（笑声）对吧？

**莱特曼**：是的，它并不是对立面。事实上，你看，在这个意义上，它说明你所考虑最坏的情况是稳定的。也许你做得太过火了，但你知道这当然是没有保证的。你必须总是这样警告自己，你所认为的最坏情况，绝大可能不是最坏情况，但它亦可能是如此罕见，因此你可以把握住机会，这就是 $X$ 事件的新领域——处理那些既不属于统计范围也不属于鲁棒规则范围的情况，上限是——嗯，这不足以讨论情况。这并不是情况的罕见性；这实际上是它所能涵盖的灾难，以及如何得到一个数字或方法来处理如此罕见与可怕的结果。可以说，"这种情况很罕见，不用担心。"但你所说的是什么方法？也许这种情况有点像气候变化，你知道吗？

**伯奈特**：这是数学末世论。您正在研究这类诸如世界末日的事件——一个彻底的崩溃。

**莱特曼**：你可能会说"好吧，我并不担心世界上的其他人，除了我的孙子孙女"之类的话。（笑声）现在我要照顾曾孙，我更担心，所以，让我看看。你看了我的参考书目以及很久以前的一篇论文，对的，实际上这是 1976 年在国际信息处理联合会会议上发表的一篇名为"有界不确定性动力系统的稳定反馈控制"的论文，这篇论文是由我和我的以色列学生沙吾尔·古特曼一同撰写完成的。他大概从 1970 年开始认真研究这个话题。顺便提一下，1973 年，他正致力于自己的论文中时，战争爆发了，你记得吗？1973 年。

**伯奈特**：赎罪日⋯⋯

**莱特曼**：赎罪日，没错，我想那是 1972 年吧——我可能会记错——他失踪了 6 个星期。实际上他曾经是以色列国防军的一名上尉、坦克部队指挥官，大概才 24 岁。他只去了那么多时间，战争胜利后便回来了，但我在某个地方丢失了我所珍惜的——他从开罗郊区寄给我的明信片，路途遥远，他前去找邮局职员，让他们当面邮寄，他认为他们可能会把信撕碎扔掉。我就是这样得到这张明信片的。对，上面有邮戳。但我不记得是郊区什么地方了，你知道的，我想——我想，我会提到其他一些没研究这一话题的学生是怎么做的。

**伯奈特**：好的。

**莱特曼**：举个例子，看，我们曾提过弗朗索瓦·利特研究过状态约束问题。

**伯奈特**：是的，您提到了肯·桑德斯、戈登·蒙与戈登·王。

**莱特曼**：是的，然后是索尔·罗克林，再是沙吾尔·古特曼。沙吾尔·古特曼研究李雅普诺夫控制与确定性控制，有着充分的理由，我稍后会提到这个理由。甚至是斯塔福德，他已经十分深入地研究了最优控制的充分条件，并将它扩展为博弈的充分条件，这反过来又导致了李雅普诺夫控制。我还有一个叫阿加沃尔的学生，他致力于规避控制，但并非从这个角度出发。

**伯奈特**：不是来自鲁棒控制。

**莱特曼**：是的，当然，正如我所说，在20世纪70年代末，马丁·科勒斯开始研究鲁棒控制，随后他的学生们也开始研究这个理论或者至少基于该理论的一个应用问题，比如劳动管理之类的问题。在查阅其他论文时，我发现有基于李雅普诺夫控制理论来解决的规避问题的研究，领域的一位真正的前辈是斯科隆斯基。然后我的另一位同事，研究了一个叫作"最终有界性"的话题，但实际上马丁·科勒斯并未提出这个想法，而是用它来改善控制。

如果研究李雅普诺夫控制，那么通常情况下，控制函数，也就是状态函数，

$$u Y x Y$$

具有不连续性，而对于常微分方程来说，它的理论并不能处理这一问题。如果，例如，$x$ 点等于 $fYxY$，我们通常假设 $fYxY$ 是一个连续函数并且满足一些其他条件。特别是那个时候的苏联人，早在20世纪30年代便提出了一个理论——通过扩展条件来处理方程右侧不连续。通常假设的控制至少是分段连续的，所以控制允许这样，但是方程不允许明显的不连续性。如果从一个全速运转的水龙头开始，这可能是控制的上限，在它为零的地方关闭，这个想法便出现了——首先你获得了更简捷的数学模型，也就是说——

**伯奈特**：是开还是关。

**莱特曼**：第一，古典数学会解决它。第二，它实际上是一个更好的模型。如果应用一个控制，没有一个真正的系统可以在时间为零之内完成它。它也许会很

快，但这只是一个相对项。从数学意义上，只要不出现跳跃，他们并不在乎导数变大。

**伯奈特**：对，是的。有趣。

**莱特曼**：因此我们将理论扩展到允许这种控制的情况，并从允许系统最终归零，趋向于想到达的点，趋向于任意接近的邻域。即使在控制上跳跃得再快也无关紧要。连续上升或下降的曲线斜率是因为不用关闭水龙头，你知道的，或者启动引擎，然后它们就会运转。这些都无关紧要。从数学上讲，这仍然是一个连续的控制，在状态下是连续的，这被称为最终有界性控制。换言之，驱动系统的最终区域是有界的。它不一定为零，但它是有界的，然后，可以证明它跳得越快——并非跳跃，则现在做的改变也越快，在保持连续的同时，最终到达的区域也会变得更小。

因此，从实际的角度来看，这确实是一个更好的模型。数学家们喜欢他们所说的渐近稳定性，它是一个可以精确到达设想的位点的过程。但是从工程学的角度来看，最终有界性实际上是非常现实的。这就是为什么我们选择最终有界性。后来许多论文主要讨论最终有界性，很多论文都是讨论这个话题以及一些应用，但我们为了得到一个控制器，考虑了更多的系统。

**伯奈特**：这样您便可以使用……

**莱特曼**：现有的理论。

**伯奈特**：常微分方程的现有理论，对吗？

**莱特曼**：没错……

**伯奈特**：那么您不能……

**莱特曼**：因为方程右侧在 $x$ 上是连续的，是吧？

**伯奈特**：没错。那么您可以用偏微分来做吗？可以的话，那么能否在偏微分方程中使用连续性？这有区别吗？

**莱特曼**：我并没有处理过偏微分方程。同样地，如果面临一个问题，当做得越顺利，理论也会越容易，这是毫无疑问的。这是我所知道的。如果你还记得的话，在台南有个座谈会。那是中国台湾南部一个有趣的城市，一个造船大城市。很少有外国人去那里，而我便是当时街上 3 个外国人中的一个，其间小孩子常来找我。这是一个大城市——大约有 100 万人口或者更多。我是在国际工程科学和力学研讨会撰写了一篇关于稳定不确定系统的论文。然后命名上就更混乱了。人们开始称之为实际稳定性，而不是渐近性进入最终区域，但其他人的意思是"实际的"。所以，我们放弃了这样做。之后，我与凯利教授和我的另一个学生——来自希腊的索尔达托斯撰写了一篇讨论我们处理的是什么样的系统的论文。我想他在名单上遗漏了。

**伯奈特**：是"地震作用下基础隔震结构的鲁棒控制"？

**莱特曼**：对。

**伯奈特**：那是 1987 年，与凯利……

**莱特曼**：当然，那是很久以后的事了，但是有很多论文。如果你去看看参考书目……

**伯奈特**：有几百篇。

**莱特曼**：320 篇论文，但我们只挑选了一部分，只是为了给我们一点想法而已。

**伯奈特**：是的，沿着这个领域，我的意思是，还有其他领域；我们应该让听众知道……

**莱特曼**：嗯，这里……

**伯奈特**：有很多不同的领域。

**莱特曼**：还有一些有趣的事情。同样也是在 20 世纪 80 年代，马丁在 1982 年完成了他的论文并成为普渡大学的一名教授，直至今日。当然，我也开始与意大利人一起工作，研究一个名为"无不确定条件下具有时滞的不确定动力系统的鲁棒性"的课题。有时在状态的测量或控制的应用上都可能有延迟。马丁·科勒斯在 1988 年亚特兰大的美国控制会议上发表了一篇题为"基于李雅普诺夫函数的不确定系统控制器设计"的论文。

我的另一位博士生陈义华，他撰写了一篇基于鲁棒控制放松假设的论文，我们称之为"匹配"。他还经常与李曹生一起研究有趣的应用问题。

然后我在 20 世纪 80 年代时，有一位来自赫尔辛基大学的访问学者韦约·凯塔拉，我们一共发表了 6~8 篇论文，它们都是关于渔业的。列举几个名字，一篇叫作"波动环境下渔业资源的稳定管理"的论文。它是我和韦约撰写的，发表在名为《系统动力学与稳定性》的杂志上。有一篇论文——好吧，实际上有很多，但是不管怎样，如果你查一下凯塔拉，会发现在 80 年代后半期肯定有他的 6~8 篇论义。后来他对另一个问题产生了兴趣，我们也一起撰写了几篇论文。

在减振方面，我接收了一位名为沃尔夫拉姆·斯塔德尔的德国博士后，他在 1969 年左右联系我。他主要对动力学本身感兴趣，处理控制并不是其主要工作，但他和我共事了 3 年，最后成为旧金山州立大学的一名教授。当然，在机器人学中还有一些有趣的问题，比如，"基于鲁棒确定性控制器的机器人机械臂跟踪控制"，这实际上是由我的一位同事罗伯特·霍洛维茨完成的。他是伯克利大学机械工程系的主任。1989 年左右或 20 世纪 90 年代联系我的德国博士后——爱德华·里斯迈尔。这些人都成为我非常亲密的朋友。事实上，我刚刚还给里斯迈尔发了电子邮件。他来自汉诺威。嗯，不，实际上那是他最后的归宿——成为莱布尼茨大学与汉诺威大学的教授。

他主要对振动控制感兴趣，他过去对医疗器械很感兴趣。实际上，他拿到博士学位后的第一份工作是在一家医疗器械公司。在他去德国之前，有工业工作经验并成为教授是很好的，否则你得从头开始。例如，我们合著了一篇论文。最近的一篇是"失匹配系统的鲁棒约束控制"。那已经是 1996 年了，当时我们有联络，因为——嗯，他是 1990 年来联系我的，因此那已经是他离开后的事了。

**伯奈特**：振动控制对于仪器仪表、电子设备来说是非常重要的。需要将它们隔离开来，否则会在测量中造成失真。需要用控制器来弥补，振动在某种程度上是一致的……

**莱特曼**：举个例子。来自土耳其的库奇凯，他和我一起工作，他曾是另一所大学的汽车系主任，他们对噪声抑制很感兴趣，当然这是一种振动，我们有几篇关于主动降噪的论文，主动降噪……

**伯奈特**：控制。

**莱特曼**：是的，控制。然后我接收了一位访问学者，他足足有 4 次花费整整一年的时间和我待在一起，或者一年中的大部分时间，那就是李曹生。他从马来西亚大学毕业后搬到了新加坡，在那里待了很长时间，大概七八年前荣誉退休了。几年前他来看我，是一个很棒的家伙。他研究了这些可爱的小问题。例如，我们做了一个"非线性系统鲁棒控制的一条途径及其在社会系统中的应用"的课题。我们还做了"懒惰学生的最佳学习策略"的课题，（笑声）以保证他能得到一定的分数。然后，我们还撰写了很多这样的论文，之后他对生态问题产生了兴趣。控制河流系统的污染，我们也有很多关于这方面的论文。我和他一起撰写了肯定有 15 篇论文。（旁白附录：他还与成为佐治亚理工学院教授的陈义华合著了论文）

**伯奈特**：还有另一位马来西亚人——高明山。

**莱特曼**：是啊，当然，他是一位资深人士。大概是在20世纪60年代初，他作为一名研究助理，与我一起工作，当时我有一位同事，也是一位很早就过世的好朋友，亚利桑那大学的汤姆·文森特。我在那里度过的许多个夏季学期都和他一起工作，或者在那里讲课。比如，我们和高明山一起撰写了一篇论文。我试着回忆一下那是哪篇？

**伯奈特**：那是在70年代……

**莱特曼**：嗯，是"最优控制"……

**伯奈特**：是的，是在第14届国际昆虫学大会上您与汤姆·文森特合著的"猎物-捕食者系统的最优控制"，并于1974年发表在《数学生物科学杂志》上。我读了那篇论文，真的很有趣。

**莱特曼**：嗯，我们还解决了不使用杀虫剂的问题。

**伯奈特**：没错。这是关于害虫综合治理的论文，它得出了一些与直觉相悖的结论——与管理捕食者数量有关，而不是与猎物数量有关，也就是说……

**莱特曼**：这就是控制……

**伯奈特**：这不太寻常。

**莱特曼**：当然是可变的。

**伯奈特**：对。但它实际上与传统的害虫综合治理智慧背道而驰。这是一个很好的挑战，可以说这个模型有些违背直觉，但它考虑到了生物体生命周期的差异，并用数学方法绘制了它，感觉真是太棒了。

**莱特曼**：嗯，它还被引用过，并且相当早，大概在1974年。

**伯奈特**：是啊。对此，高明山声称"这是有史以来第一次应用最优控制来管理生态系统"。

**莱特曼**：是的，那可能是真的。他更清楚这点。顺便说一句，他也很活跃。他是德里克·劳登的学生。

**伯奈特**：噢！对。

**莱特曼**：是的，他是德里克·劳登的学生。记住，他对劳登的话题非常感兴趣。但他犯了一个小错误，似乎表明在太阳系的转移轨道上，火箭推力的控制要么是开启的，要么是关闭的。因此，所谓的奇异解被排除在外。这些是随时间变化的最小值和最大值之间的解。事实证明经典变分法中所有解都是奇异解，因为它们不涉及边界，对吗？当时我给劳登写了信，给他寄了一些与他的结果相反的例子。从那时起，我一直觉得在你认为自己发现问题的时候，最好的办法是和别人交流，或者继续与他们交谈，而不是……

**伯奈特**：发表批评。

**莱特曼**：说"某某的结果是错误的"，结果总是很漂亮。高先生提到这一点，因为他撰写了很多关于奇异解方面的文本，然后其他人从他那里学到了关于奇异解的早期历史，而我展示的是至少在必要的条件下，首先看到的这些解是可能的，不能被排除。而劳登已经用必要的条件排除了它们。当然，对此他非常客气，随后他撰写了一篇论文，实际上他展示了这样一个解决方案——被称为劳登螺旋，它有时是最优的，有时不是。

这一切我都十分感激。它不仅让我结识了朋友，还让我和高先生一直保持联系。事实上，他、我和文森特在一起。文森特在这里休假。我记得，他基本上是我的博士后。这一切美好的事情发生了，我从来没有真正想过这些，直到我愉快地面对这次采访。

因此，你想知道人们在理论上做了些什么，我们也只是触及了表面。

**伯奈特**：当然。嗯，我会听您的。但是您的研究生涯还有什么在理论领域，我们没有提到的纯理论领域的发展？

**莱特曼**：好吧，我最近回溯到 2000 年我写的两个小说明：其中一个是基于等价问题方法，那是 20 世纪 60 年代中期写的一个说明……

**伯奈特**：以及汉密尔顿原理。

**莱特曼**：另一个是汉密尔顿原理，这也是一个小注释。正如我之前提到过的关于等价问题，来自苏联的埃菲姆·加尔珀林，他既是我的同事也是我的朋友，后来他移民去了加拿大，在蒙特利尔魁北克大学当教授。他在 1999 年便指出，用等价方法可以做更多的事情。我们保持了大约 6 个月时间的通信，但我们最后决定以不同的方式看待事物。他帮了我很大的忙，让我重新开始。

在他的要求下，我大概是在 1999 年或 2000 年，撰写了一篇论文。这篇文章提出至少对于好的系统，我把从最小化或最大化一个积分扩展到处理最优控制，但会受状态方程的限制。该论文发表在 JOTA 上。大约在 2000 年，来自克利夫兰大学的数学家在同一期刊撰写了一篇论文。他没有和我联系，但是他也没有批评我。他只是说明了等价问题的方法实质上是 30 年代中期卡拉泰奥多里使用的方法，以及他与我所做的有什么不同。我允许一个比他更大类的等价系统。他只是关注了不同的被积函数，而我先关注了转换后的变量，然后才是不同的被积函数。根据迪恩·卡尔森所说的，这两者在方法上是不同的，但它们在处理等价系统的基本思想上是相同的。当我考虑到不同的被积函数时，当然我考虑了一个更大类的等价问题，我最终得到的是常微分方程而不像卡拉泰奥多里那样得到的偏微分方程。

之后，从 20 世纪 90 年代末到 2010 年左右，我们一起撰写了十几篇论文。再说一次，他确实是最资深的作者，不仅因为他的名字，还因为他是一位数学家——一般情况下，我会提供一个想法，接着我们一起讨论它，然后他便可以做这项繁重的工作了。这样的效果很好，我们目前还在保持联系，互相通信。他现在已经做了好几年的《数学评论》副主编，他一年可能只写一两篇论文，甚至更少，因为那份工作很忙，但他的确是个很好的人。当然，大约在 80 年代的时候，我有个同事——来自巴斯大学的访问学者吉恩·瑞安，我们也是一些论文的合作者。我得到了很多帮助。

**伯奈特**：很多帮助？

**莱特曼**：真的。

**伯奈特**：应该是很多合作吧。

**莱特曼**：不，我称之为帮助。

**伯奈特**：这很难理解。我的意思是，您在职业生涯中所触及的学科范围相当惊人，这对其他人来说可能难以驾驭。尽管我们已经讨论了 20 个小时关于您的职业生涯的话题，但就研究的应用而言，我们仍然只是触及了表面。我在看 20 世纪 80 年代末的会议录。在南加州大学有一系列关于控制力学的研讨会，第三个研讨会是为了纪念乔治·莱特曼。这是为您 65 岁生日准备的，现在已经是 30 年前的事了。

**莱特曼**：对，是的。（笑）差不多 30 年了。

**伯奈特**：当时人们对您赞不绝口。

**莱特曼**：一直以来人们都对我很好。如果你看他们为我过 70 岁、80 岁和 90 岁生日时所做的一切，你会发现这有点让人不知所措。

**伯奈特**：的确是。我们会在最后一次会谈讨论这个问题，但我认为这个故事是关于作为一名创始人之一，他发展了一系列的分支学科。

莱特曼：你太客气了。（笑）

伯奈特：但是，让我感到兴奋的是，这里面有一些初级教授的论文，它们是纪念论文集的一部分，对吧？我没有马上认出那些名字——他们不是您的。

莱特曼：这些是纪念论文集……

伯奈特：好的……

莱特曼：还有关于……

伯奈特：这是会议的第 3 年……

莱特曼：对，但是……

伯奈特：1990 年……

莱特曼：但是从那以后，有 6~7 期的杂志是人们把论文放在一起的。

伯奈特：好吧，这是会议上的一些论文。

莱特曼：这是斯科隆斯基创办的那个会议。

伯奈特：对。论文都是关于最优性的，但也有关于机器人、机器人学、工业机器人的优化、计算机磁盘驱动器的优化、考虑人口和人口生物学的食物链系统的优化；当然还有老生常谈的导弹制导等方面的论文。

莱特曼：因为那是在南加州，记得吗？（笑声）

伯奈特：对，您说得对。但这只是部分，这还不是全部。正如我们谈过的，我们讨论过：有关于生态学的论文、有关于污染控制的论文、有关于恐怖主义建模的论文、有关于劳资关系，什么时候罢工、什么时候不罢工的论文、有关于寡头垄断和竞争的论文，还有经济学。因此，任何能用可测量的标准、可测量的变量来描述现象的领域，都是可以进行这种探索的，所有这些领域都是具有鲁棒性的。但是，这种思维方式的引入似乎可以为迄今为止的领域提供一些启示。

莱特曼：是的，其他人也接受……

伯奈特：只是经验，对吧？这是您带给这些不同领域的奇妙见解。

莱特曼：我没有。举个例子，沃尔特·布雷尔是我在 80 年代早期的博士后。他后来成为德国最大机车公司的首席执行官。我们在德国一起撰写了一篇论文。几年后，布雷尔和我撰写了一个略微改动的英文版，它处理了一个非常简单的磁悬浮系统模型的控制问题，他们怎么称呼它？有磁性的……

伯奈特：磁悬浮？

莱特曼：是的，磁悬浮，本质上是……

**伯奈特**：磁悬浮列车。

**莱特曼**：磁悬浮列车，这是一个你无法测量出所有变量的系统。因此，他们采用了反馈控制。只需要处理一些变量，另一些是不可测量的，或者说至少不够好。这当然是控制理论的一个完全不同的部分，也就是使用统计方法进行过滤。但是我们没有使用统计数据。我们是通过系统的鲁棒控制来实现的。在这种情况下，控制不能基于状态，而只能基于所谓的输出，输出可能是状态变量的组合，或者只是状态变量的一些组成部分。也许可以测量速度，但不能测量位置之类的变量，我们有一篇关于它的论文——那是80年代中期——我和布雷尔所作。

**莱特曼**：因此，无论在理论上还是在实际应用上，大部分工作都是和我的合作者一起完成的。只是回想起来，我很惊叹——到目前为止，我们甚至没有谈到过他们中的很多人。例如，马内拉是另一个70年代末联系我的以色列学生，乔纳斯·马内拉。他来自以色列的军火工业。他很快便回去了，这也是我们没有一起撰写论文的原因之一。他对离散描述系统很感兴趣。换言之，是差分方程而不是微分方程。我想我上次向你们提到过，60年代末有人撰写了一本书，这本书包含两卷：一卷是关于微分方程的，另一卷是关于差分方程的。而在差分方程中，他忽略了一个条件，他得到了一个最优控制最大值原理。除了离散变量之外，这个原理看起来和另一个原理一样。但事实证明，这不是必要条件。必须有另外一个条件得到满足，这便是所谓的定向凸性。这是我和加州大学圣地亚哥分校的一位学者联系时提出的，他后来成为数学系的主任。他的名字叫休伯特·霍尔金。事实上，这本书一出版，他便能够证明，并给出了一个反例，说明必要条件没有得到满足。这个例子是这样的，通过检查可以得到答案。因此，不能说没有最佳解决方案，这太明显了。因此，那两卷书不到3个月便不见了。永远可以犯错误，在论文中出现错误并不可怕，但在书中出现错误就有点尴尬了。

**伯奈特**：我认为在经济学中还有另一个例子。在20世纪70年代早期，人们对差分方程和微分方程之间存在着广泛的混淆，因此他们在需要使用差分方程时使用微分方程，这是一个真正的问题。

**莱特曼**：我再举一个例子。在我获得贝尔曼奖的那一年，我和一位来自圣彼得堡的俄罗斯（我想他最初来自亚美尼亚）好朋友，还有一位不是来自新加坡，但也许来自香港的教授大卫·杨，我们一起散步。顺便提一下，我和大卫·杨在散步时，他告诉我一件事，我后来查了一下：几年前有两个人分享了诺贝尔经济学奖，他们犯了一个非常有趣的错误，这便是我们要讨论的"时间一致性"。

经济学家通常要么研究开环控制，这意味着只依赖于时间，或者是闭环控制。顺便说一下，闭环反馈对于最优控制是一样的。但是对于博弈来说，因为不同的参与者之间存在联系，并不一定是一样的。当其他参与者的状态进入你自己的运动方程，结果是经济学家非常喜欢得到的系统，该系统反馈控制是关于状态的常数。这只取决于时间，对吧？我想这是五年计划的一个理由。这些人在这个领域获得了诺贝尔奖，但事实证明必须有两件事要得到保证：状态和伴随方程必须是可分离的。换句话说，它们有时被称为共态变量或伴随变量（这些方程产生的必要条件），也可以依赖于状态，它们是大多数系统的耦合方程。因此如果想要时间一致，就需要让那些变量被解耦。同时，也需要让边界条件解耦，否则系统就不是彼此独立的。但是，初始条件可能依赖于这些变量。换句话说，它们并不是解耦的。他们忽略了这一点，主要对应用感兴趣。事实上，从数学的角度来看，他们的理论是不正确的。

**伯奈特**：您还记得是哪位经济学家吗？

**莱特曼**：不记得了，我甚至不想提名字。杨和我马上就决定了，我们打算写一篇批注，然后我们说，"这不是第一次有人犯错得诺贝尔奖了，不是第一次了"。但有趣的是，你可以得出这些结果，但经济学家主要做的一件事是处理系统的稳定状态。

首先，这（即稳态）可能不会在一个真实的系统中发生很长一段时间，当然如果系统受到扰动，那么它绝对不会发生。但这对于大多数数学经济学理论来说，主要是关于稳态解的。和我一起工作的人，比如在维也纳的费希丁格，还有其他一些人，比如在大学里的多克纳，我和他一起用等价方法撰写了几篇论文——他在几年前去世了——他们主要处理的是系统的稳定状态，而且只需要所谓的一阶条件，也就是从一阶变分中得到基本条件，这些必要条件不需要保证最优性。他们主要处理那些不能证明最优性的问题。这么说吧，原因很简单，这样做要容易得多。通常情况下，充分条件在用于实际系统之前有太多条件限制。

**伯奈特**：那么，对照您所做的工作，什么是稳态解？

**莱特曼**：稳态解是对于所有的 $t$，$\dfrac{dx}{dt} = f(x,t) = 0$ 恒成立。

**伯奈特**：也就是说，基本上，他们在寻找一个平衡。

**伯奈特**：是的，这样说得通。经济学中的惯用手段是时间，对吧？这是他们感兴趣的。他们想知道事物是如何随时间展开的以及一个系统是如何展开的。

**莱特曼**：没错，如果能保持 $f(x,t) = 0$，这便是一个平衡。这样非常好。通常情况下，不会从这个点开始。因此，我们必须再次通过控制来获得轨迹，该轨迹接近稳态，并希望在有限的时间内达到稳态，但这不一定是必须的。尽管如此，他们经常处理这类问题，而我与他们有一些合作论文。这是很有趣的问题。我们确实提到了最近其他的应用，博弈或优化控制在恐怖主义的应用。但你也知道——这是我们谈论的我的同事和朋友——南加州大学的乌德瓦迪亚。他和我，还有兰伯蒂尼。顺便说一句，我们还没提到他，他在意大利。

**伯奈特**：卢卡·兰伯蒂尼？

**莱特曼**：是的，卢卡，一个非常好的朋友。我们一起合写了一篇论文，也是我有一些基本的想法，然后是乌德瓦迪亚做了非常繁重的数学工作，所以他是第一作者。

**伯奈特**：菲尔道斯？

**莱特曼**：是的，菲尔道斯。

**伯奈特**：菲尔道斯·乌德瓦迪亚。他是哪国人？

**莱特曼**：他来自中东。顺便说一句，他是玫瑰十字会教徒。我不太确定，也可能是伊朗人。他是一个很不错的男人，他有一个好妻子。他不想把恐怖主义当作博弈来对待，但他想了解在策划反恐怖主义行动时涉及什么，有什么有趣的方法可以做到，或者有什么其他更好的方法。因此，我们选择了一个非常简单的子系统。我们将人口分成三部分：永远不会成为恐怖分子的和平主义者，可以被招募成为恐怖分子的人，以及那些恐怖分子，这是一个非常好的系统。首先，我建议我们不考虑人口，而是考虑人口的百分比。

**伯奈特**：百分比？

**莱特曼**：我们不需要知道人口是多少；我们想要知道的是当前人口的百分比。这是我在他刚开始撰写这篇论文的时候提出的一个非常简单的建议，他很快解决了这个问题。另一个建议是，我认为本质上有两种打击恐怖主义的方法：一种是军事行动和警察行动；另一种是通过教育或其他方式进行说服。这是两种主要的方法，很难说哪一种更重要。我的想法是，我们给每一种方法一个系数，然后看看当一个系数比另一个系数大时会发生什么。换句话说，哪个系数更重要。然后可以知道，一个系数比另一个更重要的结果是什么。这便是他所做的工作，这实际上是一个非常繁重的数学问题。这是一个非常有趣的例子，它根本不涉及控制。我的意思是，它涉及对你所做的决定和行动的控制，但那是对计划的控制，而不是对计划的执行。

**伯奈特：** 第一篇文章是"恐怖主义的动力学模型"，这是和卢卡·兰伯蒂尼以及菲尔道斯·乌德瓦迪亚合作完成的，于2006年发表在《自然与社会的离散动力学》期刊上。

**莱特曼：** 是的，因为某些原因它很快被接受了，我想是在一个月或6周内。

**伯奈特：** 我认为有很多资源被用于反恐和相关研究领域。

**莱特曼：** 这和我后来在维也纳与别人所做的一些研究非常不同。

**伯奈特：** 费希丁格？

**莱特曼：** 费希丁格和谁？

**伯奈特：** 和诺瓦克，对吧？

**莱特曼：** 是的。

**伯奈特：** 诺瓦克。

**莱特曼：** 让我们看看。

**伯奈特：** "一个与恐怖主义相关的微分博弈：纳什和斯塔克尔伯格策略"，发表在《最优化理论与应用》期刊上。

**莱特曼：** 是啊，那大概是10年前的事了……

**伯奈特：** 是的，2010年。

**莱特曼：** 不止10年前，也不止8年前，还有一个更近的例子。在这个领域，这可能是我和他的最后一篇论文了："在兰彻斯特模型中火力和情报之间的最佳权衡"。兰彻斯特模型是一种特殊的经济学模型，它证明了军事行动和情报之间的平衡。对另一方了解越多，那么杀死的无辜者便会减少，这非常有吸引力。这是和诺瓦克以及费希丁格的研究成果，诺瓦克也是很好的人。这些内容在《动态建模和计量经济学、经济学和金融》一书中有介绍。这本书是由费希丁格编辑的，这很有帮助，（笑声）2016年由斯普林格国际出版社出版。

**伯奈特：** 哇！

**莱特曼：** 是的。

**伯奈特**：好吧，这是从头条新闻上摘下来的。就在几天前，谷歌宣布退出与美国军方开发军事应用的人工智能的合作，其中一些与确认平民身份有关。当您谈论无人机时，您如何自动识别平民和恐怖分子战斗员？

**莱特曼**：嗯，是的，那大概是在2016年。我和兰伯蒂尼合作了很长一段时间，也许是20世纪90年代初，甚至更早。你之前已经提到了一些和他合作的成果。有一篇论文是和兰伯蒂尼还有另外两个意大利人一起合作的，基于一些数学思想，研究了"微分博弈的汉密尔顿函数"，最后发表在《自动化》杂志上。还有一篇论文"动态寡头垄断中的绿色技术研发"，该论文于2016年发表在《欧洲运筹学杂志》上。

**伯奈特**：直到现在，您仍然是……

**莱特曼**：嗯，别人对我都很友好。在2017年，我们还有另一篇文章。截至目前，它只是作为一份工作报告被整理出来，正在《自动化》杂志审稿中，主题是"关于实现费尔赫斯特—洛特—加龙省卡—沃尔泰拉模型的最高可持续产量"。这是2017年博洛尼亚大学的一份工作报告。如我所说，现在正在审稿中。

**伯奈特**：但这个沃尔泰拉模型也有风险，可能不一定准确，但我相信这与1974年的高明山文章有关。

**莱特曼**：这是一个经典的人口方程。实际上，我有一个关于人口方程的最小值原理的笔记，这也是沃尔泰拉在30年代所研究的事情。他撰写了一篇论文，得到了平稳性原理。你知道，就像汉密尔顿原理，但对于他的方程，有一个被积函数使它完全没有了意义。它大概有10项，然后像是在研究变分法，并试图摆弄它。我做了一些我仍然无法解释的事情并尝试去得到解释。我用一个反变量写了那个方程，而不是人口。我的意思是，我用人口分之一作为因变量。

**伯奈特**：那您为什么这么做？

**莱特曼**：当我这么做的时候，这个非线性方程变成了一个线性方程。（笑声）因此，我可以把它应用到汉密尔顿原理上。我可以用它来求逆变量中的被积函数，也就是势能加动能。

**伯奈特**：那篇论文您写了吗？发表了吗？

**莱特曼**：是的。

**伯奈特**：真有意思。

**莱特曼**：是啊，也许我……

**伯奈特**：是的，您知道……

**莱特曼**：我们可以在参考书目里找到它。

**伯奈特**：我在采访经济学家的时候遇到过很多这样的情况，经济学家所做的很多重要工作都是利用传统的智慧，利用一个给定的公式来开展研究，检查它是否真的有效，有时他们会尽可能地运行，会用自然的、基本的、时间序列的数据来做一些测试。这是您用沃尔泰拉方程做的事吗？诸如此类，这没道理。

**莱特曼**：不，我看了看，我怎么取反的。我真的不能告诉你，从人口动态的角度来看，为什么会这样，我不知道。我和费希丁格讨论过这些，他是人口动态学家——他在波恩大学获得的学位。我还和其他几个人谈过，他们有点失去兴趣了。他们不觉得那很刺激，我还在思考为什么会这样。

**伯奈特**：这是一个很有趣的问题。

**莱特曼**：是的。

**伯奈特**：我能问您个问题吗，很天真的问题，可能对那些不知道这种数学的外人有帮助，关于数学语言的流利程度？例如在准备的时候，我阅读这些论文，这意味着我将阅读其中的英文部分，然后我将读到方程，我知道那是变分法，但我不知道这里面到底发生了什么，我不能告诉你从一个方程到另一个方程是怎么来的。作为一个数学的读者，当您遇到这个方程的时候，是否会慢得令人难以置信？您有没有仔细研究一下，看看它是否有意义？

**莱特曼**：我觉得这是有根本原因的。当写下来的时候，一切似乎都是顺理成章的。理解它并不是一个完全不同的过程，但是写下来，在某种意义上更容易读懂。不需要经历所有的思考过程，只需要从另一件事情中证明一件事，这基本上就是结果。在很多情况下，这就是为什么。还记得我和布拉奎尔合作的时候，我向你们提到过，我们在《最优化主题》的一章中，甚至是书的一部分中写道，每次我们到了一个自己认为已经证明了什么的时候，我们会喝一杯白兰地，然后彻夜思考，结果第二天发现我们并没有证明这一点。这是一种碰运气的方法。你认为拥有它，有时如果幸运的话，它能工作。

**伯奈特**：举个例子，在一些论文中，是否有一种传统的智慧，然后您呈现出来了？我认为您的一些火箭研究论文和实际情况也是如此——您会展示传统智慧，但您的贡献实际上可能只是一个等式，或者是结尾的一个简短序列。这是真的吗，还是说……

**莱特曼**：是啊，那是……

**伯奈特**：常见？这是常见的吗？

**莱特曼**：我觉得这很正常。我不认为人们会这样想，这个从那个公式推导出来，那个从这个公式推导出来。很明显，当写下最终结果的时候，道路往往比所看到的要弯曲得多，你显然已经试着去清理它了。为什么要让人们经历痛苦，除非在写历史。但是就主题而言，这完全无关紧要，但如果想做科学哲学，那是另外一回事，或者是科学心理学，或者……

**伯奈特**：我只是想帮助人们获得工作实践。我们看到了完整的论文，我们不明白您所说的"打中"和"失手"是怎么回事，或者错误的开始，被困的痛苦，您经常被困在某一点上。我采访过的一位数学家谈到，他的许多突破都来自他没有坐下来用纸和笔来解决一些问题。做所有的工作，之后离开去听交响乐或者其他什么，然后灵感就来了。从认知上来说，您有共鸣吗？

**莱特曼**：是啊，这很正常。坦白说，我不经常遇到这种情况，我的数学从来没有那么复杂。举个例子，对于这样一个极其困难的问题，爱因斯坦是如何得到这样一个简单的方程"$E = mc^2$"。你可以说，对于这些理论，"他们真的没有应用，他们不处理现实世界"。但不幸的是，爱因斯坦确实与现实世界打交道，对吧？他们并不是凭空想制造原子弹。这是一个有趣的过程，我从来没有想过它，直到我开始做这件事的前几个月。我从没说过："我是怎么从这里到那里的"，因为……

**伯奈特**：您完全沉浸其中了。

**莱特曼**：我有一个疯狂的操作方法。当我有一个想法并且卡住了，我会说："好吧，我先把我可以做的写下来，然后其他人可以单独去做或和我一起做一些事情。"这两件事都发生了，而且我确信这并不会在很多情况下发生。但是我认为，无论取得了什么进展，真正的原因是我不坚持自己必须马上得到所有的答案。

**伯奈特**：是的，我认为这是很重要的一部分……

**莱特曼**：是我的问题，不是所有人的问题。爱因斯坦从来没有忘记没有得到场论。在他生命的最后20年里，他真的被困在了那里。

**伯奈特**：关于统一场论？

**莱特曼**：是的，他不得不去富兰克林研究所的杂志上发表文章。人们甚至不愿拿走他的论文。我相信人们已经在心理学方面做了很多关于思考过程的工作，以及什么会导致新的想法。首先，很少有新的想法。我确信这一点，因为无论我们做什么，都是别人先做的，有时更好，有时还不如。这是我在2009年获得贝尔曼奖时，在感谢辞中所说的。他们总是让你讲15分钟。通常人们会谈论他们的工作，而我选择了一个话题，"谁先做了什么？"我的结论是，这其实并不重要。如果你试图证明你是第一个这么做的，就像艾萨克斯对贝尔曼那样——他浪费了15~20年的生命。他其实可以产生出更多想法。他非常聪明，但他在生命的最后几年只是想证明他是第一个这么做的，我认为这很糟糕。

**伯奈特**：阿姆斯特朗的故事是这样的，是谁发明了真空管？在我的科技史上，我说了很多，但是他和美国无线电公司就这个问题发生了专利纠纷，他因此丧命。我认为他是自杀的，这完全毁了他，而其他人也从中吸取教训，其他发明家，当他们被侵犯专利的公司敲诈时，他们决定不追究，这不值得。

**莱特曼**：好吧，至少这是一种货币激励。对很多人来说，这只是一种骄傲，我总是很惊讶。如果是我先想到的话，我想不出哪件事我不是站在别人肩膀上的，哪怕只有一点点。我确信——当然，爱因斯坦也是如此。有些人非常接近相对论，这是另一种对人的误解。他们认为这些天才，突然想到这些。看看他们做了什么，你会发现有很多前辈，他们中的一些非常接近，天才在某种程度上给这个问题下了最高的结论，但是……

**伯奈特**：他们已经有了这样的地位，比如查尔斯·达尔文，他被认为是一位绅士科学家，而阿尔弗雷德·拉塞尔·华莱士则不是。幸运的是达尔文分享了他的荣誉，这很好，但所有这一切都表明，骄傲在科学中是一种罪恶，像在其他事情上一样。（笑声）

**莱特曼**：不，这是浪费时间。你可以为你所做的事感到自豪。这是一种不同的骄傲，但也没关系。现在太阳移动了——不，实际上是地球移动了，这很有趣。

**伯奈特**：您之前说过您的数学不是很好，但您有能力对别人进行批判。当我问您，您为什么要参与进来，您说人们尊重您，这是一方面，但您的眼光很挑剔，看来您是一个很好的决策咨询人。对吗？

**莱特曼**：是的，也许有一部分，也许主要是因为我的无知，我会问："你是怎么从这里到那里的？"有时候他们可以告诉我。有时他们会说："你知道，我不知道"，然后他们会说："如果你不知道从这里到那里是怎么来的，那也许是不对的。"这些都发生过。

**伯奈特**：如果有人突然提出："我有一个新的方法来解释这个理论，这是我的证据"，而其中还有一部分是他们不确定的，以前积累的一些知识是不是可以分成几个部分，您可以说"我们知道这是这样的"。然后您把这部分方程放进去？

**莱特曼**：好吧，还有另外一个方面，我认为这个问题要严重得多。现在没有一个头脑正常的人——你知道，在17—19世纪，在这些领域工作的人很少，实际上可以回去尝试重新获得他们的结果。如果你试着这么做，有些事情是已知的，比如定理是已知的，但是你怎么知道得出这些定理的人没有犯错呢？当然，他们也有过这样的经历。基于此的一切可能都是错误的，这是很严肃的事情，并且因为所产生的知识数量在成倍增长，这将变得越来越糟糕。现在，当我和年轻人聊天时我会说，"好吧，某某做了这个"，他们说，"我没时间做这些，我只是没时间"，而且是真的。如果他们返回到所有的参考文献并确保它们是正确的，他们什么也不会做。

**伯奈特**：我的意思是，科学史学家一直在处理这个问题。有一个库恩式的科学革命的概念，它实际上仅适用于物理学，并且仅适用于其历史的一部分，但是这种思想存在着范式转换，并且在正常的科学时期中，人们逐渐积累，增加了现有的知识大厦。所有的事物都融合在一起，然后变得不稳定和笨拙，变得太大，像一个大分子或什么，或者同位素。因此，它会分裂，然后它会被重新构造，用一种新的方法来解释，这与旧的方式不相称。但您说的是事物被发现了，被遗忘了，又被重新发现了。有孟德尔遗传学，还有20世纪初孟德尔遗传学的独立发现，你们在自己有生之年、职业生涯、自己的科学发展如此之快的领域里谈论无数例子，并且存在着如此巨大的压力，在现有知识积累的基础上，产生一种渐进的创新，这种创新可能反映实际积累的知识，也可能不反映实际积累的知识。

**莱特曼**：是的。首先，大部分发表的内容都是非常具体的，并不是最基本的。这当然增加了知识，但不一定会增加基本的知识或理解。它可能是有用的结果，它可能在当时非常重要，但这并不是体现在科学和数学的基础上。做最基本工作的人，通常在100年后才有人知道这有什么好处，这些都是非常罕见的。大多数人会四处打听，挑一个特别的问题或者子问题，或者——我告诉过你，我有个同事有很多研究生，但是这些论文都只有一些小的创新，只是在模型中的一个小的创新。

**伯奈特**：是的，他们是高级教授的缩影。

**莱特曼**：在某种程度上是的。这让生活更容易，它甚至可能是有用的，小的调整可能是重要的。但这并不能增加该领域的基本知识，每个人都必须自己去尝试。

**伯奈特**：（笑声）这可能是在自己的领域里做历史研究的一个插曲，对吧？是什么让这个领域成为一个领域？就是您，以及我采访过的其他人，其他著名的学者。那些以开辟一条新道路而闻名的学者，通常都会谦卑地审视一条道路是否新颖。因此，他们会回顾过去的研究。他们在研究李雅普诺夫、欧拉法以及其他方法。

**莱特曼**：好吧，这便是为什么当有人向我指出这一点时，我很感激。事实上，卡尔森院长不是第一个。我们在科西嘉开了个会，那是我75岁生日的时候。也不是很久之前的事了。这是一个小型的研讨会，法国人有很好的会议中心，但它不是真正的中心，而是在科西嘉的一个渔村。

**伯奈特**：我的天啊。

**莱特曼**：在那个小渔村，我提到的一些人也在那里，还有一位法国数学家——他实际上是法国国家科学基金会的技术主管，他也参加了那次会议。我们在那之前见过面。我撰写了一篇关于等价问题的论文，肯定是在2001年之后了。也许我刚刚发表了第一篇关于把我先前的观点扩展到系统而不仅仅是最小化一个积分的论文，他说，"你知道，这听起来很熟悉。卡拉泰奥多里在他1935年（出版）的书中做了类似的事情"。当然，他在一定程度上是正确的，他使用了同样的基本哲学来证明一些事情。当然，正如我们刚才提到的那样，区别只是我在一个更大的类中得到了我对应的系统，允许变量被转换。除了他在被积函数中所做的以及类似的事情之外，首先你必须说，"让我看看是不是这样"，其次我没有被侮辱。事实上，在某种程度上，这是一种恭维，有人甚至不辞辛劳地去琢磨这件事。

我认为这是唯一的方法，否则会让自己真正痛苦。我想不出有哪件事是我首先做的。真的不行。汉密尔顿原理也是如此：19世纪的博尔萨研究了所谓的逆问题。他问了同样的关于被积函数的问题，我又进一步说，"那么，什么是力呢？"如果说，他得到了所谓的拉格朗日算子，该积分的被积函数，但是如果现在应用变分法的必要条件，会得到方程吗？顺便说一下，这里有一篇论文，我想是名单上的最后一篇论文，我在系里有个同事马辉，我们合作了一篇论文。

在这里，这是我的最后一篇论文，实际上是"线性拉格朗日动力学逆问题"，是由几个学生和马辉撰写的，我的笔记也发表在《应用力学杂志》上，所以我特意把它放在那里。这是同一个问题的延续。但对于系统来说，并不只是一个变量，事实上直到今天，除了线性系统以外，没有人能证明这一点。他能够通过得到条件来证明这一点，这些条件将确保系统方程解耦。然后进行变量变换。如果它们是可逆的，会有 $n$ 个系统，每个系统都是一个只有自己的状态方程和积分的系统。因此对于单个变量，会得到很多种系统。

**伯奈特**：我认为，让人们认识到科学的未竟事业是很重要的。我们会想："哦，是的，我们想通了。"

**莱特曼**：当然，这必须做。存在两种人：一种是普通人群，另一种是科学人群中占较小比例的人。他们认为凡事都存在解释。当然我认为宗教是一个答案。那是一种解释，但在科学上是一种不同的含义。解释意味着存在一种方法论，你会说，"如果我现在在这里，我可以预测我明天会在哪里"之类，通过系统的方程来进行预测。不管它对不同的人意味着什么，实际上是一种机制，对吧？但不同的是，宗教也有一些分支，我想这是一个进化过程。但从上帝的概念来看，在大多数情况下，它实际上是一个固定的事物。

我确信我们永远不会知道答案，然而有一些科学家说，"不，现在我有 16 个变量，这就是解释"。我确信——我是说，霍金在富兰克林研究所的活动中坐在我旁边，我们讨论过这个问题。他是富兰克林研究所奖章的得主，我想他开始有这种感觉。但是成为弦理论的整个过程就是这样。不必超出这些范围，而且我深信，出于多种原因，我们永远无法说"我们不能超出这一范围"，随着仪器、仪表和一切变得更好，对结果的验证将变得非常复杂。因此，依赖于证明你的理论是正确的，因为它在实验室是有效的，是一件非常危险的事情。

**伯奈特**：是的。

**莱特曼**：如果人们对他们所做的事充满热情，对此感觉很好，并且说："这是个很好的结果。"这通常是正确的，但声称这是事实……

**伯奈特**：是啊，天真的正面是……

**莱特曼**：我想这是为什么通常意义上的解释和科学解释是不同的。科学解释是基于这样一个事实,即它现在才被解释,也许明天不会被解释。我认为这是大多数人忽略的一点,这是为什么我是不可知论者,而不是无神论者,因为无神论者也有自己的宗教:他们知道一些事情。不可知论者说:"我什么都不知道",我认为这两者存在很大的区别。

伯奈特:绝对的。

莱特曼:这很有趣。

伯奈特:好吧,也许我们应该暂停一下。下次我们将讨论一些教学要素以及您在加州大学伯克利分校的长期管理生涯,还有……

莱特曼:我认为这不太好,但我想我对服务感兴趣,这可以是很多事情。

伯奈特:好吧,那我们更坦诚地聊吧。

莱特曼:是的,然后我们可以开始讨论私人的事情。在我的生活中,有些人我不得不提一下。

伯奈特:是啊,当然了。

莱特曼:非常好。

伯奈特:是的。

# 第 10 章

# 在控制论领域教学育人

**采访时间**：2019 年 1 月 14 日

**伯奈特**：这里是保罗·伯奈特采访乔治·莱特曼的现场。现在是 2019 年 1 月 14 日，我们在伯克利山庄。上一节我们谈论了鲁棒控制，以及您涉猎广泛的研究项目。除了刚刚提到过的那些，我们无法将您所有指导过的博士后以及研究生都提到。您跟他们中的绝大多数都保持着非常棒的关系，并且他们已在学术界，工业界等领域中拥有了杰出的职业生涯。因此，我们将会选择性地谈论一些人。这与重要性无关，而是关乎一些与他们相关的独有或特殊的、并且值得讨论的事情。因此，您能否谈谈桑迪普·潘迪，他是您的一个很有意思的学生，并且在某方面值得特殊关注。我想知道您是否愿意跟我谈谈他。

**莱特曼**：当然。实际上他是我招收的最后一个博士生，应该是在 1992 年。在他之前，我招收过好几个印度学生，例如阿加瓦尔。桑迪普是他的名字，我不想说有几分独一无二，这是不正确的。他是独一无二的，当在跟我做他的博士研究的时候，他至少已经拥有了充满才智的人生。他创建了一个隐修处——当然这对他来说并不奇怪，跟他的妻子一样，他已经是一个社会活动家了。他妻子也是一位博士，但不是工程学博士。他创立了自己的组织或基金会——无论称为什么，初衷是支持穷人的教育，不幸的是在印度有许多这样的穷人。随着时间的流逝，很快成长为一个很大的组织。

因此，他做的第一件事可能与其他学生不一样，他拿到学位后立即回到了印度，并在印度理工（印度重要的工程类学校）的一所分校获得了助理教授职位——我不清楚具体是哪一所分校，但他很快陷入了麻烦。学校的教学助理们进行了罢工,他加入了他们之中,这让校方不安。他很快又做了另一件事——联系了一个巴基斯坦的物理学家的同事。他俩一个是工程师,一个是物理学家,可以解释印度政府公布的预算。这些预算表面上用于核研究,实际主要用于原子弹研究。这并没有让他得到政府的青睐,实际上他最终进了监狱。

**伯奈特**:这是为了曝光这些预算到底起多大程度的作用……

**莱特曼**:是的,这些预算实际上被主要或者大部分用于军队,而不是如公示的那样用于核研究。因此,这个预算并没有得到合适的使用,这也算是为两国和平所做的一个尝试。他俩均致力于印度与巴基斯坦和平运动这一事业,当然不被印度的某些主要政党所青睐。在某种意义上,他成了一个圣人。他在9月11日参加了一场在普林斯顿大学举行的和平会议之后的大概一个月来见了我。他穿着白袍,留着胡须,那并不是一个适合他这样的人到处旅行的时间段,但是他并没有在美国遇到什么麻烦。迄今为止,他仍然在这个组织内从事所支持的和平运动事业。在去年晚些时候,还发生了一次和平游行。我忘记了谁是带头人,但他肯定是委员会成员之一。他现在变得更老了,也许有一点闷闷不乐,但是我不想说他是保守的。他现在又去教课了,但同时也在做社会活动家的事。他大约两年前来看过我,还给我带了礼物。我们现在就他感兴趣的社会活动问题保持着联系,而不是工程问题。这对他来说实际上是一个让步。有一件帮助他避免被再次逮捕的事是,他在大约10年前被菲律宾政府授予了麦格塞塞奖。我知道这个奖是洛克菲勒基金会支持的。我仔细研究了一下,这个奖有奖金,跟诺贝尔奖一样,也综合考虑了许多因素。这更像是一个诺贝尔和平奖,因此当然创造了许多事物——首先是公众性,其次是像一个刹车一样使其避免了由于曝光过度而遭受难堪。因此这帮了他很多,当然,他把所有的奖金捐给了那个隐修处。

**伯奈特**:那个组织的名字叫亚莎教育。

**莱特曼**:是的。

**伯奈特**:对,它非常庞大。

**莱特曼**:是的,它创立于伯克利,如今在这里的各个地方都设有分部。

**伯奈特**:因此……

**莱特曼**:我非常为他骄傲。我认为他做这个比做工程好。

**伯奈特**:您与很多非凡的人一起做有趣的工作。当您年轻的时候,您受到了教育,但是您同样暴露了,那对您来说可能成为一条新的路线。不一定要追随您的路线——并且您应该不会劝阻他做这个。

**莱特曼**：不，我的意思是，我非常高兴他做了那个，我们谈论过这一点，并非无休止地，但是我们谈论过这个，因此我对这个结果非常高兴。

**伯奈特**：还有玛伊·马诺莫尼。

**莱特曼**：马诺莫尼，玛伊·马诺莫尼。我曾经叫他主任。我不太确定。在这里的时候他以主任被熟知，或是当他变成主任的时候，他不想被称为……

**伯奈特**：对的，主任！

**莱特曼**：不管怎样，玛伊，他曾是我两个伊朗学生中的一个，他们大约同时来到我这里学习，应该是在20世纪80年代中期。另一个叫阿兹加扎德，来自一个非常富裕的家庭。也许是在70年代后期。是的，应该是，因为那时候发生了……

**伯奈特**：是关于马诺莫尼吗？

**莱特曼**：发生了革命。阿兹加扎德的家庭当然陷入了大麻烦，因为他们是工厂等企业的所有者。阿兹加扎德要跟我一起工作，那仅仅关乎时间，我也知道那仅仅是关于我忙于被你们称为服务的时间。因此，我和乔治·奥斯特共同指导了他。乔治·奥斯特是一个在他领域内非常杰出的人。他对生物学问题、种群、生物种群以及可以被称为管理学研究的医疗方面感兴趣。他非常高兴能够指导阿兹加扎德。因此我们共同担任他的博士学位委员会的主席。不，我想我在聊马诺莫尼。我全部搞混了。

**伯奈特**：是的，是 Mir……

**莱特曼**：是马诺莫尼，因为他研究……

**伯奈特**：他研究控制理论。

**莱特曼**：种群方面的工作，是的，对……

**伯奈特**：应用到人类免疫响应上。

**莱特曼**：不是，实际上是阿兹加扎德想研究——现在我记起来了。他想研究行走工程、骨骼工程类似这样的事情。

**伯奈特**：噢，真酷。

**莱特曼**：但是最终，他决定研究交通工程，我猜可能是由于他家庭的影响。因此我叫他研究土木工程，交通工程是其中的主要学科。因此，阿兹加扎德去了土木工程，而马诺莫尼是我和乔治·奥斯特共同担任主席的那个。顺便提一下，乔治·奥斯特最近去世了。

**伯奈特**：是的。

**莱特曼**：是的，应该是去年春天。

**伯奈特**：对，是最近的事。

**莱特曼**：非常悲剧，他非常杰出。他是出色的麦克阿瑟会士，极其聪明，还比我年轻 20 岁，他去世得太早了。

**伯奈特**：在 20 世纪 80 年代，宽泛地说，生命科学存在一个转折，很多联邦资源投入到这个领域里去了。如果您能将您的航向转到这上面，可能会好一些。

**莱特曼**：我曾有一个访问学者，我们已经谈论过他——韦约·凯塔拉，来自赫尔辛基大学。由于很明显的原因——芬兰渔业非常发达，他对应用非常感兴趣。我们在渔业领域一起撰写了 6 篇或者 7 篇论文，甚至更多，其中有些是和希尔登合作的，他是韦约·凯塔拉在芬兰的一个同事，但与我没有什么私人来往。这些研究我非常感兴趣，鲁棒控制是一个可能的、处理这些研究的工具，从渔权分配到渔夫雇用，再到整个经济问题、定价等，非常有意思。韦约后来也对潘迪研究的与飞机在向下气流环境中的飞行相关的问题感兴趣。他们合作了几篇相关论文，但那是在后来了。自从那时候起，我和他很久没有联系了，他可能是为数不多的几个退学的人之一。他仍然健在。我偶尔会关注他，但是我们没有像我与其他人那样保持联系。

**伯奈特**：因此，有如此强大的工具可以被应用到如此多不同的问题上。

**莱特曼**：是的，那是一个……

**伯奈特**：工具集合。

**莱特曼**：那当然是一个工具。追寻其他工具的人会说：这是所需的工具。存在许多处理这个问题的工具，这个只是我恰巧使用的那一个罢了。

**伯奈特**：还有一个与地震工程相关，这是一个有明显原因解释为何在伯克利进行研究的领域。

**莱特曼**：是的，土木工程的凯利教授是研究地基隔离的主要人员。校园里仅有一幢建筑的地基是完全隔离的，它就是赫斯特矿业大厦。它实际上是被抬离了地面以便将其放进去。很长一段时间内，整座建筑被气动千斤顶顶起，他们放入弹簧——这实际上是一个支撑建筑上下运动的系统，而几乎没有……

**伯奈特**：横向运动？

**莱特曼**：在地震中只会产生非常少的横向运动。实际上，当然肯定会有一些力的传递，但建筑的主要支撑还是在垂直方向。因此如果建筑待在原地，而只是上下运动，那么地基在它地下运动，且只有非常少的力传递过来。他们发现赫斯特矿业大厦是目前为止整个校园最不安全的建筑，因为建造的时候建了两面墙，墙内充满了碎石，而没有其他结构。当他们将地基隔离放入时，也将这个结构放入。

在研究这个问题的学生中，有一个是我的博士生，他来自希腊，名叫阿尔吉里斯·索尔达托斯，也和我在某种意义上非常亲密。他有点将自己视为这个大家庭的一员，我和他仍保持联系。他的父亲为 NATO 工作。因此他的父亲，作为一个希腊人，在土耳其的一个空军基地驻扎，即阿吉里斯，是一个爱国者——我是说，他告诉我一些关于土耳其飞机经常在雅典上空航行的故事。我们在希腊见过他几次，他带我们观光旅行。在雅典还有一个会议——另一个人参加了，是一个关于控制论的国际会议，不管怎样，这肯定发生在 20 世纪 80 年代后期，或者是 20 世纪 90 年代早期。

不管怎样，他带我们进行了为期一周的希腊行，南希因此不得不吃了好多鱼肉。我记得那应该是在我成为一个素食主义者之后。因此这应该发生在 20 世纪 90 年代。他走进厨房，确保所有的鱼都是从篮子里出来的，可怜的南希，每天大概都要吃 3 磅鱼。不管怎样，他是一个极有意思的人。他有一辆有大翼的老凯迪拉克。他将那个作为一个礼物留给南希。我们在车库里保存了一段时间。但是最终当他在一次旅行回来后，他卖了它。（大笑）因此这就是我们的关系，现在仍如此。实际上，我在圣诞的时候收到过他的来信，他说他始终希望我们能够再去雅典看他。

**伯奈特**：噢，真棒。

**莱特曼**：他仍然是一个助理教授，在希腊这种地方有一个非常糟糕的系统，只有一个教授，要等到这个教授去世后，才有可能从 5~6 个候选者选出一个继任，确实压榨了他们。候选者做所有的教学工作，实际上却没有任何希望去取代这个位置，阿尔吉里斯从没有做到。他有一个兄弟，精神不是很正常，去年去世了。他有一个妹妹，嫁给了德国慕尼黑的一个工程师，他想回慕尼黑，但是她不肯坐飞机。有一次她和他上了飞机，她突然发作，导致飞机无法起飞。我记得他们最终离婚了。因此，他是一个头顶上有乌云的人。

**伯奈特**：他是在国家技术大学。

**莱特曼**：是的。

**伯奈特**：在雅典。

**莱特曼**：还是一个助理。

**伯奈特**：好的。马诺莫尼现在是安博瑞德航空航天大学工程学院的主任。

**莱特曼**：是的。我记得，他最初在长滩州立大学教课。不管怎样，要么在长滩州立，要么在南……

**伯奈特**：加州大学洛杉矶分校，对吗？

**莱特曼**：曾经是的。

**伯奈特**：洛杉矶？

**莱特曼**：不，曾经是，可能是某一个州立大学。我觉得不是长滩。我想应该是在洛杉矶南边，其中一个。

**伯奈特**：对的。

**莱特曼**：他在那里教书，并成为机械工程系的主任，且早早地从那里退休了。那肯定是多年前了，或者更长——他接受了在佛罗里达安博瑞德的工作。他们在堪萨斯也有一个校区。对，是在堪萨斯，我曾经到过那里一次。有一段时间他也是这个地方的执行副校长，因为其中的一位副校长退休了，但是他最终还是离开了那个职位。很明显因为这个，我被指派在他们的顾问委员会中，尽管我已不能再到那么远去旅行了。它在代托纳海滩。我仍然在委员会中，因此我收到所有的文件，并做出我的评价，诸如此类。这非常棒。我真心为此感到满意。类似的事情也发生在我和斯塔福德身上——我们谈论过他——他在俄克拉荷马大学。我在他们的顾问委员会中，是工程顾问委员会，在那持续工作了好些年，我每年都去那里。我想，实际上他们有时候会一年约见两次。

**伯奈特**：好的，我并不想现在跳到另一个话题，但是既然您……

**莱特曼**：但是那也是可以的，我们将会谈论那个。

**伯奈特**：好的，既然您已经提到这个了，我想您是否可以谈谈作为一个高级工程师或者科学家在这些更小的学校里担任顾问的角色。这些通常是通过私人的联系。这些都是您以前的学生对您说："您能否加入我们的顾问委员会？"当您在这些委员会时，您带来了什么？

**莱特曼**：我认为如果有人，例如一个教授，被委任到委员会，他会带来在他自己大学的经验。这些委员会通常由至少一半的工业界人士构成，有时候是

CEO，有时候是副主席，类似这样的人。因此这是二者的混合体，我们这儿的委员会也是一样的，多数来自工业界，是那些应该告诉我们他们需要什么的人。有一件我很认可、赞同的事情是我们必须教课——我们必须很快投入教学中——我们应该只教授一些基本的内容，而把非常先进的方法留给工业界来讲授，他们时常跟我们说——我们有方法，它们如此先进，以至于实际上，它们是独家的，因此你们并不了解它们，你们很有可能已经落后于我们了。这在大学里很难让人信服，尤其是那些不愿意听到这些的主任们，你知道，因此……

**伯奈特**：您赞同这些么？

**莱特曼**：我非常赞同这些，但是当然，我是有点过时的。在大学和工业界，这是同样的事情，而大学更偏向于做集体性的研究。当我开始研究时，已经有这些象牙塔了，有时甚至过分了。现在它实际上是一个研究组，也许有2、3、4、5、10个人，他们一起开会。我想这对提出好点子是有益的。但是这变得非常难理解谁做了什么，从而变成一件由教授来决定的事情。因此存在一个问题，但是我从来没有碰到过。即使在我同时拥有5~6个学生的时候，我也是和他们一对一开会。他们互相之间可能已经讨论过了——当然，这是另一件事了，他们理应讨论过——但是我们从没有像一个组一样开过会，从来没有。

**伯奈特**：您想保持那种奖赏结构，您的部分工作便是识别出色。

**莱特曼**：对的，我感觉，我如何识别谁做了什么，并且我后来发现这具有非常棒的效果。当你处于一个拥有仔细监督记录的预算委员会的位置，你如何确定学生究竟做了什么工作。我有一个非常好的例子，后来我们系进来一位年轻女教授，她非常聪明，也爱她的学生们。她花费了大量的时间在办公室。但是在最初的2~3年，她仅发表了一篇与她博士论文相关的论文，这在这里是不合适的。我那时正好在预算委员会里，这个委员会决定给谁终身教职，这些职位都是终身制的。在3~4年后会有一个参核，如果不修正你的方式并发表更多论文的话，你会很难得到终身教职。后来，那位女教授遭遇了这种情况。

实际上，在多年后我曾碰到她，那非常有趣，她又发生另外一件不顺意的事。她是一个反叛者，为此她曾四处游走，穿着T恤上课，去教员俱乐部，使用粗鄙的诸如"把他妈的黄油递过来"之类的话。但是我后来发现这是对她的一个当医生且非常漂亮的姐姐的反应。这个教授不丑，但是非常一般，这些都导致她非常叛逆，她也没有在这里获得终身教职，最后不得不离开。

**伯奈特**：现在大家对劳动力的性别期望现象已经非常熟悉了。因此，冒尖的女性总是做很多服务性的工作，她们在教课上进行更多投资，这有可能将她们置于不利的位置。可能会有一些特别的事情。

**莱特曼**：噢！

**伯奈特**：在这个人身上也发生了。

**莱特曼**：她后来变得更糟。当她被警告时，又发生另一件事，既然我没有提名字，那么我可以告诉你发生了什么。我发现她住在奥尔巴尼的那些狭小区域中，她被强奸了。

**伯奈特**：天哪。

**莱特曼**：有人从窗户闯入，强奸了她。没人知道这件事。由于某些原因，学生和教员都信任我，我从她那里知道了这件事。后来，当我还在预算委员会的时候，委员会的主席是一位女性。我做了一件事，我们应该给她时间来克服这个困难，或许提前给她一个警告，以便她能多发表 1~2 篇论文，她也照做了。她办了休假，但也犯了同样的错误。她回到她的导师那里，并和他一起工作了半年，他们一起发表了一篇文章。后面就到了预算委员会评审的时刻。当然，我们写信问那位教授谁是这篇文章的主要作者，那个教授说是他。从而结束了她在这里的职业生涯。是的，非常悲剧的故事。不管如何，给人予以恰当、合适的荣誉总是勾起我的兴趣，因此我要确保人们从他们所做的事情中获得荣誉。当你和 10 个人一起工作时，这变得非常困难。

**伯奈特**：绝对是的。

**莱特曼**：另一方面，我也看到了这样的好处。我不是说这是一个不好的做法。唯一的问题是，你如何调和这一点，显然，现在的感觉是，这是可以的。也许可以，我不知道。

**伯奈特**：对的。这种团队工作在工业界正变得越来越普遍，这是一个问题，以及……

**莱特曼**：是的。

**伯奈特**：一个挑战。

**伯奈特**：我真想谈谈性别，大学是如何处理这点的。但是，我们或许可以稍后谈论这个，我想完成您标注过的那些学生的谈论，我们谈到了振动控制。现在有您参与的大量研究，或者是间接的参与，非常多的相关工作……

**莱特曼**：是的，我想大多数相关工作都是博士后在做，例如里斯迈尔。

**伯奈特**：对的，里斯迈尔。我想知道您是否愿意谈一下爱德华·里斯迈尔？

**莱特曼**：他是1990年到我这里的。是的，我非常确信。作为洪堡学者，他获得了很好的支持。他们也要求教授对支持学生作出一点贡献，但那不是很重要，大部分钱来自基金会。他那时刚拿到学位，可能是一年前，在慕尼黑工业大学，有点像德国的麻省理工，导师是弗里德里希·普费弗。我和他现在每月仍保持联系。他成了慕尼黑工业大学的高级主任，我们每个月至少邮件联系一次，经常是关于政治话题。他是一个非常好的人，也有一个非常可爱的妻子——露丝，他们是我的接待者—— 我们还没有谈论洪堡奖学金，但是拥有洪堡奖学金，当完成访问之后，他们会资助你再访问一次。那可以是任何地方，不必非得是之前的地方，我在慕尼黑拿到我的洪堡奖学金，与弗里德里希·普费弗一起做研究。爱德华·里斯迈尔，这位我们在谈论的博士后，非常有求知欲，我们一起研究的第一个问题是寻找一个应用和一个方式来传递恰当的反应，以减弱振动。

**伯奈特**：这是要传送一个反振动信号？或者……

**莱特曼**：是的，实际上是一个你知道的控制……

**伯奈特**：它可以是不同的技术，阻尼，或者……

**莱特曼**：是的，可能是不同的。在这种情况下，他考虑使用电流变体。他偶然发现了这一点，所以我们撰写的第一篇论文是关于这点的，我们也申请了一个专利。

**伯奈特**：真酷！

**莱特曼**：是的。我觉得它并没有被使用，我不知道，可能吧。自从那时起，我们便非常亲密。我刚向你提到，他们来过，他和他的妻子为了纪念他们结婚20周年来过这里。他们是在跟我一起做研究的时候结婚的。就个人来说，如果我可以拥有一段超越技术研究的关系，我会非常高兴。我认为我更多地从古希腊的意义上去看待一位教授。那时候学生围成一个圈，像是一个家庭一样。这让我感到高兴。这可能非常自私，但不管如何，我的许多学生遭遇了婚姻问题。其中一个已经是其他地方的一位教授，从欧洲飞过来与我谈论他该如何面对婚姻。我的建议是离婚，细节不重要。另一个遭遇婚姻问题学生的前妻过来看过我。他每隔几年会从中东过来访问我，不知为什么，这让我感到高兴。

**伯奈特**：我认为我们生活在一个非常世俗的世界。在家庭之外，需要有能够提供支持的人，不仅仅是在非常狭隘的技术方面的事，而且是在生活上。有时候那些支持来自神父，或者是某个团体的领袖。

**莱特曼**：是的。对我来说，教授们便在神职人员团体之中，如果你愿意那么称呼他们的话……

**伯奈特**：对的，他们是，您与他们散步……

**莱特曼**：至少应该是这样子……

**伯奈特**：是的，应该是这样子。因此，从某种意义上当你以这种方式看待自己的时候，是不是对提供奖学金有帮助，从而产生了更稳健与持久的奖学金？

**莱特曼**：嗯。

**伯奈特**：或者这只是一个美丽的意外……

**莱特曼**：不，不！

**伯奈特**：那就是这样的？

**莱特曼**：我认为它是的。如果成功了，应该把这看作是他们作为教授的一方面的工作。这可以成功，虽然不总是这样，但是它可以。如果它成功了，这非常好，广义上的家庭是生命中最重要的事。它无关名气，无关财富。虽然这些非常棒，但是能够持久的是拥有一个亲密的大家庭。如果可能的话，我们可以在访谈快结束的时候再谈这些。

**伯奈特**：当然。

**莱特曼**：哲学上的事。

**伯奈特**：当然。嗯，我们的谈话是基于这些访谈结构。您特别强调，但是听众不知道这点。如果您能选择的话，您可能会谈论许多关于您学生的事，您可能会谈论许多关于您博士后的事，您可能会谈论……

**莱特曼**：他们对我来说实际上意味着很多。

**伯奈特**：甚至比我们拥有的还多，我认为我们必须谈论一下您以及您的贡献，我想您的本能是想着——"我要提这个人；我要提那个人"——我认为这……

**莱特曼**：是的。或多或少，他们对我很重要。既然我们在谈论这个，除了大学分配的，我遇到的人都是完全不相关的，除了那些通过在大学里布置作业的。我有机会见到他们，他们已成长为这个家庭的一员，稍后我们可以谈论其中的一些。在某些情况下，有些人是从博士后开始成为这个家庭的一员的，后面发现彼此之间有联系，这也发生在我身上。这也是我们都面临相同问题的由来。

**伯奈特**：是的。

**莱特曼**：不幸的是，这些问题没有同样的解决方案。我总是不断重复这点。我是非常幸运的，我能够交到朋友，直至现在也可能交到朋友。他们不可能变得非常亲密，直到某时我们了解了彼此。但是这是由于变老是非常孤独的，如果能与年轻人保持联系，这真的是一个馈赠。

**伯奈特**：绝对是的。但是在我们的社会中，我们不会去想这些。

**莱特曼**：有一些模式，例如养老院就是这样做的，在那里他们互相收养。但是这非常少见。如果可以的话，不得不自己做，而我还没有真正有意识地做过这些。但是最终证明还是这种方式，可以使你到达更宽广的地方，这些人可以是那些知道在哪儿的人。

**伯奈特**：是的，互联网使这成为现实。

**莱特曼**：是的。

**伯奈特**：也更好了，对吗？

**莱特曼**：是的，更容易了。我不知道如果没有电子邮件我该做什么？

**伯奈特**：是的。教学，我们能不能谈谈教学，以及……

**莱特曼**：好的。我是1957年来这儿的，最初是作为一名助理教授。因为我之前的经验，我记得我是第二或者第三等级，在最初两年便开始开设一些研究生课程。相关主题没有3个或者4个单元那么宽泛，它们是2个单元的课程。其中一门课程实际上是空气弹道学，也被称为火箭动力学。那实际上是研究生一年级的课程。几年之后开设了另一门课程，它是变分法，那时人们对这门课的兴趣增长了许多。我的一位同事，也是教员中我最亲密的朋友——莱因哈特·罗森伯格，也对这门课程感兴趣，我们合作教授了这门课程。在那个时候，你可以教授一个相对小的班。现在基本不可能了，但是如果你……

**伯奈特**：那是多大的班？

**莱特曼**：如果有3个到4个学生，你便可以开设一个班，现在需要越来越多学生了。

**伯奈特**：是的。您可以谈论您参加的一个仅有您在的班吗？……

**莱特曼**：是的，那是和我的博士生导师的班。第一年只有我们两个学生，第一个学期只有我们俩，第二个学期只剩我一个了。

**伯奈特**：我们现在再也不会那样了。

**莱特曼**：是的，我们再也不会那样了。

**伯奈特**：对。我想我们可以从谈论某个具体的学生转到教学中来。有一个学生您可能并不知道，但是是上过您课的一个本科生，但是他没有……

**莱特曼**：哦，对的对的，我……

**伯奈特**：继续，他并没有继续成为您的博士后或者研究生，但是他被您当时的教学深深地影响了。

**莱特曼**：是的，那是很后面的事了。我想你在谈论斯坦·卢卡斯。

**伯奈特**：对的。

**莱特曼**：应该是在20世纪60年代早期，他上了我两门动力学的课程。大约15年前，发展部的人，就是负责给学校筹钱的人，告诉我有一个捐款人，并没有捐巨大数额的钱财，但是每一年都会以我的名义给学校一定的捐款。他们从来没有告诉我这件事，但是突然，或许是一个新的发展部职员，说他们应该告诉我这件事，他们确实这样做了。我问那是谁，他们告诉了我，我说，"如果你们告诉我那是谁，以及他住在哪里，我会给他发一个感谢函。"自那时起我们开始联系。斯坦·卢卡斯在机械工程学士毕业之后有个绝妙的主意。他对在这里的体验不是很高兴。他觉得这里的教学很糟糕，但是我和另外一位教授是他接触过的教授中为数不多能够被接受的。他认为他们不是真的对教学感兴趣，只是想做研究。

**伯奈特**：是的，他非常想做研究，我跟他谈过话，我认为……

**莱特曼**：噢，你跟他聊过吗？

**伯奈特**：是的，我觉得他，在那些日子里，认为有许多在顶尖学府接受过培训的教授，更倾向于认为学生在他们之下。这是一种等级制度。但是您是为数不多的真正花费时间与他一起共事的教授之一，您并没有瞧不起他，您……

**莱特曼**：对，我从来没有过那种态度。这可能与我们来自欧洲体系有关。实际上他们说从一个助理教授到一个德国教授——当然，这在今天已经不成立了，他们终于可以挺起腰杆了。这是学生的定义。我非常欣赏他。有一次，当我去他所在的长滩的时候（现在他已经创立了卢卡斯汽车公司），他有一个绝妙的主意——这来自他学生时期在埃默里维尔的一个锅炉厂工作的时候，他发现最早的汽车是蒸汽机汽车，比电动车还早。他开始对这些汽车感兴趣，然后是古董车。他跟自己说，这些人花了很多钱买一辆车，那他们是如何保养、维修甚至存放的呢？他创立了一个这样的公司，变成富翁，甚至让日本的小型轮胎公司制造特殊的轮胎——这些车常具有巨大的轮胎。后来，他在洛杉矶与长滩的房地产进行了大量的投资，变得更富有了。他现在是拉斯维加斯的一个大开发商。

我们也因此变得十分亲密，我必须每个月去那里一次。因为我是我一个堂兄的房产管理者，这可以结合起来。我给他介绍了一家非常棒的希腊餐馆。他从不吃希腊菜，但是他吃后永远不会忘了那家店。后来，我和南希偶尔会过来，还有我们的女儿——伊莱恩，也一起跟我们过来。他大概有100多台古董车。他建了一座特别的楼，是机库式建筑，在长滩机场附近。实际上，如果我们后面还有时间，我会给你看那些车。伊莱恩给每一台车都照了相，也做了排版，做成了一个专辑送给他。他在首页写为何我们这么亲密，他对那个非常满意。问题是他最初告诉我，他不想被学校发展部的人由于筹钱而打扰。他说，如果他们向他要求捐款的话，他将停止捐钱。因此我在发展部的记录中将他标记为红色，直到大约5年后，那时的本科生主任去了那里。他实际上参加了一个长滩的技术会议，我介绍了他，并给他展示了那些收藏车，没人见过这些收藏，除了……

**伯奈特**：爱好者。

**莱特曼**：他实际上没有家庭。我是第一批见过这些收藏的人，我们始终保持联系。我在圣诞节刚收到一封他的来信。他总是说他将要过来看我，但是他在拉斯维加斯非常忙。我并不期盼他会来，但是我们很亲密，不是家庭意义上的亲密，只是个人比较亲密。对，发生的最有趣的事是在10年前，在我常住的长滩的酒店，他接上我和伊莱恩。我的堂兄总是与伊莱恩非常亲密——他接我们上了一台1935年的克莱斯勒敞篷车，这是默片明星的一辆车。她叫什么名字来着？不管怎样，她是一个默片明星。她是巴格西·西格尔的情妇，就是……

**伯奈特**：不是玛丽·碧克馥。

**莱特曼**：不不不。不管怎样，巴格西·西格尔是一个黑帮成员，她是他的情妇。这是她的车。但她并不是唯一的情妇，因此她威胁他。她说，如果你有这些外遇，我会让警察知道你。她只活到这之后一周。她开枪"自杀"了，被击中后脑勺，这发生在那辆车的副驾驶位置。斯坦跟我说这车已经确保被翻新过了。当他开着车到达酒店的时候，它大概有20尺这么高，我不确定。它仅有两个座位，以及一个敞篷座位，但是敞篷座位有门，并不需要从上面爬进去，我有一张伊莱恩在后座的照片，而我坐在"自杀"受害者的位置。这是一件了不起的事，好多人都从酒店里跑出来看……

**伯奈特**：肯定。

**莱特曼**：这个家伙。

**伯奈特**：我敢确定他们肯定会这样。

**莱特曼**：不管怎样，当然这是比较有趣的方面。我的意思是，那不总是很严肃的。

**伯奈特**：这是您教学热情的证明，并不局限于研究生和博士后，以及与同事做研究。一直到本科阶段，您都很认真地对待教学。

**莱特曼**：哦，学习，你是说卢卡斯。是的，实际上，这是一件更难的事。但是作为老师，我有一条规矩。例如在早上 8 点的课，我告诉学生，"如果你昨天晚上参加了聚会，并且在早上非常困，不要费心进入教室，或是你们想进来听我的课的时候不能是那样的。但是如果你可以通过其他方式获得信息以通过考试，这对我来说没问题，我不会觉得被羞辱。"有时候，会有学生这么做。他们很少来课堂，有些确实知道如何从书本中获取信息，读论文，以及做类似的事情。这是他们最终将要做的事情。我告诉他们，"你们唯一想学的是如何获得你需要的信息，或者这是我唯一能够教给你们的。实际上，那是你们将在工作中不得不做的事。不会有任何人给你们指导。"

我认为这个方法实际上很有效。第一点，我用粉笔瞄得很准。在最后一排看加州日报的人总能通过报纸得到一根粉笔。现在可能不会那样做了，但是以前是。第二点，我非常喜欢开卷考试。有时候学校不允许那样对待期末考，但是对于我给的其他测试，例如，每周一次的 10 分钟快测以发现谁没有学会，我告诉他们，可以带任何你需要的东西。不能带另一个人跟着你，但是其他任何东西都可以，我不在乎。我也警告了他们，我知道如果他们没有掌握基础，他们会变得更糟。他们会找一些跟书本上接近的例子，到那时他们发现任何接近的例子，这样考试就可以通过了。但是有一些人试过之后很快发现这行不通。

那加强了你想学习基础知识的想法。我会告诉你，实际上在书本上看到的，有些时候，考虑到我们使用的教材，并不总是恰当的。当你出去工作的时候，并不能恰当地处理好学习新知识，以及使用学过的旧知识。现在仍然有相当一部分发表的论文是错误的，人们误用了他们学到的知识。再说，这并不是他们的错，而是它并没有被正确地传授，我总是感觉到这一点。科学的基础知识可能会改变。

那是一个非常难的问题。在最后,你总会返回去看某个人的结果,以及定理,尤其是在数学上。你不会返回去重新做证明,那是你愿意做的。

因为论据是错的,你总是在处理这些风险,即你做的事是错的。我总是告诉人们,"这是你必须容忍的风险。如果你得到一个不合理的结果(尽管那不是),不要认为它可能只是一个警告信号。可能是由于理论有缺陷,不是你使用理论来做的事情有问题,而是你建立结果的基础有问题。"随着知识的爆炸性增长,这是一个不断在变化的问题。而学生们,实际上比较不好的事是我们花费在学习基础知识上的时间越来越少,学习技术的时间越来越多。尤其是在拥有很多优秀工业人员的俄克拉荷马,我总被告知,他们在这里学到的技术有时并不管用,他们已经拥有更好的技术了。

**伯奈特**:在皇家学会成立之初,他们制定了自己的座右铭,不人云亦云。大致意思是:不要接受公认的科学权威;不要相信他们的话;自己去寻找答案。您的意思是……

**莱特曼**:是的,你知道……

**伯奈特**:我们可能已经失去了对它们的重视……

**莱特曼**:是的,这是对象牙塔的诋毁,而且有时对我来说,是非常严厉的诋毁。人们告诉我,"我们只是没有时间返回去看所有的参考资料,这是我们要做的全部工作。"我明白这一点。实际问题是,人们变得越来越专业。看看医学确实如此,工程学也是如此。我认为这是个大问题。

**伯奈特**:工程中是否存在再现性问题?我的意思是,再现性问题在社会科学中是真实存在的,有建立的这些实验平台,然后有人尝试去复制它们,或者复制实验本身,但他们却做不到……

**莱特曼**:哦,你是说……

**伯奈特**:变得如此复杂……

**莱特曼**:换句话说,我不知道他们是怎么从这一步进行到下一步的。这有很多原因。我曾经和我的苏联同事瑞瓦兹·甘克莱里季斯提到过这件事。我曾经问他,"为什么我读一些应用数学的论文这么难?"他向我解释道:"毫无疑问,在学术中大家都非常重视出版,但是,"他说,"我们不想把太多的细节放在出版物里,让其他人复制我们得到的结果,然后非常容易地进行到下一步。我们希望得到一个正确的结果,但不想让其他人知道我们到底是怎么做到的。"这可能是他们有意而为之。

**伯奈特**：是的。您在伯克利的那段时间，教学是不断发展的。在斯坦·卢卡斯的时代，人们有这样一种态度："来，学生们，你们应该跟着走。"如果学生跟不上老师的脚步，那是他们的问题。保持同步学习是学生们的责任。您要知道，您需要的是帮助一个学生从他所处的层面到达一个他可以自主学习的境界，或者至少能为即将开始的未来做好准备。

**莱特曼**：是的，这当然是一个方面。我认为另一个方面是，比如我们花费了大量的时间，处理特殊情况下的动力学违背了基本原理。时间是有限的，这通常会存在困难或者产生错误的结果。你并不知道是什么假设能让你进行到下一步，有时这些假设是至关重要的，但是读这篇文章的人并不知道这一点。正如我所说的，在出版物中尤其如此，在书籍中则不那么明显。当然在书籍中也会出现这种情况。我举一个例子，当我来到这里时，系主任出版了一本非常受欢迎的书。这是他第一本非常受欢迎的书，他给出了处理变质量系统这样一个很好的例子，但是他完全错了。例如，当一条链子掉到一台秤上时，你怎么称它的重量？这是一个质量不断增加的系统，方程应该是质量关于时间的函数，而方程 $F=ma$（力等于质量乘以加速度）是另一回事，这是个问题。

事实上，当我来到这里时，我刚刚经历了这种情况。我一定告诉过你，我做了一件蠢事。研究生和博士生们偶尔举办研讨会，讨论他们最近在做什么研究。我当时讨论的是一个变质量系统的动力学问题，并将系主任书中的方法作为错误的方法进行举例说明，而他正是系主任，（笑声）我再也不会做那样的事了。这是我第一次知道，我应该在这之前先和他谈谈的，但我却没有提醒他。

当时我是物理专业的学生，我使用了动力学的书。我在哥伦比亚大学物理系学过动力学的基础知识，但那本书中几乎没有例子，都是理论。因此，我的论文指导教授戈德史密斯和我，按照那本书的时间顺序整理了一本关于例子的短书——并以平装本的形式出版。但是他并不愚蠢，后来他很快认识到，如果质量是关于时间的函数，这只是人们需要做的第一件事。

另一个例子是，书中有关于粒子运动的完整章节，如果是粒子动力学、经典牛顿力学，遇到电梯移动、圆环滚动的问题，学生们会说，"这怎么可能？它们不是粒子，你怎么确定这是可以的呢？"你不必确定，你不是在讨论粒子。一旦你拥有一个粒子系统，一个粒子集合类似于希腊的宇宙原子观，然后可以用

$F=ma$ 表示质心的运动,当人们说"粒子运动"的时候,他们实际上是指物体质心的运动。对于甜甜圈来说,它的质心在洞的中间,但那里却没有东西。一旦他们明白了这一点,就不必假设"物体有多小——你会在一些例子中看到:让我们假设物体足够小,这样它可以被认为是一个粒子"。那是胡说,这些根本没必要。

**伯奈特**:您不需要这样想。

**莱特曼**:不,你讨论的是质心,然后你会说,"这不是全部的运动,假设的物体可能是一个转动的刚体。"但你只讨论了物体的质心。你不用担心它是小的或是大的物体,但不知何故,我在教学的时候,发现对它的强调消失了,甚至最近我还在读他们这种叙述方式的书。

**伯奈特**:很久以前,我的一个数学家朋友给我指出:"好吧,你想学数学。"他指着 20 世纪 60 年代的数学书给我看,然后说道:"不要读最近的材料,它不能解释基本原理,而基本原理正是你需要真正理解的内容。"您可能会说,这个插图是为了更容易理解基本原理,或者比如,一个甜甜圈在滚动,一个电梯移动,像这些真实世界的例子可以帮助人们更容易理解基本原理。但事实上,这让学生们很困惑,他们是从另一层面思考这个问题的……

**莱特曼**:是啊。你讨论的是质心,并不是在讨论事物本身。问题是,现在我们把它应用到船上,对吧?这样可以吗?什么物体是小的,不是随意决定的,那是一件非常不确定的事情。你只是在讨论错误的事情。他们需要在这门课的前三四个小时知道这个非常简单的结果。证明对于一个恒定的粒子集合,每个粒子都满足 $F=ma$。从那时起,对所有外力的总和也适用于质心的加速度,这便是你们所讨论的。忘了粒子运动吧,从那个层面上说的"粒子"。

在我们收集更多关于宇宙的信息时,需要强调两件事。一是基本原理的重要性,二是在某种意义上基本原理的缺失。即使是基本原理性的知识也不是一成不变的。这不是宗教,我们所教的内容不是你所信奉的教条。也就是说,事实上其中一个主要的区别是,即使在那里,也不希望随着时间的推移而改变。但是,牛顿力学并不是一成不变的,可以一次又一次地将它变得更好。可以根据观察世界对理论的影响,做出一些改变并提出更复杂的理论。即使坚持一个特定的理论,你也必须告诉别人,这是一个在什么条件下适用的理论。因此,怀疑论是我试图向学生灌输的观点之一。

**伯奈特**：您不仅要掌握自己的研究，而且要掌握怎么通过它来教学，怎么向别人解释，因此您要对它有深刻的理解，但是似乎也暗示您必须理解学生的困惑。您必须明白什么……

**莱特曼**：哦，是的。如果你在教书，当然需要做到这些。你知道，跳舞是需要两个人的。（笑声）

**伯奈特**：好吧，但这与对那些时代中其他老师的一些描述形成了对比。也许是在您之前时代的一些老师，那时老师几乎给人一种漫不经心的感觉。比如，作为一名学生，你的工作是向我学习……

**莱特曼**：是的，有这种等级观点是愚蠢的。我从我的学生尤其是我的研究生那里学到的知识和通过其他方式学到的知识一样多。我想对我来说，这是一种共生关系。不仅因为我喜欢它，而是它非常重要，我学到了很多。很多时候，研究生了解更多关于新技术的知识，我可以从他们那里学习，我们可以一起使用它，但是你必须允许自己这样做。你不能说，"我是知识的完人。"有些人可以做到，但有些人做不到。我想这是一个心理问题。

**伯奈特**：您肯定是如此的，所以您很灵活地学习新的领域，接纳新的事物，并为此感到兴奋。从您的出版物清单上可以清楚地看出，您涉猎的范围非常自由和广泛，且您给您的学生以信任，适当的信任。

**莱特曼**：它让生活更有趣。我想，就这么简单。

**伯奈特**：这里有一些有趣的片段，那么系里对教学的期望是什么。例如，您曾在其他国家的博士委员会工作，那么是否满足了最低要求，或者这更像是一种荣誉制度？您有没有尽您所能地为您招收的研究生服务？

**莱特曼**：我不知道我们到底在谈论哪方面，但可以肯定的是，我认为特别是进行考试时，可以让其他人进来问问题是经典的形式，但这样的形式不再存在了。例如，即使我在这里还是学生时，博士学位的毕业答辩也是公开的。换句话说，他们将相关的项目打印出来，做成海报的形式，然后把它们张贴出来，上面写道，"星期四下午2:00到4:00，是某某先生的博士毕业答辩。请随意进来提问。"然后，论文委员会开会，做出通过或不通过的最终决定，但是任何人都可以进来。这是为什么他们推出这个项目，给出这个人的基本信息以及他在做什么研究等诸如此类的信息。这种形式已经完全消失了，但它将会一直是一种经典的模式。

**伯奈特**：是的，公开答辩。

**莱特曼**：公开答辩，对，我认为这是个好主意。当然，现在的借口是，"我们有这么多学生，我们只是没有这么多时间，或教师没有这么多时间来做这件事，"而且这个系统变得非常复杂。幸运的是，我是属于可以这样做的那一代人，但是它消失了——和语言要求一样。即使在工程领域，也必须掌握两门外语。当然，在人文学科中，有些仍然存在，仅仅因为它是学科的一部分，但是很快就消失了。对大学的这种传统观念已经消失了，它变得更像一个工厂。我不想这么说，但是——我明白这是怎么发生的，也会有好事发生，会有更多的人上大学。

有优点也有缺点。但这样做的缺点是经济上的，便不可能这样做。我认为这意味着应该更多地关注如何教，教什么。我只是用粒子和质心类的事物进行对比，当研究一个刚体运动时，会用力矩来决定角运动，这样则会出现很多特殊情况。

如果在某个特定点上花些时间，或者当做一些事情使运动方程解耦，问题变得简单多了。但这并不是这门课的基础部分，学生们掌握了大量的知识，并运用这些知识，特别是运用这些知识通过期末考试，这很可怕。我的观点一直是，如果真的是问题的话，为什么不开卷呢？谁在乎他们从哪里获得知识？这意味着他们必须能够获得知识。这是最困难的部分，没有学好知识，或者将方程写在拇指上，（笑声）因为有大量的专业知识需要记忆，人们过去常常这样做。

**伯奈特**：没错。但是您说如果他们的推理是好的，如果他们接受过推理训练……

**莱特曼**：并去学习……

**伯奈特**：并去学习……

**莱特曼**：如何学习呢，如果缺乏基础知识，或者缺乏使用它的能力，那么我看不出将如何取得真正的进步，除非是在某件事情的最顶端，当然这也很重要。这不是一个简单的问题。我意识到这是一个非常困难的课题，也是教与学的一个方面。我认为自己也很幸运，在我自己的职业生涯中没有遇到这种情况，我很早走出了这个时代。（笑声）但它困扰着我，因为我得到的答案是，在某种意义上，谁在乎呢？我认为这是错误的态度。如果要做好事，或者避免坏事，我认为这是非常重要的。也许这更重要。例如，最好知道你的假设是什么。你处理的是连续函数还是可微函数？这经常被忽略。人们只是把一个函数写下来，然后结果很大程度上取决于这个函数是否具有某些性质。

我在想我在 1980 年或 1981 年出版的书《变分法和最优控制导论》。它得到了一些非常精彩的评论。但一个评论家，我想他是一个加拿大人，说道，"这是一本很棒的书，但应该和亚瑟·布莱森的书一起使用。"他说，"莱特曼在这个问题上太过学究气，他试图做到如此精确，也许你想用"——他没有说幽默——但偶尔也会写一些轻松的内容。这是一个有趣的评论。我的观点是，我不是在写小说。我想让书面部分——这是这些小说类的书中一个非常小的部分——有可读性并且信息丰富。但这是一个艰难的妥协，需要多不注重细节才能让它读起来更好？

**伯奈特**：好吧，似乎您很感兴趣。随着时间的推移，随着知识体系的增加，对学生早期教育的专业化需求也在增加。随着学生们在基础知识方面的准备不足，也没有足够的智力去理解和分析这些公式中的基本假设，例如，您最终能得到的是这些公式的黑匣子，或者假设……

**莱特曼**：这是一本食谱。

**伯奈特**：一本食谱，您正在编辑或组装这些公式黑匣子，然后快速传递到前沿领域，在那里我们已经掌握了要谈论的有趣的高级知识，这是您作为学生要学习的。但是如果他们——您说他们不知道黑匣子里有什么，或者他们对黑匣子了解不够，或者他们认为黑匣子是理所当然的真理。

**莱特曼**：是的，还有学生方面的问题。学生们经常会说，"让我们摆脱这些基本原理，让我们看看一些应用和技术。"我也理解这一点，当你还在讨论使用什么样的函数时，突然得到一个实际问题或一个想象问题的结果就并不那么令人兴奋了。这是一个艰难的妥协，这是为什么我认为，对于严肃认真的学生来说，学习如何辨别什么是真正的基础，然后返回去读点书，或者和别人进行探讨是很重要的。我认为整个想法是，现在有这么多的人在做技术工作，我想他们中的大多数人会说，"好吧，我可能不明白我们是怎么走到这一步的，因为我有个问题要解决，我们会接受它，"或者公司会说，"与其让我们担心这个理论是否正确；不如你尽快去把它做出来。"因此，对于什么是教育以及教育的用途有不同的观点。这不是一个简单的问题，总是有一个经济问题：相对于做，我们能为思考付出多少？

**伯奈特**：我认为计算机也改变了一些事情。它使我和其他人讨论过如何为一个特定的公式计算数字。必须有一个合理的预感，这种特殊的方式将会产生什么结果，为了得到这些数字需要花费一个月的时间来计算。

莱特曼：是的。一旦接触到一个技术——例如，开始的时候，我们有模拟计算机，这是你面对的真实世界。你建立了一个感兴趣的方程，然后建立了一个机器，它的解、运动或者其他的什么变量，都是由这样的方程决定的。然后可以说，"在一个例子中，它是电流问题。在另一个例子中，它是交通问题。"这不是重点。关键是这些方程看起来是一样的，可以用一个模型来求解各种各样的方程：生物系统，等等。我认为这样做的危险性较小，但还不够好。它们不够快，一旦进入一个数字化的世界，已经面临着这样一个问题：如何将一组方程数字化？

马内拉，我的一个以色列学生，他马上要回国了。他正在研究离散系统——我们已经谈过一些——他处理其中一件事。在最优控制中可以做两件事，可以从连续系统的理论开始，比如在时间上连续，然后得到经典的最大值原理，然后，当把它应用到一个问题上时，必须用计算机把它数字化。将这些连续微分方程、常微分方程变成差分方程，有很多方法可以做到。或者可以将系统数字化，然后研究离散系统的理论结果和优化定理。很不幸，我们谈论的这个人，他针对每种类型的系统撰写了两本书，不知何故得到了相同的最大值原理，但他却漏掉了这取决于一个非常强的假设，好吧？

你可以这样做。你可以说，"好吧，我们有一个针对离散系统的最优控制理论。"这样，就不必进行后续的数字化了。这个系统已经数字化了，因为进入计算机的步骤已经完成了，你是从一个离散的系统开始的。这两种方法比较起来如何，对于某些类别的系统，他研究了这个问题。你可以说，在某种程度上哪一个方法更好，然后这取决于你如何定义"更好"。但无论如何，这是一个有趣的问题，不能只停留在一件事上。至少，必须接受这样的想法，那就是其他的方法可能会更好地发挥作用。我现在用这样的想法来解释宇宙，我们简单地讨论一下。有些严肃的科学家说："现在我们已经得出了一个描述宇宙的理论。"我的基本信念是，我们永远不会达到那个目标，但是从某种意义上说，这样说会让人有一种温暖的感觉，但我认为这是虚幻的。

伯奈特：我想，我同意您的观点。

莱特曼：我们谈到了斯坦·卢卡斯。我非常开心。我记不清具体什么时间，我获得了美国机械工程师协会教学奖。他们给我颁发了很多这样的奖项，我想我做得还不错。我喜欢教书，但我也喜欢许多其他的事情。

伯奈特：是的，虽然我认为我们之前一直在谈论的是，我的意思是，我们谈论的是正式的教学，比如讲课、办公时间、回答问题等类似的问题。但是，在您的整个职业生涯中，有与研究生和博士后打交道，甚至还有一些同事之间的教学交流——当人们让您做副作者的时候，让您去做您觉得不太了解的事情，您所做的或者所说的都会带着一种怀疑的眼光。您会问：它是怎么工作的？

莱特曼：没错，有时会发现这样做的结果是错的。他们无法回答"你是怎么从这一步到下一步的？"他们发现这非常有用。人们经常说："有这样一类人，他们不接受我所做的一切，只是因为那是我做的。"

伯奈特：是啊。因此专业化和复杂性也是一个问题。

莱特曼：是的，那当然会增加问题的困难性。

伯奈特：绝对的。我想和您讨论一些与伯克利学生的生活密切相关的事情，学生在伯克利课堂之外的生活，以及20世纪60年代在校园里发生的许多事情。为了展开这方面的话题，能谈谈您对20世纪60年代校园里的学生经历的一些看法吗？当然，我也会把这点和您当时所有的旅行联系在一起。当这一切发生的时候，您花费了很多时间和其他国家的人一起工作，去参加会议。校园里发生了很多事情，您对60年代早期发生的事情有什么看法……

莱特曼：是的。比如，"言论自由运动"。我非常清楚地记得那一天的经历——我记得是1964年左右，在董事会开会，那是我们有史以来就人数而言最大的一次会议。会议结束后我们离开德温内尔大厅，他们在外面得知了董事会的决定。这是我们第一次得到学生们的阵阵掌声。这是一次我永远不会忘记的美妙经历。

正如你所说的，关于学生生活还有很多事情。我再举个例子。在20世纪70年代，我记得是他们出于某种原因决定要模仿英国的教育体系，建立了一个叫作教员的机构。我不知道它是否还存在。该体制的想法是，让教员与学生、学生团体或生活团体保持非常密切的联系。例如，教员每周都会与学生一起吃顿饭，或者邀请学生到他们家。曾经有一段时间，我是斯特恩霍尔学院的教员。该学院有200名学生，这也是我妻子待过的地方。我的妻子全力支持我并帮了我很多忙，在这个活动中她是个非常重要的角色。因为这个制度的规定是，我们必须每个季度邀请每名学生至少一次到家中吃饭。而这所房子一次最多能容纳20名学生，我们每周邀请20名学生。总共有200人次，在3个月内我们要安排10次，对吧？在10周内我们必须邀请完200名学生，我的妻子做得非常好。

**伯奈特**：哇。

**莱特曼**：是的，实际上我们做很多的菜。当然，（笑声）这是一次有趣的经历。对于一些学生来说，在教授面前如何表现是非常不可思议的。有些人很擅长和教授交流，他们很棒；但有些人不知道什么时候就离开了；有些人，第二天早上在校园遇到他们，他们却不认识你了。这是非常有趣的。我曾在一群无政府主义者那里做过几年教员。他们有一个生活团体——在哪条街上——我想应该是杜兰特。不管怎样，在那个区域的某个地方。

**伯奈特**：您记得它们叫什么吗？这个团体有名字吗？

**莱特曼**：我真的忘记了。我所记得的是，他们不知道该拿我怎么办，但也许他们认为，我在找演讲者方面对他们有帮助。这是他们接受我的真正原因。我邀请了澳大利亚的施瓦茨牧师。他领导着——那叫什么来着？它本质上是一个民族主义组织。他是位牧师，我邀请他做演讲。我也让他们邀请他做演讲人。这很有趣。例如，他在谈论马克思主义，说道："他们有关于'冲突导致进步'的说法，这是马克思的想法。"他说："你知道，这些人做决定时会说，'让我们朝这个方向走两步，向右一步，向后一步，'这便是他们做决定的方式。"我还记得，他们让他很难过。（笑声）这是一个完全不同的群体。斯特恩霍尔学院很明显，他们住得离这里很近。女孩们非常有条理。她们做了一件好事，每学期或每季度她们都会烤一只猪……

**伯奈特**：哇。

**莱特曼**：我们被邀请参加。那是在我吃素之前，我记得那很短暂。很明显，他们住得离这里很近。斯特恩霍尔学院在赫斯特的盖利路。就在那边的拐角……

**伯奈特**：对……

**莱特曼**：然后我和一群学生在一起，那是兄弟会。他们可以吃很多——这些家伙——在其他方面，我猜他们踢足球——他们可以吃掉一块三磅的牛排。我以前从未见过这样的事情。这深深地印在我的脑海里，（笑声）南希对此非常满意。她和我一起参加了所有这些活动。她在各方面都给我提供了很大帮助。这是一个不断发展的组织，我不太确定它会走向何方。

**伯奈特**：是啊。当然，对学生来说，它变得更加昂贵……

**莱特曼**：对啊。

**伯奈特**：正如你所说。

**莱特曼**：当我在这里读研究生的时候，我只在这里待了两个学期。我用了 4 个学期，花费了最短的时间来攻读学位。我已经拿到了硕士学位，我知道我要做什么，而且我符合《退伍军人法案》，所以没有任何区别。我来这里时是奖学金获得者，这对我没有任何影响。我记得那时它不叫学费，应该叫作规费，一学期大约 72 美元。它不是用来买书的，而是支付给大学的费用。我不知道现在州政府是如何免除学费的。我的印象是，宪法规定大部分费用以及几乎所有的费用都必须由州政府支付。他们是如何降到现在的 10% 或 11% 的，我不知道他们是如何做到的……

**伯奈特**：是啊。我们现在的处境是，有很多私人资金——还有很多校友弥补了这些差异。

**莱特曼**：是啊。当然，我认为这是美国的一个独特体系。甚至现在在法国也有一点。他们现在有学费，经济问题迫使他们这样做。但是在德国，高等教育仍然是免费的。这也有其他方面的原因。例如"二战"后，当他们开始大幅增加研究生名额时，他们不得不改变规定。如果有学生证，只需支付一半的火车票费用。学生们读了 6~8 年，就是为了得到那张学生证，这样他们便能生活下去……

**伯奈特**：打折。

**莱特曼**：对的。他们不得不改变学生的在校年限，但是有一段时间是对在校年限没有限制的。

**伯奈特**：没错。这是对克尔大学扩建总体规划的需求或增长的回应。成千上万的本科生到来导致大学不得不非常迅速地扩张，创造了加州大学系统，伯克利就是其中的一部分。最初它只是加州大学，只是一个校园。他们在适应这种变化，但他们也在适应学生经历的局限——这是"冷战"。学生们想谈论政治，他们想谈论在"冷战"时期被认为是对立方的政治，这造成了一些紧张局势。

**莱特曼**：我们现在开始讨论对校园政治化的整个想法。英国拉夫堡大学有一位教授——她现在是教授，是一位女士——她的名字叫海克·琼斯。她原籍是德国，在海德堡大学获得了地理博士学位。顺便说一下，这是我第一次突然感觉到，地理不仅仅是看山坡。地理是一门大学科，社会地理、人文地理——她更喜欢这一方面。她在海德堡洪堡基金会的资助下完成了她的论文，这就是她如何联系我的过程。她的研究主题是她所说的知识移民，有些人不得不离开，有些人回来了。哪些人回来了，他们为什么回来，这是一篇非常有趣的论文。她来采访我——

我记得是在 1999 年——我们成为非常好的朋友。

当她撰写论文的时候，也在撰写一本专著来出版。它最终作为英国皇家地理学会会刊的一部分发表了。她谈到了这个特别的方面，校园政治化，这方面在 20 世纪 60 年代已经变得非常重要，但后来更多的是关于越南战争。由于我参与了这场骚乱，不管引起这场骚乱的直接原因是什么，基本上，这就是真正的原因或借口。她在四五年前发表在英国皇家地理学会会刊上的论文中提到了这一点，她非常热情地将这篇论文献给了我。她现在和两位丹麦教授一起研究司法特派员想法的历史。以我在伯克利的经历为例，他们刚刚在拉夫堡的一个地理会议上发表了一篇论文，他们将会达成——他们正在以一种更基本的方式工作，最终会有更多的工作。她去年来过这里 3 次，因为她在研究英国大学和美国大学的休假经历，以及这一切是如何发生的。因为所有这些都在参议院的旧档案中，她经常在总统办公室的档案室工作。她为此撰写了一篇长论文。这些人为撰写一篇论文需要工作好几年，不像工程学那样，你知道的。（笑声）

**伯奈特**：人文科学和社会科学也有很多问题需要回答，但是……（笑声）

**莱特曼**：在英国，成为教授是一件大事。作为一名读者，你已经是我们所说的教授了。

**伯奈特**：是啊，像正教授级别。

**莱特曼**：没错，她去年刚成为那里的地理学教授。她给我寄来了需要评估的文件，足有 38 页。从她 2002 年第一次来到这里开始，涵盖了她整个的职业生涯。他们了解这个系统，这些人对他们所做的每件事都有详细记录。

**伯奈特**：是的，是这样的——有一个重要的因素——材料越厚越好，我认为这是评估过程的一部分。

**莱特曼**：是的，真的很有趣。我没有意识到这会把我逼疯。但是，我不知道哪个系统更好。

**伯奈特**：好吧，她在研究您职业生涯中与校园学生骚乱有关的部分……

**莱特曼**：对……

**伯奈特**：20 世纪 60 年代。

**莱特曼**：当然，她是在这种背景下研究的，她觉得我们又回到了这样一个阶段。

**伯奈特**：有意思。

**莱特曼**：是的，看来很有趣，我很期待。但是，从另一个花费了10年才制作出的报告来看，还需要一段时间。（笑声）

**伯奈特**：那么，是什么导致了这一场危机呢？您能设定场景吗？我们今天可能还没法把这一切搞清楚，但可以把场景设定在20世纪60年代末。我认为您指出越南战争是引发学生抗议活动紧张局势的主要因素是正确的。当然还有其他的直接原因……

图10.1　1969年加州大学伯克利分校奥克兰《论坛报》介绍的校园动乱

**莱特曼**：对，有的……

**伯奈特**：但更多的是在当地……

**莱特曼**：当然，在教师和学生中都有少数民族代表，这是一种政治制度。我当时不明白暴动是什么意思，现在也不明白。在我住的地方，有加州大学的一面墙，是加州大学的附属机构。在"言论自由运动"期间，有一幅很棒的马里奥·萨维奥和那些人在一起的图片。那是在斯普劳尔广场发生的一场骚乱，所有的暴乱者都穿西装、打领带，你知道吗？

**伯奈特**：事实上，这也是故意的。

**莱特曼**：不，我认为这只是一件很正常的事。我认为它指出了一种——我不知道是否有一个词，但是有区别。如果你看过去几年在斯普劳尔广场发生的几场骚乱，你会发现那里的人们并不穿西装、打领带。

**伯奈特**：不，当然有一个完整的，或者多重的身份与之密切相关。

**莱特曼**：我记得我第一次接触暴乱是在"言论自由运动"期间，在斯普劳尔广场被人占据时。学生们走进来，在各个办公室坐下。当时没有电视摄像机，但有记者在现场，他们记录并讲述了发生的事情。他们拖着学生的脚往下走，脑袋沿着水泥台阶往下并上下跳动。这种暴力可能是政治进程的一部分。我非常担心我们会陷入这样的困境，尤其是考虑到一个政党和另一个政党之间发生的所有事情，以及所涉及的问题。我很害怕，我在欧洲看到过、经历过这种情况。在1933年希特勒合法地当选、然后宣布紧急状态。国会大厦被烧毁，宪法可以被依法暂停6个月，人身保护令，所有这些都被否决了，整个国家进入了紧急状态。这是一件迫在眉睫的大事，真的让我担心。

**伯奈特**：蒂莫西·斯奈德从特朗普当选之初一直在警告这一点。

**莱特曼**：但就校园里的"言论自由运动"而言，它有一个很好的结局。但很快，在几年之内，它走向了另一个方向。

**伯奈特**：事情得到了解决，新的政策得以实施。

**莱特曼**：哦，是的，整个斯普劳尔广场。

**伯奈特**：在1965年和1966年，事态得以平息了？

**莱特曼**：是的，这也有学术方面的原因。整个教学评估的理念，该理念不需要看教授如何教学，他们是来教学的，而你对此没有任何权利，所有这些都变了。

**伯奈特**：并且这个……

**莱特曼**：当然，并不是所有的事情都是正面的。有时教授们希望受欢迎，说他们是教学的倒不如说他们是做表演的。有些教授们会打扮成达尔文或牛顿上课，有很多这样的事情发生，比如……

**伯奈特**：哦，甚至在那个时候为了回应学生的评价，有一种感觉是我需要……

**莱特曼**：是的，你希望受欢迎。这件事有各种各样的方面，观察它们很有趣。

**伯奈特**：但所有这些都表明，随着越南战争的恶化，以及对学生激进主义的批评日益增多，情况开始恶化。在20世纪60年代后期，主流文化和反主流文化之间的紧张状态开始酝酿，由此建立了……

**莱特曼**：对，这也有很多方面的原因。当时有很大一部分公众没有上过大学。这让这两种人，无论是学生还是教师，以及我称之为城镇而不是大学的人，变得非常敌对。学生可以比普通的人更容易免于征兵。这是一个非常不好的方面。

当然，这也意味着如果有很大的影响力，你也可以免于征兵。你可以买它，或者可以买通医生说你有扁平足，或者其他什么问题……

**伯奈特**：或有骨刺。

**莱特曼**：让我们谈谈在"言论自由运动"之后发生的第一件事。我记得是和 1968 年或 1969 年初的"第三次世界罢工"有关。

**伯奈特**：在 1969 年初。

**莱特曼**：是的。1969 年初，然后我们转向另一个方向，并介绍一些实际上从长远来看没有意义的事情。我有一个非常——我想我们之前谈论过一点——我有一个非常强烈的想法——那就是让我们更具体地谈谈更多关于少数民族学生的事情。这对非裔美国人来说尤其如此。亚裔学生没有问题，他们有家庭的督促。不幸的是，印第安人的比例很小。它在某种程度上推动了课程的引进，或许很大程度上是为政治抱负而量身定制的，而不是为了教授一门学科，比如关于奴隶制的历史。这些都是很好的课程，但还有很多空洞的内容。种族研究，我不太清楚那包括什么内容。我相信有时那门课非常好，有时很容易通过那门课并取得好成绩，那都不是问题。问题是，你教授了这些人什么来提高他们的经济地位？如果你教他们成为工程师，甚至数学家，或者去医学院，你教的是基础科学，那是不断增长的基础……

**伯奈特**：那个种族的赚钱能力。

**莱特曼**：他们的赚钱能力。但我们实际上走向了另一条路，现在这两个群体在分裂。能够上一流大学的人越来越少，这也有不好的一面。这些事情从来都不会只是正面的或负面的。我在预算委员会工作时遇到了这个问题。如果从自己的角度看这些课程，你会问"他们在教什么？"这可能不公平。如果我是那群人中的一员，我可能会说，"不，这是我想学的。"也很好。但实际上，你是否在经济上为他们做好了准备。我想到了这两个方面，我认为这些必须以某种方式达到平衡状态。这是非常困难的。

**伯奈特**：因此，"第三世界解放阵线"想要建一所民族研究学院。围绕这一点进行了谈判，但基本上多元化是一个问题。看到他们在教员中有代表，教员中非裔美国人的代表性很差。这种情况有所改变，但我认为一种关于课程的概念也是至关重要的，一部分批判主义者把大学本身看成某种帝国主义机器的一部分，对吧？

**莱特曼**：这是双向的。另一方面，对于右翼的人来说，大学确实是红军的巢穴。这是另一件事。我的意思是，对于一部分人来说，他们是法西斯主义者，要么因为他们掌权，要么因为他们培养了那些可以赚钱的人，诸如此类。他们负担得起。这不是单一的方面。如何把它们带入某种兼容的系统是非常困难的，而且我们经常会摇摆不定。它们不是在这条路上走得太远，就是在另一条路上走得太远，任何事情都是如此。性骚扰也是一样的。现在只要被指控基本上就足够使你丢掉工作。不幸的是，在很多情况下，这是合理的，但我相信不是所有情况下都是合理的，所以……

**伯奈特**：这一场变革运动总体来说是正面的，但也造成了一些伤亡，正如您提到的。

**莱特曼**：是啊，现在都是革命时代。

**伯奈特**：是啊，20世纪60年代末，"第三世界解放阵线"和"第三世界罢工"都达到了顶峰。州长办公室向大学施压，要求关闭学校。这是您所处的环境。也许下次我们会继续讨论您作为申诉专员的角色来帮助……

**莱特曼**：是，这和在军队里一样令人感到兴奋。

**伯奈特**：我打赌是这样的。

**莱特曼**：不，我是严肃的。

**伯奈特**：我打赌是。下次我们应该谈谈您的生活经历，您看到的60年代末期的冲突，您看到了很多各种各样的冲突。我认为，这一定对您有特殊的影响。

**莱特曼**：我给你举一个例子，只需5分钟。我们还没有提到教学，涉及的一件事是我有时在另一所学校教书。这是我获得美洲国家组织教授职位时，在阿根廷的经历。这意味着我在阿根廷教书，但得到加州大学伯克利分校的全额工资。当然，我的薪水非常高。我来到布宜诺斯艾利斯大学的第一天，校园里发生了一场骚乱。

**伯奈特**：您还记得那是哪一年吗？

**莱特曼**：1969年。

**伯奈特**：好的，1969年。

**莱特曼**：我刚从暴乱时期出来，我亲身参与了暴乱。我到这里时，警察骑着马、挥舞着军刀进来了。我说，"不是你看到的样子"——因为非常明显地看到了差异，我很快回到了我住的地方。我有一群优秀的研究生。我教授了一门关于最优控制的课程，他们从来没有遇到过能够安排办公时间的教授。他们很惊讶，送给我一本关于民族英雄马丁·菲罗的书作为礼物——我们下次再谈这个——并有所有学生的亲笔签名。这是一次很有趣、很有价值的经历，去看不同国家的制度有何不同。

**伯奈特**：绝对的。

**莱特曼**：是的。

# 第 11 章

# 余晖控制论

**采访时间**：2019 年 2 月 12 日

**伯奈特**：今天是 2019 年 2 月 12 日。我是保罗·伯奈特，接下来我们将继续采访乔治·莱特曼。这已经是我们的第 11 次访谈。在上一次访谈中，您讲到伯克利在 20 世纪 60 年代末所经历的动乱。当时学校围绕种族研究学院的需求引发了争论，并由此导致了"第三世界解放阵线罢工"活动。当时这场动乱的规模以及警察在这场运动中的某些行为确实引起了公众很大的关注。您是否可以谈谈这一系列事件？当您真正身处于这校园动乱中时，真正引起您注意的是什么？

**莱特曼**：首先，我想到的是监察员这一角色在这些动乱中的作用。最初，学校里设有一个学术中心委员会。这大概是有史以来的第一个委员会，差不多在 1968 年的秋天，我成为该委员会的主席。紧接着，像你刚提到的那样，学校里出现了有关种族问题的动乱。根据原先监察员的职责，我只负责处理学生的投诉和学术问题，我本不应该参与到动乱这种事中。但学校的董事会异想天开，他们认为学生被捕、被示威活动所威胁或是直接参与骚乱也是一种学术问题，这些问题会对学生的学业和生活产生影响。从这种天才的角度看，处理骚乱也属于监察员的职责，这也解释了我为什么会参与其中。

接下来事态的发展显然比我们预期的要严重得多，双方出现了激烈的对抗，而且大家都是有准备的。举个相关的例子。1961—1964 年，也就是在"自由言论运动"期间，斯普劳尔大厅先是被学生们占领了，然后警长们进来，拖着学生们的脚，把他们拽出大厅。这是我第一次且仅以一个旁观者的身份参与到这场暴动中。虽然没有相关的影像资料，但人们可以通过公众广播很详细地了解这场对抗。包括我在内，很多人在当时用磁带制作广播节目来记录这一幕场景。这是我第一次参与这个事件的经历。然后大批的教师被深深地卷入这场"言论自由运动"中。针对这场运动，他们召开了从建校至今规模最大的一次会议，结果是提出了"斯普劳尔广场方案"。直至今日，我仍然记得从我入校以来把我感动到流泪的一次经历：在我们结束董事会会议，走出德温内尔大厅时，有不计其数的学生站在外面为我们鼓掌。这次经历在某种程度上促使了我个人投身到这场运动中。后来，令我惊讶的是，我得到学校的正式任命。并且，这场暴动在"第三世界解放阵线罢工"期间迅速升级。

**伯奈特**：这是5年之后的事了，对吧？

**莱特曼**：是的，5年之后了。

**伯奈特**：这也使校园氛围变得不同了。

**莱特曼**：完全不同了。仅从我个人的视角，在当时令事态发展的潜在原因，或者说这次骚乱的推动力，实际上是越南战争的爆发。这个原因在后期变得更加明显。当然会出现反战活动，我也偶尔会参加一些游行。顺便多说一句，我们前面提到过的意大利访学学生安吉洛·马尔佐洛，在1964年和我们一起在旧金山进行和平游行活动。身为来自意大利的访问学者，他很感激参与其中，而且……

**伯奈特**：这会给他带来一定的风险？

**莱特曼**：是这样的。但实际上我们认为当时的暴力活动，大多数是十分和平的。我个人唯一一次卷入真正的暴力活动是发生在伯克利还有奥克兰的和平游行时，"地狱天使"也参与了。我记得"地狱天使"得到奥克兰警察的允许，去袭击示威者和拿着标语的民众。这是我第一次在现场目睹人们互相攻击。

**伯奈特**：您还记得这次事件的时间吗？

**莱特曼**：是1967年，在我们谈论的那段时期之前。我并不是没有参与早期的示威活动，但这确实是我第一次接触到暴力事件。有一点很有意思，我们和当地的不同警力都有协议。实际上当地的警力有很多，从伯克利到奥尔巴尼、里士满、奥克兰、旧金山，再到阿拉米达，还有司法行政官、高速公路巡逻队等，我想总共有17个单位，来自……

**伯奈特**：哪些部门？

**莱特曼**：不同的部门和机构。他们彼此间采取的行动各不相同，尤其是校园警察总是努力置身事外。他们知道最后还是要和我们在一个校园里，基本不参与到肢体对抗中。在这场暴动开始使用催泪瓦斯等物品后,我个人也参与其中。我要尽可能地接近这些事件,以便在出现相关投诉时我能对此有些自己的看法。我记得第一次比较严重的投诉来自一位教授,他的名字我已经忘记了。当时他正在主图书馆二楼或三楼的某个房间开研讨会,突然有许多子弹射中了他身后的黑板,紧紧地嵌在了黑板里。事发第二天,他找到我控诉了这段经历。据我的了解,这次事件的原因是旧金山警方从北门追捕示威者直到校园里,并且一直向示威者的头顶上方开枪。疯狂,真的太疯狂。

当然我和这位教授都感到很不安,尤其是这位与子弹擦肩而过的教授。我把这件事向旧金山的警长反映。他的态度异常友好,对我说:"这些人确实是我的属下,但他们不可能做出这样的事情。"我回答:"我有子弹作为证据。"接着他对我的证据回应:"我可不这么认为。我的属下都严格地遵守纪律,绝不会使用实弹。"看情景争论下去也不会有结果,我能做的只有把这件事公之于众。我给旧金山市报的编辑写了信,简述了这次事件。在信中,我立场中立地说:"这件事发生在我身边,有一组警员在校园开枪射击,但警长的记录里却与之不同,这事应该被调查清楚。"但仍然毫无进展。

**伯奈特**:报社方面没有回应?

**莱特曼**:嗯,报社没有给我任何帮助。他们和我说:"这位警长刚刚上任,我们希望在各个方面给他全力的支持以帮助他。很遗憾,我们不能把你的信交给主编并刊登出来。"作为监察员唯一的手段,把事情公开地呈现给大众,我却失败了。可以说是毫无收获。这也是我想和你分享的几个失败的案例之一。接下来,再讲一个成功的案例吧。那就是我尝试建立了一支监察员小队。我建议学校董事会号召教师们做志愿监察员。后来,我们甚至佩戴了专门的臂章。这个措施确确实实平息了部分暴动。举个例子,这事可能你的档案里也有相关的记录。

这事发生在整个运动的末期,在发生人民公园骚乱之后了。显然,这次骚乱反映了游行示威活动和越南战争之间的联系。当时示威者聚集在斯普劳尔广场后面,面向牛津方向的一条小街边的大楼前,抗议海军后备军官训练队。这次活动慢慢变得非常暴力。在我的记忆里,伯克利警察和城市警察都卷入进来,行为十分激进。他们拿着警棍、带着防护面具却摘下了臂章,所以无法辨认身份。我记得当时有一个受害者被击倒后,警察踩踏他的下体。事实上这次事件对我来说却是一个成功的经历。我观察到了并向伯克利警察局长反映,局长说:"警察摘下臂章也是无奈之举，这些示威者和警察拉扯时总会拽着这些臂章。"对此我提出一个简单的解决方案："既然这样，那在警察的头盔上喷印代表个人身份的编号。警察在示威活动中总不可能把头盔也摘下来吧。"局长答复："是个好主意。"在这之后，当警察的个人身份可以被辨认了，便没再发生类似的事件。

在差不多同时期，还发生了另一次暴力事件。当时有一场骚乱，在骚乱差不多结束后，校园警察在校园里巡逻，走到斯普劳尔大厅后面，我忘了那条街具体的名字，就在警车停车场附近。

**伯奈特**：嗯，是巴罗巷吗？

**莱特曼**：可能是吧，在经济楼的后面。有个学生向我投诉，当他正常路过这片区域时，被4个巡逻的警察拦下了。然后发生了一点小摩擦，警察打碎了这位学生的眼镜，还踩了几脚。我向伯克利校园警长反映这件事，他最初答复我："我会去调查一下。"这其实是"类似的事件绝对没有发生"的标准答复，警察总会偏袒自己人。但非常巧合的是，当地一家电视台的摄像师恰好站在阳台上，还拍下了这一幕。然后这位摄像师居然还找到了我，"我拍下了这次暴力事件，照片也可以给你。"我带着这些证据又回到警察局，这次局长说："太离谱了。"涉事警察也被处罚，停职一个月。在某种程度上，这次事件的处理成功了。作为监察员，还会碰到一些比较有意思的事情。有一次示威者聚集在摩西大厅前面，我也在现场监察。这次示威者大多是年轻人，甚至包括一些高中生，场面很激烈。

**伯奈特**：噢，是的。

**莱特曼**：我站在那里显得格格不入。一个差不多十二三岁的小孩子跑过来问我："你是谁？"我回答他："我是监察员。"他冲我笑了笑，接着捡起一块石头扔向玻璃。还笑着和我说："仔细'监察'吧！"（笑声）这是作为监察员比较幽默的一方面。

**伯奈特**：好吧，这也是一种暴力活动。我记得在您的最后一份报告中，您说"除了一两次的暴力事件以外"。

**莱特曼**：是大概有那么一两次。

**伯奈特**：嗯，大概。我记得这一两次应该是发生在您和其他人开始作为监察员之后的事。

**莱特曼**：是的，和其他监察员。

**伯奈特**：嗯，您和其他教员组成了监察员小队。根据我的理解，您起到的作用是去警察局。

**莱特曼**：也可以说是平息。

**伯奈特**：向局长反映情况。

**莱特曼**：是这样的。我也有非常优秀的监察员，像是玛丽安·戴蒙德，绝对称得上是个大人物了。

**伯奈特**：是的。我记得我读到过一篇当时有关使用盐岩制造霰弹枪子弹的报道。有一名学生因此中弹了。

**莱特曼**：发生在屋顶上。

**伯奈特**：对，在屋顶。

**莱特曼**：嗯，这件事情发生在5月15日的"血腥星期四"。在11点半到12点前后，这个日期和时间深深刻在我的脑海里。当时，我和南希正在位于电报大道上的拉里·布莱克餐厅吃午餐。由于前一天学校在人民公园附近安置了一些围栏，很明显这会酝酿出一场新的暴动，人们当天在尝试拆除它们。整个事件也因此发生了。这些暴徒们被追赶到校园里，这时候警察已经冲他们射击小号的铅弹了。小号的铅弹用完以后又换上了大号的铅弹。我找不到更好的词语形容这群人，只能说是暴徒，他们也在屋顶向警察投掷瓶子一类的东西，双方都有暴力行为。被枪杀的小伙子在这群向警察扔东西的人里。他在双方的交火中被铅弹击中。

**伯奈特**：据他们所说，是他们遭到了攻击。

**莱特曼**：随后我先把性格上有些像威尔士人的南希送回家。国民警卫队进入校园以后，她常常直接穿过这些队伍，开车去泳池，一点也不在乎学校的这些烂事。顺便一提，我在阿根廷的那个学期，也就是1969年的春天到夏天，她可能连续三四天见不到我一面。我只是没离开校园，这种生活像是又回到了部队，还让我有些兴奋。

**伯奈特**：我正打算问您这段经历呢。

**莱特曼**：这段在学校的经历和在部队真的很像。

**伯奈特**：这是第一次的暴力事件吧。

**莱特曼**：是的，那个时期的第一次。

**伯奈特**：接下来呢？

**莱特曼**：后来，我也没有分析当时的状况，脑海里回忆起了太多的事件。我站在班克罗夫特和电报大街的路口，挨着一位《洛杉矶时报》的记者。他当时正在记录发生在电报大街上的这次事件，他注意到我以后，扭头和我说："你的胳膊在流血呢！"是的，我的胳膊被一颗小铅弹击中了，不过只是擦伤，根本算不上是个伤口。可这位记者还是坚持让我去医院检查。我去了学生诊所，考威尔厅。

**伯奈特**：但诊所并没有……

**莱特曼**：嗯，诊所没有给我处理伤口。护士对我说："你不是学生，不能为你提供医疗服务。"我只能去阿尔塔贝茨医疗中心。这伤口真的不算严重，我去医院这段经历并不值得一提。里根州长晚上在电视上说"警察在伯克利遭遇屠杀"，他表示将召集国民警卫队，并宣布进入紧急状态。这才是我真正比较担心的事情。为了弄清楚，我跟包括阿尔塔贝茨在内的5家医院取得了联系。我态度很诚恳地表明自己的身份和意图。最后了解到大概一共有5名警察接受了救治，并且已经全部出院了。

**伯奈特**：当天就出院了？

**莱特曼**：是的，当天。示威者这边呢，大概有五六十人在逃跑过程中中弹受伤。我不清楚具体有多少人因此丧命或者去医院，但他们中有些人不得不因为枪伤接受更为严重的救治。这种情况，被描述为警察遭遇了屠杀。这件事让我意识到，那些有权力的人事后采取的政治措施更为重要。

**伯奈特**：确实是这样的。

**莱特曼**：在第二天早上，国民警卫队进入了校园，驻扎在码头边。虽然没有坦克，但是有全副武装的装甲车。他们还在电报大道的路口竖起铁丝网阻拦行人和社会车辆。这是为了保护这场冲突的首要目标，位于杜兰特街和电报街街角的美国银行。这个银行的窗户已经在之前的冲突中被打破了，现在这些国民警卫队队员们拿着刺刀守卫在门口，整体气氛变得十分严肃。我却因此有了一次搞笑的经历。那天，我在杜兰特宾馆接待几位来自苏联的访问者。恰好有辆装甲车上的加农炮正对着我们宾馆前的玻璃，他们问我："发生什么了？"我没过脑子开了个十分愚蠢的玩笑："你们有十月革命，现在轮到我们啦。"（笑声）

**伯奈特**：噢，天哪！那他们笑没笑啊？

**莱特曼**：没有，我猜他们也不清楚我是不是认真的，不过……

**伯奈特**：好吧，挺有意思的。

**莱特曼**：后来整个事件有了新的进展。你可能也还记得，在几天之后，人们呼吁示威活动。全美国人民都被邀请来到伯克利参加这场反对军队驻扎在学校里的示威游行。我最初对此十分担忧。在计划游行的当天，应该是在 5 月底，我被邀请去看他们为这次活动做的准备。国民警卫队还在校园里，我只能坐着伯克利警局的车去每个设有障碍的地方巡查。警方这时候也很担心会发生意外，他们又指导我组建了一个监察小队。视察时，我看到屋顶上布置了机枪和成箱的弹药。我真的很担心，这又将演变成一场屠杀活动。但没想到结果不错，来了差不多有 2 万多人。

伯奈特：25000 人。

莱特曼：嗯，我记得那天人山人海。不少女士都裸露身体，来消遣国民警卫队的人。（笑声）

伯奈特：那天没有发生抗议吗？

莱特曼：整体上是很轻松愉快的氛围。

伯奈特：还有没有其他什么事？

莱特曼：示威者还把鲜花插到枪管里。据我所知，那天没有发生任何不愉快的事情。

伯奈特：但是在肯特州立大学情况则没那么好了。

莱特曼：对的。

伯奈特：那边是一年之后的事了。

莱特曼：嗯。可以看出来，监察员的所作所为是很重要的。冲突的双方都不想在监察员面前表现得很鲁莽，反而会冷静一些。比如，我有一个来自比利时的学生，叫弗朗索瓦·利特。他最初是个非常虔诚的天主教徒，一向不会逃课，学校也没有找过他麻烦。后来，他突然成为激进的革命者，摒弃了以前保守的传统。在两节课中间也要跑到示威的路障边站岗，变成了一个非常崇尚自由的人。现在我们还会常常通信，回忆 1969 年的那段时光，那时他已经在我这里读了一年半的研究生。

这期间发生的事真的会影响一个人的情绪和性格。另一个我印象很深的是我们学校的一位校长。我忘记他的名字了，他在当校长的时候，学校里出现了一次比较大的骚乱。人们使用催泪瓦斯，用过的瓦斯瓶因为温度很高，引燃了校园里的草地和灌木丛，总之校园变得一片狼藉。我陪他一起穿过校园的时候，他边哭边说："我真的想不明白为什么要这样。"他看着眼前一片狼藉的校园显得很无助、很茫然。他不理解为什么事情闹到这个地步，竟会变得如此暴力。看着眼前的被打碎的玻璃，他是既低落又困惑。我和他私交不深，不过可以说他确实是个好人，他认为发生这样的事是对他个人和学校的侮辱。我应该能查到这位校长的名字，叫罗杰·海恩斯（1965—1971年）。

图11.1　1978年有关莱特曼担任监察员的杂志文章

**伯奈特**：嗯。不过这个时期才刚刚开始，"言论自由运动"的性质和后来的活动并不一样。我认为关键点在于罗纳德·里根的行为。它使伯克利大学的声誉开始发生转折，同样也象征着事态开始逐渐失控并引发暴力激进主义。他的这种描述事态的方式一直被沿用，演变成了一种策略……

**莱特曼**：而且引发了双方后续的暴力活动。

**伯奈特**：是的。我还是认为他的这种叙事方式对事件发展起到了更严重的影响。像您刚才提到的，像是"屠杀警察"这类夸张的表达方法，后来出现得越来越频繁。

**莱特曼**：嗯，现在人们已经习惯这种用法，像是正在发生的边境问题和其他一些事情。这些人为了保住自己的社会地位，会以这样的手段向大众宣传。这之后，新的宗教问题也被带到整个示威活动中。如果有人对我目前聊的事情感兴趣，想更详细了解的话，可以去 Youtube 搜索当时的影像资料。在视频里可以看到直升机在校园上空盘旋，时不时洒下催泪瓦斯和胡椒喷雾一类的物品。这让南希很头疼，她还要去学校游泳。不过后来因为这些原因，游泳池直接关闭了。

有趣的是，在那段时间，常常是早上到中午都会相安无事，直到人们睡醒起床，警察也来到校园。举个例子，一般爆发骚乱的原因是警察正在抓捕在搜查令上的嫌犯。校园警察是不会参与这种活动的，都是其他的一些警察部队。他们每天都有一个名单，上面印着前几天参加骚乱的嫌犯照片和其他信息。当他们开始抓捕这些人的时候，很容易引发一场新的骚乱，然后又持续一下午直至晚上。我想现在的警察已经学到了这种教训，在策略上有所改变。不过在当时，这是每天都发生骚乱的一个重要原因。几乎是一种自发的行为，人们也会去抵制，想要插手警察天天追捕示威者的行为。这些在视频里都可以看到，真的挺有意思的。希望这些视频没有被……

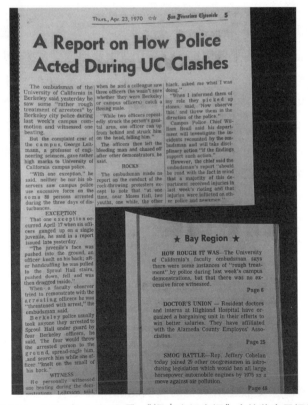

图 11.2　1970 年 4 月 23 日，《旧金山纪事报》中的监察员报告

**伯奈特**：被删除？

**莱特曼**：嗯，希望没被隐藏起来。想看这些视频的话，直接搜索"伯克利骚乱，1968—1970"应该就可以了。但我之前提到的1970年那次反对海军后备军官训练队的示威活动，显然是和越南战争有关，与我们现在讲的人民公园骚乱这类的事情不是一个性质。

**伯奈特**：在越南战争逐步结束，美国减少征兵后，很快抗议的程度大幅度下降。但是……

**莱特曼**：非常正确。

**伯奈特**：不过我认为早期为了缓和局势而采取的各种形式也不应该被低估。像是您刚才讲的监察员这个角色，作为一种使对立双方冷静的手段，在很大程度上促使双方的行为都不那么……

**莱特曼**：是的，各个方面对平息骚乱都有影响吧。

**伯奈特**：出格。

**莱特曼**：现在监察员办公室差不多已经关闭了20多年。慢慢地，学校行政部门的人已经完全不记得那段历史了。这让我十分地惊讶，那段时期应该是这个大学历史上最重要的一部分之一。海克·琼斯和她的两位丹麦教授一起撰写了一篇与这段历史相关的论文，并把论文摘要部分寄给了学校校长，答复竟只有简单一句："非常感谢。"有意思。

**伯奈特**：好在人们还没忘记有关"言论自由运动"的事件。我猜可能是因为这个运动的结局比较圆满吧。不过在20世纪60年代末，还发生了比这些事件更黑暗的一些事情。

**莱特曼**：也对。可我想不通如何解释，在监察员制度出现的50周年里，确切地说是2017年，应该从1968年开始到今天，整整50年里，谁也没再提起过这件事。我对此感到十分地惊讶。

**伯奈特**："第三世界解放阵线罢工"运动也同样过去50年了。我们也是用这种沉默的方式在纪念。

**莱特曼**：是的。我想你作为一个历史学家，看到这种事被完全遗忘了，应该会感觉很有趣。对我而言，就是一个很重要的历史事件。

**伯奈特**：嗯，想要描述出历史的真实轮廓，既要了解参考文献中记载的历史，又要了解未被记载的内容，意识到这点还是很重要的。

**莱特曼**：最好还是忘了吧，假装忘了。

**伯奈特**：那些希望抹去这段历史的人。我们接下来谈谈别的经历。您曾经在学校的预算委员会工作是吗？大概是什么时候？

**莱特曼**：是 1979 年到 1980 年。这份工作让我对非工程和科学领域的教工们有了全新的认识。从这点来说，我觉得还是挺有趣的。这是一份任期两年的兼职工作。每个周末，我都会去校长办公室所在的行政楼办公，学校的档案也存放在这栋大楼里，有着三重安保系统。想看这些档案，需要经过输入密码一类的程序才可以。学校每个人的文件都放在一个个箱子里。作为预算委员会的成员，我有权查看他们的材料。但当然了，我不能查看我自己的档案。这件事情我认为还比较有意思。

那两年，预算委员会总共有 8 名成员，学校想把与每个学科相关的人都吸纳进来。我算是工程学院的代表。那么其他人则代表人文学院、理学院等。我记得和我一起任职的人里有来自化学学院的，还有来自英语学院的。我记得这些是因为发生了很有趣的事情。整个预算委员会由不包括主席在内的 7 名来自不同部门的成员组成。所有的提案要么关于职员的晋升等，要么关于雇用新人。最终都会汇总到校长那里，但校长一般直接交给预算委员会定夺。学术委员会不会直接做决定，只是给校长提供一些建议。顺便一提，我们每年都要处理差不多 1000 多个不同的提案。

**伯奈特**：这些提案都涉及哪些方面？

**莱特曼**：包括雇用新员工、职员的晋升等，甚至还有伯克利和加州大学洛杉矶分校的工资涨幅。我了解在加州大学其他分校，他们可能只处理自己内部的相关事宜。也许后来有所改变，我也不清楚目前具体是什么情况了。但在当时，要处理很多事情。设想一下，一共有 1500 名员工，考虑他们的提拔和工资，很容易会有 1000 多个申请，这还不包括其他的杂事。我记得有一年，比我们更为严格的校长仅否决了两个我们建议的提案。

接着刚才说，把来自不同学院的人放在一起做事本身就会很有意思。我记得我和你提到过，有一个人文学院的老师对于我们工程师也拿博士学位感到十分的惊讶。在他眼里，工程师负责的就是建桥、修车这类事情。这反映出来的问题是，到底什么是做研究。我曾和你半开玩笑地说过："尤其是人文学院，甚至包括社会科学，他们不是在做研究，而是做学术。"我还说过："有些人错误地认为这两者的区别在于，在科学和基于科学的学科中，做研究意味着提出一个新的基本观点；而做学术代表着去图书馆学习其他人关于某些学科的看法，然后再从一个新的角度去阐述。但是，我确信这种观点是错误的。"这当然不对了。从另一方面看，确实实际存在着一些学科，我们除了寻求专家的帮助，无法给出一个具体的结论和判断。比如，文学界的评论家。类似的还有平面艺术，做出一个评价是非常困难的。有些人喜欢现代艺术，同时也有些人就是不喜欢现代艺术，就是说……

**伯奈特**：可以理解为在这些学科里很难找到一个标准，或者根本没有标准。

**莱特曼**：嗯，真正的标准应该是那些专家们。我们应该去关注一场戏剧或者一本书的评论者对其做出的评价，而不是依赖于我们自己的观感。对此，我有个亲身经历：有人写了一本书，并且希望以此获得晋升。我不确定他是申请了第10级还是想要享受特殊工资待遇。当时顶级的待遇不是8级就是9级。总之，要了解这个人够不够格，我们要去读一读他最新写的那本书。我们都读了，但读完以后，我充满了疑惑。在我仔细读那本书的时候，发现他在书中所谈论的内容一直在不停变化。很难把握，但我又不是个专业的评论家，所以我没有做出过多的评价。

像我前面说的这些，当你以整体的视角去看学校，尤其是学校里的教员们，会惊讶地发现，其实不同学科的人根本不会关心其他学科的人的学术能力。那么对于这种情况，只能让本学科的人负责审核该学科的每个提案。像我会负责工程学、古生物学和体育。负责体育可能是因为我平时游泳比较多吧。我认为应该在这样的框架下，提出相应的建议。但在当时，这些提案都是从每个学院汇总到院长手里，院长再交给校长审核，校长则会寻求我们的建议。以这样的流程会出现，在不同的审核环节上出现完全不同的审核意见。比如，院长可能完全不同意的一个提案，最后被通过了。而且这种事常常发生。

在我当权力与任期委员会主席的时候，我可以去改变、调整这种不太合理的制度，让每个提案都能被一步步地推进，这也沿用至今。同时，我还邀请每个申请人首先对自己的提案做一个介绍。我认为这种做法尤其适用于存在激烈竞争的人文学院，这允许申请人可以自己把学院的情况反映给委员会成员。相反，如果只听从其他人关于申请的评价，可能会失之偏颇。因此，我推行了新的相关制度。

**伯奈特**：您当时促成了一场小型程序的正当性改革活动。

**莱特曼**：是的。应该是一两年后，我才进入这个委员会推进这项工作。当时为了完成这项工作费了一番功夫。整个过程让我始终记忆犹新。我很开心我当时这么做了，我们很少真的完成一些很积极、正面的事情。

**伯奈特**：还有一部分人持有这样的观点。他们认为预算委员会的设立和伯克利所有教工都互为同行的这类观念以及刚才我们谈到的改革会带来一些后果，像是会影响招聘的质量。

**莱特曼**：这也是我的观点，一直都是。目前，尤其是院长们觉得提案审批的流程太过复杂，也太耗时。一直有人在尝试降低预算委员会的影响力。我不太了解目前大体是什么情况，但我知道这种现象一直存在。之前在我进入行政部门的时候，就能感受到关于这项制度的种种抱怨，像是审批过程太久了，尤其是关于晋升的提案，需要两个校外专业人员的推荐。这往往会耗费一些时间。可预算委员会有这笔预算，可以持续地做这件事。并不是所有人都希望预算委员会有这么大的权力。

**伯奈特**：是的。但这样做还是很有意义的，也无可替代。这种做法仅出现在洛杉矶分校？

**莱特曼**：不，加州大学所有的分校都是如此。

**伯奈特**：所有的校园都执行它了。

**莱特曼**：是的，同一套体系。

**伯奈特**：是发生在克尔重组那段时期吗？

**莱特曼**：其实我也不知道是在什么时候出现的。

**伯奈特**：哈哈，好吧。

**莱特曼**：但是我知道预算委员会是20世纪20年代初期产生的，这个是早于克尔当校长的时间。我很确定。

**伯奈特**：它诞生于伯克利，然后又推广到其他的校园里？

**莱特曼**：可以这么说。伯克利是它诞生的地方，我很荣幸我也参与其中，尤其是，这还让我了解了来自不同部门的教员。

**伯奈特**：出于您以上做过的这些举措，您被公众看成是可以协助工程学院领导的人。

**莱特曼**：也许吧，我也不知道具体产生怎样的效果。

**伯奈特**：通过我以前的采访，我发现在工程学院存在一个特殊服务理念。比如您提到的，在其他大学一些学院做系主任，像是在人文学院，这样的任职并不轻松。所有的琐事会让人无暇学术。但在工程学院，做领导像是一种义务和责任，是很光荣的一件事。人们对于这个职位态度当然会大不一样。但这些都仅仅是我道听途说的。

**莱特曼**：我和你看法一样，而且我经常很高兴地去思考为什么我经常得到别人的赞扬和认可，应该也与此有关吧。在1980年，卡尔·皮斯特出任学院院长。他上任后指派我作为他的院长助理，负责研究生的学习和研究工作。这个任期一般是4年。

这是我第一次被委任院里的职位，我对此十分高兴。不仅仅是因为这让我有了一点权力，更重要的是让我有机会认识更多的人。我前面应该也和你提到过，我是在这个任期里认识了伊芙丽丝·梅尔。她当时是达姆施塔特工业大学社会科学学院的教授，然后她和他们学校的校长赫尔穆特·伯姆以及其他一些行政人员组成代表团来我们学校访问交流。我后来和这位校长关系也很好。他们此行的目的是学习美国研究生的培养方式，他们访问了包括伯克利在内的很多学校。就这样，我第一次遇到了伊芙丽丝·梅尔，后来我们以兄妹相称了。除此之外，我还被邀请去了很多我本不打算去的地方。比如，有一次我被邀请去犹他大学。我记得他们是80年代来过这边一次，然后邀请我去参加他们研究生委员会的一些项目。这种类似的经历还有一些，反正我本来也热爱旅行，所以这还是一个不错的副作用吧。

**伯奈特**：然后您延续了一段时间这样的工作方式，做一名教员……

**莱特曼**：是的，但不知是……

**伯奈特**：被邀请去参加其他的一些项目。

**莱特曼**：嗯。那些曾经在委员会工作的人都会说："我们中有一位是伯克利的副院长。"从这点看，确实给了很大的动力。在第一个4年的任期中，具体是1980年，我还被派往夏威夷大学。那也是一段很有趣的经历，是很愉快的一年。那一年，我被评选为美国国家工程院院士，并获得了洪堡奖。这个奖在当时被大家称为美国高级科学家奖，只有美国人才有资格参加评选。既是一个荣誉，同时也会有一笔奖金。

但那一年我没接受这个奖项，申请了延期。最初的那几年，我希望全身心地完成我的工作。后来在我习惯这项工作以后，我申请了两个暑期和一个学期的休假。我便利用这个假期，也就是 1983 年到 1984 年，去了塔姆施塔特领取洪堡奖。第二次的行政职务从 1986 年开始，作为副院长分管学术事务。

**伯奈特**：这两次任命是连续的，还是您中间休息了一年？

**莱特曼**：这两次是连续的，中间没有休息。之后的一些工作，可能有些间断。到 1988 年，我又做了学院的代理院长，因为卡尔·皮斯特申请了休假，这发生在我作为分管学术事务的副院长任期中。一般这种情况下，院长会亲自审理学院报给他的每一件事。可是卡尔·皮斯特实在太忙了，便授权我可以替他做出决定，单独处理所有的晋升和雇佣建议。除非我认为有必要让他知情时，才向他汇报。因此我需要针对学院的各项提案起草推荐信，并交给校长审核。当然如果我对某项提案存在任何疑问的话，我会和卡尔提出来，让他看看我写的推荐信是否合适，通常他都没有任何意见。这项工作一样很有趣，它让我可以更加了解学院其他部门发生的事情。我认为这是个不错的经历。

**伯奈特**：关于您的这些任期经历，我还有一些问题。您在大学里好像还有过第三段的助理院长任职经历，是负责研究服务相关的事物。这应该是在 1981 年到 1994 年期间。我的问题是，您能不能分享一下在这段时期，学校的研究重点有什么变化吗？也许院长会对这种变化产生一定的影响，他们要为学院做出一些决定。您是否也一样对研究工作的方向产生了一些影响？

**莱特曼**：这种变化相当缓慢，我印象里没出现什么巨大的变动。研究的重点当然会受到院长个人的影响。我不会指出具体谁做过什么样的决定，但是历任院长确实有很出色的，也有比较好的，当然也有一般的了。直到我退休，我差不多共事过四五位院长。退休后学院还给了我一个 4 年的任期。

**伯奈特**：那您是否注意到学院的规模有什么变化，我不确定这是否能看出来，但是相对大小有没有一些改变？比如，电气工程学科有没有因为高科技的爆发变得更加重要，或者……

**莱特曼**：是这样的。最初电气工程并不包括有关计算机科学的内容。除了工程学以外，计算机相关的科学分属在其他许多部门。后来才决定把计算机完全纳入到工程学中，但具体的时间我不记得了。人们想要涉足计算机领域，要么从事工程学，要么需要跨多个学科学习。只关注技术发展的话，工程学显然变得非常热门。我不想过多评价这种情形，但工程学以此招收了当时最优秀的学生，成为第一大院。学院内部又划分了两个方向：电气工程和传统电力工程以及计算机科学。随着计算机科学的逐步兴起，它给学院增添了不少声望。

其实这种情况的出现和我与德国大学间的交流有很大关系，这中间的过程也很有意思。这事应该始于20世纪80年代间我的第一段任期。那时德国的大学受到本国计算机工业的推动，努力想成立类似麻省理工学院、斯坦福大学和伯克利大学已经出现的计算机学院。这样德国会有像是麻省理工学院一样的科技大学。这个计划先是在德国的17所技术大学推广。我对这个数字印象深刻，最后没有一所大学成功。这些学校对此没有任何兴趣。在德国的失败直接戏剧性地导致了80年代初期国际计算机科学研究所的成立。这个机构不在高校的校园，而是在米尔维亚。这个机构的章程规定其负责人必须是一位计算机学科的教授。有一段时间这机构仅由美国、德国两个国家间的教授控制，不过目前已经国际化了。

**伯奈特：** 您是说德国人最初想在美国的17所不同的技术大学成立计算机学院？

**莱特曼：** 不，是在德国的大学。但没有引起任何大学的兴趣，那之后他们才开始和美国大学的一些人谈论这件事，我猜有麻省理工学院、伯克利大学等吧。最后是伯克利同意建立这样一个独立于学校的附属机构，也就是国际计算机科学研究所。这当然又一次提高了电气工程的声望。后来这个机构变得真正国际化时，为伯克利吸引了大量来自全世界各地的学者。它为访问交流的人提供奖学金等一切。这一切在当时极大地推动了伯克利的发展。斯坦福方面，因为他们靠近硅谷，他们在这个领域也一直很有实力。很显然，这里面也有资金方面的原因。

**伯奈特：** 很明显，"二战"后由于欧洲遭到严重的破坏，美国成为科学技术及教育领域的全球领导者。许多欧洲的教员背井离乡，定居美国。经过了几代人的发展后，形成了20世纪八九十年代时的这种情况，欧洲人在美国大学寻求机会。就您个人来说，您几十年来在不同学校访问的过程中，所做的这些事情是否有科学外交方面的因素？

**莱特曼：** 我认为我没有非常刻意地去这样做。这也不是我的专长，我的做法应该只代表了伯克利的文化。也就是说，我没有特别参与到科学技术的领域。在我刚才强调的特定方面，德国的大学，尤其是以科学技术为主的大学，有很独特的一面，我们可以把它说成学徒制。这在我们的文化里是没有的。在我一直以来接触的以科技为重心的德国大学中,他们的学位和博士论文十分看重实用性,他们学生的资助也主要来自工业界。因此,当博士生开始研究课题时,便会获得3年的全额资助。这点是很重要的,但我们没有。

在这种模式下,不利的一面是,他们很少探索不太可能成功的课题。但实际上很多重要发现都来自冒险的尝试,甚至就算是失败,也是科学研究的重要一环。当可以证明某种方法是行不通的,这本身就很重要。因此在德国的科学界,很少有获得诺贝尔奖的工程师。

但核磁共振技术是个例外。这是由医生、工程师和电气工程师一起完成的发明。

德国目前有所转变了。但在20世纪80年代,我获得洪堡奖以及后来在德国做博士后的时候,他们更看重基础学科。德国的学生会具备很扎实的课本知识。相比起来,对理论研究方面的兴趣会少很多。当我在塔姆施塔特科技大学时,我作为一名学生的博士委员会成员,更体会到对于论文,他们的重点是最终会有何种贡献。那时我的研究是关于不确定系统。我刚开始研究,具体的研究对象是解决高速涡轮机的振动和其他扰动。这便体现出来在德国做研究的根本原因是为了最终的应用,而且在更多的情况下是在计算机学科方面的应用。计算机具有高速和高精确两个特性,可以以此设计更为具体的研究目标,然后相关的机器便能以此为基础进行设计制造。

后来在某种程度上,全世界开始融合,我们不再是唯一的参与者。比如印度,在计算机领域作出了重要的贡献,现在中国也开始发挥作用。因此,现在整体情况在发生改变。

**伯奈特**:是的。在连续5年被中国超越以后,美国最近刚刚夺回世界最快计算机的宝座,因此……

**莱特曼**:如果你去看他们的超级计算机,我曾经读过一篇关于这方面的文章,那绝对是令人难以置信的。世界在变,而且我认为在很多方面美国的霸主地位也开始衰退,而这只是其中一个信号。

**伯奈特**:也许吧。的确,20世纪八九十年代的变化之一是人们对加州和其他地方的公立研究型大学的状况感到担忧,州政府对大学的运营成本拨款比例以及私人研究基金投入的可能性在下降。例如2000年的诺华交易,以及在此之前对于生物技术和生物技术革命可能带来的后果的关切。据一些人说,工程学院不太关注这方面的问题,工程学院研究经费历来得到私营工业支持。这些事情是您那时候经常和别人谈论的吗,也就是恰巧90年代初加州出现预算危机的时候?这些事情是您过去谈论的吗?

**莱特曼**:嗯,可能存在持续的外部压力想把加州大学特别是一些主校区,例如伯克利分校、洛杉矶分校,或者圣地亚哥分校变成系统中的私立大学。因为某种原因,我曾经是(现在也是)学院执行委员会成员,而且委员们的讨论经常转向我们如何说服校长办公室官员,各个学校之间是不同的,那些属于研究型大学的,应该拥有一个不同的经费结构。这里我不想点名一些具体学校,确实不应该受一些条条框框约束。我认为压力会继续,当然你可以证明这一点。唯一的问题是这违反了加利福尼亚州的宪法,所以立法机构必须参与进来,但这也是可能去做的事。我认为这种外部压力肯定还没有结束,以至于加州大学校区存在两个层级,就像10年前德国所做的一样。德国联邦政府专门发起一个项目用于支持他们所谓的"卓越中心",接着各个技术大学将竞争成为其中的一员,因此才会有德国MIT之称的慕尼黑工业大学。但是"卓越中心"计划同样增加了内部竞争。我认为那是人们设想的一种方式,甚至存在于加州大学的体系中。

**伯奈特**:在加州大学的体系中,他们也在研究国外大学的模式,研究做事情的其他方式、方法。

**莱特曼**:是的。我不知道他们是否从德国那里得到了灵感,或者只是简单地认为这是一件很自然的事情。行政人员可能会有不同的世界观。例如,即使只是普通教员,他们当然也面临着预算问题以及我能够理解的所有事情,因此总有令人感到快乐和不快乐的结果。

**伯奈特**:嗯,在我们开始谈论您担任研究服务方面的副院长之前,在1991年,确切地说您已经退休了。

**莱特曼**:是的,我已经荣誉退休了……

**伯奈特**:是的,您在1991年荣誉退休了,是自愿提前退休吗?但是那时也不算提前了,您已经在加州伯克利服务37年了。

**莱特曼**:是的,相对来说是这样。这其中有个人方面的原因,也可能是其他方面的原因。我在1989年得了结肠癌,庆幸的是发现得比较早,所以我活到今天。哈哈,这是很久以前的事了。那是多久呢?30年前。我有点疲倦了。我从医院出来以后,我想肯定是的,我有两三个博士后,我接受的下一个副院长职位属于一个全职任命。这是院长理查德·牛顿的主意，他认为这是学院里面足够重要的一个职位。突然间，我有种从所有事情中解脱出来的感觉，例如教学，特别是研究。在过去，这是所有事情理所应当的一部分。事实上，这种职位对那些60多岁的人来说几乎是无法抗拒的。我们这边有教职工在他们50多岁时便开始试图做这样的事情，当然他们中的一些人做到了。还有一些诺贝尔奖得主在自愿提前退休激励计划下离开了学校。显然很快他们又获得了极好的工作，即使这些诺贝尔奖得主的所有研究工作都在另一个大学也无所谓。这些学校只是为了拥有一个诺贝尔奖得主，并且他们会拥有的。

**伯奈特**：没错，但是这是有争议的，是吗？

**莱特曼**：他们会拿到两份高工资。他们在自愿提前退休激励计划下可以退休，也可以待在退休系统里面，只要他们的薪酬低于49%。在某种意义上，他们可以拿到另一半薪水的最高数额。然后在该计划下保持荣誉退休状态，并且从那种意义上讲，更好的是，这是一个3年期项目。我们校长说如果伯克利在第3年有这么好的项目他将会辞职，伯克利也会得到其他学校能够得到的所有好项目，校长说，"我会辞职"，这是因为他可能会失去最好的教职员工。

**伯奈特**：校长是田长霖对吗？

**莱特曼**：是的，是姓田，他是一位了不起的校长，他同时也是我在系里面的一位同事。他是那种做事情一心一意的人，事情做得很好而且工作非常努力。每晚他下班之前都会把桌子清理得干干净净，每一件不是太久远的悬而未决的事情他都会做完。他经常在校园里面走来走去，然后随手捡起废纸将其扔到垃圾箱里。我个人是从研究服务工作退休以后才开始做这样的事情。这是一项繁重的工作，整座赫斯特矿业大厦一楼西翼有很多办公室存在这样的问题。有时系里教职员为我举办一个聚会，田校长经常是第一个出现的人。首先因为他喜欢那样做，当然了，他并不总是试图逃离这些事情。你知道的，我们学校有其他和他差不多等级的校长会试图摆脱那些令他们分心的事情。

**伯奈特**：嗯，是的，这是一份艰巨的工作，并且他明显是一个了不起的人。经常会……

**莱特曼**：他确实是这样一个人，但是悲剧还是发生了。他们夫妻俩是我的邻居，他们住在下一个街区，阿文尼达拐角处。他们的房子建在山上，我记得他的妻子狄华有时早晨散步会经过我这里，然后我们常常谈话。他中风很厉害，他已经昏迷 3 年了。这是很可怕的,他本人也知道这些,只是他已经不能言语交流了。

**伯奈特**:他得了中风,因为……

**莱特曼**:嗯,是的……

**伯奈特**:综合症。

**莱特曼**:他只是躺在那儿,这只是他在斯坦福进行的一次比较糟糕的手术。不,实际上非常糟糕。无论如何,我实际上只是想说校长的影响力是非常大的,而他又是非常杰出的一位,虽然我不能对其他一些校长做出更多明确的观察。据我所知,迈克·赫曼还是相当不错的。我对他很熟悉,因为我儿子当时在竞选学生会主席,而且走入政坛,他组建了自己的党派团体并且成为副主席。偶然一次,在我副院长任期刚开始的时候,当我遇见迈克·赫曼,他对我说:"哦,你一定是乔·莱特曼的父亲,我跟他很熟悉的。"哈哈,他竟然比我更了解我儿子。顺便提一下,我儿子的办公室比我的大。

**伯奈特**:我相信这种趋势可能还会继续。

**莱特曼**:影响是方方面面的。现在我只是在回忆那些我不得不好好思考的事情,在那之前,我从来没有花费时间去真正地分析身边所发生的事情。留意校长的重要性还是非常有趣的。

**伯奈特**:嗯,绝对是的。而且迈克·赫曼在 80 年代期间做了相当不错的筹款方面的工作,并把加州大学伯克利分校带入了正常募捐的轨道。

**莱特曼**:对的,这是行政人员的影响力。他们中的一些人做了相当不错的工作,但是某种程度上也只是为了让学校正常运转下去。例如刚退休的工程院长,就是全身心投入学院运作的一个杰出例子,其他人员则没像他那样投入。

**伯奈特**:您在说香卡尔·沙斯特里院长吗?

**莱特曼**:没错。

**伯奈特**:顺着这些思路,我们正在谈论您在加州伯克利所做的工作。为了解决这个问题,您可以简要介绍一下您所做的研究服务方面的工作包括哪些吗?就是当您在 1990—1994 年担任副院长期间。

**莱特曼**:首先包括对我们这边所有企业、研究机构和特殊项目的预算方面的考虑。现在它们变成了校园企业——里士满场站,该站占地 100 英亩,许多实验室都在那里。以前就如何开发这个地方是有固定计划的。在我担任副院长时,这个问题被讨论过，但是总是失败。例如当我负责里士满场站时，对于里士满场站的规划，私人承包商给出了两项研究方案，主要看可以做些什么。这两项方案均提出了差不多的理念，即研究园区之类的思路，但是这将花费很多资金。那个时候更换校长了，并且其中一个校长考虑将这个地方开发成一个国际性大学。这期间我个人参与的关于这个开发项目的唯一一件事仅是引进环保局，该局当时正在为美西环保实验室寻找场地，这个实验室主要做测试之类的事情。因此我们将它引入里士满场站。他们租了3英亩土地，并且另有考虑。但是当挑选哪家承包商来完成此项任务时，结果是我所熟悉的里奇·罗宾斯，一家私人承包商将为坏保局开发这片土地。因此，我不得不回避。

**伯奈特**：您回避了这次挑选过程？

**莱特曼**：我回避了这个谁将被挑选的过程，但是他在整个湾区具有丰富的操作经验，特别是里士满场站这个区域。当实验室被建立起来并开放的时候，有很多事情要做。并且举办了一个盛大的开幕仪式，田校长还出席了这个开幕式。但是一年以后，因为这件事我受到很多抨击。他们说"我们需要那块土地，但是你把它20~30年的运营权给租了出去。"

**伯奈特**：租赁。

**莱特曼**"你让我们损失了那片土地。"他们真的很生我的气。

**伯奈特**：他们是谁？

**莱特曼**：规划办公室里面的一些行政人员。当这个项目完成的时候，他们做了这么一件大事，并且实际上一点损失也没有。这个地方仍然有很多未开发的土地，因此并没有损失。

**伯奈特**：因此，仅仅是100英亩当中的3英亩？

**莱特曼**：是的，并且该实验室位于园区西端，也不会干扰到其他实验室，但是我仍然因为这件事而饱受抨击。但是这件事并没有使我不开心，那个时候我已经从这件事情中抽身离开了。我不是很在意受到抨击，但是事情的发展真的很有趣，并且相当程度上取决于那个时候的校长是谁。我不记得甚至不想去思考这件事，但是他确实与校长有关。

**伯奈特**：回顾以往，他们对于这件已经发生的事情很生气，是这样吗？

**莱特曼**：没错。顺便一提，在我从副院长的位置上退下来以后，我仍然可以记得在那个职位上的一些幽默的事情。那个时候我遇见了里士满场站的主任，叫弗兰克·吉安塔，他过去是我办公室的一位资深人士。当时他成为里士满场站的主任，在里士满场站我与各个实验室的行政人员每周至少碰一次面，因此在赫斯特矿业大厦后面我有自己的停车位，并且它是唯一一个为特殊人群设置的，上面写道"为系主任莱特曼保留"。你知道吧，许多停车位都是为诺贝尔奖得主选定的，并不会有其他特殊情况。菲尔兹奖获得者的停车位是在停车牌写上他们的名字。我与他们的不同之处在于我也有了一个以自己名字命名的停车位，（大笑）我必须往返通勤。当然了，那里有一个公交服务站。我想现在仍然也有，但是我必须在特定时间赶到那里，例如早上 8:00。但是无论如何，这是真实发生在我身上的事情。（大笑）

**伯奈特**：好吧，这也许是谈论一个特殊奖项的好时机。但是可能首先我想请您简单告诉我一些关于亚历山大·冯·洪堡协会的事情以及您的参与，那是在……

**莱特曼**：是的，就像我说的，我已经……

**伯奈特**：这是发生在 20 世纪 90 年代的事情，不是吗？

**莱特曼**：我获得过美国资深科学家奖章，现在叫作亚历山大洪堡研究奖。因此，我当然和洪堡基金会联系很紧密。他们一直对我很好，而且授予我很多奖项。我获得过海森堡勋章和亚历山大·冯·洪堡奖章。事实上，当时的秘书长海因里希·菲弗重建该基金会，该基金会曾经被废弃了两次。我记得该基金会成立于 1862 年，它的主要目的是作为德国和其他国家科学家之间的一种联系工具。第一次世界大战期间，该基金会直接解散。直到魏玛共和国的某个时期才获得重建。但是不久，在德国纳粹时期，即 1933—1945 年，它又再次被完全废弃。我记得，直到 20 世纪 50 年代中期，也就是 1956 年，德国再次独立，该基金会才再次被重建。

**伯奈特**：是的，1956 年的样子。

**莱特曼**：是的，1956 年。海因里希·菲弗是个有强烈个性的人。他当了 36 年该基金会的秘书长，两年前刚刚去世。我们关系非常亲密，我们是很好的朋友。他相信像来自美国这种国家的我也许会变得非常有用。那个时候，洪堡基金会已经为世界上 100 多个国家的学者颁发了各种奖项、奖金等，主要的获得者都是美国人，只有美国公民研究这个奖项。后来该奖项国际化以后，我们仍然是该奖项的大多数获得者。因此德国人有点不高兴，我想主要是因为不像其他大多数国家，我们从来没有成立获得者协会。

在华盛顿，该基金会设有一个联络办公室，基金会设有秘书长，也有主席，但是主席没有秘书长重要。秘书长有点类似英国大学里面的校长、副校长。那是1994年的秋天，秘书长召开了一次会议，我记得应该是在怀俄明大学，他们也邀请了之前的获奖者。其中一些同行对这次会议来说非常重要。他们可能邀请了50个或者60个人来讨论在美国建立我称之为校友会的机构，也许这种称呼并不是他们的真实想法。这是一场为期3天的会议，讨论了很久，持续了两天时间，我在那里待了一个周末。他们还进行了一次投票，他们投票是为了决定建立这样一个机构。但是周日的时候我必须离开，我和我妻子南希将要在周一还是周二，我记不清了，要去欧洲。但是当我回来的时候，应该是周日的晚上，收到了一封邮件，上面写道"你被选为该机构创始主席"，他们说，"你需要明白，你必须接受它。这是投票的结果"。

我考虑了很久，这个职位确实很有吸引力。那个时候，我已经退休了，而且我已经完成了副院长的任期。因此这个职位变得非常有吸引力，我接受了它。我记得基金会的任期本来是一年的，因为他们找不到人自愿去做这件事，他们立刻又把它变为两年任期。（大笑）我在基金会时的副主席是克劳斯·贝恩巴赫，他是康奈尔大学的一位教授，最初他来自德国，他是一名医学院的生理学教授。在我第二年任期结束以后，他接替我成为该机构主席。这个职位从各个方面来看都是精彩纷呈的。首先，当一个校友会或其他类型的组织想去邀请其他人的时候，他们想去邀请美国洪堡协会的现任及前任主席的时候，它会牵涉到一系列的各地旅行。现在该协会叫作 AVHAA，亚历山大·冯·洪堡，不，应该是美国亚历山大·冯·洪堡协会。

**伯奈特**：应该是美国的，可能这是后面第二个字母 A 的意思[①]。

**莱特曼**：我现在不记得这个书面名称了，但是那是它代表的意思。该协会在华盛顿设有办公室，我参与该协会最初几年的工作，洪堡基金会完全资助我们的所有旅行，包括我们在华盛顿的职员佣金。该协会办公室位于国家研究委员会曾经使用过的建筑，恰好在乔治城运河边上。该协会的政策非常好（指资助所有旅行），那也是为什么我最初加入它的原因。我现在退出了，有很多年没有参加这个协会了，但是我经常与第二任洪堡基金会秘书长曼弗雷德·奥斯顿保持联系。

---

① 指的是 Alexander von Humboldt Association of America。

第三任秘书长是乔治·舒特，他是一个非常年轻且杰出的家伙，后来他成为了德国富布莱特项目的负责人。大约在三四年前，他成为我们的教育部副部长，但在德国他们把这个职位称为秘书。他负责这个部门，很像大学校长或者执行副校长，因此他实际掌控教育部。当然了，教育部长属于政治人物。我和舒特几年前还保持联系，之后他工作逐渐繁忙。现在我过生日时仍然可以收到他的贺卡，但是这并不是非常密切的关系。这样很好，他们一直忙于各种事情。当我庆祝自己80岁生日的时候，我上面提到的这3个秘书长全部到了。

**伯奈特**：好吧，我们应该谈一下我们所看到的乔治·莱特曼的生日，您庆祝过一次65岁生日，一次80岁生日，还有……

**莱特曼**：实际上我70岁生日是很盛大的一次，真的很盛大。前两任洪堡基金会秘书长菲弗和奥斯顿从德国一路赶来，德国驻美国总领事也过来了。大概一个月还是一年以后，我获得了德国骑士指挥官十字勋章，差不多是这样。某种程度上这确实有点搞笑，我是这种骑士，那种骑士。在系主任办公室，他们经常跟我开玩笑，他们常说"好骑士晚安"。（大笑）我年纪越大，越能意识到这些事情的好处和精彩，但是它们本身并不重要。它们只是精彩而已，有时我也纳闷这些事情究竟是如何发生的。

图11.3　1995年，俄罗斯联邦致乔治·莱特曼70岁生日的贺卡

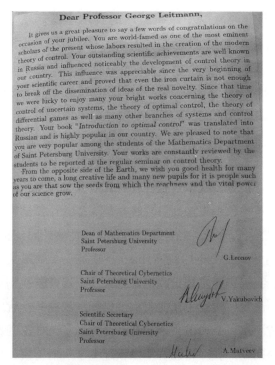

图 11.4  俄罗斯同事致乔治·莱特曼 75 岁生日的贺信

**伯奈特**：好吧，有一个奖项我想待会儿再向您询问，但是我认为这将是一个很好的话题，继续去谈论那些事情是重要的。现在我想让您谈一点南希在您的职业生涯和生活中所扮演的角色。您可以谈一点关于她的事情吗？

**莱特曼**：我最好告诉你整件事情是如何发生的。那是 1954 年的早些时候，我去一个戏院观看诺埃尔·科沃德的《欢乐的精灵》表演。这是一部电影，但是有一个小舞台。正是在那里我真正遇到了南希，她在科沃德的戏剧里扮演第二任妻子，该剧由中国湖选手呈现，中国湖选手是一家当地的戏剧公司。后来，我发现南希对戏剧和表演总是很入迷。在多年以后，那时我们已经结婚了，当我们再次回到伯克利的时候，我们加入了已经待了 50 多年的加州大学（伯克利）俱乐部戏剧部。在戏剧部，南希可以在该俱乐部中的很多戏剧中进行表演，她本人属于该俱乐部的意语部和法语部。

回到这个故事。只是在舞台的远处看着她，就足以激起我的兴趣了。幸运的是，很快我们在加州大学的俄语进修课上碰面了，并且我发现她是博思韦尔家族的一位"常客"。这个家族是她在马萨诸塞州剑桥认识的。弗兰克·博思韦尔那时是中国湖美国海军军械试验站的技术主任。（这个地方在"壮丽的Mavericks"——《中国湖美国海军军械试验站历史》一书中被特别提到。这本书由伊丽莎白·巴布科克撰写，于2008年由海军历史中心出版）当然了，我认识弗兰克并且很快成为博思韦尔家里的常客，这直接导致我和南希的订婚以及1955年1月的婚礼，开始长达64年幸福快乐的婚姻生活，并且还在继续着。

南希真是我的靠山，但我们的个性是截然不同的。我是一个杞人忧天的人，不是一个勇士，而且基本上是很悲观的，有悲观的情绪。但是南希恰好相反，她是一个很务实的人。例如，我常常担心在我死后我将要为我的孩子们做什么。某种程度上，她觉得这不仅很荒谬而且几乎很搞笑。她说"你将要做什么？你还没死"。这对她来说是这么简单。但是对我来说，我活着的时候担忧死之后的事情。她还说"一旦我离开人世了，那就离开了"。她是一个乐观主义者，对我来说是宝贝。这么说吧，我们俩经常谈论我们是如何的不一样。我们意识到并且很早就对一些事情做出了决定，再也不谈论它们。例如，我是一个犹太教徒，她是新教教徒，结果是我成了不可知论的犹太教徒，而她成了无神论的新教教徒，最后我们之间不存在任何问题。我在自己心里默默地签了一份协议，协议的简短主题是"我挣钱，她花钱"。（大笑）

是不是很好笑？当然了，这不是真的。事实上她拥有罗马语硕士学位。在20世纪60年代早期的时候，当她意识到我是一个教授而她却没有博士学位时，她想去读一个博士学位。她的主要兴趣就像我之前提到的，在于戏剧、戏曲。因此她想获得一个英语系的博士学位，特别是戏曲方面的。但是这根本行不通。首先，我们有两个很小的孩子；其次，她非常乐意成为女主人，从那时应付像庞特里亚金那样的我们的许多访客的角度来说，这也是一份重要工作，而且令人愉快和喜爱。但是她完成不了博士学业。一天我在办公室，她打电话给我，说："我开车撞到人了。"我说："什么也别说，我马上到。"幸运的是，这只是一个轻微的撞车事故。由于南希疲于抚养家庭以及在加州大学的许多投入才造成这次事故。很明显她做了许多原本我应该做的事情，最后我们决定让她放弃博士学业。这是一件我们俩从来都没有后悔的事情。

**伯奈特**：南希在生活中的一个主要角色是这种支持以及与您的个性形成鲜明对比，她几十年来通过所做的各种工作给予了您巨大支持，包括接纳教职员工和同事的社会工作，以及她多年来为加州大学培养的学生。最主要的工作是她抚养了你们的儿子和女儿。我想知道我们是否可以谈谈关于伊莱恩和约瑟夫的一点事情。

**莱特曼**：当然可以。我们的第一个孩子是我在中国湖时出生的，在莫哈韦沙漠。

**伯奈特**：在 1957 年，对吧？

**莱特曼**：他出生于 1957 年。我于 1956 年回到中国湖，并且在 1956 年获得了博士学位。实际上我在 1955 年就回到了中国湖，并且在那里度过了我研究生学习的第一年，使用他们更好的计算机完成了自己的学位论文。紧接着在 1957 年 4 月约瑟夫出生了。没错，基本上是在我们结婚两年之后。他是一个有趣的孩子。给你举个例子，那时我们住在 E1 塞里托——就是在这里。一天晚上，那是 1961 年，他才 4 岁。我们在 1961 年秋天建造了这座房子。我记得大概在 1961 年的秋天建造完成了。在楼上这一层，他和伊莱恩有独立的卧室，我们在侧厅有自己的卧室，我们本来关着门的。但是一天晚上，我听到他走下楼梯，我睡得很轻但什么都没说。他走到我的床前说道："喂，喂，爸爸"。最终，他敲了一下我的额头，那正是他所干的事。他最终敲了我的额头，我说："你想干什么？"他说："99 之后是多少？"我说："100。"然后他转身回去睡觉了。

他总是那种孩子，（大笑）并且在各个方面都是好学生。他在加州大学主修发展研究和经济学，并且获得了学士学位。随后作为肯尼迪的校友，他去了哈佛大学肯尼迪政治学院攻读公共政策硕士学位，这是一个两年期项目。实际上，普林斯顿大学更想录取他，他们真的很想录取他，他应该去普林斯顿的。我是这么认为的。但是无论如何，他最终还是获得了公共政策硕士学位，随后他自愿参加和平工作队。当他还是加州大学伯克利分校的学生时，他已经是华盛顿和平工作队基金会的实习生。实际上，他在建立该基金会上起到了重要作用。他积极参与其中，并从中学到的一件事是，不同国家的和平工作队有各自不同的行动代码。非洲一个国家有一个这样的工作队。当他还是实习生的时候，他们派了这个王国的一位公主会见他，所以他要去那里。

由于资金落空，他发现另外一个吸引人的地方——库克群岛，因此他成了库克岛和平行动队首任队长。他接下来带领我们去了许多地方，其中一个就是这里。我们在首都拉罗通加有了很棒的旅行，简直棒极了。后来他加入了世界银行，并且在那里获得了实习工作。紧接着在 80 年代后期，他正式加入了世界银行。我记得这时他刚满30岁，这种工作正是他想要的。很有趣，他一直对做慈善很感兴趣。不久世界银行认为他应该去读个博士学位，因此他们给他休假了。他来到加州大学伯克利分校，跟随韦伯教授攻读城市与区域规划方面的博士学位。

他和我做的差不多。首先在这边校园里待了一年，第二年在世界银行完成学位论文。他的博士论文还出版了一本书，名叫《可持续城市》。这本书现在仍然被认为是具有突破性的文本，它的中心思想是城市规划一般没有宏大的理论，但是每个地方都有自己的问题，应该针对这些特殊性提出相应的主题、运作和方式、方法。他对特大城市变得非常感兴趣，就是非常大的城市。因此，一直以来他对这方面很投入。在世界银行，他的任期为5年一届，先是在土耳其，然后在巴西待了5年，接着在印度尼西亚又待了5年。这些任期使他一直忙到2010年左右。

大概那个时候，他被召回总部，也就是他曾经待过的华盛顿特区，并且他成为灾难和风险分析及行动方面的一个首席专家。例如在海啸之后，他掌管印度尼西亚的重建基金。接着他担任海地国际重建基金会主席4年。我之前有一张精彩的照片，是他和比尔·克林顿总统的互动，不过现在没了。一直以来，比尔·克林顿和海地总统都是他咨询委员会的共同主席。最初的时候，他和比尔·克林顿并不能和睦相处，因为他们挑选世界银行来运行重建基金的一个原因，是世界银行拥有最好的监督机制。以国际货币基金组织为例，这是一个非常政治性的机构，并且它同时给小地方和大地区拨款。但是世界银行只给国家拨款，就像美国联邦政府一样。比尔·克林顿认为这是对海地总统的侮辱，要求他每月提交如何使用这笔钱的报告。而在克林顿基金会，他们并不会这么做。而约瑟夫回应道，"主席先生"，他说，"那就对了，因为你有你的克林顿基金会，我有我的海地基金会。"并且在那张合照中，克林顿搂着约瑟夫，他们正在深入交谈。一开始我问约瑟夫："他为什么搂着你的肩膀？"他说："因为他够不着我的脑袋。"（大笑）

在那之后他们相处得很好，这也是他现在正在做的事情。他有点考虑从世界银行退休了，毕竟他已经61岁了。目前他在世界银行已经工作30多年了，而且世界银行改变了运行模式。以前世界银行的职位是终身制的，但是大约10年前，变成了每个人只能当3年顾问的系统，因此世界银行不必支付所有这些额外酬劳。不管怎样，主席和副主席都只是临时的。而且约瑟夫和他们中的大多数相处得都很好。特别地，他们中的一位是澳大利亚亿万富豪詹姆斯·沃尔芬森。当时约瑟夫在负责亚马逊森林项目，世界银行曾经承保了一个项目，但是这个项目破坏了亚马逊大部分地区，导致了大面积的森林被砍伐。通过约瑟夫的项目，世界银行旨在扭转前一个项目的可怕影响。这也是约瑟夫带着沃尔芬森去亚马逊进行长途旅行的原因。从照片中可以看出他们相处得很融洽，很明显这是得大量喝了当地啤酒之后才会有的事情。（大笑）

**伯奈特**：现在您在谈论约瑟夫学校之外的故事。

**莱特曼**：是的，但是别忘了约瑟夫有趣的海外任务使我们得以去土耳其和巴西旅行5次，对于印度尼西亚2次足够了。我已经告诉你很多关于约瑟夫的事情。现在让我把焦点放在我们的女儿伊莱恩身上。在很多方面，伊莱恩的个性非常不同于经常旅行的约瑟夫（比如他在前几个月去了巴西、印度尼西亚和葡萄牙，接下来的几个月又去了印度、瑞士、黎巴嫩，接着又回到了葡萄牙）。她每次只有一个或者两个好朋友，而约瑟夫在世界上有300个朋友。伊莱恩最快乐的时光是在伯克利山上骑着她的贝尔修伦马进行马术比赛，并且赢得了许多蓝丝带。下面的裁判看到这样一匹马在赛场进行骑乘和跳跃表演都感到很震惊。在乔林（贝尔修伦马名字）死了以后，她又获得了一匹"坦克"马，取名为Kataaka Kiuki的阿帕卢萨马。她经常骑着它在我们家附近乔治山下的纳帕山丘上。为了证明我们是一个普世基督家庭，伊莱恩成为一名圣公会教徒，并且被伯克利的圣·马可圣公会教堂通过音乐和它的社会项目吸引了过去。例如，她每个月都会为大约200个贫穷的人准备热饭。她同时也负责假日期间教堂的礼品

图 11.5　2018年，伯克利有关莱特曼讲座的海报

项目。在从伯克利高中毕业以后（在这之前我记得她在一所私立的本特利初中上学），她开始了在加州大学戴维斯分校动物学专业预检项目的学习。毕业之后，作为兽医助理，工作了半年时间。但是正因为她能够非常近距离地接触受苦动物因而停止了这份兽医工作。后来她一直被园艺所吸引，特别是那些食用植物。她的第一份工作是在扬特维尔建筑群当园丁。

在此期间我们在纳帕购买了一个地方，这个地方靠近西维拉多和纳帕乡村俱乐部。因此当她和鲍勃·帕克（两个加州大学戴维斯分校的学生，其中帕克主修葡萄酒学与葡萄栽培专业）结婚时，他们搬到了我们在纳帕的房子旁边。截至他们离婚时，他们在这边住了13年。帕克主要负责英格利努克酒庄的品酒室，伊莱恩则是一个素食主义者且滴酒不沾的人，主要是她与帕克有着共同的对动物的喜爱，但是最终他们友善地分开了。直至现在，他们还一起旅行而且在卡梅尔的爱狗旅馆一起过圣诞节。

**伯奈特**：好吧，他们拥有旅行方面的共同点。我认为有一个旅行方面的主题贯穿你们家庭。伊莱恩有艺术方面的天赋吗？

**莱特曼**：是的，她有艺术天赋。但是可能因为我的建议，她决定成为一名数学老师，这件事我现在还后悔。她一直热爱语言学，但是我说："非常好，可是我想知道你如何通过成为一名语言学家谋生？你也喜欢数学啊。"因此在39岁的年纪，她决定再次返回学校，并且花费了4年时间获得了数学学科的一个学位。接着她在瓦莱霍学区开始了教学生涯。对她来说，这真的是一次可怕的经历。在课堂上她不是教数学，而是花费大部分时间试图控制课堂。由于在这个学区学生如此糟糕的表现，使得该学区为神经衰弱的教师安排了萨克拉门托一家心理诊所进行心理辅导。

**伯奈特**：哇。

**莱特曼**：因此她辞去了这份工作。对凯尔特文化和艺术变得很感兴趣，并且在英国剑桥附近城堡里的一所学校任职。这里的学生比瓦莱霍的学生还要差。例如，当她要求学生把他们的手机收起来的时候，他们给她竖中指。因此她被迫辞职。但是出于把工作"做好"的一种渴望，她在亚利桑那州诺加莱斯附近的高中找到了一份工作，这份工作再一次不奏效。这次倒不是因为纪律问题。除了少数几个学生，大部分学生实际上根本不在乎数学。因此，她决定辞职，并回到伯克利的家中"照顾那些老人们"。从2008年以来她一直在很好地做这项工作，直到去年当我们决定住在加州大学附属高级学府,这是一个离我们家 15 分钟车程的地方。现在,伊莱恩和她深爱的狗每天还会来拜访我们。她同时也在教数学,并且是一名真正的邻里"杂役"。

她和约瑟夫都是运动发烧友,这来自他们父母的潜移默化的习惯。她是一个马拉松长跑运动员,约瑟夫是一个壁球运动员和自行车手。我们有 3 个孙子,最大的一个是约瑟夫·拉斐尔,他出生在 70 年代中期。这是由于约瑟夫和我的一个 40 年代晚期的女性朋友的孙女的一次轻率行为所致。那时约瑟夫才 17 岁,而她则随危地马拉大使馆官员一起来访。我好像记得我刚才提到过这件事。但是不管怎样,约瑟夫还是领养了约瑟夫·拉斐尔,而且自从那之后一切都很好。拉斐尔后来进入旧金山州立大学,一毕业就在旧金山的一家金融公司工作。他现在是华盛顿特区基金会的执行董事。该基金会从金融和商业事务方面教育和支持少数族裔,主要包括西班牙裔和非裔美国人。他的妻子叫卢尔德,我们叫她露露,她是阿灵顿县政府的一名行政人员。他们夫妻俩给我们增添了两个重孙子,一个 7 岁,一个 3 岁。约瑟夫和他的妻子令荒有两个孩子,其中一个叫亚历桑德拉"萨沙",她是里德学院的一名研究生和纪录片制作人,另一个叫尼古拉斯,他是华盛顿大学西雅图校区物理系的一名学生。

**伯奈特**:关于普世基督家庭的主题,您提过荣誉家庭成员,或者收养的家庭成员,还有您的许多学生,您把自己的学生一般也看作是家庭成员。

**莱特曼**:是的,这是一个大家庭。例如爱德华·里斯迈尔。我已经提到过他,他是德国洪堡研究员,我们关系非常紧密。当他做我的博士后时在拉斯维加斯结婚了,这大概是 23 年或 24 年前的事了。他在 90 年代初跟我读博士后,然后回来和他妻子雷娜特以及他们的两个孩子一起庆祝结婚 20 周年纪念日。我在教师俱乐部给他订了一间套房作为结婚周年纪念礼物。他们来这里住了一个星期,真是太棒了。我一直可以收到他的来信,我们仍然保持着非常密切的联系。事实上,他要给这个博士后项目提供他和我一起经历的历史,但最终结果是,以典型的德国方式,他可能想把一个文件里面的所有内容拼在一起。尽管我不知道这个文件有多大。我说:"没关系,做吧,我们会把它放进档案室。"

**伯奈特**:还有其他一些人呢?我想您已经谈到了伊芙丽丝·梅尔,她是……

**莱特曼**:是的。她和杜桑·斯捷潘诺维奇是我真正收养的两个家庭成员,伊芙丽丝·梅尔是一位社会学教授,达姆施塔特工业大学的系主任。她是一位社会学家，属于法兰克福学派，在美国圣地亚哥也有他们学派的代表人物，可能他们当中的一些现在已经去世了。

**伯奈特**：好吧，我认为赫伯特·马尔库塞也是这个领域的，难道不是吗？

**莱特曼**：嗯，他是的。在伯克利该领域有个非常重要的人物，他叫里奥·洛文塔尔。伊芙丽丝每次过来都会检查他的藏书室，这已经成了一个重要计划。从那以后很长一段时间，伊芙丽丝每年都会过来两三次，每次她会在这房子里住3个月。她当时待在这里的时候恰好是在我的洪堡基金会第二任期期间。所以我们成为兄妹，我们是这样彼此称呼对方的，我们每周至少通信一到两次。

杜桑则是另一个有趣的人。我想应该是在洛杉矶的一次会议上，在那里我投稿了一篇论文。他向我走过来并且做自我介绍。那时他刚在圣克拉拉大学拿到博士学位，指导教师是一个来自南斯拉夫非常有声望的人，原名叫德拉戈·西尔贾克。他主要从事大系统研究工作，他工作非常出色，杜桑是他的学生。后来杜桑跟着我们院长的妻子做博士后，当时她是斯坦福大学的教授。在博士后期间，他了解了我的家族史，我们谈论了这个话题。他说他要把查明我父亲到底从事什么工作作为他一生的工作。他做到了。当德国人接管南斯拉夫的时候，我已经知道我父亲去了哪里，这是非常清楚的。他不可能从红十字集中营生还。所有在尼什镇里的犹太人都被杀了。当我们20世纪90年代与塞尔维亚开战时该镇变得很重要，我们把这个城镇炸飞了。杜桑在塞尔维亚很有影响力，他来自一个非常显赫的塞尔维亚家族，他的父亲是贝尔格莱德的城市建筑师。现在还健在，他还有一个哥哥。

杜桑做了这方面工作，并且做到了，他有足够多的人脉。特别是当他发现我父亲最后出现的地方是尼什时，他与塞尔维亚国家博物馆的人员交谈。他们得以找到一本关于尼什犹太人命运的专著，这本专著曾在70年代由他们承销。特别地，德国人称之为红十字集中营的地方恰好位于该城镇的中心。这是德国纳粹在塞尔维亚建立的一个集中营，那里有他们可以使用的警察大院。杜桑翻译了这本专著，我在英语上帮助了他一点点，他的英语其实也很好。结果这本专著还包含了当游击队在1944年解放集中营时所发现的文字记录，并且有一个附录列出了来自尼什的犹太人。这些犹太人从南斯拉夫来到尼什并且被称为外国犹太人。这个列表上第51号就是我父亲，这正式确定了他的命运。在德国人接管集中营的第二年，曾经发生一次集体越狱。我父亲在第一次世界大战期间在那里服役过，他能说流利的语言并且对那里很熟悉。我希望他参与了这次行动。如果他被杀了，至少他是以那种方式被杀。没有参加这次行动的其余犹太人在一周内全部被射杀，达姆弹击中他们的头部。

我不确信我父亲到底怎么了，但是至少我知道他的生命是在哪里结束的。因此杜桑和我变得很亲密。在这边他有一个年迈的姑姑住在奥林达，每个月他都会从伊利诺伊大学那边赶过来看望她，杜桑是伊利诺伊大学的一名教授。现在杜桑在核桃溪购买了一套公寓，他打算和我们继续调查这件事。上个月他刚从欧洲回来，他在那边有一个研究计划，两周前他还在这里。因此我得到了两个家庭成员（指伊芙丽丝和杜桑），也有其他一些人和我走得很亲近，但并不是那种亲近。

**伯奈特**：我认为，有时候"亲密"这个词被滥用了。

**莱特曼**：嗯，是的。

**伯奈特**：您了解到一些事情，这么说吧，比如最近几年，我想您已经受到了一些额外的赞誉。我认为我们在前面谈话部分已经讨论过这方面内容，但是这实际上是由法国政府最终确认的，以及……

**莱特曼**：是的，这件事最终交给法国政府来做确实挺有意思。在美国军队那里我从来没有得到过任何特殊的感谢。当然了，除了他们参与了法国政府为我举行的庆祝仪式（正如我之前提到的）。我们之前讨论过，法国人过来拜访我，我当时的作战班组在科尔马包围战期间曾经隶属于法国第一军。这次战斗与突出部战役几乎是同时发生的。当时法国人第一次给我授予英勇十字勋章。我假定我们已经收到了这枚勋章，但是当时只是站成一排，当时法国第一军的指挥官塔西尼将军将奖章丝带递到我手中并且亲吻了我。后来，他们调查了记录并且决定授予我真正的勋章。在我 80 岁生日的时候，时任法国国防部长，当时是一位女性，邀请我和南希去巴黎。实际上那是 2004—2005 年的时候，当时他们正在庆祝科尔马的解放。是的，是在 2005 年的春天，恰好是我的 80 岁生日。是我 80 岁生日吗？是的，2005 年，也是科尔马的解放日。那时他们给我授予了勋章。罗奇将军亲手将勋章递给我，他后来成为法国陆军总督察。我们当时住在巴黎的军官俱乐部，约瑟夫也从雅加达飞来巴黎。

这只是其中的一件事。最近，我的另一个非常亲密的朋友，我们之前已经谈到过她，她是格特鲁德·赫米利。我遇见她时非常像我再一次遇见伊芙丽丝·梅尔。我是通过与国家科学研究委员会的联系认识了她。我先是成为她们奖学金委员会的委员，后来成为委员会的副主席。这个奖学金委员会则隶属于法国国防部。赫米利当时是所有法国交流项目的负责人。因此她和这边的美国国家科学研究委员会有很多接触。我和她是在80年代通过这个途径认识的，我们成为很好的朋友。她最初是奥地利维也纳人，但是后来变成了法国人。大概六七年前当她退休的时候，她被授予了法国荣誉军团骑士勋章。她认为由于我的突出贡献，可能我也应该获得这个勋章。我确信她是我获得这个奖章提名的幕后推手。可能永远不会知道真实情况，但是我想不出会有其他人做这样的事情。

3年多前，我被告知获得了法国荣誉军团骑士勋章。原来他们为我们这些曾经在法国重要战役中与法国军队关系密切的美国退伍老兵做了不少这样的事情。那只是以更加个人的方式获得这枚奖章，并且我单独得到了它。在其他一些情况下，他们可能会在某个地方同时为三四个退伍老兵举行勋章授予仪式。但是在这儿，他们这个仪式非常私人化，这非常不错。我多大年纪了？我想我已经是一个90岁的老人了。因此他们说："你不必亲自来巴黎，我们在现场为你举行授予仪式。"尚卡尔·沙斯特里是一个极好的人，他非常乐于做这件事，并且说"我将承担这里一切的开销，我们将在教师俱乐部举行一个盛大的典礼。"因此这里的后备军官训练营充当了美国仪仗队。还有一群大约15名来自巴黎综合理工学院的博士生，他们都是中尉，他们从拿破仑创立的这所学校毕业时已经获得了这样的军衔。同时，他们也是法国仪仗队队员。为了举行这次勋章授予仪式，他们甚至把游行制服空运过来。

授勋仪式是在教师俱乐部的大厅里举行的。尚卡尔花钱请了一家小电影公司来拍摄整件事。这是一部大约半小时的油管电影。法国政府则有一个更短的视频，他们也做了一个，只有大约10分钟的时间。那真是太好了。再说一次，我并不是在寻求恭维，有很多人，可能更多的人，应该得到这份荣誉。因此不是你知道什么，而是你应该认识谁。我很清楚这种事情，能找到人替你说话，这很好。但是存在其他人，他们本来应该获得这份荣誉的，可是没有这些人脉。我认为这显然是捆绑在一起的。

**伯奈特**：嗯，这些活动是对一个人的庆祝，但也是对它们所象征的重要事件、关联、历史和传统的庆祝。这也是如此多的人热衷于这些庆祝活动的原因之一。还有您的生日庆祝活动，可能有多达400人出席，那是因为您已经主导了各式各样的终生奉献行为。有时候您做了一些感动别人的小事情，没有人知道您曾经的帮助。而其他时候，您参与了改变世界的历史事件，您当时在现场，并且目睹了它们。在某些情况下，您不是受益人，您的生活还可能因此遭受痛苦。通过这次口述史，我认为真正不平凡的应该是您处理了发生在自己身上的事情之后的那种平静，并且您已经做出了关于如何在这个世界上自处的决定。我脑海中浮现的则是一种平衡感。您的生活方式有一些很平衡的东西在里面，我认为它已经……

**莱特曼**：是的。不管从哪种意义上使用这个措辞，很长一段时间以来我感觉到生活中最重要的是家庭。和善良的人们保持联系，这是比任何事情都使我感到更加快乐的一件事，这是毫无疑问的。我们已经谈过很多次了，不论怎么看待这件事，我是一个非常幸运的人。我思考得越多，我越确信这一点。这么说吧，有时我自己都感觉有点惊讶。

**伯奈特**：莱特曼博士，非常感谢您能够坐下来跟我们聊了这些。

**莱特曼**：也感谢你们。

**附录 1**

# 乔治·莱特曼背景与经历简介

**学历背景**

1949 年　纽约哥伦比亚大学物理学学士

1950 年　纽约哥伦比亚大学物理学硕士

1956 年　美国加州大学伯克利分校工程科学博士

**专业背景**

1950—1957 年　美国海军军械署研究部空气弹道分析组物理学家兼负责人

1957—1959 年　加州大学伯克利分校工程科学助理教授

1959—1963 年　加州大学伯克利分校工程科学副教授

1963 年至今　　加州大学伯克利分校工程科学教授

1958—1964 年　洛克希德导弹与航天公司应用力学部门研究员（兼）

1957—1967 年　丹佛马丁公司、萨克拉门多洛克达因公司、科罗拉多斯普林斯美国空军学院、普林斯顿古根海姆实验室顾问

1966—1967 年　米勒基础科学研究所研究教授

1968—1970 年　加州大学伯克利分校大学监察专员

1971 年　　　　加州大学伯克利分校应用力学系主任

1972—1974 年　加州大学伯克利分校机械工程研究生研究副主席

1981—1985 年　加州大学伯克利分校工程学院负责研究生与研究副院长

1986—1990 年　加州大学伯克利分校工程学院学术副院长

1988 年　　　　加州大学伯克利分校工程学院代理副院长

1990—1994 年　加州大学伯克利分校工程学院研究服务部副院长
1991 年至今　　荣誉教授
1994—1998 年　工学院院长
1995 年至今　　研究生院教授
1999 年　　　　工程系研究中心代理主任
1994—2001 年　对外交流项目协调人
2001—2003 年　国际项目主任
2003—2012 年　国际关系副院长
2012 年至今　　院长特别顾问

## 学术背景

加州大学评议会代表大会部门代表

各评议会委员会成员；教师特权与任期委员会主席；委员会成员，预算委员会成员等

大学研究考察咨询委员会主席（1988—1997 年）

大学研究中心咨询委员会主席（1990—1994 年）

全国科学研究委员会联合计划咨询委员会副主席（1986—1998 年）

德国波恩亚历山大·冯·洪堡基金会科学顾问

美国亚历山大·冯·洪堡协会首任主席（1994—1997 年）

美国亚历山大·冯·洪堡协会董事会常任理事

国际机械科学中心科学委员会委员（1969—1995 年）

俄克拉荷马州现代教育学校协会学术咨询委员会成员（1996—2003 年）

美国航空航天学会天体动力学委员会成员；美国航空航天学会太空救援委员会成员；国际会计师联合会控制数学委员会成员等

美国机械工程师协会天体动力学赞助者（1963—1965 年）（1967—1970 年）

工业和应用数学学会客座讲师（1968—1969 年）（1969—1970 年）

马赛尔·德克尔出版公司编辑委员会成员（1969—1975 年）

《数学分析与应用》杂志名誉编辑

《应用通信和非线性分析》杂志名誉编辑

《数学分析与应用》杂志编辑（1985—2000 年）

《优化理论与应用》杂志副主编

《国际博弈论评论》副主编

CUBO（智利）副主编

《系统动力学与稳定性》编委会成员（1984—1995年）

《动态博弈国际协会年鉴》编委会成员（1991—1999年）

《动力学与控制》编委会成员（1994—2002年）

《工程与自动化》编委会成员（俄罗斯）

《国际纯数学与应用学报》编委会成员

《航空航天工程》杂志编委会成员

《离散和脉冲系统、动态持续》编委会成员

《机械学》审查委员会委员（1970—1985年）（意大利）

德国汉堡北方工业大学国际董事会成员

日本金泽先进科学技术研究所国际审查委员会成员

ARTSHIP基金会董事会主席（2005—2011年）

国际应用系统分析研究所动态系统顾问

世界创新基金会名誉会员顾问

加州大学伯克利分校研究生奖学金咨询委员会成员（2007—2015年）

安柏瑞德航空航天大学工程咨询委员会成员（2010年至今）

加州大学伯克利分校全球合作咨询委员会办公室成员（2011—2015年）

加州大学麦格纳博物馆咨询委员会成员（2015年至今）

**荣誉**

美国国家工程院院士

意大利博洛尼亚科学院外籍成员

阿根廷国家工程院外籍成员

独联体国家俄罗斯自然科学院外籍成员

独联体国家格鲁吉亚工程院成员

独联体国家格鲁吉亚科学院外籍会员

巴伐利亚科学院通讯会员

国际宇航科学院成员

美国航空航天学会会员

1977 年美国航空航天学会彭德雷航天著述奖

1978 年皮头西格玛优秀教学奖

1980 年美国航空航天学会机械和控制飞行奖

亚历山大·冯·洪堡高级科学家奖

富兰克林研究院利维奖章

比利时列日大学奖章

巴黎大学荣誉博士，维也纳技术大学荣誉博士

达姆施塔特工业大学荣誉博士

罗斯科和伊丽莎白·休斯机械工程系主任

亚历山大·冯·洪堡基金会洪堡奖章

1995 年美国机械工程师协会鲁弗斯·奥尔登堡奖章

1995 年 Bellman Continuum 卓越奖

德国军士长功绩十字勋章

意大利军士长勋章

伯克利研究会士成员

2002 年加州大学伯克利分校杰出工程校友奖

2004 年加州大学伯克利分校杰出荣誉奖

2004 年国际动态博弈协会艾萨克斯奖（与何永昌共同获得）

2005 年德国亚历山大·冯·洪堡基金会维尔纳·海森堡奖章

德国慕尼黑武装部队大学两年一度的"莱特曼演讲"（始于 2005 年）

2009 年美国自动控制委员会理查德贝尔曼控制文物奖

2009 年慕尼黑联邦军事大学荣誉勋章

2013 年奥地利科学技术荣誉十字勋章（一等）

2013 年法国荣誉军团骑士

## 附录2

# 莱特曼纪念奥斯汀·布拉奎尔的文章

**附图1　奥斯汀·布拉奎尔教授（1923—1993）**

我们怀着极其沉痛的心情通知您，巴黎第七大学奥斯汀·布拉奎尔教授意外逝世。

1923年12月，奥斯汀·布拉奎尔出生于法国尼姆。1993年4月，奥斯汀·布拉奎尔逝世，距离70岁生日仅有几个月。他曾就读于巴黎圣云高等师范学校和巴黎大学，并分别于1953年和1957年获得物理科学博士学位和数学科学博士学位。奥斯丁·布拉奎尔于1961年入职巴黎第七大学，荣升正式特级教授。他曾在博韦、波尔多和巴黎的其他多家学校担任教授，后被任命为巴黎教职人员；1964年与1967年，他曾以客座教授身份赴加州大学伯克利分校。

奥斯汀·布拉奎尔的研究兴趣之多和研究贡献的涵盖范围之广令人惊叹，其中包括非线性微分方程、核反应堆理论、电子学、核物理、最优控制、微分博弈、矢量值优化以及自20世纪60年代中期以来的量子和相对论力学。他的贡献在主要档案期刊的120多种出版物和10本书之中被记录了下来。

奥斯汀·布拉奎尔的作品不仅以其广度，还以其深度而著称。他远离琐事，一心将自身才华集中在调研基础问题之上，以典型的法国严谨传统来对待此事。其杰出贡献令他获得了同行的嘉奖，最近一次获得了法国科学院的查尔斯·刘易斯·索尔塞斯·弗雷西涅特奖。今年，第六届动力学与控制研讨会在维也纳举行，其间向其深表敬意。他还曾活跃于科学界，组织并主持了许多会议和座谈会。他曾是国际机械科学中心科学理事会的成员，并且是《国际非线性力学与动力学和控制》杂志的编辑委员会成员。

除却其科学成就外，奥斯汀·布拉奎尔还是一名才华横溢的画家。他的画作曾在巴黎，华沙和奥斯陆的各个画廊展出。

就我个人而言，奥斯汀不仅是一位密友，还是一位宝贵的同事，他对共同兴趣的深刻理解和严谨的方法给予我这30年来的灵感，会一直延续到未来。

奥斯汀·布拉奎尔家中还有其妻子波莱特、女儿诺艾尔、儿子马克与其他家人。我们向他们表示诚挚的慰问。

乔治·莱特曼
加州大学伯克利分校工程学院

注：此文节选《最优化理论与应用报》第1期80卷，1994年1月。